S'ENTRAÎNER POUR LE JOUR J

Des **sujets complets corrigés** conformes aux épreuves du contrôle continu.

Des **sujets avec minutage** pour mieux se préparer.

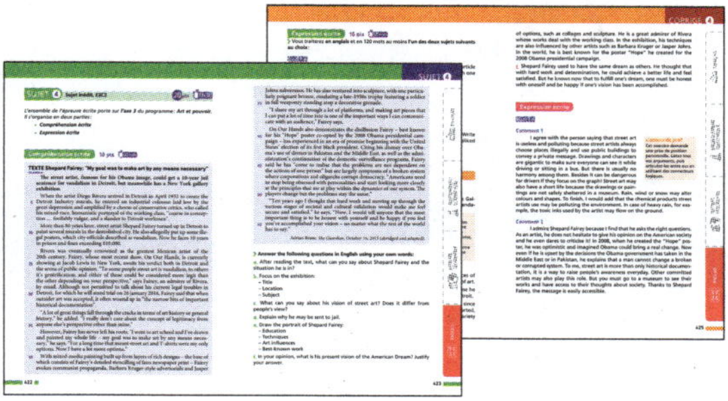

Dans les corrigés, **des astuces** pour **gagner des points** et **éviter les pièges** dans votre copie !

COMMENT FAIRE ? C'EST FACILE !

1. Téléchargez gratuitement l'application Nathan live disponible dans tous les stores (App store, Google Play).
2. Dès que vous voyez un picto, scannez la page.
3. Découvrez les ressources !

Direction éditoriale : Raphaëlle Mourey
Coordination éditoriale : Julie Langlais, Sophie Zeegers
Édition : Mathilde Boisserie, Vanessa Gaillard, Maria Tasso
Conception graphique intérieur : Élise Launay, Clémentine Largant
Couverture : Jean-Marc Denglos, Pierre-Yves Skrzypczak
Schémas : Coredoc
Compositeur : CGI
Fabrication : Noëlle Lagoute

ISBN : 978-2-09-157528-5

MAXI

Annales

Sujets & corrigés

2021

Enseignements communs 1re

Français

Anne Cassou-Noguès

Séléna Hébert

Elsa Jollès

Enseignement scientifique

Nicolas Coppens

Laurent Lafond

Guillaume Tomasini

Histoire-Géographie

Frédéric Fouletier

Pascal Jézéquel

Servane Marzin

Garance Ouazine

Johan Protais

Évelyne Soumah

Cécile Vidil

Éric Zdobych

Anglais

Clémence Arnette

Carole Dessoliers

Christelle Brouteele

Sylvie Léger

Nathan

MODE D'EMPLOI

Ces Annales ABC du Bac ont été conçues pour vous aider à réviser efficacement et progressivement les épreuves de contrôle continu et l'épreuve anticipée de Français de 1re.

RÉUSSIR LE NOUVEAU BAC

Toutes les infos sur le **nouveau Bac** et la **description des épreuves**.

L'épreuve expliquée et les **astuces pour réussir** et apprendre à **bien mémoriser.**

RÉVISER ET PROGRESSER

Se tester et se préparer avec des **sujets guidés**.

Sujets guidés

Des **sujets expliqués** avec une démarche pas à pas.

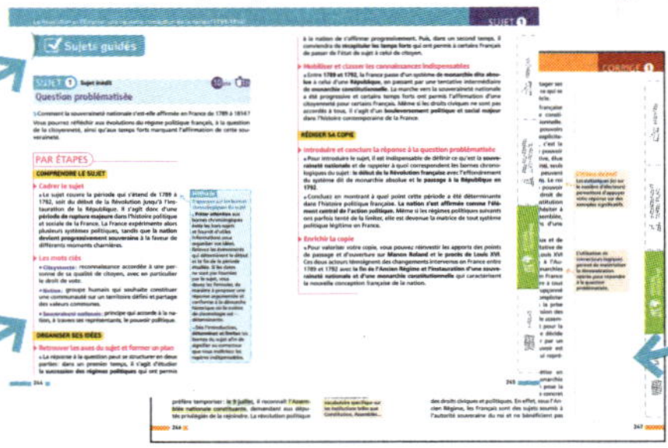

Méthode par étapes pour acquérir les **bons réflexes.**

Corrigé commenté avec les **conseils et astuces** des **correcteurs.**

SOMMAIRE

LE NOUVEAU BAC

Le contrôle continu

Le contrôle continu correspond à **40 % de la note finale**. Il est composé des **bulletins scolaires de Première et de Terminale (10 %** de la note finale) et des épreuves communes de contrôle continu (E3C), soit 30 % de la note finale.

Le nouveau Bac se déroule en Première et en Terminale, il demande un travail régulier de la part des lycéens durant ces deux années.

Les bulletins scolaires

- La note des bulletins scolaires est basée sur la moyenne des **moyennes annuelles de tous les enseignements** réunies dans le livret scolaire en classe de Première et de Terminale. Elle est validée lors du dernier conseil de classe des deux années, et **ne prend pas en compte** les notes des épreuves communes de contrôle continu.
- **Deux enseignements optionnels maximum** seront pris en compte pour l'évaluation. Au-delà de deux options suivies, les deux meilleures moyennes seront prises en compte.

Les épreuves communes de contrôle continu (E3C)

- **Trois sessions d'épreuves de contrôle continu** sont mises en place durant le cycle terminal : deux en Première (E3C1, E3C2) et une en Terminale (E3C3), à noter cependant que l'enseignement scientifique n'est évalué que deux fois : une en Première et une en Terminale*.
- Elles ont lieu pour **tous les enseignements communs** (histoire-géographie, enseignement scientifique, LVA, LVB, EPS) et pour **l'enseignement de spécialité qui sera abandonné en Terminale**. Pour chacune de ces épreuves, c'est la moyenne des notes obtenues lors des épreuves communes qui est prise en compte. Chaque épreuve a pour coefficient 5, soit 30 % de la note finale.
- Les copies seront **anonymes et corrigées par d'autres enseignants** que ceux de l'élève. Les copies originales seront rendues au candidat ; l'établissement conserve une reproduction de la version corrigée pendant une année après la publication des résultats par le recteur d'académie.

*Toutes ces informations correspondent aux instructions officielles d'avril 2020.

Les épreuves finales

Elles correspondent à **60 % de la note finale** : l'épreuve de Français passée en Première représente **10 %** de cette note, et les autres matières passées en Terminale représentent **50 %**.

En Première : l'épreuve anticipée de Français

- L'épreuve écrite (coeff. 5) dure **4 heures**.
- L'épreuve orale (coeff. 5) consiste en 30 minutes de préparation et 20 minutes d'entretien.

En Terminale : les épreuves finales

- Deux épreuves écrites correspondant aux **deux enseignements de spécialité**.
- Une épreuve écrite de **philosophie**.
- Un **grand oral**, d'une durée de **20 minutes**, qui se prépare en Première. Pour le grand oral, l'élève doit préparer un projet portant sur une ou deux spécialités choisies.

	PREMIÈRE			TERMINALE		
	1er trimestre	2e trimestre	3e trimestre	1er trimestre	2e trimestre	3e trimestre
BULLETINS coeff. 10 10 % de la note	Moyenne des notes de toutes les matières.			Moyenne des notes de toutes les matières.		
CONTRÔLE CONTINU coeff. 5 30 % de la note		Histoire-Géo LVA LVB	Enseignement scientifique Histoire-Géo LVA LVB Spécialité abandonnée	EPS	EPS	Enseignement scientifique Histoire-Géo LVA LVB EPS
ÉPREUVES FINALES 60 % de la note			Français (écrit + oral) coeff. 10		Spécialités 1 et 2 coeff. 16 pour chaque spécialité	Philosophie coeff. 8 Grand oral coeff. 10

BIEN MÉMORISER

Différents types de mémoire

Je fais le test sur Nathan Live en flashant cette page. Est-ce que ma mémoire est plutôt **visuelle**, **auditive** ou **corporelle**?

Connaître son type de mémoire

- Il existe différentes manières de **traiter les informations** et donc d'apprendre et de mémoriser. Selon votre **profil dominant**, vous apprendrez différemment, il faut donc adapter vos méthodes pour mémoriser et réviser.

Mettre en place les stratégies adaptées

- **Vous avez une mémoire visuelle**: vous retenez mieux ce que vous lisez, voyez et écrivez. Soignez la présentation de vos cours, en utilisant tout ce qui peut marquer votre mémoire visuellement: codes couleur, schémas, mise en page, surlignage…
- **Vous avez une mémoire auditive**: vous retenez mieux ce que vous entendez, que ce soit votre prof ou la lecture de vos cours à voix haute. Dites à l'oral ce que vous avez compris avec vos propres mots ou enregistrez-vous en train de lire votre cours. N'hésitez pas à vous poser des questions et à travailler en groupe.
- **Vous avez une mémoire corporelle**: vous retenez mieux en bougeant, vos sensations et émotions jouent un rôle important dans la mémorisation. Privilégiez les activités motrices, les jeux, l'écriture. Vous pouvez rédiger des fiches de révision, réviser en vous déplaçant, ou encore associer des informations à des gestes (renseignez-vous sur la Méthode des lieux).

Comment bien mémoriser ?

Se mettre en condition

- Le processus de mémorisation dépend de plusieurs facteurs: **l'intérêt, la motivation, le niveau de difficulté et l'état physique et émotionnel**.

S'entraîner

Être attentif, c'est avoir jeté un coup d'œil au manuel avant le cours, être ouvert aux informations, se couper des interférences parasites.

live!

• La **mémoire de travail**, ou à court terme, nous permet de stocker pour une **durée limitée** les informations que nous recevons. Selon la qualité de **concentration** et d'**attention**, elle sera plus ou moins efficace, d'où l'importance d'avoir une écoute active en cours.

Opter pour un travail espacé dans le temps et régulier

• Notre cerveau a une capacité limitée de stockage, il est donc crucial de ne pas perdre des informations importantes, en les enregistrant dans la **mémoire à long terme**.

• La **réactivation** consiste à mobiliser son cours de manière régulière. Sans celle-ci, nous perdons une grande partie des informations le jour même où nous les avons apprises. Il faut privilégier un **apprentissage espacé dans le temps** en variant les méthodes, faire des schémas, raconter le cours à quelqu'un… Ainsi, on apprend plus vite, et pour plus longtemps.

Les méthodes à adopter

Les bonnes pratiques

• **Limiter les sources d'informations:** coupez tout ce qui n'a rien à voir avec les éléments à mémoriser (SMS, réseaux sociaux, etc.) durant vos révisions. Si vos pensées parasitent votre travail, faites des exercices pour vous relaxer ou vous recentrer.

> **À savoir**
> Soyez « mono-tâche ».
> Faites une relecture de votre copie en plusieurs fois et selon des filtres spécifiques, plutôt que de relire de manière globale.

• **S'approprier l'information:** plus vous transformez et personnalisez l'information, plus vous créez des connexions neuronales fortes. Mettez de la couleur, des symboles, procédez par association d'idées, transformez l'information en schéma ou en histoire.

• **Regrouper les informations:** la mémoire de travail ne pouvant accueillir que cinq à neuf informations simultanément, les rassembler par « groupes » permet de faire croire au cerveau qu'il y en a moins à traiter. Vous pouvez trier des données par catégorie, inventer des codes couleur ou des acronymes.

• **Repérer les points communs entre plusieurs tâches:** en comprenant la structure et l'enjeu d'un exercice, vous pourrez acquérir des réflexes de résolution. Vous pourrez ainsi appliquer une même méthode en différents contextes.

Utiliser des moyens mnémotechniques

• Relier une information nouvelle à une ancienne peut s'avérer très efficace, c'est ce qu'on appelle un **indice récupérateur**.

• Une information facile à retenir vous évoque une autre information plus difficile à mémoriser: elle peut être logique, thématique, émotionnelle, ou même tout simplement surprenante – **le cerveau retient plus facilement ce qui lui semble étrange**.

Français

Sujets guidés

4. Théâtre, du XVIIe siècle au XXIe siècle

LES ÉPREUVES EN BREF

L'épreuve écrite

Comment s'organise l'épreuve ?

Durée : 4h
Coefficient : 5
Notation : 20 pts

• **L'épreuve porte sur l'étude d'un commentaire ou la rédaction d'une dissertation au choix parmi 3 sujets.**

• **Le commentaire porte sur un texte littéraire en lien avec un des objets d'étude du programme** de classe de première. Le candidat compose un devoir qui présente de manière organisée ce qu'il a retenu de sa lecture et justifie par des analyses précises son interprétation et ses jugements personnels. Le texte proposé pour le commentaire n'est pas extrait des œuvres au programme.

• **La dissertation consiste à conduire une réflexion personnelle organisée sur une question littéraire portant sur une des œuvres au programme et son parcours associé.** Le candidat choisit parmi les trois sujets de dissertation, chacun étant en rapport avec l'une des œuvres et son parcours associé. Pour développer son argumentation, le candidat s'appuie sur sa connaissance de l'œuvre et des textes étudiés dans le cadre de l'objet d'étude concerné, ainsi que sur ses lectures et sa culture personnelles.

Qu'attend-on de ma copie de Bac ?

• **On attend de vous les compétences suivantes ;**
- maîtriser la langue (orthographe et syntaxe) ;
- interpréter des textes ;
- être capable de mobiliser votre culture littéraire ;
- se montrer apte à construire une réflexion, argumenter et prendre en compte différents points de vue.

Travailler régulièrement

• Tout **au long de l'année**, rédigez des fiches de révision sur les œuvres, les notions importantes, les courants littéraires, etc. N'hésitez pas à tenir un cahier avec vos **références culturelles personnelles** ! La lecture n'est pas le seul moyen d'apprentissage : il existe de nombreux podcasts ou documentaires qui peuvent vous permettre de **diversifier** vos modes de révisions.

• **Gérer son temps** est primordial, particulièrement pour une épreuve comme le français qui évalue le vocabulaire et la clarté de la rédaction. Ne rédigez pas vos réponses au brouillon, et prenez le temps de **relire intégralement** votre copie.

L'épreuve orale

Comment s'organise l'épreuve ?

- L'épreuve orale est composée de **deux parties** qui s'enchaînent et sont précédées d'un temps de préparation de 30 minutes.

Durée : 20 min
Préparation : 30 min
Coefficient : 5
Notation : 20 pts

Première partie de l'épreuve

- **Durée :** 12 minute
- Le candidat propose d'abord une **lecture à voix haute**, juste, pertinente et expressive du texte choisi par l'examinateur, après l'avoir situé brièvement dans l'œuvre ou le parcours associé. Cette partie est notée sur 2 points.
- Le candidat propose une **explication linéaire d'un passage d'une vingtaine de lignes**, sélectionné par l'examinateur dans le texte, quand celui-ci excède cette longueur. Cette partie est notée sur 8 points.
- Le candidat répond à la **question de grammaire** posée par l'examinateur au moment du tirage. Cette partie est notée sur 2 points. La question porte uniquement sur le texte : elle vise l'analyse syntaxique d'une courte phrase ou d'une partie de phrase.

Seconde partie de l'épreuve

- **Durée :** 8 minutes
- La seconde partie de l'épreuve consiste en la **présentation de l'œuvre choisie** par le candidat et l'entretien avec l'examinateur.
- Cette partie de l'épreuve évalue l'**expression orale**. Elle se déroule en deux temps : le candidat présente brièvement l'œuvre qu'il a retenue et expose les raisons de son choix ; puis, entretien avec l'examinateur. Elle est notée sur 8 points.

Gérer son stress

Les épreuves orales peuvent être stressantes. Afin d'être le plus à l'aise le jour de l'oral, il n'y a qu'un seul moyen : **l'entraînement**. Entraînez-vous à faire des présentations de cinq minutes devant vos amis ou votre famille. Vous pouvez même retenir certaines formulations (de présentation, pour combler un silence...) si cela vous rassure !

Sujets guidés

SUJET 1 Sujet inédit

20 pts — 4h

Commentaire

Vous commentez le texte suivant.

EXTRAIT **Stendhal, *La Chartreuse de Parme*, partie II, chapitre XVIII, 1839**

La Chartreuse de Parme *raconte l'itinéraire d'un jeune aristocrate italien, Fabrice Del Dongo. Victime d'une vengeance, le personnage est emprisonné dans la citadelle de Parme. Le gouverneur de cette forteresse est le général Fabio Conti, que Fabrice avait croisé avec sa fille Clélia sept années plus tôt. Fabrice vient de revoir la jeune fille.*

Il courut aux fenêtres ; la vue qu'on avait de ces fenêtres grillées était sublime : un seul petit coin de l'horizon était caché, vers le nord-ouest, par le toit en galerie du joli palais du gouverneur, qui n'avait que deux étages ; le rez-de-chaussée était occupé par les bureaux de l'état-major ; et d'abord les yeux de Fabrice furent attirés vers une des fenêtres du second étage, où se trouvaient, dans de jolies cages, une grande quantité d'oiseaux de toute sorte. Fabrice s'amusait à les entendre chanter, et à les voir saluer les derniers rayons du crépuscule du soir, tandis que les geôliers[1] s'agitaient autour de lui. Cette fenêtre de la volière n'était pas à plus de vingt-cinq pieds de l'une des siennes, et se trouvait à cinq ou six pieds en contrebas, de façon qu'il plongeait sur les oiseaux.

Il y avait lune ce jour-là, et au moment où Fabrice entrait dans sa prison, elle se levait majestueusement à l'horizon à droite, au-dessus de la chaîne des Alpes, vers Trévise. Il n'était que huit heures et demie du soir, et à l'autre extrémité de l'horizon, au couchant, un brillant crépuscule rouge orangé dessinait parfaitement les contours du mont Viso et des autres pics des Alpes qui remontent de Nice vers le mont Cenis et Turin ; sans songer autrement à son malheur, Fabrice fut ému et ravi par ce spectacle sublime. « C'est donc dans ce monde ravissant que vit Clélia Conti ! avec son âme pensive et sérieuse, elle doit jouir de cette vue plus qu'un autre ; on est ici comme dans des montagnes solitaires à cent lieues de Parme. » Ce ne fut qu'après avoir passé plus de deux heures à la fenêtre, admirant cet horizon qui parlait à son âme, et souvent aussi arrêtant sa vue sur le joli palais du gouverneur que Fabrice s'écria tout à coup : « Mais ceci est-il une prison ? est-ce là ce que j'ai tant redouté ? » Au lieu d'apercevoir à chaque pas des désagréments et des motifs d'aigreur, notre héros se laissait charmer par les douceurs de la prison.

1. Gardiens de prison

CORRIGÉ 1

Comprendre le corrigé

Corrigé rédigé

Introduction

Stendhal, passionné par l'Italie, publie *La Chartreuse de Parme* en 1839. Situé dans une Italie de fiction, le roman met en scène un jeune aristocrate, Fabrice Del Dongo, aux prises avec les mutations politiques de son pays et avec les tourments de son cœur amoureux. Pourtant, le roman attire moins l'attention des romantiques qui triomphent en France, que de Balzac, romancier réaliste. Dans cet extrait, situé au chapitre XVIII de la deuxième partie, Fabrice, condamné moins pour le crime qu'il a commis, que par vengeance politique, arrive dans la prison située dans la Tour de Farnèse. Cette incarcération lui semble paradoxalement douce : il sait en effet qu'il est désormais tout proche de Clélia Conti, la fille du gouverneur. Nous nous demanderons comment le texte rend compte de ce paradoxe. Nous nous intéresserons dans une première partie à la situation contrastée du héros, avant de nous pencher dans une deuxième partie sur le caractère non moins contrasté de l'écriture de Stendhal, qui oscille entre romantisme et réalisme.

Introduction
Avant de commencer le commentaire, lisez attentivement le paratexte, surtout lorsqu'il s'agit d'un extrait de roman. Vous avez besoin de savoir qui sont les personnages avant de vous lancer !

Introduction
La problématique et l'annonce du plan sont les moments clés de votre introduction. Faites-les apparaître clairement et distinguez-les bien l'un de l'autre.

I – Un héros dans une situation paradoxale

Fabrice vient d'être arrêté et on le conduit à la Tour Farnèse. Pourtant, il n'éprouve pas la douleur que cet enfermement pourrait engendrer. Il se trouve dans une situation paradoxale, dans laquelle la clôture de la cellule ouvre sur l'immensité, et la souffrance cède la place au ravissement.

Méthode
Chaque partie commence par une introduction partielle dans laquelle on expose ce qu'on va démontrer.

A. De la clôture à l'immensité

Fabrice est en prison. Quelques indices sont là pour nous le rappeler. Ainsi, sont évoqués « le palais du gouverneur », ou encore « le bureau de l'état-major », qui indiquent que Fabrice n'est pas monté en haut de la Tour Farnèse seulement pour observer le paysage. Mais très vite, la prison est euphémisée. On ne parle pas des barreaux de la

Le saviez-vous ?
La Tour Farnèse a été dressée par le roi Ranuce-Ernest II pour y faire enfermer son fils qui entretenait une liaison avec la jeune seconde épouse de son père.

fenêtre, mais des « fenêtres grillées », expression poétique qui atténue la réalité de l'univers carcéral. Quant aux geôliers, ils ne bénéficient d'aucune description précise et l'emploi du verbe réfléchi « s'agitaient » suggère une activité parallèle à celle de Fabrice, comme si elle ne le concernait pas directement. Telles d'importunes mouches, ils gênent le spectateur plus qu'ils ne contraignent le prisonnier.

Fabrice est en effet spectateur. Il s'ouvre au monde extérieur. L'ordre de la description, qui s'arrête d'abord sur les éléments les plus proches de la cellule (« palais du gouverneur ») pour s'en éloigner, manifeste clairement que le narrateur adopte le point de vue de Fabrice dans le cadre d'une focalisation interne. Or Fabrice perçoit surtout l'immensité du paysage qui l'entoure, qui contraste avec la clôture de la prison, bien vite oubliée : le seul obstacle que la prison oppose à la vue est diminué par les deux adjectifs « seul » et « petit » (« un seul petit coin de l'horizon »). La vue est en effet d'emblée qualifiée de « sublime » et l'adjectif est mis en valeur par le retardement induit par la relative (« qu'on avait de ces fenêtres grillées »), qui donne de l'ampleur à la phrase. Le paysage se déploie ensuite selon une double direction : verticale d'une part (« se levait », « sublime »), horizontale d'autre part (« à l'autre extrémité de l'horizon »). L'accumulation de noms propres de lieux (« mont Viso », « Alpes », « Nice ») contribue à cette impression d'immensité, qui fait oublier à Fabrice comme au lecteur que le héros est enfermé dans une prison.

Définition

Focalisation interne : c'est quand on suit la perception, les pensées d'un seul personnage.

Vocabulaire

Sublime vient du latin *sublimis*, élevé, haut.

Sur ma copie

Pour faire apparaître le plan sur votre copie, sautez une ligne entre chaque grande partie.

B. De la souffrance au ravissement

Cet oubli est d'autant plus aisé que l'on ne perçoit jamais chez Fabrice les émotions légitimement attendues de la part d'un prisonnier qui découvre sa cellule : la souffrance, la colère… Il n'éprouve en effet que des émotions positives. Ce contraste se lit dans de nombreuses antithèses au fil de l'extrait (« malheur » / « ému et ravi » ; « des désagréments et des motifs d'aigreur » / « charmer », « les douceurs »). La joie de Fabrice se lit dans le discours indirect, qui fait entendre sa voix exaltée : « C'est donc dans ce monde ravissant que vit Clélia Conti ! ». Le point d'exclamation traduit le ravissement de Fabrice et l'on notera que l'adjectif « ravissant » annonce le participe « ravi », ce qui crée un procédé d'insistance

Définition

Antithèse : opposition de deux mots dans un même énoncé.

et souligne l'enthousiasme du héros. Fabrice s'exprime ensuite au discours direct (« Mais ceci est-il une prison ? Est-ce là ce que j'ai tant redouté ? ») et la ponctuation expressive est, là encore, révélatrice des sentiments du jeune homme. Les deux questions rhétoriques disent l'absurdité des sentiments négatifs qu'il pensait éprouver dans sa cellule.

Transition : Ainsi, Fabrice est dans une situation paradoxale, ouvert sur le monde au moment même où il est enfermé, heureux dans une situation qui devrait l'affliger. Mais le paradoxe, qui caractérise l'état d'esprit du héros, est aussi à l'œuvre dans l'écriture stendhalienne.

Astuce du prof

Ce commentaire peut enrichir les exemples pour une dissertation issue du parcours « Le personnage de roman, esthétiques et valeurs ».

II – Une écriture entre romantisme et réalisme

Stendhal s'adonne à l'écriture alors que triomphe le romantisme et qu'émerge le réalisme. L'écriture de cette scène rend compte de cette époque charnière.

A. Une scène romantique

Tout d'abord, le paysage décrit est une sorte de topos de la littérature romantique.

Définition

Topos : lieu commun.

En effet, Fabrice saisit la scène au moment du « crépuscule », alors que la lune se lève (« elle [la lune] se levait majestueusement à l'horizon ») et que le soleil se couche (« un brillant crépuscule rouge orangé »). De plus, les « montagnes solitaires » favorisent son dialogue avec la nature. Fabrice est fasciné par le paysage (« sublime », répété deux fois ; « admirant »), mais il ne reste pas dans cette position de contemplation admirative, il entre en dialogue avec lui. Ainsi, on observe d'abord une personnification des éléments naturels (« elle se levait », « un brillant crépuscule [...] dessinait », « montagnes solitaires »). Dès lors, Fabrice entre en communion avec les éléments « qui par[lent] à son âme ». Cela le rapproche de Clélia, qui elle aussi doit vivre en harmonie avec la nature, si l'on en croit le coeur exalté de Fabrice (« avec son âme pensive et sérieuse, elle doit jouir de cette vue plus qu'une autre »). On notera le rythme binaire qui réunit musicalement les deux personnages : si elle est « pensive et sérieuse », il est, pour sa part, « ému et ravi ».

Définition

Personnification : figure de style qui attribue des qualités humaines à des choses.

B. Le romantisme mis à distance

Pourtant, le narrateur introduit une distance ironique qui mine le romantisme de la scène. En effet, on peut noter à trois reprises la répétition de « joli » (« joli palais », « jolies cages », « joli palais »). La répétition compromet l'aspect mélioratif de l'adjectif, qui prend une tonalité mièvre, et permet de se moquer de Fabrice, dont l'amour peint tout d'une couleur charmante, mais aussi peut-être de l'écriture romantique. De plus, Fabrice est nommé à la fin de l'extrait « notre héros », ce qui introduit soudain une distance entre le narrateur et le personnage, alors même que pendant l'ensemble du passage, le narrateur avait adopté le point de vue de Fabrice. Il s'agit pour l'auteur de s'amuser avec les codes romanesques et d'afficher le caractère fictif du héros. Enfin, Fabrice est implicitement assimilé à un oiseau en cage : ce sont les cages qui attirent son attention, qui rappellent les « fenêtres grillées » de sa cellule, et le personnage qui contemple deux heures durant le soleil couchant à sa fenêtre évoque par son attitude les oiseaux qui « salu[ent] les derniers rayons du crépuscule du soir ». De là à dire que l'amour serait une cage dorée dans laquelle le héros va s'enfermer avec délices, il n'y a qu'un pas. Ainsi, Stendhal reconstitue une scène typique de la littérature romantique avant de prendre ses distances, d'en montrer la fiction et la mièvrerie.

Astuce du prof

À chaque fois que vous relevez un procédé d'écriture, il faut indiquer l'effet qu'il produit, en lien avec votre problématique.

Méthode

La focalisation interne permet au narrateur d'adopter successivement le point de vue de plusieurs personnages.

C. Le réalisme de la scène

Cette distance avec le romantisme va de pair avec une dimension réaliste. En effet, l'extrait par bien des aspects annonce le réalisme. On y trouve le vocabulaire des sens : la vue (« la vue », « les yeux de Fabrice ») et l'ouïe (« entendre »). Le réalisme transparaît surtout dans la précision de la description, précision géographique (« à droite, au-dessus de la chaîne des Alpes, vers Trévise »), nourrie de noms propres (« mont Viso », « mont Cenis et Turin »), mais aussi précision mathématique (« deux étages », « vingt-cinq pieds », « cinq ou six pieds en contrebas »).

Transition : Ainsi, Stendhal prend ses distances avec l'écriture romantique, dont il reprend les topoï tout en s'en distanciant pour se tourner vers une écriture plus réaliste.

Méthode

Pensez à relever et commenter les champs lexicaux de l'extrait.

Astuce du prof

À l'aide de vos connaissances de seconde et première, vous devez pouvoir situer un texte dans l'histoire littéraire.

Conclusion

Au début de la deuxième partie de *La Chartreuse de Parme*, Fabrice, victime d'une vengeance politique, est incarcéré dans la Tour de Farnèse. Il prend possession de sa cellule dans cet extrait du chapitre XVIII. Stendhal offre au lecteur la peinture d'une situation paradoxale, dans laquelle Fabrice est enfermé tout en se sentant libre, contraint, mais ravi. Le contraste est aussi au cœur de l'écriture romanesque puisque le romancier emprunte aux topoï de l'écriture romantique, pour mieux s'en détacher et se tourner vers le réalisme. C'est d'ailleurs aux commentaires élogieux de Balzac que le roman dut son succès.

Conclusion

Pensez à récapituler les grands axes de lecture développés.

SUJET 2 **Sujet inédit** 20 pts 4h

Commentaire

Vous commenterez le texte suivant.

EXTRAIT **Jean-Paul Sartre, *Les Mots*, « Au cinéma », 1963**

Les Mots *sont une autobiographie racontant comment Jean-Paul Sartre a décidé d'écrire. Le livre se compose de deux parties, « Lire » et « Écrire ». Anne-Marie, la mère du petit Jean-Paul, l'emmène au cinéma à une époque où celui-ci est encore en noir et blanc, muet, avec une image de piètre qualité et un entracte. Mais le jeune garçon, issu d'un milieu bourgeois, prend un plaisir immense à ces spectacles qui mêlent les classes sociales.*

Le spectacle était commencé. Nous suivions l'ouvreuse en trébuchant, je me sentais clandestin ; au-dessus de nos têtes, un faisceau de lumière blanche traversait la salle, on y voyait danser des poussières, des fumées ; un piano hennissait, des poires violettes luisaient au mur, j'étais pris à la gorge par l'odeur vernie d'un désinfectant. L'odeur et les fruits de cette nuit habitée se confondaient en moi : je mangeais les lampes de secours, je m'emplissais de leur goût acidulé. Je raclais mon dos à des genoux, je m'asseyais sur un siège grinçant, ma mère glissait une couverture pliée sous mes fesses pour me hausser ; enfin je regardais l'écran, je découvrais une craie fluorescente, des paysages clignotants, rayés par des averses ; il pleuvait toujours, même au gros soleil, même dans les appartements ; parfois un astéroïde en flammes traversait le salon d'une baronne sans qu'elle parût s'en étonner. J'aimais cette pluie, cette inquiétude sans repos qui travaillait la muraille. Le pianiste attaquait l'ouverture de *La Grotte de Fingal* et tout le monde comprenait que le criminel allait paraître : la baronne était folle de peur. Mais son beau visage charbonneux cédait la place à une pauvre pancarte mauve : « Fin de la première partie. » C'était la désintoxication brusquée, la lumière. Où étais-je ? Dans une école ? Dans une administration ? Pas le moindre ornement : des rangées de strapontins qui laissaient voir, par en dessous, leurs ressorts, des murs barbouillés d'ocre, un plancher jonché de mégots et de crachats. Des rumeurs touffues remplissaient la salle, on réinventait le langage, l'ouvreuse vendait à la criée des bonbons anglais, ma mère m'en achetait, je les mettais dans ma bouche, je suçais les lampes de secours. Les gens se frottaient les yeux, chacun découvrait ses voisins. Des soldats, les bonnes du quartier ; un vieillard osseux chiquait, les ouvrières en cheveux riaient très fort : tout ce monde n'était pas notre monde ; heureusement, posés de loin en loin sur ce parterre de têtes, de grands chapeaux palpitants rassuraient.

À feu mon père, à mon grand-père, familiers des deuxièmes balcons, la hiérarchie sociale du théâtre avait donné le goût du cérémonial : quand beaucoup d'hommes sont ensemble, il faut les séparer par des rites ou bien ils se massacrent. Le cinéma prouvait le contraire : plutôt que par une fête, ce public si mêlé semblait réuni par une catastrophe ; morte, l'étiquette[1] démasquait enfin le véritable lien des hommes, l'adhérence. Je pris en dégoût les cérémonies, j'adorai les foules.

1. Étiquette : règles de savoir-vivre à respecter dans les milieux aristocrates et bourgeois.

CORRIGÉ 2

Comprendre le corrigé

Corrigé rédigé

Introduction

Jean-Paul Sartre refuse le prix Nobel de littérature qui lui est accordé en 1964 et le couronne comme écrivain, mais aussi comme philosophe et intellectuel marxiste engagé. Il publie en 1963 dans la revue des *Temps modernes* son autobiographie, à laquelle il donne pour fonction de comprendre pourquoi il est devenu écrivain. L'ouvrage comprend deux parties intitulées « Lire » et « Écrire ». C'est ainsi que l'auteur narre dans la première partie une sortie faite avec sa mère au cinéma, sortie au parfum d'interdit, car le jeune garçon bourgeois y côtoyait des gens de toutes les classes sociales. Nous nous demanderons alors comment l'auteur parvient à recréer les sensations passées en portant sur lui-même un regard tout à la fois bienveillant et ironique. Pour ce faire, nous verrons que le cinéma exerce une fascination sur l'enfant, au point de lui faire perdre ses repères, ce qui est source d'amusement pour l'adulte-narrateur.

Introduction

Il est bon de connaître l'éducation que Sartre a reçue de ses parents. Le paratexte vous donne des informations précieuses, mais vous devez aussi mobiliser vos connaissances.

Vocabulaire

Fascination vient du mot latin *fascinum* qui signifie charme, maléfice. Le cinéma a donc comme une action magique sur l'enfant.

I – La fascination de l'enfant devant le spectacle

Malgré la piètre qualité de la sortie au cinéma, le jeune Jean-Paul se trouve fasciné par un spectacle qui lui fait perdre la conscience du monde extérieur, au point de pouvoir comparer celle-ci à une drogue.

A. Un spectacle de piètre qualité technique et une salle peu reluisante

La sortie au cinéma à laquelle Jean-Paul se rend avec sa mère est de piètre qualité, qu'il s'agisse du spectacle lui-même ou de la salle. En effet, à une époque où le cinéma est muet, les seuls effets sonores sont rendus par un piano, or celui-ci est mal accordé comme l'indique le verbe « hennissait » (l. 3), métaphore équine qui permet de comprendre que le son émis est désagréable. En outre, la pellicule est abîmée : l'image clignote, la pellicule est rayée (ce que le petit garçon prend pour des « averses ») et même trouée à certains endroits (ce qui laisse passer la lumière prise alors pour un « astéroïde »). La salle est loin d'être propre : « mégots » et « crachats » la « jonchent » (l. 19-20), la « poussière » vole et la tentative de désinfection du lieu cause une « odeur » qui « pr[end] à la gorge » (l. 3-5).

Définition
Métaphore : comparaison sans outil de comparaison exprimé.

Transition : La piètre qualité du lieu et du spectacle (on ne distingue aucun ornement dans la salle, contrairement au théâtre), bien loin de susciter le dégoût de l'enfant, le transporte dans un univers tellement différent du sien qu'il en perd la conscience du monde extérieur.

Astuce du prof
Vous devez montrer le paradoxe entre la mauvaise qualité du spectacle et l'effet qu'il produit sur l'enfant.

B. Absence de conscience du monde extérieur

L'enfant est tellement pris par cette expérience qu'il en perd tout sens critique. Il ne comprend pas que les « averses » correspondent aux rayures de la pellicule et constate cette pluie constante, soulignée par l'adverbe : « il pleuvait toujours » (l. 10). L'image est renforcée par le parallélisme « même au gros soleil, même dans les appartements » (l. 10-11) avec l'anaphore de « même », signe d'un étonnement qu'il n'interroge pas. L'entracte illustre cet oubli du monde extérieur avec l'énumération des interrogatives « Où étais-je ? Dans une école ? Dans une administration ? » (l. 17) dont le rythme ternaire en cadence majeure témoigne de la violence du retour au monde réel.

Définition
Anaphore : répétition d'un même mot ou groupe de mots en début de phrases, vers, ou membres de phrases.

Transition : Le petit garçon est donc transporté dans un autre monde grâce au spectacle visionné, qui semble avoir des pouvoirs particuliers.

Méthode
La transition a pour but de rappeler ce à quoi le paragraphe a abouti et d'annoncer le suivant en soulignant la logique de votre propos : le correcteur doit comprendre pourquoi le paragraphe B est placé avant le C qui doit le suivre logiquement.

C. Le spectacle comme drogue

Le spectacle suscite des impressions fortes chez l'enfant : il vit l'entracte comme une « désintoxication » (l. 17) qui le fait passer d'un monde à l'autre comme le souligne le verbe « réinventer » dans l'expression « on réinventait le langage. » Le spectacle crée donc des effets intenses, et pourtant le film ne semble pas particulièrement intéressant : il n'y a aucun suspens, « tout le monde comprenait » (l. 14) et les personnages ont des réactions stéréotypées, marquées par l'emploi d'adjectifs tels que « folle de peur » (l. 15) qui qualifie la baronne.

Transition : Malgré un spectacle de piètre qualité, le charme opère sur l'enfant, qui perd tous ses repères et fait une expérience implicitement comparée à une prise de drogue. Celui-ci est en effet confus tout le long de la séance.

II – Les repères et la confusion de l'enfant

Le petit Jean-Paul est en effet en pleine confusion, comme l'indiquent ses sensations ou ses remarques sur les repères topographiques, sociaux et familiaux.

Définition
Topographique : relatif aux lieux.

A. Repères topographiques perdus et retrouvés

L'enfant perd ses repères topographiques et les retrouve. En effet, il ne sait plus vraiment où il est : il se sent « clandestin » (l. 2) dans un lieu qu'il ne connaît pas. D'ailleurs, il « trébuch[e] » (l. 1) et a besoin d'un peu de temps pour comprendre où il est une fois la lumière revenue. Ce n'est qu'à ce moment-là qu'il est en mesure d'observer les lieux et donc de retrouver des repères topographiques et qu'il décrit les sièges, les murs, le sol avant d'examiner le public.

Transition : Cette confusion de l'espace amène l'enfant à accorder une grande importance aux repères sociaux et familiaux.

B. Repères sociaux et familiaux

L'enfant décrit la société des spectateurs. Celle-ci est constituée par le mélange de deux mondes : d'une part le petit peuple avec ses « soldats », « bonnes », « vieillards » et « ouvrières » (l. 23-24), d'autre part, la bourgeoisie reconnaissable aux « grands chapeaux » que portent les hommes. Ce mélange social auquel Jean-Paul n'est pas habitué l'amène à faire de sa mère une présence rassurante. En effet, elle l'installe bien en rehaussant son siège grâce à une « couverture pliée » et lui achète des « bonbons anglais » (l. 21) vendus par l'ouvreuse.

Astuce du prof
Ce commentaire peut enrichir les exemples pour une dissertation issue du parcours « Soi-même comme un autre ».

Transition : Elle est ainsi pour lui la source d'un bien-être tout en lui faisant vivre une expérience qui crée en lui une confusion des sens.

C. La confusion des sens

Les sens de l'enfant se confondent. Tous sont sollicités : il assiste à un « spectacle », de *spectare*, « regarder » en latin qui lui donne à « vo[ir] la poussière » (l. 3) de la salle et à « regard[er] » le film, il entend la musique qui accompagne la projection et les « grince[ments] » (l. 7) des sièges, sent « l'odeur de désinfectant », « racle [s]on dos contre des genoux » et mange des bonbons. Vue, ouïe, odorat, toucher et goût sont donc présents pour rendre compte des sensations de l'enfant. Mais ces sens se mélangent, particulièrement la vue et le goût : « L'odeur et les fruits de cette nuit habitée se confondaient en moi » (l. 5). Les « bonbons » deviennent des « lampes de secours » qu'il « mang[e]».

Transition : L'enfant est donc à la fois fasciné et en pleine confusion. Toutefois, cet état n'est pas décrit de manière neutre, le narrateur cherche en effet à le recréer tout en portant un regard amusé sur lui-même.

III – Le regard du narrateur : du passé ressuscité à l'autodérision

A. Une tentative pour retrouver les sensations du passé

Jean-Paul Sartre, auteur et narrateur, cherche à retrouver les sensations qui furent siennes, comme l'atteste le travail sur les sens. Il fait revivre ses sensations d'enfant et rend compte de sa confusion par la perte de tous ses repères et un travail d'écriture. Le rythme de ses phrases (parfois haché, comme dans les interrogatives, ou au contraire plus long pour décrire ses impressions et le spectacle) est un moyen d'aller vers l'enfant qu'il était.

Transition : L'auteur cherche donc à retrouver ses sensations d'enfant, mais ce retour dans le passé est aussi teinté d'ironie.

B. L'ironie dénonçant les préjugés sociaux de l'enfant

L'auteur-narrateur perçoit l'enfant qu'il était avec ironie. Celle-ci touche deux domaines. D'une part, il rend compte de l'incompréhension qui était sienne et de sa naïveté devant un spectacle qu'il prenait de manière entière, sans recul critique. D'autre part, il montre qu'il était victime des préjugés sociaux

À savoir

Quand l'auteur et le narrateur sont une seule et même personne, on parle de roman autobiographique.

Méthode

À chaque fois que vous repérez un procédé, demandez-vous quel effet il produit.

Définition

Ironie : procédé satirique qui consiste à affirmer quelque chose en faisant bien comprendre au lecteur qu'on pense exactement l'inverse. La figure de style pour exprimer l'ironie est l'antiphrase.

de son grand-père bourgeois en notant la présence « rassur[ante] » de « grands chapeaux » qui, par métonymie, désignent les classes sociales élevées. Le mot « clandestin » du début s'éclaire alors aussi d'une signification sociale. L'ironie tombe dans le dernier paragraphe, lorsque le narrateur s'attache à la différence entre théâtre et cinéma : il reprend au discours indirect libre les propos de son grand-père énoncés sous forme de maxime « quand beaucoup d'hommes sont ensemble, il faut les séparer par des rites ou bien ils se massacrent » (l. 28-30). Son expérience d'enfant « prouvait le contraire ».

Transition : Sartre peint l'enfant qu'il était avec une ironie qui est indissociable de ses engagements d'adulte. L'expérience du cinéma apparaît ainsi comme fondatrice.

Astuce du prof

Connaître un peu la vie de Sartre peut ici vous être utile à percevoir son ironie sur ses jugemennts de valeurs passés à l'époque où il épousait ceux de sa famille.

C. La découverte d'une passion

Le narrateur montre la découverte de sa passion pour le cinéma, indépendante de la compréhension qu'il pouvait avoir du spectacle et de la notion de vérité : « J'aimais cette pluie, cette inquiétude sans repos qui travaillait la muraille » (l. 12-13). Le bonheur de l'enfant est ainsi relayé par celui de l'adulte qui raconte une sortie représentative de toutes ses séances de cinéma, véritable rituel dont témoigne l'utilisation de l'imparfait. Au « goût » de l'enfant et de l'adulte pour le cinéma correspondent un « dégoût » de l'adulte pour certains préjugés sociaux.

langue

L'imparfait est un temps du passé qui peut notamment indiquer, comme ici, l'habitude. Il peut aussi indiquer que l'action est au second plan ou qu'elle dure.

Conclusion

Jean-Paul Sartre adulte relate la fascination qu'exerçait sur l'enfant qu'il était le cinéma malgré la piètre qualité de la salle et de la projection, ce dont témoigne le fait qu'il perde tous ses repères et tente de reprendre pied en s'appuyant sur ses critères sociaux et familiaux. L'auteur réussit habilement à retrouver ses sensations passées, tout en faisant preuve d'ironie et d'autodérision devant son incompréhension et les idées politiques de son grand-père qu'il épousait alors. Dans le roman autobiographique *Un barrage contre le Pacifique*, Marguerite Duras narre aussi une séance de cinéma à laquelle assiste l'héroïne Suzanne : elle cherche également à retrouver ses sensations passées, tout en portant sur sa naïveté d'alors un regard ironique.

Méthode

Pensez à terminer votre conclusion par une mise en relation du texte avec d'autres textes pour ouvrir votre travail.

SUJET 3 Sujet inédit

20 pts 4h

Dissertation

› Un personnage de roman doit-il vivre des passions pour captiver le lecteur ?

Vous répondrez à la question en vous appuyant sur le roman de Madame de Lafayette intitulé *La Princesse de Clèves*, sur les textes du parcours associé que vous avez étudiés en classe ainsi que sur vos lectures personnelles.

CORRIGÉ 3

Comprendre le corrigé

Plan détaillé

Introduction

Le Nouveau Roman a annoncé la mort du personnage romanesque. Pourtant, non seulement le roman contemporain continue à camper des personnages, mais le cinéma ne cesse d'adapter des romans qui mettent en scène des personnages passionnés. Ainsi, nous ne comptons plus les adaptations de *La Princesse de Clèves*, roman publié en 1678 par Madame de Lafayette : *La Lettre*, *Une belle personne*… Un personnage de roman doit-il vivre des passions pour captiver le lecteur ? Le lecteur de roman ne peut-il se passionner que pour des personnages à la vie sentimentale intense ou peut-il trouver intérêt à découvrir d'autres types de personnages dans sa lecture ? Nous répondrons à cette question en nous appuyant notamment sur *La Princesse de Clèves* de Madame de Lafayette. Pour cela, nous nous intéresserons d'abord à l'attrait de la passion pour le lecteur, avant de montrer que l'on peut être captivé par d'autres personnages. Enfin, nous nous interrogerons sur la posture du lecteur face au roman.

> **L'introduction**
> Seule la thèse 1 est contenue dans le sujet.
> Vous devez formuler vous-même la thèse 2 qui nuance la première.
> Vous ne pouvez pas vous contenter de reformuler le sujet posé, vous devez le compléter et évaluer les sous-entendus qu'il contient.

I – Certes, le personnage de roman passionné captive le lecteur

A. Différentes formes de passions

• Grande variété de personnages passionnés :

– amour (mais aussi son pendant, la jalousie). Ex. : Madame de Clèves ;

> **Méthode**
> Ce plan détaillé vous permet de voir quel travail vous pouvez faire au brouillon. Il faut lister les exemples des œuvres étudiées (cf : œuvres) que vous avez étudiés dans le cadre du parcours.

– amour filial. Ex. : *Le Père Goriot* ;

– biens matériels. Ex. : Saccard dans *La Curée* ou *L'Argent*.

B. Des personnages d'exception

• Exceptionnels par leurs actes : la grandeur du sentiment peut entraîner la grandeur des actes. De ce fait, à cause de ces personnages, l'intrigue devient passionnante. Ex. : la scène d'aveu de Madame de Clèves à son mari a suscité de nombreux débats dans le Mercure Galant.

• Exceptionnels par leur expression : la grandeur du sentiment, non encore éprouvée, exige une langue particulière, une expressivité qui captive le lecteur. Ex. : on peut noter que Madame de Clèves adopte les expressions mêmes de sa mère, dont elle a intégré l'éducation mais aussi le langage.

II – Mais le lecteur peut également s'intéresser à d'autres types de personnages

A. Des personnages banals

• Identification : le lecteur s'identifie plus facilement aux personnages qui lui ressemblent. Ex. : Michel Houellebecq dans *La Carte et le territoire*, personnage colérique, gourmand, alcoolique qui a du mal à tenir ses résolutions.

• Réalisme : le lecteur apprend davantage sur le monde qui l'entoure par le biais de personnages changeants, faibles, qui doivent faire face au monde qui les entoure. Ex. : Frédéric Moreau dans *L'Éducation sentimentale*.

B. Des personnages qui luttent contre leurs passions

Le personnage peut aussi résister à sa passion, ce qui dynamise le récit. Ex. : La Princesse de Clèves. Sa passion amoureuse pourrait être banale mais son refus d'y céder captive le lecteur.

À savoir

La passion amoureuse est un thème largement exploré en littérature, qui permet aux auteurs d'aborder la profondeur des sentiments humains ainsi que leur contradictions.

III – Pour un lecteur libre et non captif

A. Les dangers de l'identification à des personnages passionnés

Les personnages passionnés sont exceptionnels. S'y identifier comporte des dangers.

Ex. : aspirations romantiques de Emma dans *Madame Bovary* ou de Jeanne dans *Une Vie*. Elles sont malheureuses parce qu'elles ne vivent pas de grande passion romanesque.

B. La liberté de s'intéresser à d'autres éléments

Le lecteur ne doit pas être captif. Il doit apprécier sa lecture pour ce qu'elle est et doit être libre de s'intéresser aux éléments qu'il souhaite :

- le cadre spatio-temporel ;
- l'intrigue ;
- l'écriture.

Ex. : la dimension historique de *La Princesse de Clèves* est aussi digne d'intérêt que les personnages eux-mêmes.

Conclusion

Ainsi, la passion sous toutes ses formes captive le lecteur. Mais ce dernier peut toutefois s'identifier à des personnages banals ou apprécier le combat du personnage contre ses sentiments. Enfin, il convient de rappeler que le lecteur lucide ne se plaît pas dans la captivité. Il adopte au contraire un regard sensible qui rend hommage au romancier.

Autres sujets de dissertation possibles sur Nathan Live.

Le saviez-vous ?

Madame Bovary, roman publié par Flaubert en 1857, et qui met en scène le personnage d'Emma Bovary, s'inspire probablement d'un fait divers de l'époque.

À noter également que l'on emploi parfois le terme de « bovarysme », néologisme créé à partir de ce roman, pour qualifier une maladie psychologique, qui se manifeste par une vision romantique et faussée de soi-même et de la société.

SUJET 4 **Sujet inédit** 20 pts 4h

Dissertation

› Un personnage de roman doit-il être séduisant pour susciter l'intérêt du lecteur ?

Vous répondrez à cette question en vous appuyant sur *Le Rouge et le Noir* de Stendhal et les textes étudiés au sein du parcours associé à cette œuvre intégrale.

CORRIGÉ 4

Comprendre le corrigé

Corrigé rédigé

Introduction

Un des enjeux majeurs de tout romancier est de faire en sorte que le lecteur n'abandonne pas le livre commencé. Pour cela, l'écrivain cherche à susciter l'intérêt. Certains, dans cette perspective, optent pour l'élaboration de personnages séduisants. Nous nous demanderons donc si un personnage comme Julien Sorel, héros du *Rouge et du Noir* de Stendhal, ne peut faire naître l'intérêt du lecteur qu'en étant séduisant ou si d'autres caractéristiques lui permettent de remplir cet objectif. Pour ce faire, nous verrons que, comme de nombreux personnages romanesques, Julien est en effet séduisant pour le lecteur. Cependant, un examen approfondi de Julien Sorel, comme d'autres personnages de roman, montre que ce n'est pas toujours le cas. La notion même de personnage séduisant peut alors paraître floue et problématique.

Méthode

Attention à ne pas mélanger les éléments d'une phrase interrogative directe et ceux d'une indirecte ! Dans ce cas précis, vous remarquerez que la phrase commence par « Nous nous demanderons » (elle dépend donc de ce verbe principal) et qu'en la prononçant, l'intonation de la voix est neutre (pas montante) : il n'y a donc pas de point d'interrogation en fin de phrase.

I – Des personnages romanesques séduisants pour retenir l'attention du lecteur

Pour retenir l'intérêt du lecteur, la séduction des personnages peut s'exercer de différentes manières. Nous verrons que ceux-ci peuvent incarner un idéal de classe, mais qu'ils peuvent aussi séduire d'autres personnages dont le point de vue est source de curiosité pour le lecteur.

Gagnez des points !

Lorsque vous citez un exemple, développer-le pour en tirer tout le parti possible. Il est inutile de multiplier les exemples pour une même idée en faisant un « catalogue » qui ne fait pas avancer l'argumentation.

A. Des personnages qui séduisent le lecteur en incarnant un idéal

La séduction que les personnages exercent sur les lecteurs tient à leur perfection, aussi bien morale, que physique dans les romans classiques. Ceux-ci sont l'incarnation d'un idéal de classe, celui de l'aristocratie qui représente alors le lectorat du XVIIe siècle. L'héroïne éponyme du roman de Madame de Lafayette, *La Princesse de Clèves*, et le Duc de Nemours se distinguent de tous les autres personnages par leur beauté hyperbolique et leurs grandes qualités morales.

Transition : Ces personnages séduisants, portraits flatteurs de la société mondaine du XVIIe siècle, retiennent donc directement l'attention du lecteur, mais celle-ci est aussi tenue en haleine par la séduction qu'ils exercent sur les autres personnages du roman.

Méthode

Une transition comporte deux étapes : il faut d'abord récapituler puis annoncer la partie ou la sous-partie suivante.

B. Des personnages qui séduisent le lecteur en séduisant d'autres personnages

La séduction que les personnages exercent sur le lecteur peut être due à leur dimension séductrice au sein de l'intrigue. Ainsi, Julien est rendu séduisant par sa capacité à faire naître un amour passionné chez des femmes aussi différentes que Madame de Rênal ou Mathilde de la Mole. Par amour, l'une trompe son époux et en vient même à mourir de chagrin trois jours après lui ; l'autre enfreint toutes les règles de son éducation en portant l'enfant de son séducteur hors mariage.

Transition : Cet attrait que Julien exerce sur ces personnages, et partant sur le lecteur, suppose que celui-ci s'identifie à lui, mais qu'en est-il dans le cas où le lecteur est invité à prendre le parti des victimes ?

C. Des personnages séduisant le personnage auquel le lecteur s'identifie

Lorsque le lecteur s'identifie aux femmes victimes de leur amour pour Julien, peut-il encore être séduit par ce jeune homme ? Invité à comprendre les amoureuses, le lecteur entre aussi dans son admiration pour Julien ou, à défaut, est charmé et touché par ces femmes qui exercent alors sur le lecteur le

L'astuce du prof

Vous pouvez intégrer des phrases interrogatives dans votre raisonnement. Le but n'est pas d'interroger directement le lecteur, mais de permettre à votre réflexion de prendre une nouvelle direction de manière subtile.

rôle de personnage séduisant en lieu et place de Julien.

Transition : L'identification du lecteur, qu'elle concerne Julien ou les femmes qui l'aiment, repose sur une séduction que ces personnages opèrent sur le lecteur. Mais ces derniers sont tous beaux et attirants, qu'en est-il lorsqu'un personnage n'est pas du tout jugé séduisant ?

II – L'attrait des personnages qui ne sont pas séduisants

Les victimes peuvent capter l'attention du lecteur, qu'elles soient victimes d'un personnage séduisant ou de la société, ou encore qu'elles incarnent des personnages atypiques.

A. Les victimes des séducteurs mettent en évidence les péripéties

Les victimes des séducteurs suscitent l'attention du lecteur qui, touché par leurs malheurs, suit leurs aventures. C'est alors sur l'intrigue, peut-être plus que sur le personnage séduisant, que repose l'attention du lecteur. Nous pouvons ainsi penser que dans *Manon Lescaut*, les malheurs du Chevalier Des Grieux, qui croit régulièrement sa joie certaine pour retomber à chaque fois dans l'affliction, invitent le lecteur à anticiper une chute annoncée en filigrane dès le début du roman. C'est donc autant le personnage fascinant de Manon que celui de Des Grieux qui retient l'attention, grâce aux péripéties multiples qu'ils traversent.

Lexique

En filigrane : se dit de quelque chose qui se laisse deviner, qui apparaît de manière implicite.

Transition : Ces personnages victimes de personnages séduisants sont le signe que les malheurs d'un personnage sont une source certaine d'intérêt pour le lecteur.

B. Les victimes de la société

Les romans du XIXe siècle mettent d'ailleurs particulièrement en scène des héros malheureux, qu'il s'agisse de héros romantiques victimes du « mal du siècle » tel Julien, incompris de presque tous, à commencer par son père, ou de ceux des romans réalistes de Balzac ou naturalistes de Zola. Ainsi, dans *L'Assommoir*, ce sont les aventures de Gervaise, petite blanchisseuse parisienne, qui

Zoom sur

L'expression « mal du siècle » apparaît dans *La Confession d'un enfant du siècle* d'Alfred de Musset pour désigner le malaise de la génération romantique, qui se sent inadaptée au monde matérialiste qui l'entoure.

captent l'attention des lecteurs, saisis de compassion pour cette victime d'une société qui ne laisse aux ouvriers qu'un avenir dans le vice et l'alcool. La compassion du lecteur pour cette femme est ainsi un motif profond d'intérêt pour le lecteur.

Transition : On voit ainsi que des sentiments divers peuvent susciter l'intérêt du lecteur, au point que certains romans renoncent à l'intrigue pour ne nous livrer que la vie intérieure de personnages banals.

C. Les personnages réduits à leurs pensées

Le Nouveau roman déconstruit le personnage traditionnel en le privant de portrait et d'un nom complet. Dans *La Modification* de Butor, l'emploi du « vous » de politesse invite chaque lecteur à s'identifier au héros et à lui prêter de lui-même. L'intrigue se réduit aux pensées qui habitent le héros durant un trajet en train le menant de France en Italie au cours duquel il renonce finalement à quitter sa femme pour sa maîtresse. Ce n'est ni l'action inexistante ni le personnage qui captent le lecteur, mais la recherche de la compréhension et le désir de savoir quelle décision sera prise. Le style joue ici un rôle prépondérant pour retenir l'attention.

Transition : De telles expérimentations invitent à repenser la notion même de séduction.

Zoom sur

La Modification, de Michel Butor (1957), se place dans le mouvement littéraire du Nouveau Roman.

Méthode

Le Nouveau Roman ayant mis à mort le personnage, on ne le lit pas pour l'intrigue ou les portraits de personnages mais pour les innovations stylistiques qu'il présente.

III – La relativité de la séduction

Certains personnages sont séduisants ou au contraire pas du tout. D'autres s'avèrent plus ambigus en raison d'un changement de regard porté sur eux, d'une éventuelle distance établie par le narrateur.

A. Des personnages beaux et laids à la fois

Certains personnages sont tout à la fois beaux et laids au point que leur capacité de séduction apparaît inexplicable. C'est le cas de l'héroïne du roman *Aurélien* d'Aragon, que le héros éponyme trouve d'abord laide avant de s'éprendre d'elle. L'incipit est à cet égard remarquable : « La première fois qu'Aurélien vit Bérénice, il la trouva franchement laide. » Mais c'est aussi le cas dans une certaine mesure de Julien Sorel, capable d'aimer passionnément comme d'agir aussi par orgueil et pour se prouver à lui-même qu'il peut obtenir telle ou telle femme.

Définition

Éponyme : se dit de quelqu'un qui donne son nom à quelque chose. Ici, le titre de l'ouvrage d'Aragon porte le nom de son héros.

Transition : La notion même de séduction est ainsi mise en doute par le regard du héros sur la femme aimée. Ce principe, repris par le narrateur lui-même, peut rendre la lecture plus délicate encore.

B. Des personnages présentés avec distance et humour

Certains narrateurs, notamment ceux de romans du XXe siècle, s'emploient à présenter avec humour ou distance les personnages. Si ces personnages sont séduisants, leur séduction est larvée par cet humour. Ce peut être le cas des romans de Queneau, comme ceux, pourtant très différents, de Cohen.

Transition : Ce jeu mené avec les outils romanesques permet de comprendre que la séduction d'un personnage est en fait une construction de l'auteur qui peut faire l'objet d'un roman.

C. La réflexion sur la séduction romanesque comme objet d'une intrigue

Le romancier peut choisir de construire son intrigue autour d'une réflexion sur la séduction romanesque. Dans *Le Ravissement de Lol V. Stein* de Duras, le narrateur s'intéresse à Lol parce qu'elle a été victime de son fiancé, qui l'a abandonnée. Il en vient lui-même à délaisser sa maîtresse pour Lol, reproduisant en l'inversant la scène primitive. La séduction que l'héroïne exerce sur le narrateur, qui cherche à savoir qui est Lol au point d'estimer l'inventer, est pourtant le moteur de l'intrigue, qui peut alors se lire comme une réflexion sur la création romanesque de personnages.

Conclusion

Pour retenir l'attention du lecteur, des romanciers créent des personnages séduisants, incarnant un idéal ou séducteurs fascinants, comme Julien Sorel ou Madame de Rênal, qui sont les incarnations de héros romantiques. Toutefois, d'autres personnages peuvent capter l'intérêt, comme les victimes qui font ressortir l'intrigue romanesque ou des contre-personnages comme ceux du Nouveau Roman. On voit alors que l'ambiguïté caractérise certains personnages pour montrer la difficulté qu'il y a à percer la complexité

À savoir

Raymond Queneau est le fondateur de l'Oulipo (« Ouvroir de littérature potentielle », 1960). Ce mouvement littéraire se fonde sur des expérimentations autour de formes littéraires nouvelles créées à partir de la réécriture ou de la mise en place de contraintes. Ex. : l'« Ode à Cassandre », poème de Ronsard (1545), dont il a fait une réécriture comique.

Zoom sur

Le roman ne raconte pas la relation de Lol V. Stein et de l'homme qui l'aime comme *Le Rouge et le Noir* raconte les amours de Madame de Rênal et de Julien Sorel. Il met en scène les rêves et les hypothèses de cet homme amoureux à partir d'une seule scène, une scène de bal, au cours de laquelle Anne-Marie Stretter a volé le fiancé de Lol.

humaine ou à écrire et construire un personnage : Julien est ainsi un personnage complexe. Si nous nous fions à l'étymologie, un personnage séduisant nous mène sur des chemins de traverse et, en ce sens, la plupart des personnages romanesques, parce qu'ils sont source d'évasion, sont séduisants.

Autres sujets de dissertation possibles sur Nathan Live.

Zoom sur

Étymologie de « Séduction » : du latin *seducere*, signifiant « conduire à soi ».

Étymologie de « Personnage » : du latin *personatioum*, venant de *persona* qui signifie « masque ».

SUJET 5 Sujet inédit

20 pts 4h

Dissertation

› Le personnage de roman se construit-il exclusivement par son rapport à la réalité ?

Vous appuierez votre réflexion sur *Les Mémoires d'Hadrien* de Marguerite Yourcenar, les œuvres que vous avez étudiées en classe et vos lectures personnelles.

CORRIGÉ 5

Comprendre le corrigé

Corrigé rédigé

Introduction

Le Nouveau Roman a annoncé en son temps la mort du personnage romanesque. Pourtant, ce dernier, s'il s'est métamorphosé depuis le réalisme et le naturalisme, semble tenace et résiste à ces funestes annonces comme Hadrien, le héros-narrateur des *Mémoires d'Hadrien* de Marguerite Yourcenar. Dès lors, on peut se demander si le personnage de roman se construit exclusivement par son rapport à la réalité. Le personnage de roman ne prend-il sens qu'en fonction du contexte réaliste dans lequel il s'inscrit ou peut-il se définir par d'autres éléments ? Nous verrons dans un premier temps comment le personnage de roman se fonde sur le lien étroit qu'il entretient avec la réalité. Nous montrerons ensuite que ce lien peut être ambigu. Cela nous amènera à voir dans une troisième et dernière partie que le personnage romanesque s'élabore autour d'un caractère et de sentiments dynamiques qui favorisent l'identification.

Zoom sur

La mort du personnage est proclamée dans les années 1950, notamment par Alain Robbe-Grillet qui affirme que le personnage fait partie des « notions périmées » (*Pour une théorie du roman*). Nathalie Sarraute proclame que le roman entre, à cette époque, dans « l'ère du soupçon ». Cela s'explique par le fait que le Nouveau Roman remet en question le concept de personnage que l'on connaissait jusqu'alors : le lecteur ignore une grande partie de lui (son niveau social, ses traits psychologiques, voire son nom).

I – Le personnage de roman prend sens en fonction du contexte réaliste dans lequel il s'inscrit

Les personnages de roman évoluent dans un cadre défini appartenant à la réalité qui forge leur identité.

A. Le personnage romanesque et un lieu réel

Certains personnages de roman s'inscrivent dans un lieu réel qui contribue à les définir. La réalité construit alors leur caractère et leurs motivations. On peut par exemple penser au personnage de la mère dans *Un barrage contre le Pacifique.* Elle sombre progressivement dans la folie parce qu'elle est victime de son amour sans limite pour l'Indochine et de l'océan qui l'empêche de cultiver ses terres. Son combat contre les éléments, son désir de venir en aide aux paysans indochinois lui font perdre la raison. Or les concessions françaises en Indochine dans les années 1920 constituent une réalité tangible. Marguerite Duras décrit les terres submergées par l'eau salée, les conséquences pour les plantations et pour les cultivateurs non seulement pour nous ouvrir sur la réalité de ce pays et de cette époque mais aussi parce que cela participe de la construction du personnage déterminant de son roman. Cette réalité est d'autant plus prégnante que Duras fait là le récit du combat de sa propre mère et se projette elle-même dans le personnage de Suzanne.

Le saviez-vous ?
Marguerite Duras a passé son enfance en Indochine, qui était alors une colonie française. Les terres accordées aux colons sans argent par l'administration française coloniale n'étaient pas cultivables car l'océan les submergeait régulièrement. La mère de l'écrivaine tenta de construire un barrage pour éviter cela. Le roman de Duras s'appuie donc sur une partie de sa vie, mais son héroïne Suzanne n'est pas elle. On parle de roman autobiographique.

Transition : Le cadre spatio-temporel réel peut inscrire le personnage de roman dans une réalité extra-romanesque, ce qui est d'autant plus vrai lorsque le personnage est historique.

Méthode
L'étude du cadre spatio-temporel est souvent riche d'informations :
sur l'intrigue, sur la manière dont elle est narrée (gestion du temps : ellipse, analepse ou prolepse) et sur les personnages.

B. Le personnage romanesque et l'histoire

De plus, certains personnages se construisent par leur rapport à l'histoire d'un pays. Ce sont les événements historiques – constitutifs de la réalité – qui leur permettent d'agir, de révéler leur tempérament. Ils sont également amenés à s'exprimer sur la réalité historique, ce lui met en évidence leur personnalité. Hadrien, le héros-narrateur des *Mémoires d'Hadrien* de Marguerite Yourcenar, est un personnage historique : l'auteure a passé des années à faire des recherches pour cerner non seulement au mieux l'homme historique, mais aussi la Rome du IIe siècle. Ainsi, Hadrien est à la fois un homme et un empereur et Yourcenar réussit à montrer qu'à l'apogée de sa vie, il ne fait qu'un avec l'Empire. Cerner ce personnage ne peut donc se faire indépendamment de la réalité historique.

Pour aller plus loin
N'oubliez pas que Marguerite Yourcenar a tenu un journal intitulé *Carnets de notes des Mémoires d'Hadrien* dans lequel elle explique ses choix de rédaction et les buts qu'elle poursuit en écrivant *Mémoires d'Hadrien*. C'est un texte capital pour entrer dans la fabrique de ces faux mémoires et les comprendre.

Transition : Les romans biographiques qui ont pour personnages des individus historiques réels les inscrivent dans la réalité de leur époque. Mais, même lorsque le personnage est une fiction, il apparaît en prise avec son temps.

C. Le personnage romanesque et la société

Enfin, le personnage peut se caractériser par le rapport qu'il entretient avec l'économie et la société. Il est forgé par la place que lui laisse la société, par la violence de cette dernière ou les opportunités qu'elle lui offre. Zola est attentif à la réalité économique de son temps. Saccard, dans les *Rougon-Macquart*, paraît ainsi indissociable des travaux d'Haussmann. Son appétit d'argent et son désir de puissance naissent des spéculations immobilières qui caractérisent le Paris du second Empire. Même ses relations amoureuses sont conditionnées par son appréhension de la situation économique. Il accepte que sa femme ait une relation incestueuse avec son fils pour lui soutirer de l'argent, il s'affiche avec des maîtresses pour suggérer auprès de ses rivaux une richesse parfois illusoire…

Transition : Ainsi, le personnage de roman peut s'élaborer dans sa relation avec la réalité, géographique, historique, sociale… Toutefois, dans certains romans, les personnages semblent mus par une force interne.

Le saviez-vous ?

Les *Rougon-Macquart* constitue une fresque romanesque de vingt volumes, dont le sous-titre est *Histoire naturelle et sociale d'une famille sous le Second Empire*. L'auteur s'est attaché à y explorer le thème de l'hérédité ainsi que l'influence du milieu social sur les êtres.

Gagnez des points !

Ne négligez pas les transitions ! Elles aident le correcteur à suivre la logique de votre propos.

II – Des personnages définis par leur caractère et leurs émotions

Le romancier tourne parfois son regard moins sur la relation des personnages avec l'extérieur que vers leur intériorité.

A. L'analyse des sentiments

Parfois, ce qui domine dans le roman, ce sont les sentiments des personnages. Ils font l'objet d'une analyse approfondie dans l'œuvre et prennent la place des évocations de la réalité. Par exemple, *La Princesse de Clèves* est située à l'époque d'Henri II, mais la dimension historique est secondaire. Mme de Lafayette s'inspire d'ailleurs de son temps autant que de sa connaissance du passé. Ce qui prime, ce sont les sentiments de

Mme de Clèves et en particulier sa conception de l'honnêteté. Peu importe l'époque, le lieu où le contexte social et économique dans lequel Mme de Clèves tombe amoureuse du duc de Nemours alors qu'elle est mariée. L'essentiel est que cet amour est impossible. D'ailleurs, ce roman a été maintes fois adapté au cinéma et situé dans différents contextes et à différentes époques, sans pour autant trahir le personnage de Mme de Clèves. Ainsi, dans *La Lettre* de Manoel de Oliveira, les deux hommes qui côtoient la jeune femme sont un médecin et un chanteur. *La Belle Personne* de Christophe Honoré met en scène une jeune fille, un lycéen très discret et un professeur d'italien. Même lorsque la dimension historique revêt une importance particulière comme dans *Mémoires d'Hadrien*, l'analyse des sentiments fait sortir le personnage de son contexte historique : la douleur d'Hadrien face à la mort de son aimé Antinoüs dépasse le cadre du IIe siècle et concerne des émotions qui existent à toutes les époques.

Méthode
Il est important de comprendre que les sentiments d'un personnage romanesque sont à la fois commandés par le contexte dans lequel ce personnage (et son auteur) évolue(nt), mais qu'une partie de ses sentiments sont intemporels, ce qui permet l'adaptation d'une même œuvre à différentes époques.

Transition : L'analyse des sentiments d'un personnage, qu'il soit historique ou non, le fait sortir de sa réalité historique dans la mesure où ces sentiments sont atemporels et peuvent donc permettre au lecteur de s'identifier au personnage.

B. L'identification du lecteur

C'est parce que la réalité passe au second plan que le lecteur peut s'identifier au personnage. Il va de soi que la situation politique et sociale a beaucoup changé depuis le début du XIXe siècle qu'évoque Benjamin Constant dans *Adolphe*. Si le lecteur s'intéresse à ce personnage, ce n'est pas parce qu'il renvoie à une réalité disparue, aux relations distantes et autoritaires d'un père avec son fils par exemple, mais parce qu'il analyse avec une lucidité étonnante les sentiments amoureux d'un jeune homme. Adolphe séduit Ellénore plus par défi que par amour. Mais il ne parvient pas à se dégager de cette relation. Par pitié sans doute, par lâcheté surtout, il lui est impossible d'avouer à une femme qui a tout quitté pour lui, qu'il ne l'aime pas vraiment. La force du personnage est donc intrinsèque, et détachée de toute réalité tangible.

Transition : Ainsi, si le personnage romanesque évolue bien dans un contexte en prise avec la réalité, il tient parfois sa force de sa psychologie et de l'analyse

Zoom sur
Roman psychologique : il naît au XVIIe siècle et fait entrer le lecteur dans l'intériorité des personnages romanesques. Le roman *La Princesse de Clèves* de Madame de Lafayette est considéré comme le premier roman psychologique.

qu'en fait le romancier. De plus, ces sentiments deviennent parfois si prégnants qu'ils parviennent à remettre en cause la réalité elle-même.

III – Le personnage romanesque et la remise en cause de la réalité

Dans certains cas, le personnage de roman semble entretenir un rapport ambigu voire conflictuel à la réalité.

A. Réalité ou folie

Il peut arriver que la perception du personnage modifie la réalité, au point que le lecteur perde ses repères. C'est le cas des personnages fous. Ainsi, dans *Thérèse Raquin*, Thérèse et Laurent sont malades de culpabilité. Progressivement, sous leurs yeux, le passage du Pont-Neuf, bien réel et soigneusement décrit par Zola au début du roman, se métamorphose. Laurent voit le cadavre de Camille lui sourire dans la nuit, les tableaux s'animer. La veulerie de Laurent transparaît donc dans un regard qui ne perçoit que l'illusion et qui ne peut appréhender la réalité. De même, c'est le propre des personnages de roman fantastique que d'interroger la réalité. Jonathan Harker, au début du *Dracula* de Bram Stocker, ne sait pas ce qu'il voit. Il lui semble que le comte Dracula n'a pas de reflet dans un miroir, mais il sait que c'est impossible. Il résiste le plus longtemps possible à admettre l'invraisemblable. Ce personnage se caractérise donc par son sérieux, son professionnalisme, sa rationalité, autant de caractères qui ne se manifestent qu'à travers un monde de fiction. La maladie et le deuil de l'empereur Hadrien dans le roman de Yourcenar l'amènent également à des visions, fièvres et décisions qui peuvent s'apparenter à une forme de folie lorsqu'il se tourne vers la magie ou divinise et rend un culte à l'amant disparu.

Définition
Veulerie : caractère d'une personne veule, c'est-à-dire sans courage, faible et lâche. « Veulerie » est donc un synonyme de « lâcheté ».

Définition
Invraisemblable : ce qui n'est pas vraisemblable, c'est-à-dire ce qui ne ressemble pas à ce qui pourrait se produire dans la réalité. L'invraisemblable n'est donc pas conforme à ce que le lecteur peut imaginer se produire dans la vraie vie ou dans le contexte du roman.

Transition : Le vécu des personnages de roman peut les écarter à des degrés plus ou moins divers de la réalité, crise ponctuelle ou folie installée. Toutefois, certains romanciers créent volontairement des personnages qui ne sont pas des hommes et vivent dans un monde imaginaire différent du nôtre.

B. D'autres réalités

Enfin, certains personnages de roman se construisent dans des univers fictifs. Même si ces derniers permettent au romancier de donner leur point de vue sur la réalité, d'exprimer leur opinion sur le monde qui les entoure, le système romanesque ne peut se confondre avec la réalité. Dans ce cas, au lieu que ce soit la réalité qui nourrisse le personnage et participe à sa construction, ce sont les personnages qui rendent plausible la fiction. Ainsi, le personnage du hobbit Frodo contribue à édifier l'univers complexe du *Seigneur des Anneaux*, roman fleuve de Tolkien. C'est son regard à la fois ambitieux et naïf qui nous permet de découvrir et de se passionner pour ces royaumes de Gondor, Mordor, ou encore la Terre du milieu.

Astuce du prof

N'hésitez pas à donner des exemples issus de vos lectures personnelles. Veillez cependant à toujours indiquer titre, auteur, année et à préciser en quoi cet exemple est intéressant. Vous devez donc le traiter de la même manière qu'un exemple scolaire, avec la même rigueur.

Transition : Ainsi, le personnage de roman peut mettre en doute la réalité voire en élaborer une nouvelle.

Conclusion

Le personnage romanesque entretient un rapport complexe avec la réalité. S'il s'inscrit dans une réalité tangible, il n'en est pas toujours le produit. La réalité passe parfois au second plan pour privilégier l'émotion et l'intimité de l'être de fiction. Parfois enfin, le personnage a pour but de bouleverser le rapport du lecteur au réel et de lui proposer un univers purement fictif. C'est l'enchevêtrement de la réalité et du romanesque qui fait la richesse et la variété des personnages.

Conclusion

Pour conclure votre devoir, récapitulez les grands axes que vous avez abordés.

Autres sujets de dissertation possibles sur Nathan Live.

SUJET 6 France métropolitaine, sept. 2013 20 pts 4h

Commentaire

› Vous commenterez le texte suivant.

EXTRAIT Jean de La Bruyère, *Les Caractères*, chapitre IX, « De l'homme », 1688

Dans Les Caractères, *La Bruyère observe en moraliste les comportements de ses contemporains et des hommes en général.*

Irène se transporte à grands frais en Épidaure[1], voit Esculape dans son temple, et le consulte sur tous ses maux. D'abord elle se plaint qu'elle est lasse et recrue de fatigue ; et le dieu prononce que cela lui arrive par la longueur du chemin qu'elle vient de faire. Elle dit qu'elle est le soir sans appétit ; l'oracle lui ordonne de dîner peu. Elle ajoute qu'elle est sujette à des insomnies ; et il lui prescrit de n'être au lit que pendant la nuit. Elle lui demande pourquoi elle devient pesante, et quel remède ; l'oracle répond qu'elle doit se lever avant midi, et quelquefois se servir de ses jambes pour marcher. Elle lui déclare que le vin lui est nuisible : l'oracle lui dit de boire de l'eau ; qu'elle a des indigestions : et il ajoute qu'elle fasse diète. Ma vue s'affaiblit, dit Irène. – Prenez des lunettes, dit Esculape. – Je m'affaiblis moi-même, continue-t-elle, et je ne suis ni si forte ni si saine que j'ai été. C'est, dit le dieu, que vous vieillissez. – Mais quel moyen de guérir de cette langueur[2] ? Le plus court, Irène, c'est de mourir, comme ont fait votre mère et votre aïeule. Fils d'Apollon, s'écrie Irène, quel conseil me donnez-vous ? Est-ce là toute cette science que les hommes publient, et qui vous fait révérer de toute la terre ? Que m'apprenez-vous de rare et de mystérieux, et ne savais-je pas tous ces remèdes que vous m'enseignez ? – Que n'en usiez-vous donc, répond le dieu, sans venir me chercher de si loin, et abréger vos jours par un long voyage ?

1. Région de Grèce où se trouve le temple d'Esculape, dieu de la médecine. Esculape est le fils d'Apollon.

2. Manque d'énergie.

CORRIGÉ 6

Comprendre le corrigé

Corrigé rédigé

Introduction

La Bruyère est un auteur classique qui prit parti pour les Anciens dans la querelle des Anciens et Modernes. Son œuvre *Les Caractères ou les Mœurs de ce siècle,* qu'il publia anonymement en 1668, s'inspire ainsi des *Caractères* de Théophraste, qui figurent d'ailleurs dans la première édition de l'œuvre du moraliste. Le portrait « Irène » est ainsi une satire d'une hypocondriaque derrière laquelle les contemporains de l'auteur reconnurent Mme de Montespan, la favorite de Louis XIV. Nous nous demanderons donc comment La Bruyère procède pour faire réfléchir les hommes sur la condition humaine grâce à ce portrait. Pour cela, nous verrons que le caractère a la forme vivante d'un récit dialogué, qui propose la satire d'une hypocondriaque afin de faire réfléchir sur la condition humaine.

> **Zoom sur**
> La querelle des Anciens et des Modernes a éclaté en 1687. Elle opposait les partisans du siècle de Louis XIV, et ceux qui préféraient une littérature ancrée dans leur temps.

I – Un caractère vivant en forme de récit dialogué…

A. Un récit vivant…

Le caractère « Irène » prend la forme d'un récit. Il y a ainsi des indications spatio-temporelles avec la mention du lieu « Épidaure » (l. 1), sanctuaire du dieu de la médecine Asclépios pour les Grecs, Esculape pour les Latins, fils d'Apollon, et plus précisément de son « temple » (l. 2). Les indications de temps sont réduites, mais permettent tout de même d'établir la chronologie de l'action avec « D'abord » (l. 2), « et » (l. 3, 6), « ajoute » (l. 5, 10). Le présent de narration « se transporte » (l. 1), « s'écrie » (l. 15) rend la scène d'autant plus vivante que le schéma narratif est simple. La situation initiale n'est pas donnée, elle correspond à la vie d'Irène, qui doit faire face à « tous ses maux » (l. 2). Son absence permet d'entrer directement dans l'action avec l'élément perturbateur, la consultation du dieu Esculape. L'énumération des verbes « se transporte », « voit » et « consulte » rend le récit dynamique. Les

> **Méthode**
> Les citations du texte à commenter doivent être précisément situées dans le texte, grâce à la mention de la ligne à laquelle elles se trouvent.

> **Méthode**
> Le schéma narratif correspond au plan typique d'un récit.
> 1) Situation initiale
> 2) Élément déclencheur
> 3) Péripéties
> 4) Élément de résolution
> 5) Situation finale.
> Il est utile de connaître ces étapes pour voir si les auteurs les adaptent et dans quel but ils le font.

péripéties sont constituées par le dialogue entre le dieu et Irène. La proposition d'Esculape « de mourir » constitue l'élément de résolution. La situation finale ne nous est pas non plus donnée et laisse le lecteur imaginer Irène toujours en proie à « ses maux » (l. 2).

Transition : Le caractère propose donc un récit vivant et efficace d'une consultation du dieu Esculape par Irène. La scène est d'autant plus plaisante à lire qu'elle est dialoguée.

B. … et dialogué

L'essentiel du récit correspond à un échange de propos entre Irène et le dieu Esculape. Les paroles sont d'abord rapportées au discours indirect des lignes 2 à 9, puis au discours direct. Le texte est ainsi rendu de plus en plus vivant, voire théâtral. En effet, même la partie au discours indirect peut se lire théâtralement : les verbes introducteurs jouent le rôle de didascalies précisant le ton des propos « se plaint » (l. 2), « ordonne » (l. 5), « prescrit » (l. 6), « demande » (l. 7), « déclare » (l. 9), ce que confirme l'usage fait ensuite de ceux en incise comme « s'écrie » (l. 15). Ainsi, la scène devient de plus en plus orale, d'autant que le texte peut se lire comme un échange de stichomythies dans lesquelles le ton monte progressivement jusqu'à la chute, suivie de la séparation des personnages. Comme souvent au théâtre, le dialogue se fait rapport de force : chaque réplique d'Irène appelle une réponse du dieu jusqu'à la réponse finale, qui scelle la victoire de ce dernier et le départ d'Irène.

Définition

Discours indirect : énoncé dans lequel l'énonciateur rapporte les propos de quelqu'un.

Définition

Stichomythie : échange entre deux individus, qui se caractérise par des propos très brefs, engendrant un effet d'accélération.

Transition : Le caractère prend la forme d'une joute oratoire théâtrale dont Irène sort défaite non seulement par le dieu, mais aussi par le moraliste, qui fait une satire de son personnage.

Astuce du prof

Pensez à analyser le rythme des phrases !

II – … qui propose la satire d'une hypocondriaque…

A. Une hypocondriaque…

Irène vient « consulte[r] » le dieu de la médecine Esculape « sur tous ses maux » (l. 2). En commençant à lire son portrait, on a ainsi l'impression que le personnage est très malade puisque « tous » insiste sur la grande quantité de problèmes de santé de celui-ci. Dans son dialogue avec le dieu, Irène les énumère d'ailleurs : elle est fatiguée comme l'indique la gradation « lasse et recrue de fatigue » (l. 3), « sans appétit » (l. 5), souffre d'« insomnies » (l. 6) et d'« indigestions » (l. 10), se sent « pesante » (l. 7), voit moins bien et s'estime faible comme le montre la répétition du verbe « s'affaibli[r] » (l. 11). Les maux dont souffre Irène ne sont donc en fait pas des maladies mais des symptômes de l'âge, ce que souligne le dieu en disant : « vous vieillissez » (l. 13). Le seul mal dont souffre Irène est l'hypocondrie : elle est une malade imaginaire pour laquelle le dieu ne peut donc rien comme le soulignent ses deux dernières répliques. En effet, la première est une invitation paradoxale à « mourir » (l. 14) pour « guérir » (l. 13), la seconde remet en cause le bien-fondé d'un voyage « abrége[ant] [ses] jours » (l. 19-20).

Définition

Gradation (figure de style) : énumération qui progresse à souligner l'idée (gradation croissante) ou au contraire à montrer un affaiblissement (gradation décroissante).

Transition : Irène souffre donc d'hypocondrie, ce qui amène le moraliste à proposer d'elle une satire pleine d'humour.

B. … ridiculisée avec humour

Le comique est nettement présent dans ce portrait. En effet, l'énumération tourne à l'accumulation grotesque : les problèmes sont de moins en moins graves, comme la vue ou la faiblesse de l'âge ; le nom « langueur », qui clôt la liste, désigne ironiquement un état qui n'a rien de pathologique. Le choix du prénom « Irène », venant du grec *eirènè*, qui signifie « paix » montre par antiphrase à quel point ce personnage est en fait en proie à l'anxiété, soulignée par le décalage entre ses questions incessantes et les réponses calmes du dieu, qui énonce des évidences. Sa détresse est ici comique : elle apostrophe le dieu en l'appelant « Fils d'Apollon » (l. 15), en répondant en quelque sorte à la filiation « votre mère et votre aïeule » par le rappel de celle d'Esculape. Cette détresse tourne ensuite au mécontentement, comme l'indiquent les adjectifs ironiques « rare » et « mystérieux » qualifiant le conseil donné par Asclépios. Le champ lexical de la connaissance dont elle use renforce le comique de la scène avec « conseil », « science » renforcée par « toute », « apprenez », « savais », « enseignez ».

Méthode

Lorsque vous repérez une figure de style, la mentionner n'a d'intérêt que si vous indiquez quel(s) effet(s) elle produit, car le but est bien de comprendre les conséquences de son emploi et non de la repérer pour la nommer.

Astuce du prof

Ce commentaire peut enrichir les exemples pour une dissertation issue du parcours « Imagination et pensée au XVIIe siècle ».

Astuce du prof

Pensez à relever les mots relevant d'un même champ lexical, cela permet de mettre en évidence les grands thèmes du texte.

Transition : Irène est un personnage grotesque et ridicule : malade imaginaire, sa satire permet au lecteur de réfléchir sur lui-même et sur la condition humaine.

III – … afin de faire réfléchir le lecteur sur lui-même et sur la condition humaine.

A. La critique d'une égoïste…

Irène n'est pas seulement hypocondriaque, elle se montre égoïste et vaniteuse. Elle est en effet son unique centre d'intérêt : tout le dialogue tourne autour de sa personne et de préoccupations mesquines. Elles sont alimentaires comme le souligne le champ lexical correspondant avec « sans appétit » (l. 5), « dîner » (l. 5), « vin » (l. 9), « indigestions » (l. 10) ou liées au sommeil avec « lasse et recrue de fatigue » (l. 3), « insomnies » (l. 6), « langueur » (l. 13). Ses obsessions relèvent d'une forme de vanité dans la mesure où elles ne touchent que son corps et en rien l'esprit ou l'âme. Telle une coquette, elle refuse de vieillir et d'accepter les effets de l'âge, comme l'indique le rythme binaire renforcé par l'intensif « si » et la négation « ni… ni » : « je ne suis plus ni si forte ni si saine que j'ai été. » (l. 12) Cette phrase stigmatise aussi son incapacité à se rendre compte qu'on ne peut pas être et avoir été et à accepter la finitude humaine.

Lexique
Vanité vient de *Venus* en latin qui signifie « vide ». Le moraliste montre qu'Irène n'est qu'une enveloppe vide en raison de ses préoccupations sans intérêt.

Transition : Le moraliste dresse un portrait satirique d'Irène en soulignant son égoïsme et sa vanité. En tant que personnage type, elle devient aussi une satire de la Cour et des courtisans.

Le saviez-vous ?
L'attitude d'Irène s'oppose à l'idéal classique de l'honnête homme qui est capable de se soucier des autres et n'est pas tourné vers sa seule personne.

B. … qui représente aussi la Cour…

À défaut de voir en Irène, comme les contemporains de La Bruyère, une satire de Mme de Montespan, nous pouvons voir en elle une satire des courtisans et de leur mode de vie. En effet, celui-ci n'est que superficialité comme le soulignent les champs lexicaux, l'importance de la nourriture, de l'oisiveté, du sommeil et enfin la mention de l'argent dépensé en vain avec l'exemple du « long voyage » (l. 20) fait « à grands frais en Épidaure » (l. 1). Leur mode de vie repose donc sur le luxe et une grande richesse dépensée sans discernement par lubie.

Transition : Le portrait à charge d'Irène est en fait une satire des mœurs de la Cour. Elle invite donc les courtisans et autres lecteurs à réfléchir sur la condition humaine.

Astuce du prof

Pensez à élargir votre point de vue et à contextualiser le texte étudié par rapport à son époque d'écriture.

C. … mais invite à réfléchir sur la condition humaine

Le portrait peut se lire dans une perspective plus large que celle du contexte historique et social dans lequel il s'inscrit. En effet, La Bruyère invite son lecteur à réfléchir sur la vie en ayant conscience de sa finitude et en adoptant par conséquent un mode de vie qui accorde moins de place au corps et davantage à l'esprit, voire à l'âme. Irène a paradoxalement écourté sa vie en espérant la prolonger comme l'explique la dernière réplique du dieu, véritable chute du récit. En cela, l'auteur nous invite à réfléchir aux conséquences de nos actes et au sens de notre vie dans une perspective que l'on pourrait rapprocher de la philosophie stoïcienne.

Zoom sur

La philosophie stoïcienne prône un certain détachement. « *Tout est opinion. Et l'opinion dépend de toi* », disait Marc-Aurèle au IIe siècle.

Conclusion

La Bruyère nous propose un portrait sous forme d'apologue. En effet, le caractère « Irène » est un récit vivant et théâtralisé qui permet avec humour de faire la satire non seulement d'un type, mais aussi des courtisans et du mode de vie de la Cour. La morale, sous forme d'une chute comique, invite en outre à réfléchir à la destinée humaine en l'inscrivant dans un parcours qui prend en compte la finitude de l'homme. Le personnage d'Irène n'est pas sans rappeler *Le Malade imaginaire* de Molière, qui propose aussi la satire d'un hypocondriaque que l'intrigue amène à la lucidité.

Définition

Apologue : récit court ayant une vocation pédagogique.

SUJET 7 **Sujet inédit** 20 pts 4h

Commentaire

› **Vous commenterez le texte suivant.**

EXTRAIT **Diderot, *Supplément au voyage de Bougainville*, « Les adieux du vieux Tahitien », 1722**

Le navigateur Bougainville publia un récit de son voyage à Tahiti, qui suscita l'indignation de Diderot en raison des préjugés qu'il véhiculait sur ces non-Européens. Il imagina donc une suite à ce récit pour dénoncer les exactions de Bougainville. Dans l'extrait suivant, il donne la parole à un vieux Tahitien.

Puis s'adressant à Bougainville, il ajouta : « Et toi, chef des brigands qui t'obéissent, écarte promptement ton vaisseau de notre rive : nous sommes innocents, nous sommes heureux ; et tu ne peux que nuire à notre bonheur. Nous suivons le pur instinct de la nature ; et tu as tenté d'effacer de nos âmes son caractère. Ici tout est à tous ; et tu nous as prêché je ne sais quelle distinction du *tien* et du *mien*. Nos filles et nos femmes nous sont communes ; tu as partagé ce privilège avec nous ; et tu es venu allumer en elles des fureurs inconnues. Elles sont devenues folles dans tes bras ; tu es devenu féroce entre les leurs. Elles ont commencé à se haïr ; vous vous êtes égorgés pour elles ; et elles nous sont revenues teintes de votre sang. Nous sommes libres ; et voilà que tu as enfoui dans notre terre le titre de notre futur esclavage. Tu n'es ni un dieu, ni un démon : qui es-tu donc, pour faire des esclaves ? Orou ! toi qui entends la langue de ces hommes-là, dis-nous à tous, comme tu me l'as dit à moi, ce qu'ils ont écrit sur cette lame de métal : *Ce pays est à nous*. Ce pays est à toi ! et pourquoi ? parce que tu y as mis le pied ? Si un Tahitien débarquait un jour sur vos côtes, et qu'il gravât sur une de vos pierres ou sur l'écorce d'un de vos arbres : *Ce pays est aux habitants de Tahiti*, qu'en penserais-tu ? Tu es le plus fort ! Et qu'est-ce que cela fait ? Lorsqu'on t'a enlevé une des méprisables bagatelles dont ton bâtiment est rempli, tu t'es récrié, tu t'es vengé ; et dans le même instant tu as projeté au fond de ton cœur le vol de toute une contrée ! Tu n'es pas esclave : tu souffrirais plutôt la mort que de l'être, et tu veux nous asservir ? Tu crois donc que le Tahitien ne sait pas défendre sa liberté et mourir ? Celui dont tu veux t'emparer comme de la brute, le Tahitien est ton frère. Vous êtes deux enfants de la nature ; quel droit as-tu sur lui qu'il n'ait pas sur toi ? Tu es venu ; nous sommes-nous jetés sur ta personne ? Avons-nous pillé ton vaisseau ? T'avons-nous saisi et exposé aux flèches de nos ennemis ? T'avons-nous associé dans nos champs au travail de nos animaux ? Nous avons respecté notre image en toi. Laisse-nous nos mœurs ; elles sont plus sages et plus honnêtes que les tiennes ; nous ne voulons point troquer ce que tu appelles notre ignorance, contre tes inutiles lumières. »

CORRIGÉ 7

Comprendre le corrigé

Plan détaillé

Introduction

La multiplication des voyages autour du monde comme celui de Bougainville au XVIIIe siècle amène les philosophes des Lumières à réfléchir sur les différences entre sociétés. Dans *Le Supplément au voyage de Bougainville,* paru en 1772, Diderot critique la société européenne à travers le personnage d'un vieux Tahitien qui prononce un discours d'adieux véhément en interpellant Bougainville. Nous pouvons donc nous demander comment l'auteur procède pour dénoncer le comportement esclavagiste des Européens. Pour ce faire, nous mettrons en évidence le blâme de la civilisation européenne fait par le vieux Tahitien, ce qui nous permettra de faire apparaître, en creux, l'éloge de la société tahitienne. L'élaboration du discours nous amènera à nous interroger sur la présence de Diderot dans ce texte.

Introduction

Diderot est l'un des principaux philosophes des Lumières, il est notamment connu pour la rédaction de *L'Encyclopédie* qui dura près de vingt ans.

I – Blâme de la civilisation européenne

A. L'individualisme et l'avidité financière

- Individualisme : Bougainville ne s'exprime qu'avec des adjectifs et pronoms personnels qui relèvent du singulier. Les Européens se pensent en tant qu'individus alors que les Tahitiens se pensent comme communauté. Les Européens ne sont pris qu'individuellement, même lorsque la phrase pourrait accepter un pluriel comme « laisse-nous nos mœurs, elles sont plus sages et plus honnêtes que les tiennes » (l. 28-29).

En découle la recherche de biens pour soi, Bougainville et ses hommes s'emparent des richesses des terres visitées : « Ce pays est à nous. »

- Ce comportement laisse apparaître un visage du monde dit civilisé qui va à l'encontre des préjugés habituels. Les Européens sont décrits comme accordant une grande importance à la propriété : « distinction du *tien* et du *mien* » (l. 6) met en évidence l'absence de communautarisme, souligné par l'utilisation de l'italique. Bougainville est d'ailleurs présenté comme le « chef des brigands », ce qui met en

Astuce du prof

Ce commentaire peut enrichir les exemples pour une dissertation issue du parcours « Le regard éloigné ».

Méthode

L'italique ne sert pas seulement à indiquer le titre d'un ouvrage, il montre aussi qu'un mot est d'une autre langue que celle du locuteur et est un moyen, de souligner un mot, une idée, ce qui mérite d'être analysé. Ici, l'italique montre que ces mots n'existent pas dans la langue des Tahitiens et met en évidence l'idée de propriété qu'ils portent.

lumière son aspect cupide. Cela se manifeste par son manque de générosité puisqu'il est incapable de faire don ne serait-ce que d'une « bagatell[e] ».

B. Un monde dit civilisé qui s'avère barbare

• La bestialité et la brutalité vont à l'encontre des préjugés sur les Européens :

– on relève le champ lexical de la violence (l. 8-11) ;

– une gradation au sein du champ lexical vers une violence de plus en plus importante : « fureurs », « folles », « féroce » caractérisent les individus ;

– une allitération en [f] qui crée un lien entre les individus fous allant des Tahitiennes contaminées à Bougainville, agent de la contamination. On note les verbes de processus (« allumer », « sont devenues ») qui indiquent un changement d'état, une aliénation, une transformation des Tahitiennes à l'image de Bougainville, monstre sanguinaire : « se haïr » (état d'esprit), « égorgés » (acte), « teintes de votre sang » (résultat).

Définition
Allitération : procédé stylistique qui consiste en la répétition d'une même consonne ce qui crée des effets qui doivent être repérés et expliqués .

• La dernière image avec le sang permet de visualiser la violence. Cette réaction des Européens témoigne de leur fonctionnement ordinaire, tout chez eux repose sur la loi du plus fort : « Tu es le plus fort ! Et qu'est-ce que cela fait ? » Le lien sous-entendu entre le constat et la conséquence montre la différence entre les deux sociétés.

C. L'esclavage

• La mention de cette pratique est explicite : « notre futur esclavage » (l. 11), « esclaves » (l. 12) et « asservir » (l. 22). Celle-ci est fortement récusée :

– « Tu n'es ni un dieu, ni un démon : qui es-tu donc pour faire des esclaves ? » (l. 11-12) : double négation par « ni… ni » qui sous-entend que Bougainville n'est qu'un homme, qu'il n'a pas un statut particulier qui lui donnerait le droit d'asservir des peuples.

• Paradoxe de la position de Bougainville sur l'esclavage :

Définition
Paradoxe : expression d'une idée qui est contraire à l'opinion commune, à ce que l'on attend.

– renversement des positions (l. 22-24) qui montre le caractère odieux de la condition d'esclave ;

– comparaison « plutôt la mort que », rythme ternaire qui atteste de l'absence d'empathie de Bougainville avec l'anaphore de « tu » ;

– ambiguïté entre les verbes d'état et celui de volonté qui met en lumière la contradiction de Bougainville. L'explorateur est prêt à faire à autrui ce qu'il ne voudrait pas qu'on lui fasse ;

– les préjugés racistes : seuls eux justifient aux yeux des Européens l'esclavage de certains hommes et non d'autres. Pour les Européens, le Tahitien est une « brute » (l. 23) et un ignorant.

Définition
Anaphore : répétition d'un mot ou groupe de mots en début de phrases, vers ou membre de phrase.

II – Éloge de la vie sauvage

A. Un peuple heureux

- Un état, le bonheur : « nous sommes heureux » (l. 3), l'affirmation au présent d'habitude est presque gnomique. Ce bonheur caractérise les Tahitiens, comme un état de fait.
- Cause : « nous sommes innocents, nous sommes heureux », le parallélisme, malgré l'asyndète, permet d'établir un lien de cause à conséquence. L'innocence est source de bonheur, grâce à la simplicité de la vie naturelle : « Nous suivons le pur instinct de la nature. »
- La conséquence première de cette manière de vivre apparaît dans les mœurs tahitiennes qui sont l'exact opposé de celles des Européens.

Définition
Asyndète : procédé stylistique qui consiste en la suppression du mot de liaison entre deux propositions ou phrases et qui a pour effet, le plus souvent, d'indiquer une forte opposition entre ces deux parties, mais qui peut aussi se charger d'autres significations comme la conséquence ici.

B. Une vie en communauté

- Unité des Tahitiens : le vieux Tahitien ne parle jamais en son nom mais pour l'ensemble de son peuple.
- L'ignorance de la propriété : « tout est à tous », présent gnomique et effets sonores [t] qui marquent l'unité. La propriété est totalement inconnue : « je ne sais quelle » (absence de connaissance et dimension péjorative).
- Des mœurs très libres : « nos filles et nos femmes nous sont communes », phrase saturée en pronoms et adjectifs de la première personne du pluriel.

Définition
Présent gnomique : forme verbale qui exprime un fait général, une vérité attestée.
Ex : *La Terre tourne autour du Soleil.*

C. Renversement de préjugés

- La liberté comme bien suprême : « nous sommes libres » (l. 10). On relève une gradation vers l'idée de mort possible pour cet état « défendre sa liberté et mourir » (l. 22).

• L'hospitalité : non seulement Bougainville n'a pas été traité en ennemi, mais il a été considéré comme un égal « tu as partagé ce privilège avec nous » (l. 7) : le « tu » et le « nous » placés aux deux extrémités de la phrase sont ainsi réunis grâce aux Tahitiens.

• Le respect : ce comportement est justifié par le regard porté sur autrui non comme un être différent de soi, mais comme un autre soi-même : « deux enfants de la nature », « le Tahitien est ton frère ». Métaphore filée de la terre mère nourricière de tous les peuples. Gradation de cette idée avec la phrase « nous avons respecté notre image en toi » qui réunit « nous » et « toi » dans un « notre » qui désigne l'humanité (rythmes binaires abondants, oppositions « brute »/« frère », « sur lui »/« sur toi » qui montrent en fait l'égalité des conditions).

III – Diderot derrière le vieux Tahitien

A. Le personnage du Tahitien

• Le porte-parole d'un peuple :

– son âge avancé est signe de sagesse, sa harangue est parfaitement organisée ;

– thèse énoncée avec véhémence, impératif et apostrophe. Justification de celle-ci par le rappel des faits ;

– il n'a pas de nom : ce caractère anonyme fait de lui le représentant de tous les peuples menacés par la colonisation.

• Le Tahitien devient ainsi un symbole incarnant toutes les voix des colonisés, mais aussi de ceux parlant en leur faveur en Europe.

B. Le Tahitien, un philosophe des Lumières…

• Le discours du vieux Tahitien semble s'apparenter à celui d'un orateur portant les idées des Lumières.

• Les idées des Lumières : respect d'autrui, refus de l'esclavage, caractère invraisemblable d'un tel discours. En effet, comment un Tahitien peut-il respecter les codes rhétoriques de l'Antiquité gréco-romaine (discours épidictique proposant un

Le saviez-vous ?
La notion d'hospitalité est capitale dans l'Antiquité gréco-romaine au point d'être une des caractéristiques des peuples civilisés (on le voit lors du périple d'Ulysse dans l'*Odyssée* d'Homère). On voit donc que cette valeur est ici attribuée aux Tahitiens, ce qui renforce le renversement des préjugés.

Astuce du prof
Idées des Lumières : lorsque vous annoncez un grand concept ou un mouvement littéraire tel que celui des Lumières, pensez à en donner une définition qui permette non seulement d'appuyer votre propos, mais aussi d'illustrer vos connaissances.

Le saviez-vous ?
Issu de la rhétorique antique, le discours ou genre épidictique est employé lorsqu'on fait un éloge ou un blâme.

blâme des Européens auquel répond un éloge des Tahitiens) ?

- Les idées de Diderot : goût pour le dialogue (caractère vivant du discours : impératifs, apostrophes, questions oratoires) et idées sur la sexualité *(cf. Les Bijoux indiscrets,* roman libertin).
- L'incarnation d'un mythe : la société tahitienne décrite est un idéal, celui de Diderot (comparatif de supériorité final). Il réactualise (comme de nombreux auteurs des Lumières) le mythe du « bon sauvage ».

Conclusion

La harangue du vieux Tahitien à Bougainville met en lumière bon nombre de défauts de la société européenne tels que son individualisme et son avidité financière, qui font d'elle un monde où règne la violence, fort éloigné de l'idée de civilisation, comme l'atteste la pratique de l'esclavage à laquelle elle recourt de manière barbare. À travers ce blâme, la société tahitienne semble paradisiaque en raison de sa liberté, du respect et de l'égalité qui y règnent. Le personnage du vieux Tahitien incarne ainsi tous les peuples colonisés ; son discours en fait un philosophe des Lumières, dans lequel on pourrait reconnaître Diderot. Le philosophe est loin d'être le seul à user d'un porte-parole pour défendre des idées jugées dangereuses à l'époque : Montesquieu procède de même dans ses *Lettres persanes*.

Les deux auteurs recourent ainsi au même principe de délégation de leur parole, mais de manière fort différente, puisque Diderot propose un dialogue ou un discours alors que Montesquieu donne à lire une correspondance fictive de Persans découvrant l'Europe et ses mœurs qu'ils jugent souvent choquantes.

Astuce du prof

Lettres persanes : pensez à ouvrir votre analyse en vous appuyant sur d'autres textes étudiés en cours, ou bien sur vos lectures personnelles.

SUJET 8 Sujet inédit

20 pts 4h

Dissertation

› Dans le premier livre des *Essais*, Michel de Montaigne explique que, pour se former, il faut « frotter et limer notre cervelle contre celle d'autrui ».

En quoi peut-on dire que les chapitres « Des Cannibales » et « Des Coches » et plus généralement les textes humanistes à la Renaissance, se caractérisent par une ouverture à l'autre et une interrogation sur l'autre ?

Vous répondrez à cette question en vous appuyant sur votre lecture du texte de Montaigne et sur vos connaissances et lectures personnelles.

CORRIGÉ 8

Comprendre le corrigé

Corrigé rédigé

Introduction

La question de l'autre anime tous les siècles, la confrontation du témoignage de l'ethnologue contemporain Claude Lévi-Strauss avec les auteurs humanistes que sont Montaigne et Léry en témoigne. Toutefois, elle semble prendre une résonnance particulière à la Renaissance, alors que les humanistes cherchent à placer l'homme au centre de leurs préoccupations et, ce faisant, remettent en cause nombre de certitudes. Dans le premier livre des *Essais*, Michel de Montaigne explique que, pour se former, il faut « frotter et limer notre cervelle contre celle d'autrui ». En quoi peut-on dire que les chapitres « Des Cannibales » et « Des Coches » et plus généralement les textes humanistes à la Renaissance, se caractérisent par une ouverture à l'autre et une interrogation sur l'autre ? L'humanisme, en ce qu'il part à la découverte de l'autre, s'interroge-t-il sur l'autre ou se sert-il de l'autre comme d'un miroir ? Nous verrons comment l'humanisme s'ouvre à l'autre, avant de montrer que le questionnement qui en découle est tout autant une réflexion sur soi qu'une réflexion sur l'homme en général.

Méthode

La phrase d'amorce de l'introduction doit inscrire le sujet dans un contexte plus général pour en montrer les enjeux et l'intérêt.

Le saviez-vous ?

On situe le mouvement artistique et culturel de la Renaissance entre la fin du XIVe siècle, et le début du XVIIe siècle. Les penseurs de cette époque redécouvrent notamment d'importants textes antiques.

I – Certes, l'humanisme part à la découverte de l'autre…

A. L'autre géographique

La Renaissance est l'époque des grands voyages. La découverte de l'Amérique par Christophe Colomb en 1492 n'est qu'un des grands voyages initiés à la Renaissance, il est suivi par Vasco de Gama, Magellan et Jacques Cartier en particulier. L'Europe monte des grandes expéditions auxquelles participent des religieux, des scientifiques mais aussi des curieux, des observateurs soucieux de découvrir d'autres cultures, de les comprendre… Ainsi, Jean de Léry participe à une expédition française au Brésil. Son *Histoire d'un voyage fait en la terre du Brésil* montre son attention aux Indiens autochtones. Il s'applique par exemple à faire entendre leur langue (« Marapé-dereré, marapé-dereré ? »), ou à rendre compte de leurs coutumes. Le lecteur découvre une autre manière d'accueillir les étrangers, qui consiste à les dépouiller de leurs atours, chapeau, épée, ceinture et autre casaque, pour s'en vêtir et jouer avec avant de les rendre à leur propriétaire. Ceux qui n'ont pas l'occasion de participer à ces expéditions font l'épreuve de l'altérité de manière différente. Par la lecture de récits de voyage, par la rencontre avec des représentants des peuples du Nouveau Monde ramenés parfois pour les présenter au roi, ou encore par des relations orales comme celles qu'a recueillies Montaigne au chapitre XXXI du premier livre des *Essais*, « Des Cannibales ». Il a en effet pris le temps de parler « très longtemps » avec un des visiteurs du roi Charles IX. Il faut d'ailleurs rappeler que l'on ne voyage pas aujourd'hui comme au XVIe siècle, et que de courts voyages peuvent également confronter à l'altérité. Du Bellay en fait l'expérience lorsqu'il se rend à Rome et qu'il découvre une ville fort différente de celle qu'il s'attendait à voir. *Les Regrets* expriment son désarroi alors qu'il cherche vainement « Rome en Rome ».

Astuce du prof

Pensez à intégrer des éléments historiques précis pour contextualiser votre devoir.

Astuce du prof

Quand vous évoquez les textes au programme, vous devez être très précis. Si vous mentionnez d'autres textes (des lectures personnelles par ex.) vous pouvez être plus vague.

B. L'autre temporel

Pour les humanistes, s'ouvrir à l'autre c'est aussi redécouvrir des civilisations anciennes. La prise de Constantinople par les Turcs en 1453 et la fuite vers Rome des lettrés chargés de livres antiques, grecs

Le saviez-vous ?

La Chute de Constantinople, qui réduit à néant l'Empire byzantin, est déterminante. Certains y voient une rupture : la fin du Moyen Âge et le début de la Renaissance. D'autres y voient une étape déterminante de la transmission du monde grec vers le monde latin, qui a entraîné la Renaissance.

notamment, permet la lecture et la découverte de textes originaux, que l'on ne connaissait que par ouï-dire. Les humanistes, appréhendant la culture antique comme un tout, avec une remarquable curiosité, accumulent de nouvelles connaissances dans les domaines scientifique, médical, philosophique... On remarque ainsi que Montaigne, dans le chapitre 6 du livre III, « Des Coches », revient sur l'histoire romaine, en évoquant les moyens de transport des empereurs (« Marc-Antoine fut le premier qui se fit promener dans Rome, une donzelle citharède à ses côtés, par des lions attelés à un coche », III, 6).

Lexique

Donzelle : jeune fille en langage familier.

Citharède : en Grèce antique, personne qui chantait en s'accompagnant de la cithare.

C. L'autre imaginaire

Enfin, le désir de découverte de l'autre est tel à la Renaissance, que la littérature humaniste regorge de voyages imaginaires, d'ailleurs rêvés. On peut ainsi songer à *L'Utopie* de Thomas More, ou à « l'isle de Madamothi » dépeinte par Rabelais au chapitre II du *Quart livre*, l'un comme l'autre des non-lieux, des créations imaginaires. Débarquant sur l'île de Madamothi, Pantagruel et ses compagnons sont fascinés par les richesses et le savoir-faire des habitants – décrits avec force, hyperboles et énumérations – aussi bien que par leur intelligence et leur subtilité. Cette admiration rappelle celle de Montaigne face aux Indiens. Dans sa volonté de défendre ces derniers contre les préjugés européens, il glisse de la présentation objective au mythe du « bon sauvage » en évoquant leur mode de vie simple et leurs mœurs pures (« Les mots mêmes qui signifient le mensonge, la trahison, la dissimulation, l'avarice, l'envie, la médisance, le pardon, sont inconnus », I. 31).

Transition : Ainsi, l'humanisme et la Renaissance semblent bien se caractériser par une ouverture sur l'autre. Toutefois, on peut se demander si cette ouverture sur l'autre est nécessairement une interrogation sur l'autre. Il semblerait en effet que se tourner vers l'autre permet dans un premier temps de s'interroger sur soi-même.

Méthode

Inclure une ou deux phrases de transition entre les parties permet d'établir une continuité dans le devoir.

II – ...Mais s'interroger sur l'autre, c'est s'interroger sur soi

Il semblerait en effet que les auteurs humanistes trouvent dans la découverte de l'autre l'occasion d'approfondir la réflexion sur soi.

> **Méthode**
> Une fois la transition annoncée, pensez à introduire votre nouvelle partie pour annoncer la direction que vous allez prendre.

A. La confrontation avec l'autre permet de prendre la mesure de ce qu'on est

En effet, la confrontation avec l'autre permet de prendre la mesure de ce que l'on est réellement. Ainsi, Montaigne, dans le livre III des *Essais*, s'interroge sur les causes de la victoire des Européens sur les Indiens et sur la puissance conquérante de l'Europe. À cette occasion, il se penche moins sur les faiblesses des Indiens que sur l'artificialité de la puissance européenne. Les conquérants ne doivent pas la victoire à leur intelligence, à leur courage, mais à leurs armures et leurs armes (« équipés d'une peau luisante et dure et d'une arme [offensive] tranchante et resplendissante », « les foudres, les tonnerres de nos pièces d'artillerie et de nos arquebuses », III, 6) ou à l'effet de surprise créé par leurs chevaux (« montés sur de grands monstres inconnus »). Il fait donc avant tout le portrait d'une Europe conquérante, cruelle, qui profite des faiblesses de ceux qu'elle a déclarés ses ennemis. C'est dans la confrontation avec l'autre que ces traits caractéristiques apparaissent. Par ailleurs, si Montaigne dans ses *Essais* pose un projet autobiographique (« Je suis moi-même la matière de mon livre »), il recourt souvent à un détour par l'autre, l'autre de la lecture et celle des philosophes antiques en particulier, pour mieux se comprendre.

> **Méthode**
> L'usage d'adverbes de liaison permet d'indiquer un lien logique entre vos idées.

> **Lexique**
> Arquebuse : arme à feu en usage jusqu'à la fin du XVIe siècle.

B. Le dialogue avec l'autre permet d'avoir un autre point de vue sur soi

De plus, certains humanistes portent attention au discours que l'autre peut tenir sur lui et sur sa civilisation. Jean de Léry semble rapporter fidèlement un dialogue avec un Indien dans son *Histoire d'un voyage fait en la terre du Brésil*. Ce vieillard, décrit comme un « sauvage », juge absurde la poursuite de la richesse qui semble animer les Européens. Il montre, par une série de questions rhétoriques nourries d'hyperboles, le caractère dérisoire de la richesse par rapport aux souffrances endurées pour l'obtenir (« vous faut-il tant travailler à passer la mer, sur laquelle [...] vous endurez tant de maux, pour amasser des richesses ou à

> **Définition**
> Question rhétorique : question dont la réponse ne fait pas de doute, est évidente, et permet d'instaurer un lien avec le lecteur.

> **Définition**
> Hyperbole : procédé d'exagération permettant de mettre en évidence une idée.

vos enfants ou à ceux qui survivent après vous ? »). Il oppose l'amour filial à l'argent et le repos à une vie de labeur. Il donne ainsi son point de vue sur le monde de l'auteur, invitant ce dernier, et son lecteur, à revoir ce qui leur apparaissait comme la norme. Vue par les autres, la norme devient anormale. Montaigne procède de la même manière lorsqu'il rapporte les paroles d'un des Indiens venus rencontrer le roi Charles IX. Il souligne l'absurdité de la monarchie héréditaire : « Ils dirent qu'ils trouvaient en premier lieu très étrange que tant de grands hommes, barbus, forts et armés qui étaient autour du roi [...] se soumettent à obéir à un enfant, et qu'on ne choisisse pas plutôt l'un d'entre eux pour commander » (l. 31).

Transition : Ainsi, s'ouvrir à l'autre n'est pas ici interroger l'autre mais s'interroger sur soi-même : prise de conscience et regard aiguisé par la distance sont autant d'atouts que nous offre ce miroir. Cependant, pour les humanistes qui placent l'homme au cœur de leur considération, doit-on nécessairement distinguer l'autre et soi-même ? Ne peut-on considérer ces deux entités comme les deux versants d'une même humanité ?

Astuce du prof

Intégrer des questions dans vos transitions permet de relancer la réflexion, et de guider le lecteur vers votre prochaine partie.

III – Finalement, l'ouverture à l'autre conduit à une interrogation sur l'homme

A. La relativité des valeurs

Tout d'abord, l'ouverture sur l'autre et le dialogue entre soi et l'autre qui en découle, conduit à une relativisation des valeurs. Aussi, Jean de Léry ne tranche pas entre les deux systèmes de valeurs qui s'opposent lors de son dialogue avec un « pauvre sauvage américain » : il fait, en vrai humaniste, confiance au lecteur pour mener à bien sa réflexion. Il exprime ainsi sa foi dans l'intelligence du lecteur et sa capacité à progresser. Montaigne, pour sa part, formule cette question de la relativité de manière plus explicite. Dans le chapitre XXXI du livre I des *Essais,* consacré aux cannibales, il s'interroge sur les notions de sauvagerie et de barbarie qui lui semblent relatives. Ainsi, la confrontation avec l'autre participe à une remise en cause générale des valeurs qui caractérise l'humanisme. On sait en effet que la Renaissance questionne le bien fondé des valeurs religieuses, scientifiques, morales ou politiques. Pour l'humaniste, l'homme doit pouvoir exercer son jugement, sa réflexion et par conséquent remettre en cause tout dogme, toute doctrine, toute habitude qui lui semblerait déraisonnable.

B. Le Nouveau Monde et l'âge d'or

De plus, la description des peuples du Nouveau Monde permet aux humanistes de reconstruire le mythe de l'âge d'or et d'invoquer un modèle d'innocence. En effet, les auteurs prêtent aux Indiens, aux « sauvages », toutes les qualités qu'ils regrettent de ne pas toujours trouver chez leurs contemporains. Montaigne, par exemple, souligne en une longue énumération toutes leurs qualités (« la dévotion, l'observance des lois, la bonté, la libéralité, la franchise », III, 6). Redécouverte de l'Antiquité et découverte de mondes nouveaux semblent ici se rejoindre pour la composition de ce mythe de l'âge d'or, qui doit servir de modèle à un homme imparfait mais perfectible. Les autres mondes sont d'ailleurs l'occasion de concevoir des utopies.

Le saviez-vous ?

Le mythe de l'âge d'or, qui évoque l'idée d'un idéal du passé, trouve son fondement dans la mythologie grecque puis romaine, et s'intègre dans le mythe des âges successifs de l'humanité (l'âge d'or, l'âge d'argent, l'âge de bronze, etc.)

Conclusion

Ainsi, l'humanisme peut se concevoir comme une ouverture à l'autre. Se confronter à l'autre, c'est « frotter et limer notre cervelle contre celle d'autrui », en apprenant sur l'autre, sur soi, sur l'homme en général. La curiosité des penseurs humanistes est l'occasion d'une réflexion sur la question de l'homme et son identité. En ce sens, l'humanisme se montre particulièrement moderne comme le suggèrent les échos que l'on peut percevoir entre les écrits de Lévi-Strauss et ceux de Montaigne ou Jean de Léry.

Méthode

Quand le sujet comporte une citation, reprenez-la en conclusion pour montrer que vous avez traité le sujet.

Autres sujets de dissertation possibles sur Nathan Live.

SUJET 9 Sujet inédit

20 pts 4h

Dissertation

› La Fontaine s'interroge au début de la fable intitulée « Le Pouvoir des fables » (VIII, 4) : « La qualité d'Ambassadeur / Peut-elle s'abaisser à des contes vulgaires ? »

On peut prolonger cette interrogation en se demandant dans quelle mesure les fables et autres « contes vulgaires », pleins d'imagination, sont efficaces pour offrir au lecteur une pensée sur l'homme.

Vous répondrez à cette question en vous appuyant sur les livres VII à XI des *Fables* de La Fontaine, mais aussi sur les autres textes que vous avez étudiés dans le cadre du parcours « Imagination et pensée au XVIIe siècle ».

CORRIGÉ 9

Comprendre le corrigé

Corrigé rédigé

Introduction

La Fontaine se montre modeste lorsqu'il évoque ses *Fables* devant M. de Barillon, ambassadeur de Louis XIV auprès du Roi d'Angleterre. Il s'interroge ainsi sur la trop grande légèreté de ses écrits, qui risqueraient de distraire un homme dont la charge est immense : préserver la paix. Il écrit donc au début de la fable intitulée « Le Pouvoir des Fables » (VIII, 14) : « La qualité d'Ambassadeur / Peut-elle s'abaisser à des contes vulgaires ? ». On peut en effet se demander dans quelle mesure les fables et autres « contes vulgaires », pleins d'imagination, sont efficaces pour offrir au lecteur une pensée sur l'homme. Comment l'apologue, en tant que récit imaginaire, donne-t-il accès à une réflexion sur l'homme ? Nous verrons dans un premier temps comment la fable parvient à parler de l'homme grâce à l'association du récit et de la morale, puis nous montrerons que la fable enveloppe une pensée, avant de montrer finalement qu'elle suscite une réflexion.

Astuce du prof

Pensez à reformuler la question du sujet sous la forme d'une problématique.

I – L'apologue comme récit à visée morale

A. Un récit dynamique

- Un cadre spatio-temporel développé. Ex. : « Les Deux Pigeons », IX, 2.
- Des personnages soigneusement décrits. Ex. : « La Laitière et le pot au lait », VII, 9 ; « Gnaton » dans *Les Caractères.*
- Des intrigues à rebondissements. Ex. : « L'Homme qui court après la fortune et l'Homme qui l'attend dans son lit », VII, 11 ; « La Belle au bois dormant ».

B. Un récit allégorique

- Les *Fables* attribuent des propriétés humaines à des animaux et des choses inanimées :
  - Des animaux qui incarnent des hommes. Ex. : « La Cour du Lion », VII, 6.
  - Des personnages emblématiques. Ex. : « Le Gland et la Citrouille », IX, 4.

C. L'association du récit et de la morale

- La plupart des fables sont accompagnées d'une morale qui peut prendre deux formes :
  - Un conseil. Ex. : « La Cour du Lion », VII, 6.
  - Un constat. Ex. : « L'Ingratitude et l'injustice des hommes envers la Fortune », VII, 13.

II – La fable comme enveloppe d'une pensée sur l'homme

- Il s'agit de montrer pourquoi l'association du récit et de la morale que l'on a étudiée dans la première partie est un bon moyen de développer une pensée sur l'homme.

A. Le récit est un moyen de captiver l'attention du lecteur

- L'orateur capte l'attention de la foule avec un récit. Ex. : « Le Pouvoir des Fables », VIII, 4.

B. Le récit allégorique est un moyen de contourner la censure

- La Fontaine met en évidence la tyrannie du roi, ce qu'il ne pourrait pas faire en nommant Louis XIV. Ex. : « Le Lion, le Loup et le Renard », VIII, 3.

Méthode

Attention, le corrigé qui vous est proposé prend la forme d'un plan détaillé, mais vous ne devez en aucun cas rendre ce type de devoir le jour de l'examen ! Vos phrases doivent être rédigées, vos arguments développés et votre plan ne doit pas figurer sur votre copie. Vous devez néanmoins le faire apparaître en sautant une ligne entre chaque grande partie.

Astuce du prof

Votre correcteur valorisera la variété des exemples. Au cours de votre étude de l'œuvre, faites vous un petit répertoire d'exemples : une fable satirique, une fable philosophique, une fable avec des animaux, une fable avec des hommes... Et la veille de l'épreuve, relisez bien votre corpus de fables.

C. Des récits compréhensibles par tous

• Les fables traitent parfois de sujets complexes, abstraits ; le récit est un moyen de rendre concrète la pensée. Ex. : « Le Loup et le Chasseur », VIII, 27 : La Fontaine y exprime ses convictions épicuriennes à travers deux exemples.

III – La fable comme occasion de penser l'homme

• Autre raison pour laquelle la fable, association d'un récit et d'une morale, est un bon moyen de présenter une pensée : elle fait réfléchir et invite à penser par soi-même.

A. Des récits sans morale

• Quand il n'y a pas de morale, le lecteur doit la déduire du récit. Il pense par lui-même et formule une réflexion sur l'homme. Ex. : « Le Savetier et le Financier » (VIII, 1).

B. Des récits qui dialoguent avec la morale

• Parfois aussi, la morale semble contredire le récit : le lecteur doit se faire sa pensée propre. Ex. : « La Laitière et le pot au lait » (VII, 9) ; « La Barbe bleue » de Perrault.

Conclusion

• Ainsi, si la fable peut sembler un peu légère pour un ambassadeur occupé à préserver la paix en Europe, elle n'en ouvre pas moins la voie à une pensée qu'elle recèle ou qu'elle suscite. C'est sans doute pour cela que La Fontaine peut offrir ses livres aux grands du royaume, qu'il s'agisse du dauphin pour les premiers livres ou de Mme de Montespan pour la seconde livraison.

Autres sujets de dissertation possibles sur Nathan Live.

SUJET 10 **Sujet inédit** 20 pts 4h

Dissertation

› En quoi l'évocation d'un monde très éloigné du sien permet-elle de faire réfléchir le lecteur sur la réalité qui l'entoure ?

Vous développerez votre argumentation en vous appuyant sur le roman de Montesquieu intitulé les *Lettres persanes* et sur les textes et œuvres du parcours « Le regard éloigné ».

CORRIGÉ 10

Comprendre le corrigé

Corrigé rédigé

Introduction

De nombreux philosophes ont imaginé des utopies ou des personnages portant un regard éloigné sur le monde qui les entoure, tel Montesquieu dans ses *Lettres persanes*. Ils ont ainsi supposé que ces évocations de mondes imaginaires pouvaient faire réfléchir le lecteur au même titre que leurs textes théoriques et leurs essais. En quoi l'évocation d'un monde très éloigné du sien permet-elle de faire réfléchir le lecteur sur la réalité qui l'entoure ? Comment la description d'un monde imaginaire ou exotique renvoie-t-elle le lecteur au monde dans lequel il vit ? Nous étudierons d'abord les différentes peintures d'univers éloignés de ceux dans lesquels vivent les lecteurs, puis nous montrerons comment elles peuvent susciter une réflexion de la part du lecteur, par le biais d'un détour qui peut se révéler particulièrement efficace.

Méthode
Veillez à lier logiquement les différentes étapes de votre introduction. Votre présentation doit amener sans surprise la problématique à laquelle votre annonce de plan doit répondre logiquement.

I. L'évocation d'un monde très éloigné de celui du lecteur

On trouve chez de nombreux auteurs l'évocation d'un monde très éloigné de celui du lecteur, qu'il soit imaginaire, exotique ou perçu comme étrange.

A. Un monde imaginaire

Les auteurs dépeignent des mondes imaginaires qui sont des utopies ou des contre-utopies.

Définition
Utopie : ce mot vient de trois mots grecs :
– « *eu* » : bien ;
– « *ou* » : ne pas ;
– « *topos* » : lieu.
Il s'agit donc d'un lieu parfait qui n'existe pas.

Ainsi, Voltaire fait de l'Eldorado dans son conte philosophique *Candide* un monde imaginaire, inaccessible, qui présente toutes les vertus, tant sur le plan du climat et des richesses, que sur le plan social. Montesquieu procède de même dans sa peinture des Troglodytes, dont les mœurs se caractérisent par la sincérité de leurs sentiments, leur frugalité et leur respect des dieux, trois qualités qui semblent extraordinaires. Mais le monde imaginaire présenté peut aussi ne pas être valorisé et au contraire être une société cauchemardesque et liberticide, comme dans le roman *1984* de George Orwell, qui présente une société systématiquement placée sous la surveillance de Big Brother.

Transition : Les auteurs peuvent donc présenter aux lecteurs des mondes imaginaires parfaits ou au contraire cauchemardesques. Mais l'imagination n'est pas la seule possibilité qui s'offre à eux : ils peuvent aussi s'inspirer de mondes réels, mais exotiques.

B. Un monde exotique

On trouve dans la littérature la peinture de mondes réels très éloignés géographiquement ou historiquement de celui du lecteur. Cela est particulièrement vrai au XVIIIe siècle où naît une fascination pour l'Orient. Ainsi, Voltaire dans *Candide* situe la métairie où son héros trouve le bonheur en « cultiv[ant] [son] jardin » près de Constantinople. Montesquieu, dans ses *Lettres persanes*, grâce à l'histoire du harem d'Usbek, donne vie aussi à cet Orient fort différent de la société européenne du XVIIIe siècle. Il y évoque la gestion du harem par les eunuques, les rivalités des femmes, les manières attendues de celles-ci.

Transition : Montesquieu, comme d'autres, choisit de présenter à ses lecteurs une Perse exotique avec sa vie de harem, mais il réalise également le tour de force de faire passer son propre univers comme étrange.

C. Son propre univers perçu comme étrange

Les écrivains peuvent peindre leur propre société comme étrange et étonnante. Le procédé du regard étranger permet habilement cela. Ainsi,

Méthode

N'oubliez pas de dater les exemples dont vous vous servez pour illustrer vos propos. D'autant plus lorsque ceux-ci ont été écrit à une époque différente de celle de l'œuvre principale de la dissertation.

Le saviez-vous?

Ce que les Européens nomment Orient ne correspond pas à l'orient d'un point de vue géographique. Il s'agit de zones dans lesquelles les habitants vivent selon des mœurs jugées exotiques. On y trouve ainsi le Maghreb, la Grèce, la Turquie… Les tableaux de Delacroix témoignent bien de cet orient littéraire et artistique reconstitué.

Définition

Eunuque : dans les civilisations iraniennes, byzantines, chinoises, ottomanes et plus largement dans le monde musulman médiéval, les eunuques étaient des hommes castrés, occupant des fonctions administratives et militaires, mais également chargés de surveiller les harems impériaux.

les Persans de Montesquieu découvrent l'Europe avec un regard neuf et font part de leurs réactions, ce qui aboutit à faire du vieux continent un monde étrange et exotique. Le recours aux périphrases pour décrire des éléments propres à cette société en lieu et place du terme précis permet notamment cette prise de distance qui fait que le lecteur se met lui-aussi à voir son propre monde comme éloigné.

Définition

Périphrase : fait de définir un mot à l'aide de plusieurs mots, plutôt que d'annoncer le mot lui-même. Ex : Le *Roi Soleil* pour désigner « Louis XIV ».

Transition : Que l'univers présenté par les écrivains soit imaginaire, exotique ou étrange, le choix d'une telle présentation a pour but de faire réfléchir le lecteur.

II. Une réflexion sur l'univers du lecteur

La peinture d'un univers imaginaire, exotique ou même étrange est en fait une invitation pour le lecteur à réfléchir au monde dans lequel il évolue, que l'écrivain lui mette sous les yeux un décor parfait ou cauchemardesque.

A. La peinture d'un monde idéal

La peinture d'un monde idéal par un écrivain permet au lecteur de prendre conscience de ce qui peut être amélioré dans son propre monde. L'écart entre la société idéale et la société du lecteur peut montrer à ce dernier les points qui mériteraient d'évoluer. En outre, la peinture d'une société idéale suggère par contraste une critique de celle dans laquelle on vit. Ainsi, le lecteur peut être invité à vouloir une amélioration du système éducatif de son temps en lisant la description de l'abbaye de Thélème par Rabelais. Fénelon, dans *Les Aventures de Télémaque* évoque la frugalité des habitants de la Bétique pour mettre en accusation la société de Louis XIV, dispendieuse à l'excès.

Le saviez-vous ?

Abbaye de Thélème : Dans *Gargantua*, Rabelais évoque la vie idéale des pensionnaires de cette abbaye, formant une communauté utopique.

Transition : La peinture d'un monde idéal fait percevoir par contraste avec celui du lecteur les failles de celui-ci et ce qui pourrait être amélioré. Quelle réflexion peut alors susciter chez le lecteur la peinture d'un monde cauchemardesque ?

B. La peinture d'un univers cauchemardesque

Le cauchemar est souvent une exagération des vices de la société du lecteur : la contre-utopie fonctionne ainsi comme une mise en garde pour l'avenir.

Lexique

Contre-utopie : vous pouvez également employer le terme « **dystopie** » pour désigner une société imaginaire dans laquelle les libertés sont entravées.

Ainsi, *1984* de Georges Orwell est une anticipation de la montée des régimes totalitaires. Tout un courant de la science-fiction se présente en fait comme une manière de réfléchir aux évolutions de notre société et à leurs conséquences.

Transition : La réflexion des lecteurs née de la confrontation que l'auteur fait entre des mondes différents du sien – par leur perfection ou au contraire par leurs défauts – et son propre univers est féconde et surtout efficace.

III. L'efficacité de ce détour

Le recours à un regard éloigné porté sur une société lointaine ou proche permet d'éviter la censure tout en suscitant l'attention du lecteur, qui est invité à une réflexion vraiment personnelle.

A. Lutter contre la censure

Critiquer la société contemporaine par le biais de l'évocation d'un monde imaginaire ou exotique permet de contourner la censure. C'est ainsi que Montesquieu peut attaquer le pouvoir royal et absolu dans ses *Lettres persanes*. Il est favorable à une séparation des pouvoirs, ce que la monarchie absolue ne permet pas, contrairement à la monarchie parlementaire anglaise qui est pour lui et pour de nombreux philosophes des Lumières un modèle. Dans son roman épistolaire, la dénonciation de l'absolutisme est faite par des Persans et non par des Français, ce détour permet à l'auteur d'éviter la censure : les pouvoirs publics peuvent en effet mettre sur le compte du regard étranger la critique.

Transition : Les écrivains ont ainsi une arme efficace pour formuler des critiques sur leur société, même lorsque la liberté d'expression n'existe pas. Le regard éloigné permet de contourner la censure tout en éveillant l'attention du lecteur.

B. Éveiller l'attention du lecteur

La peinture d'un ailleurs qui peut charmer le lecteur éveille son attention et le rend réceptif au message sous-entendu. Ainsi, dans l'Eldorado, au chapitre 18 de *Candide* de Voltaire, les détails sur l'architecture ou sur les mœurs attisent la curiosité

Le saviez-vous ?

Efficacité argumentative : pour être efficace, il ne s'agit pas seulement de donner des arguments en délivrant des informations au lecteur (docere), il convient aussi de lui proposer un texte agréable et plaisant (placere). On retrouve ainsi la devise classique « Instruire et plaire ».

Définitions

Monarchie absolue : le roi concentre tous les pouvoirs (judiciaire, législatif et exécutif), comme Louis XVI en France.

Monarchie parlementaire : le roi ne concentre pas tous les pouvoirs. Le pouvoir législatif est ainsi confié à une assemblée, comme dans l'Angleterre du XVIIIe siècle.

du lecteur. Dans les *Lettres persanes*, les lecteurs sont dépaysés par les Persans et prennent plaisir non seulement à la peinture de l'Orient, mais aussi à la manière dont ces personnages étrangers décrivent d'une manière autre un monde qui leur est familier.

> **Astuce du prof**
> N'hésitez pas à évoquer dans votre analyse les effets potentiels, ou avérés, lorsque vous vous basez sur vos propres ressentis, d'un texte sur le lecteur.

Transition : Ce plaisir et cette attention éveillés permettent de mettre le lecteur dans une situation non seulement de réception, mais plus encore, de réflexion personnelle.

C. Faire appel à sa réflexion personnelle

Contrairement à l'essai, qui impose un point de vue, l'évocation d'un monde très éloigné du sien suggère une réflexion sans imposer son issue. À la fin de la comédie de Marivaux, *L'Île des esclaves*, les personnages renoncent à donner le pouvoir aux esclaves. Le lecteur peut peser le pour et le contre entre le modèle qu'il connaît et celui qui est proposé dans la pièce. Il n'est pas obligé de se conformer aux conclusions des personnages. De la même manière, le lecteur de Montesquieu à la fin des *Lettres persanes* pourra vouloir adopter le point de vue des Persans concernant certains aspects de la société française du XVIIIe siècle, mais au contraire rejeter d'autres critiques : dans tous les cas, il aura été amené à réfléchir et à se poser personnellement des questions par le biais de cette lecture plaisante.

> **Le saviez-vous ?**
> *L'Île des esclaves* (1725) est une critique sociale mettant en scène le pouvoir, ses enjeux et ses excès.

Conclusion

L'évocation d'un monde très éloigné de celui du lecteur, que ce soit un monde imaginaire, exotique ou la métamorphose d'un univers quotidien par le regard d'un étranger, permet au lecteur de prendre conscience des failles de son propre univers, de ce qui doit être amélioré ou des dangers qui le guettent. En effet, il peut y lire des thèses qui, explicites, pourraient être condamnées par la censure, il se passionne pour des textes surprenants qui font appel à sa réflexion personnelle. Montesquieu réussit à double titre son pari puisqu'il présente à la fois à ses lecteurs un monde éloigné du leur – la Perse – mais fait aussi de leur propre société une société différente par le regard étranger posée sur elle.

> **Méthode**
> Votre conclusion doit récapituler les grandes idées abordées dans votre devoir, selon la chronologie que vous avez adoptée.

Autres sujets de dissertation possibles sur Nathan Live.

SUJET 11 **Sujet inédit** 20 pts 4h

Commentaire

› **Vous commenterez le texte suivant.**

EXTRAIT Alphonse de Lamartine, « Les Voiles », ***Œuvre posthume*, 1873**

Quand j'étais jeune et fier et que j'ouvrais mes ailes,
Les ailes de mon âme à tous les vents des mers,
Les voiles emportaient ma pensée avec elles,
Et mes rêves flottaient sur tous les flots amers.

Je voyais dans ce vague où l'horizon se noie
Surgir tout verdoyants de pampre[1] et de jasmin
Des continents de vie et des îles de joie
Où la gloire et l'amour m'appelaient de la main.

J'enviais chaque nef[2] qui blanchissait l'écume,
Heureuse d'aspirer au rivage inconnu,
Et maintenant, assis au bord du cap qui fume,
J'ai traversé ces flots et j'en suis revenu.

Et j'aime encor ces mers autrefois tant aimées,
Non plus comme le champ de mes rêves chéris,
Mais comme un champ de mort où mes ailes semées
De moi-même partout me montrent les débris.

Cet écueil me brisa, ce bord surgit funeste,
Ma fortune[3] sombra dans ce calme trompeur ;
La foudre ici sur moi tomba de l'arc céleste
Et chacun de ces flots roule un peu de mon cœur.

Ischia[4], 1844, septembre.

1. Branche, rameau de vigne portant des feuilles et des grappes de raisin.
2. Navire.
3. Mon destin, mon sort, ma vie.
4. Île de la baie de Naples.

FRANÇAIS | ENSEIGNEMENT SCIENTIFIQUE | HISTOIRE GÉOGRAPHIE | ANGLAIS

CORRIGÉ 11

Comprendre le corrigé

Plan détaillé

Introduction

« Les Voiles », écrit en septembre 1844 par Alphonse de Lamartine et publié en 1873 dans *Œuvre posthume*, est un poème sur le voyage. Dans ce poème, composé de cinq quatrains d'alexandrins aux rimes croisées, le « je » lyrique évoque les voyages maritimes et, ce faisant, dresse le bilan de son existence. Comment la métaphore du voyage permet-elle au poète romantique de réfléchir sur le temps qui passe ? Nous verrons dans un premier temps que Lamartine peint à la fois les aspirations du passé et les désillusions du présent, puis nous montrerons dans un second temps que le poème s'inscrit dans le mouvement romantique.

Gagnez des points !

Lorsque vous étudiez un poème, analysez bien sa forme : combien de vers par strophe, combien de syllabes dans chaque vers, le type des rimes… Cela vous aidera à comprendre sur quels mots le poète cherche à mettre l'accent.

I – Le voyage et le bilan de l'existence

A. Les aspirations de la jeunesse

• De vastes espaces : évocation de voyages lointains qui illustre l'ampleur de l'ambition du jeune poète. Récurrence des pluriels (« les vents des mers » v. 2, « Des continents de vie et des îles de joie » v. 7) et répétition de la tournure « tous les ».

• L'envol : grande fluidité des vers dans le premier quatrain qui traduit l'envol vers un ailleurs exotique et séduisant. L'envol est mis en valeur par l'assonance en [ɛ] (« fier », « ailes », « emportaient », « flottaient », « amers »), la répétition d'« ailes » et le polyptote (« flottent », « flots »). Désir d'élévation (« ailes », « vents », « sur »).

Méthode

Lorsque vous repérez une assonance (répétition de son de voyelles), veillez à bien indiquer les effets qui sont ainsi crées.

• Deux aspirations : « la gloire » et « l'amour ». Deux réseaux lexicaux traduisent la volonté du jeune homme à réussir à la fois sa vie sociale (« pampre », « vie », « gloire ») et sa vie intime (« jasmin », « joie », « amour »).

B. Les déceptions de la maturité

• Une rupture temporelle : passage de l'imparfait, associé à la jeunesse (« Quand j'étais jeune et fier » v. 1) au passé composé, qui suggère que le voyage de la vie a été accompli (« J'ai traversé ces flots et j'en suis revenu » v. 12), puis au présent de la maturité (« Et j'aime encor » v. 13).

• L'immobilité : il n'y a plus de mouvement, plus d'élan (« assis au bord du cap qui fume » v. 11). La répétition du verbe « aimer » qui encadre le vers 13 insiste sur la clôture (à l'opposé de l'image de l'envol dans les deux premières strophes) : « Et j'aime encor ces mers autrefois tant aimées. »

• Un regard désabusé : le champ lexical de la mort (« champ de mort », « débris », « funeste », « sombra ») est présent dans les deux dernières strophes. La reprise du verbe « surgir » montre l'écart entre les espoirs de la jeunesse (« Surgir tout verdoyants de pampre et de jasmin / Des continents de vie et des îles de joie » v. 6-7) et la réalité (« ce bord surgit funeste » v. 17). L'absence de marque de la première personne en position de sujet fait du « je » lyrique le jouet du destin (« Cet écueil me brisa » v. 17, « La foudre ici sur moi tomba » v. 19).

II – Une posture romantique

A. Un poème lyrique

• Le poète ouvre son cœur : les marques de la première personne et le vocabulaire relatif aux sentiments (« J'aime », « J'enviais », « mon âme », « ma pensée ») soulignent les confidences intimes du poète.

• Une posture contemplative : on constate l'ellipse du récit de l'existence, au milieu de la troisième strophe ; le poète dit le regard qu'il porte sur sa vie, ses sentiments, mais ne raconte pas la vie elle-même. Le « je » n'est jamais sujet de verbes d'action (verbes d'état : « j'étais » ; verbes de perception : « je voyais »).

• Des sentiments excessifs : utilisation d'hyperboles (« tant aimées »). Jeux sur les contrastes (« surgir », « sombra », « tomba »).

B. La connivence de la nature

• Synesthésies : mélange des sensations (« tous les vents des mers » : sensation tactile ; « verdoyants de pampre et de jasmin » ; sensations visuelles et olfactives ; « blanchissait » : sensation visuelle).

Astuce du prof

Que le poème soit en vers ou en prose, soyez toujours attentif aux procédés musicaux permettant de jouer sur le rythme et les sonorités : allitération, assonance par exemple.

Astuce du prof

Ce commentaire peut enrichir les exemples pour une dissertation issue du parcours « Les mémoires d'une âme ».

Zoom sur

À la suite du romantisme, la poésie du XIXe siècle voit se développer l'exaltation des émotions (notamment par la mise en scène de contrastes) ainsi que l'expression du « moi » par les poètes.

Définition

Ellipse : procédé qui consiste à passer sous silence une partie de la chronologie évoquée pour faire un saut dans le temps.

Astuce du prof

N'oubliez pas de faire un lien entre les procédés que vous mettez en évidence, et ce que leur usage vous permet de déduire sur les ressentis ou les intentions de l'auteur.

• Influence de la nature sur l'écriture : le rythme des vagues envahit le rythme du poème ; importance du rythme binaire qui dit le flux et le reflux (« Surgir tout verdoyants de pampre et de jasmin / Des continents de vie et des îles de joie / Où la gloire et l'amour m'appelaient de la main » v. 6-8).

Conclusion

Ainsi, la métaphore du voyage permet au poète de faire le bilan de son existence, d'évoquer avec enthousiasme les rêves de la jeunesse et avec mélancolie les désillusions du passé. Lamartine brosse ainsi un autoportrait en poète romantique, en harmonie avec la nature qu'il contemple, solitaire et méditatif.

Astuce du prof

Quand vous citez des vers, indiquez le passage d'un vers à l'autre par un « / ». Cela vous permet de mettre en valeur les mots à la rime, les enjambements, les rejets…

SUJET 12 Sujet inédit

20 pts · 4h

Commentaire

› **Vous commentez le texte suivant.**

EXTRAIT Paul Verlaine, « L'enterrement », 1866

Je ne sais rien de gai comme un enterrement !
Le fossoyeur qui chante et sa pioche qui brille,
La cloche, au loin, dans l'air, lançant son svelte trille[1],
Le prêtre en blanc surplis[2], qui prie allègrement,

L'enfant de chœur avec sa voix fraîche de fille,
Et quand, au fond du trou, bien chaud, douillettement,
S'installe le cercueil, le mol éboulement
De la terre, édredon du défunt, heureux drille[3],

Tout cela me paraît charmant, en vérité !
Et puis, tout rondelets, sous leur frac[4] écourté,
Les croque-morts au nez rougi par les pourboires,

Et puis les beaux discours concis, mais pleins de sens,
Et puis, cœurs élargis, fronts où flotte une gloire,
Les héritiers resplendissants !

1. Note musicale, sonorité qui se prolonge.
2. Vêtement à manches larges que les prêtres portent sur la soutane.
3. Homme jovial.
4. Habit noir de cérémonie.

CORRIGÉ 12

Comprendre le corrigé

Corrigé rédigé

Introduction

Paul Verlaine est un poète symboliste, grand admirateur de son aîné Baudelaire et du jeune Rimbaud qu'il a fait connaître. Son premier livre de poésie, *Poèmes saturniens*, présente le poète comme un être marginal et mélancolique, né sous le signe de Saturne. Cette originalité du poète maudit apparaît nettement dans le regard qu'il porte sur des funérailles. Le sonnet « L'enterrement » nous donne à voir une cérémonie décrite avec une distance satirique et ironique irrévérencieuse. Nous nous demanderons donc comment ce poète, en marge de la société, procède pour nous décrire cette cérémonie. Pour cela, nous étudierons le spectacle que représente cet enterrement, de façon à mettre à jour sa dimension satirique.

Zoom sur

Le symbolisme est un mouvement poétique de la fin du XIXe siècle dont les principaux représentants sont Mallarmé, Verlaine et Rimbaud. Baudelaire n'appartient pas à ce mouvement, mais l'a initié. Les poètes estiment que le monde est fait de symboles que seul le poète a la capacité de voir.

Introduction

Mettez à profit vos connaissances au sujet de l'auteur afin d'introduire mais aussi de contextualiser l'étude de ce poème.

I – Un enterrement perçu comme un spectacle

Le poète nous présente une description de l'enterrement comme s'il s'agissait d'un spectacle. Il insiste ainsi sur des notations réalistes, mais considérées avec une distance légère.

A. La description réaliste d'un enterrement

Le poète évoque de manière tout à fait réaliste les différents intervenants d'un enterrement : les représentants de l'église avec le « prêtre » (v. 4) et l'« enfant de chœur » (v. 5), ceux des pompes funèbres avec le « fossoyeur » (v. 2) et les « croque-morts » (v. 11), enfin les proches du défunt avec les « héritiers » (v. 14). On peut ainsi reconstituer une chronologie des événements : le fossoyeur creuse le trou, la messe funèbre est dite, le cercueil est enterré, les proches lui rendent hommage. La cérémonie est rendue visible. Le poète recourt à l'hypotypose pour nous dépeindre des saynètes, grâce à l'évocation de détails précis comme la « pioche » (v. 2), la « cloche », les vêtements (v. 4 et 10), le « cercueil » (v. 7), le « nez rougi » (v. 11)…

Définition

Hypotypose : figure de style qui consiste à « mettre sous les yeux » (sens étymologique) la scène décrite grâce à de petits détails précis qui permettent au lecteur de visualiser la scène.

Définition

Saynète : dans le théâtre espagnol, désigne une petite pièce comique. Par extension le terme est employé pour désigner une courte pièce, rassemblant peu de personnages et sans prétention.

Transition : Verlaine nous donne à voir de manière réaliste un enterrement, pour lequel il ne se montre nullement peiné, mais heureux.

B. La gaieté du poète

La gaieté du poète est proclamée dès le premier vers « Je ne sais rien de gai comme un enterrement » : la comparaison frappe par son caractère incongru, d'autant qu'elle est renforcée par la négation absolue. Cette joie est rappelée dans le premier vers des tercets : « tout cela me paraît charmant » (v. 9). Comment donc comprendre ce sentiment étonnant dans pareilles circonstances ? Verlaine semble sensible à la dimension musicale de l'événement : le « chant » du fossoyeur (v. 2), le « svelte trille » (v. 3) de la « cloche », la psalmodie du prêtre (v. 4), la « voix » de l'enfant de chœur (v. 5), « le mol éboulement de la terre » (v. 7-8) rendu par l'allitération en [l] du quatrain. Le poète assiste à un spectacle fait de parties chantées, d'autres parlées comme les « discours », de musique comme celle de la cloche, mais aussi de lumière avec la « pioche qui brille » (v. 2) et de couleurs variées puisqu'on trouve le « blanc surplis » du prêtre (v. 4) et le « nez rougi » des croque-morts, qui contrastent fortement.

Astuce du prof

Soyez attentif aux effets produits par les procédés que vous relevez. Ici, l'allitération (répétition d'un son consonne) confère une musicalité aux vers.

Transition : Le poète regarde avec plaisir ces obsèques comme s'il s'agissait d'un spectacle. Il en goûte les diverses impressions musicales, lumineuses et colorées, mais il semble que sa joie s'explique aussi par son regard critique.

II – Le regard satirique du poète

Un certain nombre d'indices laisse percer l'ironie et l'humour noir du poète devant cette scène, qui permet de faire la satire de la cupidité des hommes.

A. L'ironie et l'humour noir du poète

L'ironie du poète est visible dès son premier vers qui résonne comme une provocation : un enterrement est en général associé à la peine et la tristesse des familles endeuillées et non à la joie. La comparaison et l'exclamative renforcent l'irrévérence en faisant comme si ordinairement

Définition

Ironie : procédé consistant à dire tout l'inverse de ce que l'on pense, voire à soutenir des idées que l'on n'approuve pas en réalité. L'ironie installe un lien entre l'auteur et le lecteur, qui est capable de saisir la critique implicite suggérée par ce procédé.

un enterrement était un sujet de gaieté. Le vers 9 montre plus nettement l'ironie du poète avec le « en vérité » final. Les modalités exclamatives soulignent l'ironie. Celle-ci est associée à l'humour noir qui se fait de plus en plus présent. Il est tout d'abord discret à travers quelques notations comme l'adjectif « svelte » (v. 3), l'adverbe « allègrement » – qui détonne dans le contexte –, ou encore la notation relative à la voix de l'enfant de chœur qui n'ayant pas mué est associée à celle d'une fille, mais aussi à une prostituée, une « fille », avec l'adjectif « fraîche ». L'humour devient visible dans la reprise du *topos* (motif littéraire récurrent) de la mort comparée au sommeil, mais Verlaine n'en retient que la dimension prosaïque. Il associe, en effet, la fosse à un lit « bien chaud [et] douille[t] » (v. 6) dont l'« édredon » (v. 8) est constitué de terre pour le « cercueil » qui est ici personnifié. L'irrévérence culmine avec l'expression « heureux drille » (v. 8) désignant le défunt comme un bon vivant. La description physique des croque-morts nous fait imaginer des personnages assez ridicules, sortes d'hommes-boules, avec l'adjectif « rondelets » renforcé par « tout » ; le participe passé « écourté » laisse penser que leurs vêtements sont trop courts, élément comique supplémentaire.

Définition

Prosaïque : caractère de ce qui se rattache à la réalité, aux choses matérielles, qui sont parfois dépourvues de distinction. Ici, l'auteur établit un lien entre la fosse et un élément du quotidien : le lit.

Transition : La description de l'enterrement est marquée par l'ironie et l'humour noir. Ces registres sont au service d'une dénonciation satirique des hommes.

B. Une dénonciation satirique

Les tercets portent le blâme du poète : les hommes sont cupides et intéressés. Les croque-morts sont préoccupés par leurs « pourboires » (v. 11). Le mot est d'ailleurs mis en évidence à la rime, signe de leur intérêt. L'indication « nez rougi » suggère soit que les croque-morts ont pleuré d'émotion en recevant leurs « pourboires », soit que ces derniers ont été bus et le nez rouge résulterait de leur ébriété. On peut alors supposer que l'« allégre[sse] » du prêtre était aussi due aux sommes versées pour l'office. L'apogée de la critique est gardée pour les proches du défunt qui n'éprouvent aucune peine, mais se réjouissent d'avoir hérité. Le dernier tercet leur est entièrement consacré et dénonce leur hypocrisie. Ils célèbrent en effet le mort dans de « beaux discours » (v. 12) rendus par devoir comme l'indique leur « concis[ion] » (v. 12)

Définition

En littérature, le blâme est un discours de l'argumentation épidictique qui correspond à un portrait péjoratif. Par extension, le terme désigne un jugement qui désapprouve un fait ou un comportement. Le blâme peut également se rattacher à une sanction disciplinaire, mais ce n'est pas le cas dans le poème. Ici, le poète adopte une attitude critique au travers de l'usage de l'ironie et de l'humour noir.

et la précision polysémique « pleins de sens » qui pourrait être un éloge, si les discours étaient de qualité, mais ces propos surtout révèlent, malgré leurs auteurs, les véritables sentiments de ceux-ci. Les « cœurs », loin d'être serrés par la douleur, sont « élargis » par la joie d'hériter, car pour ces hommes l'argent est synonyme de « gloire » comme l'explique la rime « pourboires »/« gloire ». Le dernier vers est une pointe fort travaillée : Verlaine rompt avec la pompe de l'alexandrin, vers approprié pour une cérémonie tragique, et propose un octosyllabe qui peut même se lire comme un ennéasyllabe si l'on fait la diérèse « hériti/ers ». Cette hypothèse est tout à fait vraisemblable lorsque l'on connaît le goût de Verlaine pour les mètres impairs (« Et pour cela préfère l'impair », « Art poétique », *Jadis et Naguère*). De plus, elle met en lumière le terme « hériti/ers » qui est employé, au lieu de « proches » ou « parents », pour souligner que la seule relation qui liait ces hommes au défunt était d'ordre pécuniaire. L'adjectif « resplendissants » achève l'attaque en présentant ces hommes au comble de la joie. Dès lors, on comprend différemment le premier vers : certes, Verlaine éprouve un plaisir certain à démasquer l'hypocrisie de tous ces hommes, mais la comparaison « gai comme un enterrement » trouve ici sa justification, puisque finalement tous les acteurs de cette comédie sont gais et se réjouissent. La comparaison devient une sorte de maxime, une vérité générale qui fait de cet enterrement une image représentative de tous les autres.

Conclusion

Verlaine propose dans ce sonnet une description réaliste d'un enterrement, en nous donnant à voir de nombreux détails qui lui procurent une joie certaine. Celle-ci devient toutefois suspecte si l'on considère que de nombreux passages s'avèrent ironiques et pleins d'humour noir. Ces registres sont ainsi au service d'une satire sur la cupidité et l'hypocrisie humaines, que le poète dénonce. Sa dénonciation des laideurs humaines est ainsi transfigurée par la poésie en un beau poème : comme Baudelaire, Verlaine, en alchimiste, change la « boue » en « or ».

Définition

Polysémique : se dit d'un terme qui possède plusieurs sens différents selon le contexte dans lequel il est employé.

Astuce du prof

Soyez attentif à la versification : le sonnet est-il régulier ? Comment sont disposées les rimes ? Tirez des conclusions de ces repérages pour éclaircir le sens du texte.

Langue

Comme : adverbe de comparaison qui met en relation le comparé et le comparant. C'est la présence d'un outil de comparaison (comme, tel, tel que, aussi que …) qui distingue la comparaison de la métaphore. Au XXe siècle, les poètes surréalistes joueront à mettre en relation des mots sans rapport apparent : « la terre est bleue comme une orange ».

Conclusion

Après avoir rappelé les éléments principaux de votre réflexion, vous pouvez ouvrir votre conclusion en comparant l'œuvre étudiée à une autre en montrant bien les points communs, mais aussi les différences, pour que chaque œuvre garde sa singularité.

SUJET 13 Sujet inédit

20 pts — 4h

Dissertation

› D'où provient, selon vous, l'émotion que l'on ressent à la lecture d'un texte poétique ?

Vous répondrez à cette question en vous appuyant sur les quatre premiers livres des *Contemplations* de Victor Hugo, et sur les textes et œuvres que vous avez étudiés et lus.

CORRIGÉ 13

Comprendre le corrigé

Corrigé rédigé

Introduction

La poésie se démarque des autres genres par sa forme et par les buts que les poètes lui assignent. Pour certains, comme Pierre Reverdy qui définit sa fonction dans un essai intitulé *Cette émotion appelée poésie* et publié en 1950, elle est avant tout « émotion ». Hugo en fait le lieu de l'expression de ses sentiments douloureux dans ses *Contemplations*, recueil centré sur la mort de sa fille Léopoldine. Nous nous demanderons donc comment un poème réussit à émouvoir son lecteur. Pour cela, nous verrons que la poésie tire son origine de l'émotion du poète qui, grâce aux spécificités de ce genre réussit à la transmettre à son lecteur, voire se donne pour but de « créer […] une émotion particulière » (Reverdy) chez lui.

Méthode

Votre introduction, bien qu'elle ne forme qu'un seul paragraphe, doit comporter plusieurs étapes :
– Une phrase d'amorce permettant de contextualiser le sujet.
– L'évocation voire la citation du sujet donné.
– La formulation de votre problématique.
– L'annonce de votre plan.
Toutes ces parties de votre introduction doivent être liées logiquement pour ne former qu'un tout, ce qui explique qu'il ne faut pas aller à la ligne mais ne rédiger qu'un seul paragraphe.

I – L'émotion à l'origine de la poésie

La poésie se représente dans sa mythologie même comme issue de l'émotion. Le poète en proie à celle-ci la communique à ses lecteurs.

A. Le mythe d'Orphée

Dans l'Antiquité, le poète est considéré comme un être inspiré par les dieux, habité même par eux, donc *enthousiaste* selon l'étymologie. Il est en proie à une émotion particulière qu'il ne contrôle pas et qui est à la source de ses textes. Le personnage mythologique d'Orphée incarne à plus d'un titre ce sentiment : inspiré par les Muses, il parvient à charmer les animaux sauvages et les végétaux et obtient même des dieux de descendre aux Enfers pour y chercher sa femme Eurydice. Il se retourne cependant trop tôt et la voit disparaître à jamais. Ses poèmes expriment alors sa douleur et sont à l'origine du lyrisme. Hugo adapte en quelque sorte ce mythe dans ses *Contemplations* qui sont centrées sur la mort de sa fille : la section « Pauca meæ » rend ainsi compte de la douleur indicible du poète, de sa révolte et de l'apaisement de son chagrin.

Transition : Les mythes témoignent du fait que la poésie se pense comme intimement liée à l'émotion, comme issue même de celle-ci, ce que confirment les *Contemplations* de Hugo. Elle est ainsi le lieu de l'expression de sentiments personnels.

B. La poésie comme expression des sentiments personnels

Le poète exprime dans des poèmes lyriques ses sentiments personnels, notamment amoureux. Quels que soient les époques et les mouvements, les poètes célèbrent ainsi la femme aimée et rendent compte de leur bonheur ou au contraire de leur tristesse. Le genre de l'élégie amoureuse latine, illustré par Properce ou Tibulle, relate les sentiments du poète en fonction des aléas de sa relation avec Cynthie pour l'un, Délie pour l'autre. Cet amour est souvent malheureux, car la femme aimée quitte le poète, ou n'est qu'un rêve chez Verlaine, une inconnue croisée dans la rue chez Baudelaire. La plainte du poète touche le lecteur. Ces sentiments peuvent aussi être plus joyeux comme chez Hugo lorsqu'il évoque ses premières amours dans la section « Aurore » ou son profond attachement à sa maîtresse Juliette Drouet dans « L'Âme en fleur ».

Transition : Si l'amour et les sentiments qu'il suscite sont très présents en poésie, il n'en reste pas moins que la poésie ne se limite pas à ce thème comme l'atteste l'existence de l'épopée.

Le saviez-vous ?

Les Muses, dans la mythologie grecque, sont les neuf filles de Zeus et de Mnémosyne. Chacune d'elle représente un art libéral :
- Clio : l'histoire,
- Euterpe : la musique,
- Thalia : la comédie,
- Melpomène : la tragédie,
- Terpsichore : la poésie lyrique et la danse,
- Erato : la chant nuptial,
- Polymnie : la pantomime et la rhétorique,
- Uranie : l'astronomie et l'astrologie,
- Calliope : la poésie épique.

Définition

Élégie : il s'agit d'un poème lyrique exprimant la douleur, la plainte ou bien des sentiments mélancoliques.

Méthode

Une transition comprend deux parties, un bilan de votre paragraphe et une annonce du suivant. Il convient de montrer en quoi votre paragraphe aboutit logiquement à aborder la question traitée dans le paragraphe suivant. Vous n'additionnez pas des idées, mais les enchaînez dans un ordre commandé par votre argumentation.

C. La poésie comme expression de sentiments collectifs

L'épopée célèbre les exploits de héros, mais ceux-ci sont liés à une communauté qui se reconnaît en eux parce que des valeurs communes les animent. Achille et Ulysse, bien que hors normes, ont des défauts qui les rendent humains, la colère pour le premier et l'hybris pour le second. Leurs aventures nous montrent leur capacité à dompter ces sentiments. Ils incarnent en même temps ce qu'est la civilisation pour un Grec ou un Romain. Récités par des aèdes lors de banquets collectifs, les poèmes homériques célèbrent cette culture et invitent les auditeurs à se retrouver en elle grâce à la beauté de vers empreints de *pathos*, comme lors de la rencontre d'Achille et Priam au chant XXIV de l'*Iliade* ou de scènes grandioses et sublimes lors de combats. Dans sa préface aux *Contemplations*, Hugo met en avant sa parenté avec son lecteur et avec tout homme : ses émotions de père en deuil sont celles de tout parent dans la même situation, ce qu'il reconnaît.

Transition : Le poète épique transmet à ses auditeurs des sentiments variés, mais qui les unissent en une collectivité, cette union peut aussi se faire dans des genres plus intimistes en raison de sentiments partagés entre le poète et son lecteur. Ce n'est donc pas tant le thème ou le sous-genre poétique qui cause l'émotion, que les spécificités formelles de la poésie.

II – Des spécificités génériques formelles propres à susciter l'émotion

La forme travaillée du poème participe à l'émotion du lecteur grâce à la versification, la musicalité et l'utilisation particulière de figures de style.

A. La versification

La versification fait de la poésie une langue différente de celle entendue et parlée : les noms font entendre leur -e muet, des liaisons inhabituelles ou des diérèses sont ouïes, le vers imprime un rythme régulier à la phrase que césures et coupes transfigurent. Il est significatif que le nom latin *carmen* désigne à la fois « le chant » et « le charme, le philtre magique », indiquant ainsi à quel point le chant poétique, grâce à ses contraintes formelles, envoûte le lecteur. Le succès du pantoum, avec le

Définition

Hybris (ou Hubris) : notion qui prend sa source dans l'Antiquité grecque, et qui caractérise la démesure ou l'orgueil des actions de l'homme face aux dieux, conduisant ces derniers à punir les fautifs.
L'hybris est en général le motif déclencheur des tragédies.

Lexique

Aède : poète itinérant qui récitait en chantant des poèmes célébrant les dieux et les héros en Grèce antique.

Astuce du prof

Gardez à l'esprit que la forme (type de versification) ainsi que les procédés utilisés par le poète (figures de styles) sont, la plupart du temps, des indices permettant de déceler les intentions de l'auteur. Ce sont en quelque sorte des outils qu'il manipule et anime de manière à exprimer ses propres émotions, ainsi qu'à les transmettre à ses lecteurs.

Vocabulaire

La diérèse : prononciation en deux syllabes de ce qui dans la langue courante ne se prononce qu'en une seule syllabe.

retour charmeur de ses vers comme dans « Harmonie du soir » de Baudelaire, ou encore du sonnet en est un exemple. Et même lorsque Hugo « tor[d] le cou à l'alexandrin » en le démembrant avec des coupes et rejets audacieux, bien loin de nuire à l'émotion, il la fait ressortir en mimant les mouvements de l'âme.

Transition : Le lecteur se trouve en proie à une émotion née de la versification, qui est source de musicalité.

Astuce du prof
Un alexandrin se compose de deux syllabes. Pour le reconnaître, vous devez donc les compter. Attention ! Les syllabes ne se prononcent pas en poésie comme dans la langue courante : il convient de respecter les règles de versification sur les -e muets, les liaisons, les diérèses...

B. La musicalité

La poésie antique ne se dissociait pas de la musique et les aèdes s'accompagnaient à la lyre. La poésie est donc par essence musicale, comme le rappelle Verlaine dans son « Art Poétique » en débutant par « De la musique avant toute chose ». La versification apparaît dès lors comme une partition à laquelle les poètes se plient, mais elle n'est pas la seule source de musicalité d'un poème. Ainsi, les poèmes en prose ou en vers libre suscitent aussi l'émotion par leur musicalité : le rythme plus travaillé, les assonances et allitérations plus significatives et les répétitions de termes créent chez le lecteur un état nouveau. Dans « Ce cœur qui haïssait la guerre », Desnos rend le mouvement « des marées » par le rythme de sa phrase tout comme les battements de son cœur associés à ceux de nombreux autres : le lecteur se trouve emporté grâce à ce rythme, à la composition circulaire du poème et est touché par sa cause livrée sous la forme d'un slogan : « Mort à Hitler et à ses partisans ! »

Définition
Assonance : procédé qui consiste en la répétition des mêmes sons vocaliques dont il convient d'indiquer l'effet qu'il produit.

Définition
Allitération : procédé qui consiste en la répétition d'une ou de plusieurs consonnes dans des mots qui se succèdent. Allitérations et assonances peuvent devenir une harmonie imitative lorsque le son répété imite l'idée portée par les mots « Pour qui sont ces serpents qui sifflent sur nos têtes » (Racine). L'harmonie imitative en [s] fait entendre le sifflement des serpents.

Transition : La musicalité du poème permet d'émouvoir le lecteur, mais cet effet est renforcé par l'usage original que les poètes font des figures de style.

C. Les figures de style

Les figures de style sont plus nombreuses en poésie que dans d'autres genres littéraires. Elles permettent de faire naître des effets nouveaux qui frappent le lecteur. Il est ainsi séduit par la beauté de l'oxymore « la mieux connue des inconnues » employée par Claude Roy dans « L'inconnue » pour qualifier sa femme. Les surréalistes, eux, usent de la métaphore et de la comparaison pour surprendre le lecteur par des rapprochements incongrus et déroutants : « La terre est bleue comme une orange » sous la plume d'Éluard. Hugo recourt à ce pouvoir émotif pour combattre les maux de la société : dans « Les luttes et les rêves », il s'attaque ainsi à la misère et au travail des enfants et use des spécificités formelles de la poésie pour donner plus de portée à sa voix.

Transition : La figure de style participe ainsi à la naissance d'émotions variées chez le lecteur, d'autant qu'elle est recherchée par les poètes.

Astuce du prof
Repérer une figure de style vous fait en général plaisir, mais ce repérage n'a d'intérêt que si vous indiquez quel effet est créé par ce procédé.

Astuce du prof
Le sujet repose en grande partie sur vos connaissances de cours. Cependant, veillez à les organiser en reformulant certains points et en proposant un plan étayé par une argumentation.

III – La poésie cherche à « créer [...] une émotion particulière »

A. Le « choc poétique »

Pierre Reverdy estime qu'un poème doit créer « un choc poétique » chez le lecteur, que « l'ambition et le but [de l'artiste] sont de créer, par une œuvre esthétique particulière faite de ses propres moyens, une émotion particulière que les choses de la nature, à leur place, ne sont pas en mesure de provoquer en l'homme. » (*Cette Émotion appelée poésie*). Non seulement en raison de ses origines, des thèmes développés et de ses spécificités formelles, la poésie émeut, mais elle en a même le devoir, ce qui implique un travail de la part du poète.

Transition : Quel est donc ce travail poétique, au sens étymologique de créateur, qui suscite l'émotion ?

Lexique
En filigrane : se dit de quelque chose qui est dit de manière implicite, que l'on laisse deviner.

B. La *poiesis* de la langue

Le poète cherche, selon Mallarmé, à « rémunérer le défaut des langues », à réconcilier signifié et signifiant de manière à rompre avec l'arbitraire des langues. Cette quête du langage parfait fait du texte poétique le lieu d'épanouissement d'une langue étonnante et sublime. Le lecteur d'« À une passante » de Baudelaire peut ainsi lire en filigrane, sans jamais que les expressions ne soient employées, « beauté fatale » ou « coup de foudre ». Cette recherche ne doit cependant pas tourner à l'artifice et à la froideur comme chez certains parnassiens.

Transition : Cette quête poétique de la langue parfaite est aussi une quête du Beau, capable de nous émouvoir.

Le saviez-vous ?
La Parnasse est un courant de la poésie française du XIXe siècle, dont les membres sont nommés les « parnassiens ». Le courant tire son nom du « Parnasse », la montagne des neuf Muses dans la mythologie grecque. Les poètes de ce courant s'opposent au réalisme et au romantisme, en travaillant la forme et en ayant pour objectif ultime la beauté (idée de « l'art pour l'art » selon Théophile Gautier).

C. La quête du Beau

Le poète est en quête du Beau comme l'allégorie de la Beauté le rappelle dans le poème de Baudelaire : « Je suis belle [...] / Et mon sein où chacun s'est meurtri tour à tour / est fait pour inspirer au poète un amour / Éternel et muet, ainsi que la matière ». Cette quête qui lui permet de changer la « boue » en « or », ce rêve « alchimiste » touche au plus profond le lecteur qui revient ainsi à une sorte de langue primitive, d'avant la tour de Babel, lorsque la langue était belle, sensée et comprise de tous. Hugo transfigure l'amour et les sentiments et sensations qui lui sont associés en mêlant la femme aimée et la nature pour créer une beauté rendant compte de ses émotions et permettant de les communiquer.

Lexique

Alchimiste : dans l'univers littéraire, l'alchimiste est celui qui transforme la réalité quotidienne et banale en une fiction poétique et extraordinaire.

Conclusion

L'émotion du lecteur devant les textes poétiques provient de l'origine même de la poésie et des thèmes qui en découlent. Ses spécificités formelles accentuent cette caractéristique au point que pour certains poètes cette émotion est même le but de la poésie.

Gagnez des points !

N'oubliez pas de vous laisser quelques minutes pour vous relire avant de rendre votre copie ! Un devoir comportant trop de fautes peut être sanctionné de quelques points par le correcteur.

Autres sujets de dissertation possibles sur Nathan Live.

SUJET 14 Sujet inédit

20 pts · 4h

Dissertation

La rébellion contre l'héritage des poètes précédents est-elle indispensable à la création poétique ?

CORRIGÉ 14

Comprendre le corrigé

Corrigé rédigé

Introduction

« Tout est dit, et l'on vient trop tard » constatait La Bruyère dans ses *Caractères* (1688). Pour l'écrivain, l'héritage en littérature est central : nulle innovation possible, l'auteur moderne est condamné à répéter, à imiter. Cependant, des poètes ont voulu contester ce poids de la tradition ; Apollinaire a fait du concept de modernité le cœur de sa recherche poétique. Ainsi, la rébellion contre l'héritage des poètes précédents est-elle indispensable à la création poétique ? En d'autres termes, la mise à mort de la tradition est-elle une condition nécessaire à la modernité poétique ? Ou les poètes peuvent-ils créer tout en se référant à une tradition, à un héritage ?

Tout d'abord, nous montrerons que la révolte est une condition, sinon indispensable, du moins propice à l'innovation en poésie pour ensuite mettre en évidence que la tradition peut servir de cadre, de modèle, au souffle poétique. Enfin, nous essaierons d'annihiler l'antagonisme entre tradition et création en montrant que plus qu'un obstacle ou une entrave, la tradition peut être un moteur de la création.

Méthode
La problématique est en général donnée par le sujet. Si vous reprenez la question posée, il convient d'en proposer aussi une explication. Vous pouvez aussi la reformuler comme dans l'exemple donné, cette reformulation tenant lieu d'explication.

I. Certes, se rebeller contre l'héritage poétique garantit l'innovation poétique

A. Tuer le père

Tuer les pères en poésie serait une démarche fondatrice et féconde. Après avoir mis à mort les modèles, le poète peut créer librement, sans joug ni tutelle ou carcan. Ce meurtre permet l'innovation et est garant d'une actualité et modernité poétiques permanentes. Force est de constater que de nombreux poètes aspirent à se révolter contre l'héritage des poètes précédents. À partir du XIXe siècle, cette révolte gronde, non plus sourdement, mais à voix haute. Hugo affiche ainsi des ambitions révolutionnaires pour la poésie : « Je mis un bonnet rouge au vieux dictionnaire » affirme-t-il dans ses *Contemplations*. De même, Baudelaire, avec ses *Petits Poèmes en prose*, entend trouver une nouvelle « prose lyrique » ; enfin, Rimbaud veut trouver une « langue », qu'il définit comme « inconnu[e] » et « nouve[lle] » dans sa « Lettre du voyant » à Paul Demeny. Le poète est donc cet être visionnaire, qui aspire sans cesse au progrès.

Astuce du prof

« Joug », « tutelle » et « carcan » font partie du champ lexical de la contrainte. N'hésitez pas à varier votre vocabulaire, de manière à ne pas répéter les mêmes termes tout au long de votre devoir.

B. Le renouveau thématique et formel

Cette volonté de rébellion contre l'héritage des poètes précédents est gage de renouveau poétique. Ces innovations se manifestent sur deux plans, celui de la forme et celui des idées. Sur le plan thématique, se révolter contre les motifs académiques, c'est introduire des nouveaux sujets en poésie. Ainsi, avant le XIXe siècle, certains thèmes sclérosaient le chant poétique : nature, expression de sentiments amoureux, temps qui passe… Ces quelques motifs récurrents se retrouvent de Virgile à Ronsard en passant par Du Bellay. Ainsi, dans « Las ! où est maintenant ce mépris de Fortune… », le poète de la Pléiade reprend de façon anaphorique la structure « où est », qui rappelle le mélancolique *Ubi sunt* latin. La révolution poétique du XIXe siècle vient balayer ces chasses gardées thématiques. Apollinaire dans « Zone » peint les « rues », les « sténodactylographes » et les usines de Paris. Le renouveau poétique est aussi formel. Apollinaire, dans le même recueil *Alcools* décide ainsi de supprimer toute ponctuation pour que le rythme et la musique aient la première place. Sans ces révolutions, la poésie se vouait à un éternel retour.

Lexique

Scléroser : fait de figer, d'empêcher d'évoluer quelqu'un ou quelque chose. Cette limitation crée une perte, une dégénérescence, ce qu'indique l'usage en médecine de ce verbe.

Gagnez des points !

Vous devez apprendre quelques vers au fil de l'année, qui pourront être exploités dans la dissertation.

Lexique

Sténodactylographe : personne ayant pour fonction de prendre des paroles ou des textes de manière sténographiée (c'est-à-dire ayant été écrits avec des signes abréviatifs conventionnels, servant à transcrire la parole le plus rapidement possible), puis de les frapper à la machine à écrire.

C. Être entendu et compris

Cette rébellion est aussi féconde et nécessaire pour la réception. En effet, comment intéresser un lecteur en ne mettant en scène que des motifs et des formes anciens, voire démodés ? La langue poétique doit évoluer au rythme de la société sous peine de tomber en désuétude. Ainsi, au XIXe siècle, la société aspire à se démocratiser, les privilèges tombent, la voix du peuple résonne. Hugo le comprend et veut abolir les privilèges poétiques. Plus de mots « bien ou mal nés », les mots sont désormais « égaux, libres, majeurs ». Apollinaire n'hésite pas à écrire dans « La Chanson du Mal-Aimé » : « Et moi j'ai le cœur aussi gros / Qu'un cul de dame damascène ». Quel avantage à cette abolition des privilèges ? Celui de rendre la langue poétique plus accessible, plus compréhensible par le public. Trivialité, niveau de langue courant, familiarité parfois, la poésie est en quête de naturel pour espérer être comprise.

Le saviez-vous ?
Une des caractéristiques du Romantisme est de contester la délimitation figée entre les genres littéraires et entre les codes associés à chacun. C'est ainsi les registres burlesque et sublime se côtoient, tout comme des mots appartenant à des niveaux de langue très différents.

Transition : Se rebeller contre l'héritage poétique apparaît donc comme une démarche fondatrice, qui assure une meilleure compréhension des « idées et des formes » ainsi qu'une meilleure compréhension des œuvres poétiques. Cependant, la révolte contre l'héritage n'est pas une condition nécessairement indispensable pour créer en poésie. En effet, l'héritage peut aussi être conçu, non comme un carcan mais comme une source, un support à la création.

Astuce du prof
Soignez vos transitions ! Elles guident le correcteur et soulignent la cohérence de votre plan.

II. Mais l'héritage poétique peut aussi être une aide et un stimulant à la création. Hériter d'une tradition peut aussi s'avérer fécond

Plus qu'à une rébellion contre l'héritage des poètes précédents, les artistes sont davantage invités à apporter des infléchissements, à assouplir une tradition afin d'innover.

A. S'appuyer sur les codes

Nombreux sont les poètes modernes qui reprennent des modèles ou des thèmes passés. Ils affirment ainsi que des formes anciennes ont atteint un certain degré de perfection et rendent hommage à la grandeur du passé. L'harmonie ancienne ne doit alors pas être détruite mais préservée. Ainsi, certains poètes considèrent le sonnet comme une forme parfaite, apte à recevoir l'expression de leurs états d'âme. Du Bellay et Ronsard l'imposent au XVIe siècle comme structure archétypale, les siècles ultérieurs ne

Le saviez-vous ?
Le sonnet, poème se composant de deux quatrains, suivis de deux tercets, a été inventé en Italie, et fut introduit en France par les poètes de La Pléiade au XVIe siècle, puis remis à la mode par les Romantiques au XIXe siècle.

remettront pas en cause cette prégnance. Baudelaire dans *Les Fleurs du mal*, Apollinaire dans ses *Poèmes à Lou*, ou encore Rimbaud dans ses *Poésies*, ont beau vouloir révolutionner la poésie, ils usent de cette forme fixe pour chanter leur amour. Dans le recueil *Alcools*, pourtant révolutionnaire par bien des aspects, Apollinaire recourt parfois à des poèmes en alexandrins comme « Automne » (« Oh ! L'automne l'automne a fait mourir l'été ») ou « Mai » (« Le mai le joli mai en barque sur le Rhin »). Loin d'être un carcan stérile, l'héritage poétique offre donc au poète une forme codifiée, préétablie, qui peut les aider à créer.

B. Subvertir les codes

La création poétique peut aussi se définir comme jeu subversif, une démarche qui vise à décaler et déplacer les codes littéraires antérieurs. Tristan Corbière, dans *Les Amours jaunes* (1873), rédige un « Sonnet (Avec la manière de s'en servir) » et signe un sonnet comique et satirique, qui se moque des rigidités du sonnet : « ô Muse d'Archimède ! / – La preuve d'un sonnet est par l'addition : / Je pose 4 et 4 = 8 ! Alors je procède, / En posant 3 et 3 ! – Tenons Pégase raide : / "Ô lyre ! Ô délire ! Ô..." – Sonnet – Attention ! ». Dans ce sonnet, l'héritage poétique est le point de départ de la création, il la stimule et la nourrit. En effet, Corbière parle non seulement des contraintes poétiques dans son texte, mais rédige aussi des vers aux rythmes novateurs : le dernier vers déconstruit le rythme binaire traditionnel de l'alexandrin en usant d'une ponctuation expressive très forte, qui saccade le rythme du vers. La tradition poétique devient alors le sujet et le support même de la création.

Lexique

Subversif : se dit de quelqu'un ou de quelque chose qui trouble l'ordre social ou politique, ce qui est déjà établi.

C. Dépasser les Anciens

Enfin, l'héritage peut aussi être une stimulation et instaure une saine émulation en poésie. La tradition est alors moteur de la création. En effet, en inscrivant sa quête poétique dans la lignée des Anciens, un poète se place en rival, avide de surpasser ses maîtres. Ainsi, Apollinaire écrit dans « Les Fiançailles » : « Pardonnez-moi mon ignorance / Pardonnez-moi de ne plus connaître

Le saviez-vous ?

De même que les Latins ont cherché à imiter (*imitatio*) et à rivaliser (*aemulatio*) avec les Grecs, les auteurs de la Renaissance ont fait de même vis-à-vis des auteurs antiques, et les écrivains postérieurs aussi vis-à-vis de leurs prédécesseurs.

l'ancien jeu des vers ». Il affirme par cet aveu son désir de s'affranchir du grand modèle poétique des siècles antérieurs pour imposer un modèle jugé plus grand : le sien, celui de la modernité.

Transition : L'héritage doit donc cesser d'être pensé comme contrainte. Fécond, il peut engendrer et stimuler la création.

Conclusion

La révolte est souvent jugée féconde et constructive. Elle fait hurler, agir et met en marche le progrès. La poésie ne déroge pas à cette pensée. Se révolter contre l'héritage des poètes précédents peut se révéler porteur de modernité et d'innovation. Cependant, l'héritage et la tradition poétiques ne doivent pas être brocardés. Source d'inspiration, et parfois même moteur et stimulant de la création, le verbe poétique passé est à l'origine de la modernité. Pour être « en avant » comme le clame Rimbaud, la poésie ne doit pas oublier son histoire. La poésie, ou le devoir de mémoire.

Méthode
La conclusion doit répondre à votre problématique en récapitulant votre argumentation.

Définition
Brocarder : railler, moquer.

Autres sujets de dissertation possibles sur Nathan Live.

SUJET 15 **Sujet inédit** 20 pts 4h

Dissertation

› En quoi l'écriture poétique permet-elle de réinventer le monde ?

Vous vous appuierez sur *Les Fleurs du Mal* de Baudelaire, les textes étudiés pendant l'année et sur vos lectures personnelles.

CORRIGÉ 15

Comprendre le corrigé

Corrigé rédigé

Introduction

Le mythe d'Orphée accorde au poète et à son art un pouvoir particulier lui permettant de changer les lois de la Nature et de réinventer le monde. Cette quête ne relève pas que du mythe et a été assumée par de nombreux poètes. C'est pourquoi nous pouvons nous demander comment l'écriture poétique réussit à recréer le monde. Pour ce faire, nous verrons que l'écriture poétique réinvente le présent en le dotant d'un passé revisité, auquel correspond également un nouvel éclairage du monde présent qui peut aller jusqu'à l'engagement pour le changer. Ce pouvoir démiurgique s'explique par des outils propres à la langue poétique.

Zoom sur

Mythe d'Orphée : Orphée est un poète de la mythologie gréco-romaine capable par son chant de charmer hommes, animaux, plantes et minéraux. Le jour de ses noces avec Eurydice, elle mourut piquée par un serpent. Grâce à son chant, il convainquit les dieux des Enfers de lui rendre sa femme : ils acceptèrent à condition qu'il ne la regarde pas avant qu'elle ne soit sortie des Enfers. Il se retourna cependant trop tôt et la vit partir à jamais. Il chanta alors son chagrin et devint ainsi l'idéal du poète lyrique.

I – L'écriture poétique réinvente le monde en le dotant d'un passé revisité

A. La mythologie

Les mythes retranscrits dans les poèmes antiques inventent un passé au monde. Hésiode rappelle le mythe des races dans *Les Travaux et des Jours* ou la naissance du monde dans sa *Théogonie*, Homère conte la guerre de Troie dans l'*Iliade* et l'*Odyssée*… Baudelaire aussi s'appuie sur cette tradition mythologique dans son poème « Le Cygne » en accordant une place importante à Andromaque, « veuve d'Hector, hélas ! Et femme d'Hélénos ».

Définition

Théogonie : œuvre du poète grec Hésiode (VIIIe siècle avant J.-C.) dans laquelle il relate la naissance du monde et des dieux. Il s'agit donc du récit de fondation de la mythologie gréco-romaine.

Transition : Le passé du monde est ainsi inventé dans des textes poétiques qui célèbrent des temps glorieux, mythologiques ou historiques.

B. La célébration des temps glorieux

Du Bellay se donne pour mission de célébrer la gloire de la Rome antique dans ses poèmes en rivalisant avec Virgile. En cela, il accomplit « Ce que les mains ne peuvent [plus] maçonner » dans « Que n'ai-je encore la harpe thracienne », sonnet issu de ses *Antiquités de Rome*. Ronsard, dans ses *Odes*, rend aussi hommage aux grands de son temps tout comme un poète comme Pindare pouvait, dans la Grèce antique, célébrer les héros de son temps, notamment les vainqueurs des jeux sportifs panhelléniques, tels que les jeux Olympiques.

Transition : La poésie, avec le genre de la célébration, fait l'éloge des temps passés glorieux ou d'un présent (à travers ses acteurs) plein de gloire.

Lexique

Jeux sportifs panhelléniques : grands concours qui rassemblaient tous les Grecs lors de quatre grandes fêtes : les jeux Olympiques, Pythiques, Isthmiques et Néméens.

C. Le passé uni au présent

La poésie abolit le temps en faisant « revenir les temps très anciens » – comme l'écrit Senghor dans « À New York » – au sein du présent et en le colorant de son identité noire, de ce que ce poète appelle la négritude. Baudelaire retrouve son passé pourtant douloureusement perdu grâce à la poésie en chantant le « vert paradis des amours enfantines » dans son poème « Moesta et Errabunda » (« Triste et vagabonde ») et en se demandant dans une interrogative s'il est « déjà plus loin que l'Inde et que la Chine », modalité qui témoigne sur le mode mineur des pouvoirs poétiques.

Zoom sur

Enseignant en lettres et en grammaire, ayant ensuite occupé de nombreux postes politiques importants, Léopold Sédar Senghor (1906-2001) a été élu à l'Académie française en 1983 et récompensé par de nombreux prix littéraires prestigieux (médaille d'or de la langue française, prix Guillaume Apollinaire, prix international du livre…).

Transition : L'écriture réinvente le monde en le dotant d'un passé renouvelé, car poétique. Cela s'accompagne aussi d'un mouvement de recréation du monde présent.

II – L'écriture poétique réinvente le monde en l'éclairant différemment

A. Une nouvelle image du monde

La poésie permet au poète de débrider son imagination et ainsi de réinventer le monde en l'éclairant différemment. Le poème de Michaux « Intervention » témoigne des changements fantasques du

Astuce du prof

Vous pouvez convoquer les œuvres d'autres parcours étudiés en classe pour étoffer vos exemples quand le sujet s'y prête.

monde au sein d'un poème. Cet éclairage nouveau peut aussi être moral, comme dans les *Fables* de La Fontaine, qui ne se contentent pas de peindre la société du Grand Siècle, mais en proposent une image revisitée notamment grâce au recours à des personnages qui sont pour la plupart des animaux.

Transition : Le poète peut ainsi donner une nouvelle image du monde en l'éclairant différemment. Pour cela, il peut choisir de célébrer non pas les héros glorieux du présent ou du passé, mais n'importe qui.

B. La célébration de personnes non glorieuses

Le poète, grâce à la poésie, célèbre les grands hommes comme nous l'avons vu, mais il peut aussi célébrer qui il veut. La femme aimée est ainsi souvent mise en avant : Baudelaire dans ses *Fleurs du Mal* consacre plusieurs poèmes organisés en cycles aux femmes qu'il a aimées : Jeanne Duval, Mme Sabatier et Marie Daubrun. De manière plus originale, il honore aussi les délaissés, comme dans « Le Soleil ». En cela, la poésie change le monde en portant à la connaissance de tous l'existence non seulement de ceux qui sont déjà connus, mais aussi de la foule des autres. Tous survivent ainsi grâce à elle.

Transition : Ce pouvoir de la poésie orienté vers le passé ou le présent peut aussi être dirigé vers le futur pour aider à faire advenir un monde différent du présent.

C. L'engagement

Le poète peut également chercher à réinventer la réalité par son écriture combattante. Ses poèmes sont ainsi des actes politiques qui changent le monde. Ils peuvent faire de lui un exilé, comme Hugo se dressant contre Napoléon III avec *Les Châtiments.* Ces poètes invitent les lecteurs à s'associer à sa cause pour changer tous ensemble le monde comme les poètes de la résistance. Desnos rend bien compte de ce combat et de son succès dans « Ce cœur qui haïssait la guerre… » en montrant au début du poème que le cœur du poète « bat » seul alors qu'à la fin « des millions d'autres cœurs » « batt[e]nt pour la liberté » « comme le [s]ien ».

Zoom sur

En mettant en scène des animaux dans ses *Fables*, La Fontaine peut adopter un ton critique voire satirique, sans que cela soit explicite. Son ambition était notament didactique car sa deuxième intention est évidemment de plaire, comme le montre ce propos issu de la préface des *Fables* en 1668 : « Je me sers d'animaux pour instruire les hommes. ».

Gagnez des points !

Ce sujet a pour but de mettre en perspective votre cours : recensez et organisez tout ce que vous savez du genre poétique pour l'intégrer au sujet proposé. Mais veuillez à ne pas plaquer le cours artificiellement.

Transition : L'écriture poétique réinvente le monde en l'éclairant de manières variées ou en devenant acte d'engagement. Cependant, elle parvient essentiellement à réinventer le monde par sa langue qui est différente de l'idiome commun.

Définition
Idiome : désigne un instrument de communication linguistique utilisé par une communauté en particulier (une langue, un dialecte...).

III – L'écriture poétique dispose d'outils spécifiques lui permettant de réinventer le monde

A. Une écriture spécifique

La versification (rimes, vers, strophes) ou le travail de formes plus libres font de la poésie une écriture particulière dotée d'un charme. Le mot vient d'ailleurs du latin *carmen* qui signifie à la fois « chant poétique » et « philtre magique ». Le charme poétique est ainsi capable de réinventer le monde. L'ordre des mots, les associations diffèrent de l'usage ordinaire et le renouvellent. Baudelaire nous donne ainsi à entendre et ressentir ce qu'est l'ennui grâce à des diérèses dans « Spleen » lorsqu'il le qualifie de « fruit de la morne incuriosité » qui « prend les proportions de l'immortalité » d'autant que les assonances renforcent l'impression d'un allongement des alexandrins.

Définition
La diérèse : prononciation en deux syllabes de ce qui dans la langue courante ne se prononce qu'en une seule syllabe.

Transition : Par sa forme versifiée même, l'écriture poétique donne à entendre une réalité recréée. Son recours, plus important que dans d'autres genres littéraires, aux figures de style amplifie ce phénomène.

B. Des figures de style changeant le réel

Certaines figures de style, particulièrement prisées des poètes, associent mots et idées de manière étonnante et changent ainsi notre vision du monde. Il s'agit notamment des comparaisons et métaphores. On peut songer à l'usage qu'en font les surréalistes capables de créer une Terre « bleue comme une orange » (Éluard). Mais cela est vrai aussi pour des poètes antérieurs comme Baudelaire, qui donne par comparaison une image étonnante et déroutante du poète dans « L'Albatros » : être à la fois majestueux et en quête d'idéal, il est aussi un pauvre diable empêtré dans une société qui ne le reconnaît pas, ce que la description de l'oiseau rend mieux qu'un portrait non métaphorique des états d'âme du poète.

Définition
Comparaison : figure de style consistant en un rapprochement de deux réalités supposées distinctes grâce à l'emploi d'un outil de comparaison (comme, autant que...). Ex. : *La lune ressemble à une faucille.*

Définition
Métaphore : au contraire de la comparaison, la métaphore ne comporte pas d'outil de comparaison, et le comparé peut ne pas être présent. Ex. : « *Cette faucille d'or dans le champ des étoiles* », Victor Hugo.

Transition : Le figures de style, notamment les comparaisons et métaphores, en reliant des éléments séparés dans la vie ordinaire créent un nouveau monde à partir de l'existant. Elles se déploient d'autant mieux que les poètes pensent la poésie comme une langue autre.

C. Une langue nouvelle

La poésie « rémunère le défaut des langues », comme le dit Mallarmé : alors que dans la vie ordinaire le sens d'un mot ne coïncide pas avec les sons qui le constituent en raison de l'arbitraire de la langue, la poésie, elle, fait en sorte de réconcilier son et sens. Elle permet que « le signe [soit lié] au sens » comme l'explique Senghor. La poésie crée ainsi une langue parfaite. Rimbaud imagine la couleur des voyelles, Ponge réenchante le monde en s'intéressant aux objets, Baudelaire invente les correspondances entre les sens.

Transition : Par ses spécificités telles que la versification, l'usage des figures de style et la représentation de la langue, la poésie est capable de réinventer le monde. C'est ce qui permet à un poète comme Baudelaire de rechercher l'idéal.

Conclusion

L'écriture poétique permet de réinventer le monde en le dotant d'un passé revisité, mais aussi en agissant sur le présent en le peignant de manière variée ou en invitant à s'y engager pour le célébrer ou le combattre. Toutefois, sa capacité démiurgique repose surtout sur l'écriture elle-même, la langue poétique qui change de l'usage ordinaire au point de le corriger et de faire advenir « de l'or » à partir de la « boue ». On comprend dès lors qu'un personnage comme Orphée, illustrant parfaitement ce pouvoir de la poésie, hante à ce point l'imaginaire des poètes.

Autres sujets de dissertation possibles sur Nathan Live.

Zoom sur

Mallarmé est un poète symboliste qui définit la poésie dans un texte important intitulé *Crise de vers* (1897) dans lequel il met en évidence l'inadéquation existant dans la langue ordinaire entre les sons formant les mots et le sens de ceux-ci et donne à la poésie la mission de « rémunérer » (corriger) ce défaut en faisant en sorte de créer une langue poétique parfaite.

Définition

Démiurgique : habilité d'une personne créant quelque chose d'important. Les philosophes platoniciens donnent ce nom au dieu créateur du monde et des êtres.

SUJET 16 France métropolitaine, juin 2015

20 pts · 4h

Commentaire

› Vous commenterez le texte suivant.

EXTRAIT **Laurent Gaudé, *Le Tigre bleu de l'Euphrate*, Acte X, 2002**

L'extrait se situe à la fin de la pièce, composée de dix actes. Une seule voix se fait entendre, celle d'Alexandre le Grand. Au premier acte, il se prépare à mourir et chasse tous ceux qui se pressent autour de lui.

Il raconte à la Mort, qu'il imagine face à lui, comment le Tigre bleu lui est un jour apparu et comment il a su que le but de sa vie était de le suivre, toujours plus loin, à travers le Moyen-Orient. Mais, cédant à la prière de ses soldats, il cesse de suivre le Tigre bleu pour faire demi-tour.

[…]
Je vais mourir seul
Dans ce feu qui me ronge,
Sans épée, ni cheval,
Sans ami, ni bataille,
Et je te demande d'avoir pitié de moi,
Car je suis celui qui n'a jamais pu se rassasier,
Je suis l'homme qui ne possède rien
Qu'un souvenir de conquêtes.
Je suis l'homme qui a arpenté la terre entière
Sans jamais parvenir à s'arrêter.
Je suis celui qui n'a pas osé suivre jusqu'au bout le tigre bleu de l'Euphrate.

J'ai failli[1].
Je l'ai laissé disparaître au loin
Et depuis je n'ai fait qu'agoniser.
À l'instant de mourir,
Je pleure sur toutes ces terres que je n'ai pas eu le temps de voir.
Je pleure sur le Gange[2] lointain de mon désir.
Il ne reste plus rien.
Malgré les trésors de Babylone[3],
Malgré toutes ces victoires,
Je me présente à toi, nu comme au sortir de ma mère.
Pleure sur moi, sur l'homme assoiffé.

Je ne vais plus courir,
Je ne vais plus combattre,
Je serai bientôt l'une de ces millions d'ombres qui se mêlent et s'entrecroisent dans tes souterrains sans lumière.
Mais mon âme, longtemps encore, sera secouée du souffle du cheval.
Pleure sur moi,
Je suis l'homme qui meurt
Et disparaît avec sa soif.

1. J'ai échoué.

2. Fleuve de l'Inde. Alexandre a fait demi-tour avant d'y arriver.

3. Capitale de la Perse, gouvernée par Darius. Première grande conquête victorieuse d'Alexandre.

CORRIGÉ 16

Comprendre le corrigé

Corrigé rédigé

Introduction

Alexandre le Grand (356-323 av. J.-C.) fascine depuis des siècles par son destin : abattu par une fièvre, il est mort à 33 ans, alors qu'aucun ennemi n'avait réussi à avoir raison de lui. Ce dernier a conquis de vastes territoires et rêve d'unir les nombreux peuples sur lesquels il régnait, à commencer par les Grecs et les Perses, de farouches ennemis de longue date. Laurent Gaudé, dramaturge et romancier contemporain, s'intéresse particulièrement aux idées de voyage et d'exil qui se rencontrent dans le personnage d'Alexandre le Grand notamment à sa mort, mort à laquelle il a consacré un roman, *Pour seul cortège* (2012), et une pièce de théâtre, *Le Tigre bleu de l'Euphrate* (2002). Au dénouement de celle-ci, à la fin de l'acte X, Alexandre se prépare à mourir dans un monologue adressé à la Mort. Nous nous demanderons donc en quoi la mort d'Alexandre est une leçon de vie. Pour ce faire, nous verrons que ce texte prend la forme d'un monologue changé en dialogue avec la Mort à qui il adresse une prière

Le saviez-vous ?

Alexandre le Grand a marqué l'Histoire antique par ses conquêtes aussi bien que sa personnalité. Il a inspiré de nombreuses œuvres artistiques et littéraires dès l'Antiquité et jusqu'à aujourd'hui.

FRANÇAIS
ENSEIGNEMENT SCIENTIFIQUE
HISTOIRE GÉOGRAPHIE
ANGLAIS

avant de mourir, ce qui lui permet de faire un bilan de sa vie de conquérant, bilan qui rejoint les leçons philosophiques des sages de l'Inde qu'il a rencontrés.

I – Un monologue changé en dialogue avec la Mort, expression d'une prière avant de mourir…

A. Un monologue changé en dialogue avec la Mort…

Alexandre met en avant sa solitude. Lui qui a chassé toute sa suite, profite de cette solitude qui lui est chère, comme l'atteste la place de l'adjectif « seul » en fin de vers (v. 1), pour monologuer. Mais son monologue prend la forme d'un dialogue entre lui-même, qualifié par les pronoms et adjectifs de la première personne (« je », « me », « mon », « ma », « moi »), et la Mort qu'il tutoie (« te », « toi », « tes »). La Mort n'est donc pas incarnée par un comédien sur scène, mais imaginée par le héros qui est bien seul sur le plateau, malgré ce que pourraient laisser penser ses propos.

Transition : Ainsi, le monologue d'Alexandre prend en fait la forme d'un dialogue avec la Mort qui le rend dynamique et permet l'expression d'une prière.

Zoom sur

Le monologue est dangereux au théâtre : il risque de ralentir l'action et d'ennuyer le spectateur. Pour le dynamiser, les auteurs peuvent varier les situations d'énonciation, ajouter des didascalies…

B. … expression d'une prière…

Alexandre adresse une prière à la Mort. Celle-ci est formulée dès le début du passage : « Et je te demande d'avoir pitié de moi » (v. 5). Sa forme est prosaïque à cause de l'usage du verbe « demander » plutôt que « prier », mais l'objet de la demande « avoir pitié de moi » renvoie bien à l'univers de la prière. La formulation finale de ce vœu, plus insistante avec l'emploi de l'impératif, amène directement à ce qui est demandé : « Pleure sur moi » (v. 28). Le verbe « pleurer », avec la précision « sur moi », correspond bien à l'idée d'« avoir pitié de moi » déjà vue, mais la rend concrète, voire visuelle, dans une forme d'hypotypose nous invitant à voir l'allégorie de la Mort en larmes. Il pleure d'ailleurs comme le souligne l'anaphore « Je pleure sur » (v. 16-17) qui met en valeur ses regrets.

Transition : Alexandre adresse donc une prière à la Mort pour que celle-ci compatisse en raison de sa fin toute proche.

Définition

Hypotypose : description animée et frappante d'une chose.

Définition

Anaphore : procédé qui consiste en la répétition d'un mot en début de phrase, ou de vers.

Astuce du prof

Prenez en compte le fait que ce texte est un texte de théâtre qui a donc été écrit pour être joué, sans perdre de vue son écriture en vers libres qui demande aussi votre attention.

C. … avant de mourir

Alexandre est sur le point de mourir comme il le précise dès le vers 1 « Je vais mourir ». L'idée est d'ailleurs bien présente dans le monologue. Les mots et expressions « agoniser » (v. 14), « à l'instant de mourir » (v. 15), « je serai bientôt l'une de ces millions d'ombres » (v. 25), « qui meurt / Et disparait » (v. 28-29) le montrent. L'urgence de la situation est mise en évidence puisque cette mort est annoncée par « je vais mourir » au début (v. 1) avant d'être effective à la fin (v. 28-29) avec « qui meurt / Et disparait », d'autant plus que la parole théâtrale est performative. Alexandre souffre, comme l'indique la métaphore du « feu qui [le] ronge » (v. 2). Cette situation permet de mieux comprendre pourquoi il adresse une prière à la Mort. La demande de compassion s'explique notamment par l'idée qu'il se fait d'elle : « Je serai bientôt l'une de ces millions d'ombres qui se mêlent et s'entrecroisent dans tes souterrains sans lumière » (v. 25). Il se représente la Mort comme chez les Anciens : « l'âme », seule survivante, descend aux Enfers où elle erre comme une « ombr[e] » parmi tant d'autres en attendant d'être jugée et de se voir attribuer une zone géographique à arpenter dans le dédale des « souterrains » obscurs et « sans lumière ».

Zoom sur

Le discours performatif désigne une parole qui peut être une action.
Ex : « La séance est ouverte » constitue à la fois un discours, mais aussi une action : prononcer cette phrase ouvre la séance.

Transition : Alexandre nous livre un monologue bien particulier puisqu'il prend en fait la forme d'un dialogue entre lui et la Mort à qui il adresse une prière. Ce choix se comprend dans la mesure où le grand guerrier est sur le point de mourir et profite de la solitude pour faire un bilan de sa vie.

Sur ma copie

Pour faire apparaître le plan sur votre copie, sautez une ligne entre chaque grande partie.

II – … qui permet à Alexandre de faire un bilan de sa vie de conquérant…

A. Alexandre le conquérant

Alexandre se présente comme un grand conquérant. Il évoque « toutes [ses victoires] » (v. 20) et « les trésors de Babylone » (v. 19) obtenus. Le champ lexical de la conquête héroïque renforce ce trait : « épée » (v. 3), « bataille » (v. 4), « conquêtes » (v. 8), « courir » (v. 23) et « combattre » (v. 24). À ces mots s'ajoute tout un réseau renvoyant spécifiquement à Alexandre comme la mention de son « cheval » (v. 3) Bucéphale, de ses

« amis » qui constituaient ses généraux ou encore l'énorme étendue de territoire qu'il a conquise « a arpent[é] la terre entière » (v. 9) en « suiv[ant] le tigre bleu de l'Euphrate » (v. 11).

Transition : Alexandre est bien le grand conquérant que les livres d'histoire ont immortalisé. Pourtant, c'est une tout autre image qu'il donne de lui en insistant sur son insatiabilité.

Lexique

Insatiable : se dit d'une personne qui ne peut être rassasiée, dont les désirs ne peuvent être assouvis.

B. Alexandre l'insatiable

Plus que comme un conquérant, Alexandre se présente comme un être insatiable. Cette idée est soutenue par un important champ lexical de l'insatisfaction : « n'a jamais pu se rassasier » (v. 6), « sans jamais parvenir à s'arrêter » (v. 10), « pas eu le temps de voir » (v. 16), « mon désir » (v. 17), « assoiffé » (v. 22), « soif » (v. 29). Cette sensation de manque permanent explique ainsi l'importance des conquêtes. Il en faut toujours plus à Alexandre, puisque même « la terre entière » ne suffit pas et que les « conquêtes » sont réduites au statut de « souvenir ». Ceci est encore plus frappant avec la connotation péjorative de la négation « ne possède rien / Qu'un souvenir de conquêtes » (v. 7-8).

Transition : L'insatisfaction d'Alexandre est donc cause de ses nombreuses conquêtes. Toutefois, il ne retient d'elles que ses échecs.

C. La confession de l'échec

Alexandre confesse son échec. « J'ai failli » (v. 12) occupe un seul vers, le plus court du passage et sonne comme un jugement péremptoire. Il est complété par « j'ai laissé disparaître » (v. 13). La faute n'est pas imputée aux demandes des généraux, mais à lui-même : « Je suis celui qui n'a pas osé suivre jusqu'au bout » (v. 11). Cette prise de distance est possible grâce à la relative qui permet le regard critique. Le passé composé met en lumière, avec sa valeur résultative, les conséquences : « depuis je n'ai fait qu'agoniser ».

Transition : Alexandre confesse donc ses fautes et nous livre ainsi une leçon de philosophie.

Lexique

Péremptoire : se dit d'une chose à laquelle on ne peut rien répondre, que l'on ne peut pas remettre en question.

Langue

La proposition subordonnée relative est une expansion du nom et possède une fonction d'adjectif. Elle donne des informations, qui une fois supprimées, modifient le sens de la phrase, voire lui font perdre tout son sens.

III – … qui rejoint les leçons philosophiques des sages de l'Inde qu'il a rencontrés

A. La nudité du héros fait de lui un homme comme les autres…

Alexandre se présente devant la mort non comme un héros, mais comme un simple être humain, comme le souligne l'abondance des négations répétées « sans […], ni » (v. 3-4), « ne… rien » (v. 7), « ne… plus » (v. 23-24). Alexandre s'est défait de tous ses biens : « Il ne reste plus rien. » Ce que renforce l'anaphore de « Malgré » (v. 19-20) qui opère un contraste entre les biens passés et l'absence de ceux-ci au présent, au point qu'il dit se « présente[r] […] nu comme au sortir de [sa] mère » (v. 21). La métaphore de la nudité, qui pourra être explicitée ou non sur scène par la nudité du comédien, est renforcée par son association à l'image de l'enfant qui vient de naître. Cette comparaison le rapproche ainsi de tous les nouveau-nés et partant, de tous les hommes. La reprise en tête de plusieurs vers, à la manière d'une anaphore libre, de l'expression « Je suis l'homme qui » opère ce glissement car, tout en tentant de se définir, Alexandre glisse de la 1re à la 3e personne et use de propos assez généraux à la fin.

Méthode
Quand on modifie une citation, il faut indiquer la modification entre crochets.

Transition : Alexandre a renoncé à tout ce qui faisait de lui un glorieux héros pour se préparer à la mort ; il se présente ainsi comme un simple mortel en relation avec ce que les sages de l'Inde lui avaient dit.

Astuce du prof
Ce commentaire peut enrichir les exemples pour une dissertation issue du parcours « Passion et tragédie ».

B. … ce qui démontre la validité de la leçon des sages de l'Inde rencontrés jadis

Alexandre avait rencontré les sages de l'Inde qui lui avaient dit qu'il n'occuperait pas plus qu'un tout petit espace de terre au moment de mourir, l'invitant ainsi à délaisser tous ses biens et rêves de conquête. Au moment de mourir, Alexandre semble avoir suivi leur conseil et avoir compris la leçon. C'est paradoxalement en renonçant à être un glorieux conquérant qu'il réussit à mourir glorieusement, en philosophe, et à avoir une belle mort. Il y a ainsi encore de l'héroïsme dans cette prière-confession qui laisse entendre que l'âme du roi survivra : « Mais mon âme, longtemps encore, sera secouée du souffle du cheval » (v. 26). Ainsi, Alexandre continuera de vivre dans le futur au travers des mouvements de Bucéphale avec lequel il ne fait plus qu'un. La litanie du personnage, avec l'emploi de vers libres aux nombreuses répétitions et images, imputable aussi bien à sa fièvre qu'à sa transition vers la mort, souligne déjà cette survie possible, du moins par la poésie.

Définition
Litanie : longue énumération.

Transition : Alexandre accomplit ainsi une belle mort stoïcienne qui le hisse au rang de sage.

Le saviez-vous ?
La philosophie stoïcienne prône l'indifférence à l'égard des choses qui ne dépendent pas de nous.

Conclusion

Alexandre, pris par la fièvre et sur le point de mourir, monologue et s'imagine converser avec la Mort. Il lui adresse ainsi une confession tragique qui tourne à la prière et lui permet de faire le bilan de sa vie, de se défaire de sa passion de conquérant pour en obtenir une nouvelle, celle du sage qui réalise une belle mort. Le metteur en scène pourra ainsi mettre l'accent soit sur la chute du grand conquérant, soit au contraire sur sa renaissance à l'état de sage dans le combat qu'il livre à la Mort.

Conclusion
Pensez à récapituler les grands axes que vous avez abordés dans votre devoir.

SUJET 17 France métropolitaine, juin 2015 — 20 pts — 4h

Commentaire

› Vous commenterez le texte suivant.

EXTRAIT Marivaux, *L'Île des esclaves*, scène 6, 1725

CLÉANTHIS. – Je suis d'avis d'une chose, que nous disions qu'on nous apporte des sièges pour prendre l'air assis, et pour écouter les discours galants que vous m'allez tenir ; il faut bien jouir de notre état, en goûter le plaisir.

ARLEQUIN. – Votre volonté vaut une ordonnance. *(À Iphicrate.)* Arlequin, vite des sièges pour moi, et des fauteuils pour Madame.

IPHICRATE. – Peux-tu m'employer à cela ?

ARLEQUIN. – La république le veut.

CLÉANTHIS. – Tenez, tenez, promenons-nous plutôt de cette manière-là, et tout en conversant vous ferez adroitement tomber l'entretien sur le penchant que mes yeux vous ont inspiré pour moi. Car encore une fois nous sommes d'honnêtes gens à cette heure, il faut songer à cela ; il n'est plus question de familiarité domestique. Allons, procédons noblement, n'épargnez ni compliment ni révérences.

ARLEQUIN. – Et vous, n'épargnez point les mines. Courage ; quand ce ne serait que pour nous moquer de nos patrons. Garderons-nous nos gens ?

CLÉANTHIS. – Sans difficulté ; pouvons-nous être sans eux ? c'est notre suite ; qu'ils s'éloignent seulement.

ARLEQUIN, *à Iphicrate.* – Qu'on se retire à dix pas.

Iphicrate et Euphrosine s'éloignent en faisant des gestes d'étonnement et de douleur. Cléanthis regarde aller Iphicrate, et Arlequin, Euphrosine.

ARLEQUIN, *se promenant sur le théâtre avec Cléanthis.* – Remarquez-vous, Madame, la clarté du jour ?

CLÉANTHIS. – Il fait le plus beau temps du monde ; on appelle cela un jour tendre.

ARLEQUIN. – Un jour tendre ? Je ressemble donc au jour, Madame.

CLÉANTHIS. – Comment ! Vous lui ressemblez ?

ARLEQUIN. – Eh palsambleu ! le moyen de n'être pas tendre, quand on se trouve en tête à tête avec vos grâces ? *(À ce mot, il saute de joie.)*
Oh ! oh ! oh ! oh !

CLÉANTHIS. – Qu'avez-vous donc ? Vous défigurez notre conversation.

ARLEQUIN. – Oh ! ce n'est rien : c'est que je m'applaudis.

CLÉANTHIS. – Rayez ces applaudissements, ils nous dérangent. *(Continuant.)* Je savais bien que mes grâces entreraient pour quelque chose ici, Monsieur, vous êtes galant ; vous vous promenez avec moi, vous me dites des douceurs ; mais finissons, en voilà assez, je vous dispense des compliments.

ARLEQUIN. – Et moi je vous remercie de vos dispenses.

CLÉANTHIS. – Vous m'allez dire que vous m'aimez, je le vois bien ; dites, Monsieur, dites ; heureusement on n'en croira rien. Vous êtes aimable, mais coquet, et vous ne persuaderez pas.

ARLEQUIN, *l'arrêtant par le bras, et se mettant à genoux.* – Faut-il m'agenouiller, Madame, pour vous convaincre de mes flammes, et de la sincérité de mes feux ?

CLÉANTHIS. – Mais ceci devient sérieux. Laissez-moi, je ne veux point d'affaires ; levez-vous. Quelle vivacité ! Faut-il vous dire qu'on vous aime ? Ne peut-on en être quitte à moins ? Cela est étrange.

ARLEQUIN, *riant à genoux.* – Ah ! ah ! ah ! que cela va bien ! Nous sommes aussi bouffons que nos patrons, mais nous sommes plus sages.

CORRIGÉ 17

Comprendre le corrigé

Corrigé rédigé

Introduction

Marivaux, qui appartient au mouvement des Lumières, a écrit des comédies dans lesquelles il s'intéresse particulièrement à la naissance du sentiment amoureux et à ce que l'esprit humain forge pour ne pas s'avouer cet amour. Ses pièces ne se limitent cependant pas à ce « marivaudage », puisque le dramaturge s'interroge aussi sur la société. Ainsi, dans *L'Île des esclaves*, il imagine une île utopique dans laquelle les maîtres deviendraient esclaves et les esclaves maîtres. Arlequin et Cléanthis, devenus maîtres, s'amusent à la scène 6 à imiter une scène de séduction amoureuse précieuse sous les yeux déconfits de leurs anciens maîtres. Nous nous demanderons donc comment Marivaux procède pour faire une satire sociale. Pour ce faire, nous verrons que le dramaturge nous propose une mise en abyme, qui nous donne à voir une parodie de scène de séduction précieuse afin de nous faire réfléchir en riant.

Le saviez-vous ?

« Les Lumières » désigne le mouvement littéraire et culturel qui s'est répandu en Europe au XVIIIe siècle. *L'Encyclopédie* (1748-1772), dirigée par Diderot et d'Alembert, est considéré comme l'ouvrage manifeste des Lumières. Nombre de savants, d'écrivains et de philosophes ont contribué à sa rédaction.

I – Une mise en abyme

A. Un nouvel espace scénique

La première réplique d'Arlequin et les didascalies suivantes changent l'organisation et la distribution de l'espace de jeu. On entre ainsi dans un nouvel espace, celui du théâtre dans le théâtre, de la mise en abyme.

Transition : Cette nouvelle organisation de l'espace correspond à une redistribution des rôles de maîtres et valets.

Méthode

N'oubliez pas, au cours de votre analyse, de prendre en considération les didascalies. Elles renferment de précieuses informations concernant le jeu des acteurs.

B. Des maîtres devenus esclaves et spectateurs

Les maîtres changent de statut social comme l'indique le subjonctif d'ordre « Qu'on se retire » qui montre le renversement des positions. La distance mise entre maîtres et valets est soulignée par la précision « à dix pas ». Les anciens maîtres obéissent comme le précise la didascalie « *Iphicrate et Arlequin s'éloignent* ». Ils sont contraints de se taire : leurs réactions sont non verbales comme l'indique la didascalie « *en faisant des gestes d'étonnement et de douleur* ». Ainsi, d'acteurs de leur vie, ils deviennent spectateurs de celle des autres. Ils restent donc présents sur scène, mais contraints de regarder leurs esclaves jouer leurs propres rôles.

Transition : Iphicrate et Euphrosine, dépouillés de leur statut de maîtres, sont contraints d'agir en esclaves et d'être spectateurs du jeu de leurs anciens esclaves devenus maîtres et acteurs.

Le saviez-vous ?

On reproche aujourd'hui à Marivaux de ne pas être allé assez loin : on aimerait voir dans le dramaturge un visionnaire qui aurait anticipé sur la Révolution française ! En réalité, la pièce vaut moins pour sa dimension politique que pour sa dimension morale : il envisage le progrès moral de tous les personnages qui se rapprochent du modèle de l'honnête homme.

C. Des esclaves devenus maîtres et acteurs

Les valets changent aussi de statut social : devenus maîtres, Arlequin et Cléanthis adoptent les manières des maîtres en donnant un ordre, en usant de la parole dont les esclaves sont au contraire privés. Le champ lexical de la parole sature d'ailleurs leurs propos, signe de la liberté acquise : « appelle », « conversation », « dîtes », « compliments », « dispenses », « allez dire », « dîtes », « persuaderez », « convaincre », « dire ». Ils entrent ainsi dans leurs nouveaux rôles théâtraux en usant de formules de politesse « madame » et « monsieur », du vouvoiement, d'un niveau de langue soutenu avec notamment l'usage du

Méthode

Pensez qu'il ne faut pas seulement relever les champs lexicaux de l'extrait que vous étudiez. Vous devez en effet les analyser puis les commenter afin d'enrichir votre commentaire de texte.

« on » à la place du « je ». Devenus acteurs, ils jouent de manière antithétique. Arlequin imite certes les manières de son maître, mais ne peut s'empêcher de briser l'illusion théâtrale en riant de son jeu et en le commentant. Il est ainsi spectateur de son propre jeu comme la mention des « applaudi[ssements] » le montre. Cléanthis, quant à elle, incarne son personnage avec conviction et s'identifie à lui, ce qui explique sa mauvaise humeur lorsqu'Arlequin brise l'illusion théâtrale. Elle en vient ainsi à adopter le ton d'un metteur en scène « Rayez ces applaudissements » donnant des indications de jeu à ses comédiens en usant d'un impératif d'ordre.

Définition

Antithétique : désigne l'opposition entre deux idées, deux discours.

Transition : Les maîtres devenus esclaves sont contraints de regarder leurs esclaves jouer les maîtres. Quelle scène ces derniers leur proposent-ils donc ?

Sur ma copie

Pour faire apparaître le plan sur votre copie, sautez une ligne entre chaque grande partie.

II – Une parodie de séduction précieuse

A. Une scène de séduction

Toute la conversation a pour thème l'amour dont on repère le champ lexical : « tendre », « grâces », « galant », « vous m'aimez », « aimable », « flammes » et « feux », « affaires », « on vous aime ». Arlequin joue ainsi le rôle d'un « galant » faisant sa cour à Cléanthis. Il évoque son état de « tendre[sse] », la complimente sur ses « grâces » et lui déclare « *à genoux* » son amour. Cléanthis joue le rôle de la fausse prude. Elle feint de se refuser : « on n'en croira rien. Vous êtes aimable, mais coquet, et vous ne persuaderez pas » avec la négation et le futur de l'indicatif qui indiquent une certitude encadrant un compliment assorti d'un défaut et ainsi amoindri. Les impératifs d'ordre sont nombreux dans sa bouche (« Laissez-moi, je ne veux point d'affaires ; levez-vous ») et encadrent la phrase négative de refus avec la séparation des pronoms « moi » et « vous » placés aux extrémités de la phrase de manière mimétique du propos. Toutefois, elle cède en fait aux compliments, comme le montrent la répétition de « dîtes » qui encourage l'amant à se dévoiler et interrogatives rhétoriques qui constituent une litote dans laquelle elle avoue son amour à son tour.

Définition

Mimétique : caractérise une action mimétique, c'est-à-dire qui consiste en la reproduction inconsciente d'attitudes, de gestes ou de paroles.

Transition : Arlequin et Cléanthis jouent ainsi une scène de séduction amoureuse. Toutefois, celle-ci suit un canevas bien défini qui est celui des Précieux.

B. Une déclaration précieuse

Arlequin et Cléanthis se déclarent leur amour comme le font les Précieux. Arlequin et Cléanthis adoptent les étapes des Précieux : premièrement, amener élégamment la conversation sur l'amour (« Je ressemble donc au jour ») lors d'une promenade par exemple ; deuxièmement, faire des « compliments » sur les « grâces » de la dame ; troisièmement, déclarer son amour (« vous m'allez dire que vous m'aimez ») ; quatrièmement, se mettre « à genoux » devant la dame et chercher à lui soutirer un aveu, un rendez-vous (« Faut-il vous dire que l'on vous aime ? »). Ils adoptent même un langage précieux que soulignent l'usage de l'expression « on appelle cela » et le jeu de mots d'Arlequin sur l'adjectif « tendre » qui est aussi une allusion à la Carte de Tendre. Il emploie des termes de la galanterie comme « grâces » et ceux déjà relevés plus haut, tout comme la métaphore du feu pour désigner l'amour passionné « mes flammes » et « mes feux ».

Transition : Arlequin et Cléanthis jouent une scène de séduction à la manière des Précieux, mais leur jeu relève plus de la parodie que de l'imitation fidèle.

C. Une parodie

L'imitation des maîtres par les valets est comique : on retrouve d'ailleurs les différentes formes de comique dans une scène où le rire devrait être banni. On a ainsi le comique de situation avec Arlequin qui ne parvient pas à tenir son rôle et Cléanthis le gourmande, ce qui les amène tous deux à rompre l'illusion théâtrale. Le comique de gestes est aussi présent lorsqu'Arlequin « *saute de joie* » ou change soudainement d'attitude (« *à ce mot* », « *ri[t] à genoux* »). Le comique de paroles se trouve dans les éclats de rire d'Arlequin « Oh ! Oh ! Oh ! Oh ! » et « Ah ! ah ! ah ! », son juron « Eh palsambleu ! » et son autosatisfaction : « C'est que je m'applaudis » et « Que cela va bien ! ». Ainsi le comique de caractère s'exprime en Arlequin qui regroupe les différentes formes de comique. Ce comique repose sur la parodie. Outre les moments où les personnages sortent de leur rôle, le rire naît aussi de l'incapacité des anciens esclaves à bien

Le saviez-vous ?

Avec le développement des salons littéraires au XVIIe siècle, apparaît le courant précieux, qui préconise le raffinement ainsi qu'une langue très travaillée. Les personnages sont idéalisés et influencés par les modèles antiques, la thématiques principale est l'amour.

Zoom sur

La préciosité est un mouvement littéraire du XVIIe siècle. Les précieuses, comme madame de Scudéry, se réunissent dans des salons et discutent littérature. Elles revendiquent davantage d'élégance et de raffinement. Elles développent une conception de l'amour selon laquelle la femme doit être courtisée.

Définition

Parodie : il s'agit d'un texte qui se moque d'un texte antérieur.

Le saviez-vous ?

Marivaux a écrit à la fois pour la Comédie Française et pour les comédiens italiens. Dans ce dernier cas, il met en scène des personnages traditionnels de la commedia dell'arte.

imiter leurs maîtres. Arlequin sort de son rôle pour revenir à son bon naturel ; Cléanthis incarne son rôle, mais elle se hâte trop et saute des étapes « mais finissons, en voilà assez, je vous dispense des compliments » avec l'accumulation des termes indiquant la hâte et un niveau de langue moins soutenu, ou anticipe les paroles d'Arlequin comme si elle les lui dictait « vous m'allez dire que vous m'aimez, je le vois bien ; dites, monsieur, dites » avec le verbe « allez » indiquant le futur proche et la répétition de l'impératif « dites » qui témoigne de son impatience. De la même manière, son revirement entre son refus et la déclaration de son amour est brutal.

Transition : Cléanthis et Arlequin jouent ainsi une parodie de scène de séduction amoureuse précieuse. Celle-ci se déroule sous les yeux non seulement du public, mais aussi de leurs anciens maîtres qui sont invités à tirer une leçon morale de ce spectacle.

> **Méthode**
> La transition comprend deux parties : une récapitulation (« Cléanthis (...) précieuse ») et une annonce (« Celle-ci (...) de ce spectacle »).

III – La visée morale de la scène

A. Une leçon pour les maîtres

Même si Arlequin et Cléanthis ne jouent pas très bien le rôle de leurs maîtres, ils ne leur présentent pas moins pour autant un miroir dans lequel se regarder. Que voient-ils donc d'eux ? Les maîtres se découvrent ainsi autoritaires comme l'atteste leur réaction à l'ordre d'Arlequin « *en faisant des gestes d'étonnement et de douleur* ». Le mot « étonnement » est à comprendre au sens étymologique (frappé de la foudre ; tonnerre) et montre la grande surprise des maîtres qui n'imaginaient pas que leurs esclaves les relégueraient réellement au statut d'esclaves qui s'accompagne de souffrance « douleur ». Ils apparaissent aussi comme des précieux ridicules, des « bouffons » c'est-à-dire qui font rire (le bouffon du roi) ce que la comparaison met en évidence « aussi bouffons que ». C'est l'artifice de cet amour qui est ainsi dénoncé et présenté comme un manque de « sages[sse] ».

> **Le saviez-vous ?**
> Molière s'est moqué des précieuses dans deux comédies : *Les Précieuses ridicules* et *Les Femmes savantes.*

Transition : Par une sorte de catharsis, les maîtres sont invités à réfléchir sur leur comportement. Toutefois le public est aussi convié à réfléchir grâce à ce spectacle « étrange ».

B. Une leçon pour le public

Le public ne subit pas la catharsis des « patrons », mais plutôt le *castigat ridendo mores*. Par le rire, les aristocrates (et les bourgeois) sont invités à considérer leur comportement en tant que maîtres, mais aussi en tant que précieux. La comparaison finale d'Arlequin semble mettre en valeur l'égalité existant entre maîtres et esclaves avec l'usage de l'égalité « aussi… que ». Toutefois, le fait qu'elle émane d'Arlequin, personnage qui n'est jamais sérieux, décrédibilise le propos, d'autant qu'il y a ensuite surenchère qui place cette fois les esclaves au-dessus des maîtres « nous sommes plus sages que nos patrons ». Comment donc comprendre cette morale finale ? On peut la juger comme une bouffonnerie de plus du *lazzi*, mais aussi comme la mise en lumière d'une pente de la nature humaine qui consiste à humilier celui qui est sous soi et qui ne peut donc répondre. Dès lors, Arlequin ne vaut pas mieux que les maîtres comme maître.

Définition

Catharsis : du grec *katharsis*, signifiant « purification », ce terme désigne la purgation des passions engendrée par la terreur et la piété suscitées chez le spectateur lors d'une représentation théâtrale.

Lexique

Lazzi : dans la commedia dell'arte, il s'agit originellement de courts instants destinés à faire rire le public : acrobaties, pantomimes etc. Au fil du temps, les lazzi sont devenus l'occasion de plaisanter sur des sujets d'actualité.

Conclusion

Marivaux nous propose grâce à une mise en abyme comique, une parodie d'une scène de séduction précieuse qui permet certes de faire rire, mais aussi de faire réfléchir les maîtres de la pièce et du public à leur comportement en posant la question des liens hiérarchiques entre individus. Lors du dénouement de la pièce en effet, Marivaux n'invite pas à un renversement des statuts sociaux : Arlequin et Cléanthis redeviennent esclaves tout comme Iphicrate et Euphrosine maîtres. Mais l'aventure sur l'île des esclaves leur aura servi de leçon, ils seront dorénavant de meilleurs maîtres : « Vous avez été leurs maîtres, et vous en avez mal agi ; ils sont devenus les vôtres et ils vous pardonnent ; faites vos réflexions là-dessus. La différence des conditions n'est qu'une épreuve que les dieux font sur nous. »

Conclusion

Pensez à récapituler les grands axes que vous avez abordés dans votre devoir.

Des dissertations corrigées sur les œuvres au programme de cet objet d'étude sur Nathan Live.

Enseignement scientifique

Sujets guidés

Sujets comme à l'examen

L'ÉPREUVE EN BREF

L'épreuve de contrôle continu d'enseignement scientifique en 1re

Comment s'organise l'épreuve ?

Durée : 4h
Coefficient : 2,5
Notation : 20 pts

- Un sujet est constitué de **deux exercices interdisciplinaires** présentant une cohérence thématique et portant sur **un ou deux thèmes du programme**.
- Cette **épreuve écrite** se passe au troisième trimestre de l'année de la classe de Première. Elle porte sur **l'ensemble du programme de l'enseignement scientifique** de la classe de Première, en dehors du projet expérimental et numérique. Les trois disciplines étudiées dans l'enseignement scientifique sont la physique-chimie, les SVT et les mathématiques.
- Le sujet de cette épreuve est issu de **la banque nationale de sujets**.
- Chaque sujet précise **si l'usage de la calculatrice est autorisé**. Toute formulation des questions est envisageable, de la **question ouverte** jusqu'au **questionnaire à choix multiples**.
- **Notation :** chacun des deux exercices de l'épreuve est noté sur **10 points**.

Quels sont les objectifs de cette épreuve ?

- **Cette épreuve a pour objectif** d'évaluer les connaissances et les compétences figurant au programme de l'enseignement scientifique pour la classe de Première, en lien avec ses **trois objectifs généraux de formation** :
  - comprendre la nature du savoir scientifique et ses méthodes d'élaboration ;
  - identifier et mettre en œuvre des pratiques scientifiques, notamment à travers l'utilisation de savoirs et des savoir-faire mathématiques ;
  - identifier et comprendre les effets de la science sur les sociétés et sur l'environnement.

Rendez-vous sur Nathan Live pour voir le descriptif complet de ces trois objectifs.

- Le sujet évalue les compétences suivantes :
  - **exploiter des documents** ;
  - **organiser, effectuer et contrôler des calculs** ;
  - **rédiger une argumentation scientifique**.

Chaque exercice de l'épreuve en évalue une ou deux plus particulièrement.

Les astuces pour réussir

Travailler régulièrement

- **Travaillez régulièrement tout au long de l'année**, sans hésiter à demander de l'aide. Si plusieurs professeurs, de physique-chimie, de SVT et/ou de mathématiques, vous enseignent les sciences, n'hésitez pas à les interroger pour **bien comprendre le lien** entre leurs différentes interventions.
- Rédigez des **fiches de révision reprenant les points essentiels à connaître**. Pour cela, vous pouvez vous baser sur les **« essentiels » présentés à chaque début de cours dans cet ouvrage**.
- Profitez de la **réalisation du projet expérimental et numérique** en effectif réduit pour approfondir certains sujets qui vous ont paru difficiles lorsqu'ils ont été traités en classe entière.
- Prenez une heure et demie de votre temps plusieurs fois dans l'année pour **résoudre plusieurs sujets pas à pas de cet ouvrage**.
- Un mois et demi avant l'épreuve, terminez de rédiger vos fiches de révision ou relisez plusieurs fois les pages **Faire le point** de l'ouvrage.
- Entraînez-vous avec des sujets complets en vous chronométrant.

Le jour J étape par étape

- Prenez le temps de **lire l'intégralité du sujet** avant de commencer.
- Commencez par les **questions avec lesquelles vous êtes le plus à l'aise**.
- Gérez correctement votre temps (une heure par exercice). Prévoyez de garder un peu de **temps pour la relecture**.
- **Analysez précisément les différents termes de chaque question** et de la consigne qui l'accompagne. Le questionnement peut être ouvert, et demander une réponse rédigée, ou prendre la forme de questionnaires à choix multiples.
- **Au brouillon :**
  - **repérez** et surlignez éventuellement **dans les documents les informations** qui sont en rapport avec la consigne ;
  - **mettez en relation les différents documents** lorsque cela est possible ;
  - **reliez les informations** du ou des documents **avec vos connaissances**.

Gérer son temps

Pour vous organiser efficacement, prévoyez environ :
- **10 minutes** pour lire le sujet en entier ;
- **55 minutes** pour chacun des deux exercices, soit :
  - travail préparatoire au brouillon : 15 minutes,
  - rédaction : 40 minutes ;
- **5 minutes** pour relire l'ensemble de la copie.

Sujets guidés

SUJET 1 Sujet inédit

10 pts — 1h — Calculatrice non-autorisée

Iode 131 et thyroïde

La thyroïde est une glande située à l'avant du cou, devant la trachée. Elle produit des hormones thyroïdiennes en utilisant l'iode naturellement présente dans notre alimentation (poissons, produits laitiers, sel de table enrichi en iode). Des cellules de la thyroïde peuvent devenir cancéreuses et un des traitements fait appel à la radioactivité.

Partie 1 L'iode 131, un isotope radioactif

DOC. 1 Les isotopes de l'iode

$^{125}_{53}I$ $^{127}_{53}I$ $^{131}_{53}I$

L'iode possède plusieurs isotopes. L'iode 127 est l'isotope stable.

1 À partir du doc. 1 et de vos connaissances, rappeler ce qu'est un isotope. Indiquer ce qui différencie un isotope radioactif d'un isotope stable.

2 Après avoir rappelé ce qu'est la demi-vie d'un noyau radioactif, déterminer graphiquement à l'aide du doc. 2, celle de l'iode 131 en exposant votre démarche.

DOC. 2 La décroissance radioactive de l'iode

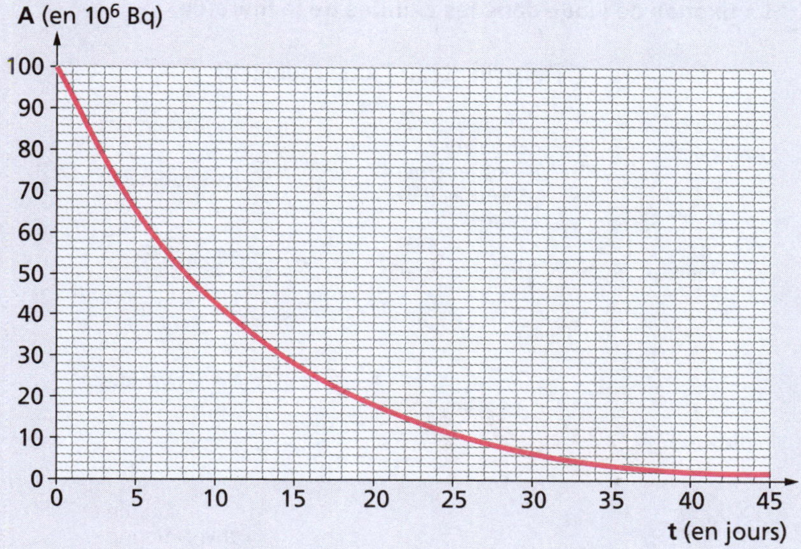

Courbe de décroissance radioactive de l'iode 131.

Le becquerel (symbole : Bq) est l'unité pour l'activité d'une certaine quantité de matière radioactive, c'est-à-dire le nombre de désintégrations qui s'y produisent par seconde.

3 À l'aide du doc. 2 et de vos connaissances :

a. déterminer graphiquement le temps nécessaire pour qu'il ne reste plus que ¼ des noyaux d'iode 131 en explicitant votre démarche.

b. vérifier ce temps par un calcul.

c. indiquer au bout de combien de jours la radioactivité devient inférieure à 5.10^6 becquerels.

Partie 2 Le traitement des cancers de la thyroïde

DOC. 3 La fixation de l'iode dans les cellules de la thyroïde

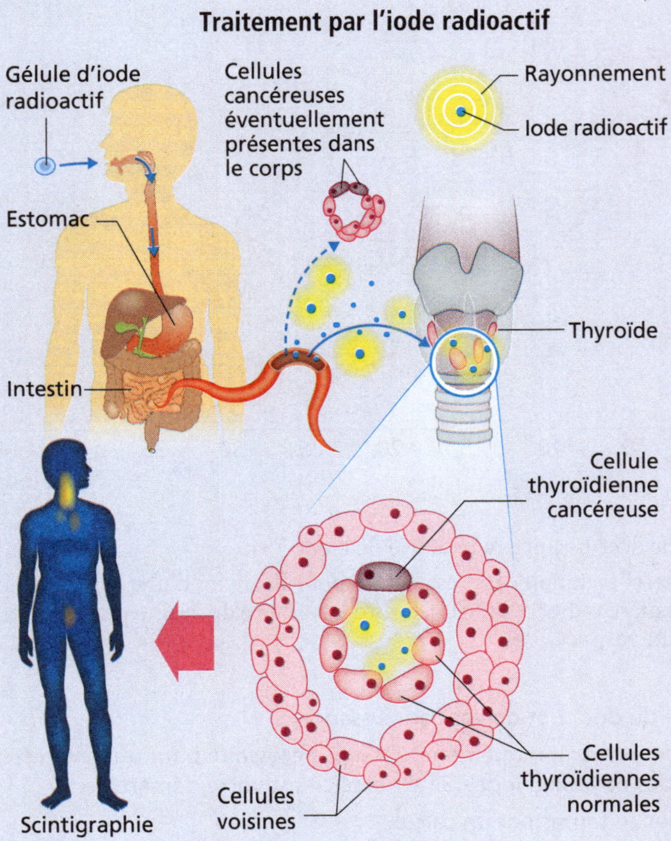

Une fois avalé sous la forme d'une gélule, l'iode radioactif passe dans le sang. Les cellules thyroïdiennes captent cet iode en circulation. Les rayons émis par l'iode radioactif endommagent les cellules thyroïdiennes qui finissent, au bout de plusieurs semaines ou mois, par être détruites.

4 À partir des informations présentes dans le sujet et de vos connaissances, expliquer pour quelle raison les cellules thyroïdiennes fixent l'iode qui circule dans le sang, que ce soit l'isotope radioactif ou l'isotope naturel stable.

5 À partir de l'ensemble des informations présentes dans le sujet, justifier le fait que le traitement anticancéreux à base de gélules d'iode 131 ne peut pas se faire en une seule prise, mais nécessite des prises régulières durant plusieurs semaines à plusieurs mois.

PAR ÉTAPES

COMPRENDRE LE SUJET

Analyser les questions

- **Question 2:** déterminer graphiquement en justifiant la démarche nécessite de relater toutes les étapes suivies pour relever les valeurs lues sur le graphique.
- **Question 3. c.:** la radioactivité devient proche de 0 lorsque la courbe de décroissance devient parallèle à l'axe des abscisses. Il suffit alors de lire le temps à partir duquel cela arrive.

Méthode

Exploiter une courbe de décroissance radioactive

- **Identifier** la grandeur et l'unité de mesure pour chaque axe.
- **Repérer** la moitié du nombre des noyaux radioactifs par un trait sur l'axe des ordonnées.
- **Lire** le temps correspondant à la moitié des noyaux radioactifs restants; par définition, il s'agit de la demi-vie.
- **Estimer** le nombre de demi-vies nécessaires pour que la radioactivité soit presque nulle. Il s'agit de reporter plusieurs fois la même durée le long de l'axe des abscisses.

Analyser les documents

- **Doc. 1:** repérer les nombres de nucléons (protons + neutrons) et le nombre de protons pour chaque isotope de l'iode.

$$^{A}_{Z}X$$

Nombre de nucléons (= protons + neutrons) → A

Numéro atomique (= nombre de protons) → Z

X ← Symbole de l'élément (par ex.: H / C / Fe / etc.)

- **Doc. 3:** faire le lien entre le texte et le schéma pour repérer les étapes du traitement du cancer de la thyroïde.

ORGANISER SES RÉPONSES

- **Question 3. a. et b.:** comparer les résultats obtenus graphiquement et par le calcul pour la valeur de la demi-vie de l'iode 131.
- **Question 5:** mettre en relation les informations sur la durée du traitement du cancer de la thyroïde par l'iode 131 avec sa demi-vie.

Au brouillon

Lister les définitions des termes scientifiques rattachés au sujet: élément chimique, atome, isotope, radioactivité et demi-vie.

CORRIGÉ 1

Comprendre le corrigé

1 Les isotopes sont les différents types d'atomes d'un même élément qui se distinguent seulement par leur nombre de neutrons. Les trois isotopes de l'iode possèdent le même nombre de protons (53) mais des nombres différents de neutrons (respectivement 72, 74 et 78 pour les isotopes d'iode 125, 127 et 131). Un isotope radioactif se désintègre spontanément, contrairement à un isotope stable.

Le nombre de neutrons présents dans un atome se calcule en faisant la différence entre le nombre de nucléons et le nombre de protons.

2 La demi-vie est la durée nécessaire pour obtenir la disparition de la moitié des noyaux radioactifs initiaux.

La demi-vie de l'iode 131 est de 8 jours. En effet, la moitié des éléments radioactifs émet une radioactivité de 50.10^6 becquerels. En projetant cette valeur sur la courbe de décroissance puis sur l'axe des abscisses, on constate que cela se produit au bout de 8 jours.

Utilisez les unités de mesure proposées dans le graphique pour quantifier le nombre de noyaux radioactifs présents.

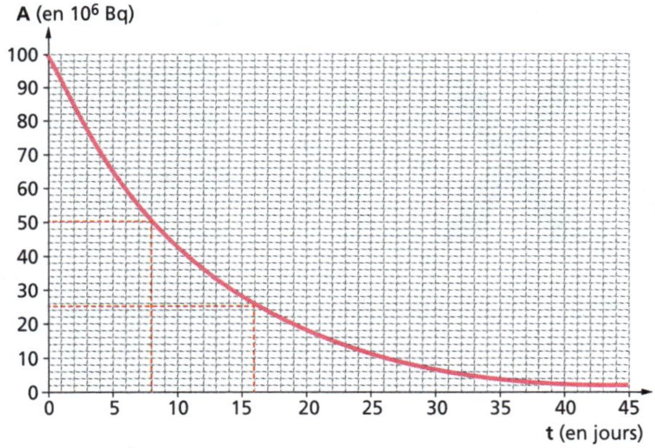

Réalisez les traits de construction sur le graphique.

3 **a.** ¼ des noyaux radioactifs restants représentent $100.10^6 / 4$, soit 25.10^6 becquerels. En projetant cette valeur sur la courbe de décroissance puis sur l'axe des abscisses, on constate que cela se produit au bout de 16 jours.

b. Or, sachant que la demi-vie est de 8 jours, on sait qu'il ne restera plus que ¼ des noyaux radioactifs au bout de 2 demi-vies (désintégration de la moitié des noyaux radioactifs après une demi-vie puis de la moitié de cette moitié au bout d'une demi-vie supplémentaire). Le résultat du calcul confirme donc le résultat obtenu graphiquement.

c. Au bout de 16 jours, la radioactivité n'est plus que de 25.10^6 becquerels et la demi-vie de l'iode 131 est de 8 jours. Ainsi, pour passer de 25.10^6 à moins de 5.10^6 becquerels, il faut encore réduire de moitié la radioactivité trois fois (25 ➜ 12.5 ➜ 7.25 ➜ 3.75). Il doit donc s'écouler trois demi-vies supplémentaires.

Utilisez les réponses obtenues aux questions précédentes.

Au total, il faut donc 16 + 3 × 8 = 40 jours pour que la radioactivité devienne inférieure à 5.10^6 becquerels.

4 On apprend dans le texte d'introduction que les cellules de la thyroïde produisent des hormones en utilisant de l'iode présent naturellement dans notre alimentation. Or, on sait que les isotopes de l'iode ont les mêmes propriétés chimiques. Par conséquent, les cellules de la thyroïde fixent les isotopes stables ou radioactifs de l'iode indifféremment afin de les utiliser pour produire leurs hormones.

L'articulation entre les connaissances et les informations tirées du sujet nécessite des marqueurs langagiers.

5 La destruction des cellules thyroïdiennes cancéreuses nécessite plusieurs semaines à plusieurs mois. Or, la demi-vie de l'iode 131 est telle qu'il ne reste pratiquement plus de noyaux radioactifs après 40 jours. Ainsi, l'ingestion d'une seule gélule ne permettrait pas de détruire toutes les cellules cancéreuses.

Tout traitement chimique a une durée d'action optimale, c'est la posologie. Dans ce cas, elle est particulièrement longue.

SUJET 2 Sujet inédit

10 pts 1h

Roches, minéraux et cristaux

Calculatrice non-autorisée

Les murs gris sombre, presque noirs, de la cathédrale de Clermont-Ferrand se détachent nettement du paysage urbain. Ces murs ont été édifiés au XIIIe siècle à partir de pierres de Volvic.

Partie 1 Des murs faits de roches volcaniques

DOC. 1 Origine des roches utilisées pour la construction de la cathédrale de Clermont-Ferrand

Les pierres de Volvic sont des roches volcaniques issues d'une coulée de lave refroidie du Puy de la Nugère et découverte presque par hasard au XIIe siècle. La plupart des autres bâtiments de la ville ont été réalisés en pierres issues de calcaires ou à partir de béton.

Les pierres de Volvic, appelées « andésites » avant les années 1960, puis « trachyandésites » depuis cette date, sont maintenant appelées « benmoréites » dans la classification internationale moderne.

Source : lamontagne.fr

DOC. 2 La benmoréite, une roche volcanique

1 mm

Lame mince de benmoréite, observée au microscope polarisant présentant un cristal de plagioclase (Pl)
Observation en lumière polarisée analysée.

Cristal de biotite (Bt), entourés de cristaux microscopiques de plagioclases
Observation en lumière polarisée non analysée.

En lumière polarisée analysée, les minéraux cristallins prennent des teintes qui leur sont particulières et qui permettent de les identifier. Un minéral amorphe (c'est-à-dire non cristallisé, comme le verre volcanique) apparaît noir en lumière polarisée analysée; on dit qu'il est éteint.
L'observation en lumière polarisée non analysée (lumière naturelle) permet de repérer la couleur naturelle des minéraux.

Source: saga-geol.asso.fr

1 En utilisant le doc. 1 et le doc. 2, expliquer pour quelles raisons la cathédrale de Clermont-Ferrand est gris foncé, alors que la plupart des autres bâtiments de la ville sont beiges.

2 Schématiser l'assemblage des minéraux présents sur la première photographie du doc. 2.

Partie 2 Origine de la structure des roches volcaniques

DOC. 3 Les conditions de formation des cristaux

De la vanilline est utilisée comme modèle pour comprendre comment la cristallisation (formation des cristaux) se déroule à partir d'une lave. De la vanilline fondue (100 °C) est coulée dans deux boîtes de Pétri. En refroidissant, la vanilline cristallise : à gauche dans une boîte de Pétri à 4 °C ; à droite dans une boîte de Pétri à 30 °C. L'échelle est la même pour les deux photographies.

Ce modèle de cristallisation ne permet pas d'expliquer la formation des différents minéraux dans une roche hétérogène puisqu'il s'agit d'un corps pur. En outre, les températures de fusion et de cristallisation des roches sont bien supérieures à celles de la vanilline.

Source : svt.ac-besancon.fr

DOC. 4 La structure d'un minéral cristallin, la biotite

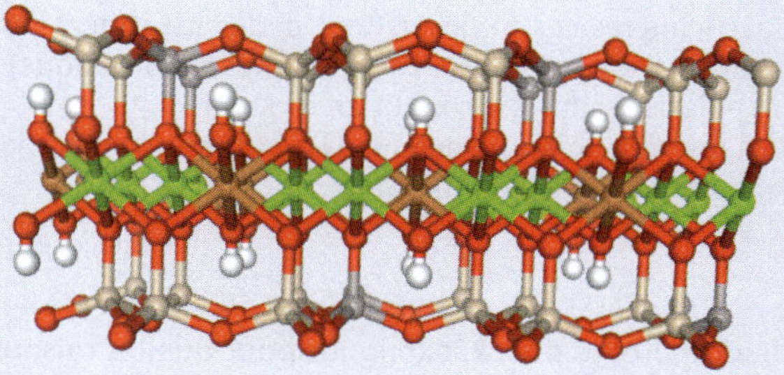

Des logiciels de visualisation des molécules permettent d'obtenir une représentation de la structure de la biotite, un minéral présent dans la pierre de Volvic. Les boules rouges représentent les atomes d'oxygène, les blanches l'hydrogène, les vertes le magnésium, les beiges le silicium, les orange le fer et les grises l'aluminium. Les bâtonnets représentent les liaisons entre les atomes. La biotite contient également du potassium qui n'est pas représenté ici.

Source : logiciel en ligne LibMol.

DOC. 5 Structure des roches magmatiques

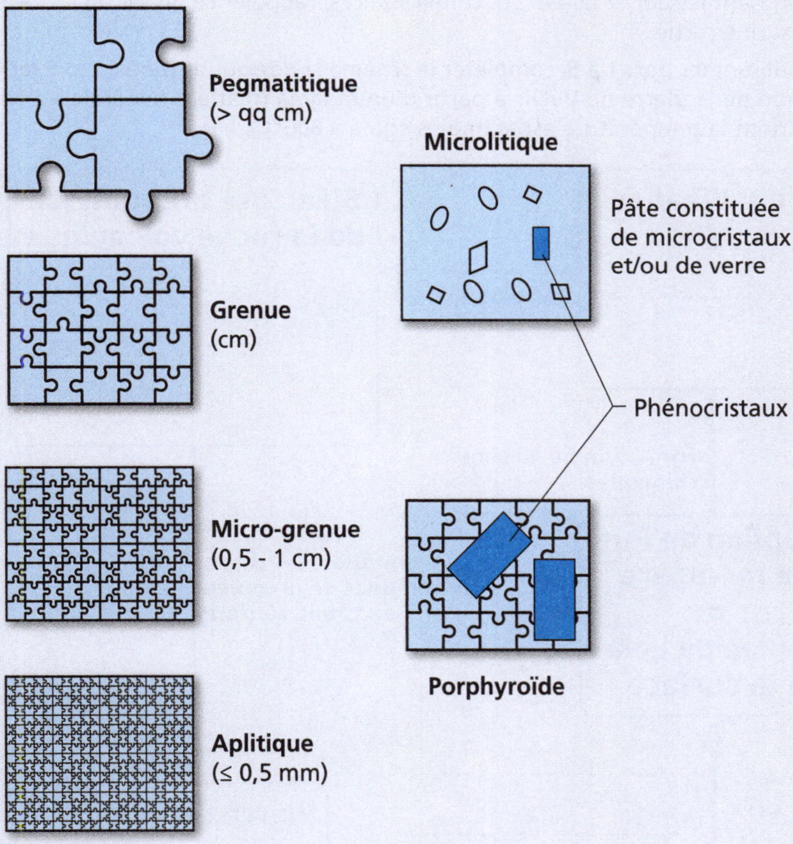

Les structures des roches magmatiques (qui proviennent d'un magma) sont déterminées selon la taille des minéraux qu'elles contiennent (par exemple, dans la structure grenue, les minéraux mesurent 1 à 2 cm). Les phénocristaux sont visibles à l'œil nu ; ils mesurent plus d'un millimètre.

Source : volcanogeol.com

3 Déterminer la structure de la benmoréite en utilisant les doc. 2 et 5.

4 Décrire les résultats obtenus dans la manipulation rapportée par le doc. 3 et expliquer la différence constatée.

5 En utilisant les doc. 2 et 4 et ses connaissances, rappeler ce qu'est un cristal et ce qu'est une roche.

6 En utilisant les doc. 1 à 5, compléter le schéma ci-dessous destiné à montrer la formation de la pierre de Volvic à partir d'un magma (matière minérale à l'état liquide dont la température est au moins égale à 600 °C).

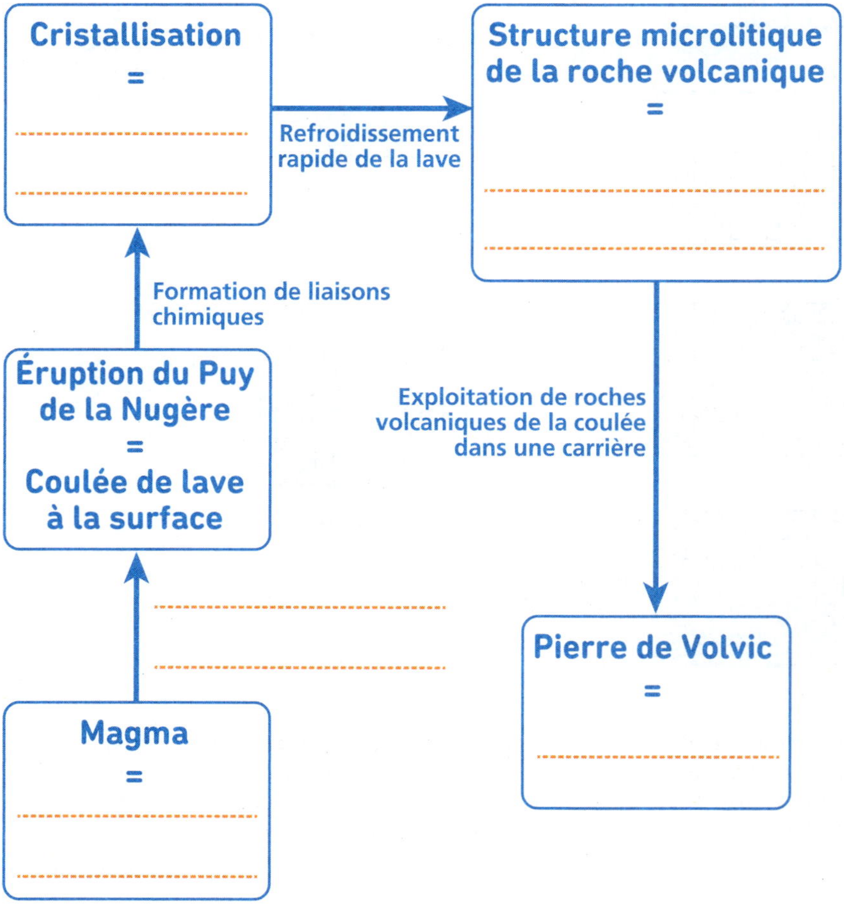

PAR ÉTAPES

COMPRENDRE LE SUJET

Analyser les questions

- **Question 1 :** nécessite l'utilisation des informations sur la composition minéralogique de la pierre de Volvic du doc. 2.
- **Question 2 :** implique une interprétation qui comporte des légendes, une échelle et un titre.
- **Question 3 :** s'appuie sur l'échelle du doc. 2 pour évaluer la taille des minéraux et la comparer à celles des représentations du doc. 5.
- **Question 4 :** nécessite une description de la taille des minéraux obtenus dans les deux conditions différentes.
- **Question 6 :** implique la rédaction de définitions.

Méthode

Déterminer la structure d'une roche

- **Identifier** la composition d'une roche : c'est l'assemblage de minéraux dont certains sont cristallisés.
- **Repérer** l'état cristallin d'un minéral : un cristal est constitué d'une répétition régulière d'un motif géométrique élémentaire, la maille.
- Dans une maille, les atomes sont ordonnés.
- **Différencier** cristal et verre : dans du verre, les atomes sont liés les uns aux autres de manière désordonnée.

Analyser les documents

- **Doc. 1 :** repérer la nature, l'origine et le nom de la roche utilisée pour construire la cathédrale.
- **Doc. 2 :** donner la composition et la structure de la roche volcanique appelée pierre de Volvic.
- **Doc. 3 :** exploiter les résultats de l'expérience qui montre l'influence de la vitesse de refroidissement sur la taille des cristaux en formation.
- **Doc. 4 :** repérer la composition et la structure d'un minéral présent dans la pierre de Volvic.
- **Doc. 5 :** indiquer les noms des structures des roches magmatiques selon la taille des minéraux qu'elles contiennent.

ORGANISER SES RÉPONSES

- Lire l'ensemble du sujet avant de commencer à répondre à la première question.
- Rédiger les définitions des mots du sujet au brouillon : roche, cristal, maille, verre volcanique.
- Se servir des éléments fournis par les documents et les questions précédentes pour compléter les cadres et répondre à la question 6.

CORRIGÉ 2

Comprendre le corrigé

1 La cathédrale de Clermont-Ferrand est grise car elle est constituée de pierre de Volvic alors que les autres bâtiments sont beiges car édifiés à partir d'autres matériaux (doc. 1). Or, on constate à l'observation microscopique que la pierre de Volvic (la benmoréite) contient essentiellement des minéraux microscopiques sombres en lumière naturelle (doc. 2). Donc, la couleur sombre de la roche s'explique par sa composition minéralogique.

> Pensez à citer les documents utilisés.

2

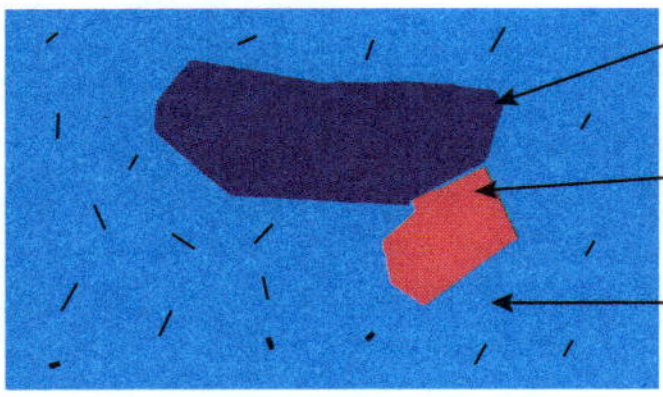

Lame mince de benmoréite observée au microscope polarisant

> Commencez par dessiner les deux minéraux situés au centre puis ajoutez de petites baguettes autour mais ne tentez pas de toutes les représenter.

3 La benmoréite contient essentiellement des cristaux microscopiques formant une pâte qui entoure deux cristaux dont la taille est supérieure à 1 mm. Or, on constate que cette structure associant une pâte de microcristaux et des phénocristaux est qualifiée de microlitique.

> Il s'agit de justifier le nom de la structure de la roche en utilisant les termes proposés par le doc. 5.

4 On constate que la vanilline refroidie à 4 °C contient des cristaux dont la taille est largement inférieure à 1 cm alors que la vanilline refroidie à 30 °C contient des cristaux dont la taille excède 1 cm. On peut penser que la cristallisation est plus longue lorsque le refroidissement est plus lent et permet donc la formation de plus gros cristaux.

> La précision de la réponse tient aux valeurs citées.

5 Un cristal est un assemblage ordonné d'ions, d'atomes ou de molécules. Une roche est un assemblage homogène ou hétérogène de minéraux. Ces minéraux peuvent être totalement ou en partie sous forme cristalline.

> Les définitions demandées doivent avoir un sens général et ne pas se limiter à l'exemple de la roche volcanique présentée dans le sujet.

6

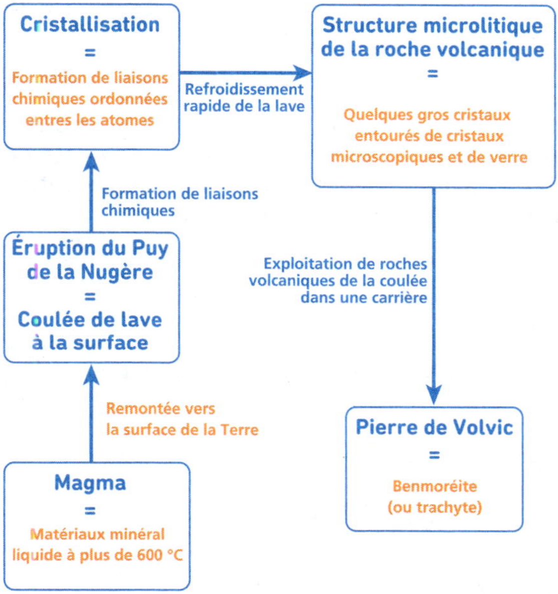

Il s'agit essentiellement d'utiliser les définitions des termes utilisés dans le sujet. Ces définitions sont parfois présentes dans les questions elles-mêmes.

SUJET 3 Sujet inédit

10 pts 1h

Membranes et cristaux

Calculatrice autorisée

Certains végétaux grandissent sur des sols particulièrement riches en carbonate de calcium et leurs cellules sont capables de former des cristaux d'oxalate de calcium. Ces cristaux en aiguilles, appelés raphides, provoquent une sensation de brûlure accompagnée de démangeaisons chez les herbivores.

Partie 1 Les cristaux d'oxalate de calcium

DOC. 1 Cristaux d'oxalate de calcium (= raphides) dans des cellules végétales

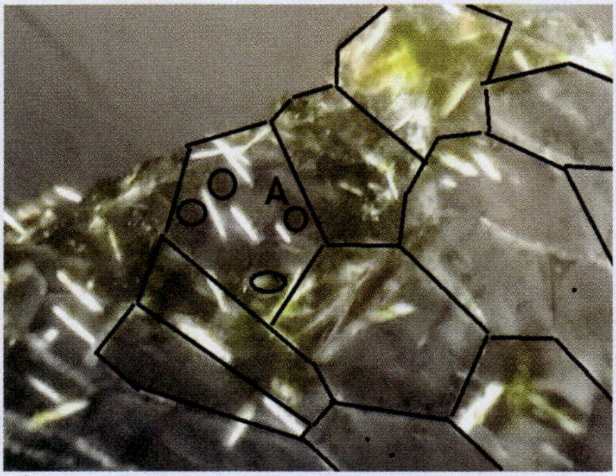

Observation au microscope photonique × 100 (les cercles représentent les chloroplastes peu visibles ici)

1 Déterminer la taille d'une raphide, d'un chloroplaste et de la cellule végétale repérée A en utilisant la photographie ci-dessus. Expliquer votre démarche.

2 À partir de vos connaissances et de la question précédente, construire une échelle des tailles du nanomètre au mètre puis y placer les niveaux d'organisation suivants : molécule, cellule, chloroplaste (organite), raphide, atome, végétal entier (organisme).

3 À l'aide du doc. 1 et de vos connaissances :

a. rappeler la définition d'un cristal.

b. déterminer si l'oxalate de calcium des cellules végétales a cristallisé selon une maille cubique.

Partie 2 Les propriétés urticantes des raphides

DOC. 2 Composition, organisation et comportement d'un phospholipide d'une membrane plasmique (représentation simplifiée)

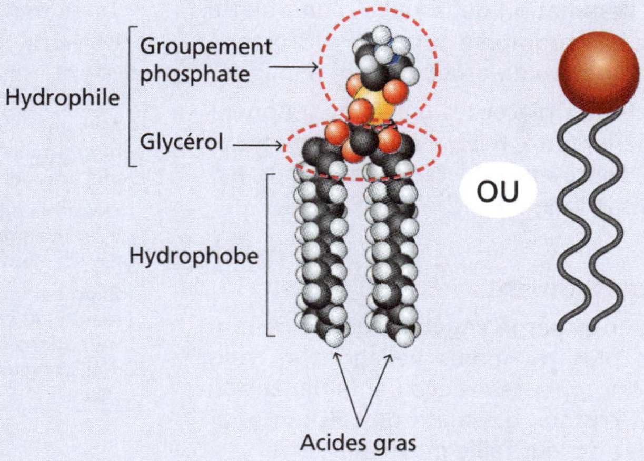

Les phospholipides sont les constituants majoritaires des membranes plasmiques mais ces dernières sont aussi composées de protéines de deux catégories :

– les protéines transmembranaires qui possèdent des parties hydrophobes et des parties hydrophiles ;

– les protéines périphériques qui sont entièrement hydrophiles et qui s'attachent à la partie hydrophile de la membrane à l'intérieur ou à l'extérieur de la cellule.

Source : Gilles Bourbonnais / Cégep de Sainte Foy.

4 À partir de vos connaissances, de la représentation simplifiée d'un phospholipide et des informations extraites du texte du doc. 2, schématiser l'organisation de la membrane plasmique.

5 À partir de l'ensemble des informations présentes dans le sujet, proposer une explication au fait que les herbivores évitent de brouter des végétaux dont les feuilles contiennent des raphides.

PAR ÉTAPES

COMPRENDRE LE SUJET

Analyser les questions

- **Question 1 :** l'estimation de la taille d'un objet à partir d'une photographie prise au microscope nécessite l'utilisation du grossissement appliqué.
- **Question 2 :** il faut placer les unités de longueur suivantes : nanomètre, micromètre, millimètre et mètre. Puis, représenter la taille des objets par des segments le long de l'échelle.

Méthode

Estimer la taille réelle d'un objet observé au microscope

- **Repérer** le grossissement utilisé (× 40 ; × 100, etc.).
- **Mesurer** l'objet sur la photographie avec une règle graduée.
- **Diviser** la mesure obtenue par le grossissement.
- **Exprimer** la taille réelle en unité du système international (10^{-x} m) ou en micromètres après conversion.

Analyser les documents

- **Doc. 1 :** repérer les parois végétales qui délimitent des cellules plus ou moins hexagonales, puis repérer les chloroplastes et évaluer la dimension de quelques cristaux d'oxalate de calcium pour avoir une idée de leur taille moyenne.
- **Doc. 2 :** comparer les deux représentations d'un phospholipide et identifier ce que représentent la « tête » et les « queues » de la représentation simplifiée.

ORGANISER SES RÉPONSES

- **Question 4 :** représenter deux couches de phospholipides et quelques protéines membranaires en légendant la membrane mais également les milieux intra- et extra-cellulaires.
- **Question 5 :** mettre en relation les informations sur la localisation des raphides dans les végétaux avec la consommation des feuilles par les herbivores.

Au brouillon

Dessiner un axe gradué avec l'échelle des tailles du nanomètre au mètre en indiquant les écritures équivalentes en 10^{-x} m.

CORRIGÉ 3

Comprendre le corrigé

1 Sur la photographie, une raphide mesure 1 cm, un chloroplaste 2 mm et une cellule végétale 4 cm. Comme les cellules observées ont été grossies 100 fois, il est possible de calculer la taille réelle :

– d'une raphide 1/100 = 0,01 cm soit 10^{-5} m c'est-à-dire 10 µm ;

– d'un chloroplaste 0,2/100 = 0,002 cm soit $2{,}10^{-6}$ m, c'est-à-dire 2 µm ;

– d'une cellule 4/100 = 0,04 cm soit $4{,}10^{-5}$ m, c'est-à-dire 40 µm.

Exprimez les mesures en écriture scientifique.

2 L'échelle des tailles est graduée en mètres.

Utilisez l'unité du système international.

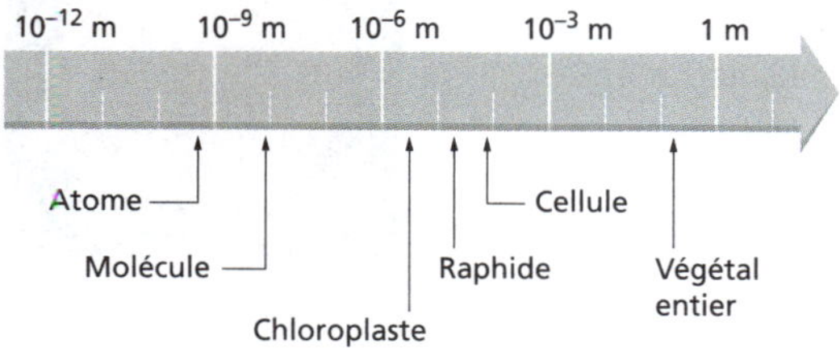

3 Un cristal est un solide dont les atomes constitutifs sont assemblés de manière ordonnée composant une forme géométrique caractéristique. L'oxalate de calcium n'a pas cristallisé selon une maille cubique car on constate que ces cristaux ont une forme allongée en baguette et on sait que la maille cubique est caractérisée par une forme géométrique en cube avec les atomes situés aux sommets et/ou au centre des faces du cube.

Il s'agit de s'appuyer sur ses connaissances pour les opposer à l'observation.

4 Schéma de la membrane plasmique :

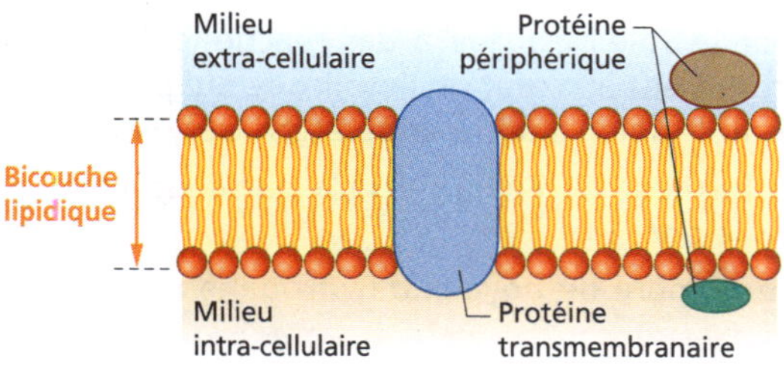

La localisation des milieux intra- et extra-cellulaires est essentielle.

5 Lorsque des herbivores mâchent les feuilles du végétal pour la première fois, les cellules sont déchirées et libèrent les raphides qu'elles contiennent. Or, ces raphides sont des cristaux d'oxalate de calcium en forme d'aiguilles qui provoquent des démangeaisons et des sensations de brûlures. Ainsi, les herbivores apprennent à reconnaître ces végétaux et à éviter de les brouter.

Les raphides n'agissent que si les membranes des cellules (et les parois) sont déchirées et qu'elles sont libérées dans la bouche des herbivores.

SUJET 4 Sujet inédit

10 pts 1h

autorisée

Puissance du Soleil

Le Soleil est l'étoile du Système solaire. C'est une étoile de type naine jaune d'une masse de $1{,}9891 \times 10^{30}$ kg, principalement composée d'hydrogène. C'est l'énergie, ou la puissance, radiative émise par le Soleil et transmise par rayonnement qui rend possible la vie sur Terre.

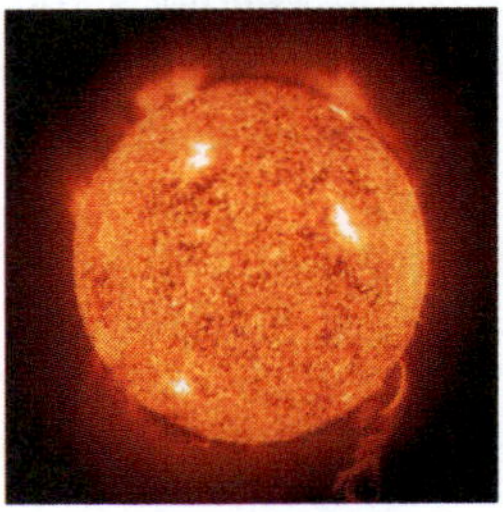

Partie 1 Puissance radiative émise par le Soleil

1 a. Exprimer la relation entre l'énergie radiative E, la puissance radiative P, et la durée Δt pendant laquelle le rayonnement est émis par le Soleil.

b. La puissance radiative émise par le Soleil est égale à : $P = 3{,}96 \times 10^{26}$ W. Calculer l'énergie radiative émise par le Soleil en une minute.

2 a. Donner l'expression de la relation d'Einstein liant l'énergie radiative E émise par le Soleil, la diminution de masse Δm du Soleil et la vitesse de propagation c de la lumière dans le vide.

b. Calculer la diminution de masse du Soleil en une minute.

c. Calculer le pourcentage de masse du Soleil perdue en une minute. Commenter le résultat obtenu.

3 La puissance radiative émise par le Soleil est due à des réactions de fusion nucléaire de l'hydrogène qui se produisent au cœur de l'étoile, ce qui permet de produire de l'énergie et de maintenir le Soleil à une température très élevée.

Ces réactions de fusion nucléaire forment de l'hélium He à partir de l'hydrogène H, comme cela est décrit dans le doc. 1.

a. D'après le doc. 1, indiquer le nombre de noyaux d'hydrogène nécessaires pour former un noyau d'hélium.

b. Expliquer pourquoi la transformation modélisée par la réaction décrite dans le doc. 1 n'est pas une transformation chimique.

c. Expliquer pourquoi la réaction décrite dans le doc. 1 est une réaction de fusion nucléaire et pas une réaction de fission nucléaire.

DOC. 1 Réaction de fusion nucléaire au cœur du Soleil

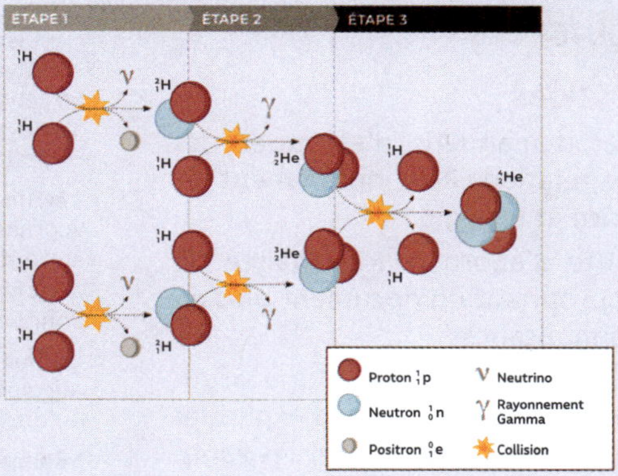

Partie 2 Puissance radiative du Soleil reçue sur Terre

Des élèves ont réalisé l'expérience photographiée dans le doc. 2 ci-dessous en modélisant le Soleil par une lampe et la Terre par une boule de polystyrène, dont l'axe de rotation est représenté par une aiguille à tricoter traversant la boule de part en part.

DOC. 2 Puissance radiative du Soleil reçue sur Terre

4 Rédiger une argumentation scientifique de plusieurs lignes afin d'expliquer comment l'expérience photographiée dans le doc. 2 permet de montrer que la puissance solaire reçue par unité de surface terrestre dépend :

- de l'heure (variation diurne) ;
- du moment de l'année (variation saisonnière) ;
- de la latitude (zonation climatique).

PAR ÉTAPES

COMPRENDRE LE SUJET

Analyser les questions

- **Questions 1 et 2:** demandent d'effectuer des calculs à partir de relations liant notamment les grandeurs puissance et énergie.
- **Question 3:** consiste d'abord à une analyse de document en s'appropriant un document puis en le reliant à des connaissances.
- **Question 4:** demande la rédaction d'une argumentation scientifique permettant d'expliquer comment une expérience peut montrer les variations diurnes, la variation saisonnière et la zonation climatique.

Méthode

Effectuer un calcul à partir d'une formule littérale

- **Écrire** la relation liant la grandeur à calculer aux autres grandeurs dont les valeurs sont données dans l'énoncé.
- **Isoler** la grandeur à calculer pour déterminer la formule littérale.
- **Remplacer** les grandeurs par des valeurs numériques en faisant attention aux unités employées.
- **Effectuer** le calcul en utilisant correctement la calculatrice, notamment lors de l'écriture des puissances de dix.
- **Noter** le résultat obtenu, sans oublier l'unité.

Analyser les documents

- **Doc. 1:** repérer l'étape initiale et l'étape finale de la réaction de fusion nucléaire présentée sans confondre l'hydrogène H et l'hélium He.
- **Doc. 2:** identifier sur la photographie d'expérience l'objet qui modélise le Soleil et l'objet qui modélise la Terre. Observer que l'aiguille à tricoter qui modélise l'axe de rotation de la Terre n'est pas verticale.

ORGANISER SES RÉPONSES

- Commencer par écrire au brouillon les deux relations qui doivent être connues par cœur en indiquant tout de suite les unités associées aux grandeurs énergie, puissance, durée, masse et vitesse de propagation présentes dans ces relations. Écrire également au brouillon la valeur de la vitesse de propagation dans le vide de la lumière.
- Se servir des connaissances de physique-chimie de Seconde pour distinguer transformation chimique et transformation nucléaire ainsi que fission et fusion nucléaires.
- Noter rapidement au brouillon ce que signifie variation diurne, variation saisonnière et zonation climatique pour utiliser convenablement ces termes lors de la rédaction de l'argumentation scientifique demandée.
- Ne pas hésiter à réaliser des schémas pour bien expliquer le lien entre l'expérience présentée et la variation diurne, la variation saisonnière et la zonation climatique.

CORRIGÉ 4

Comprendre le corrigé

1 **a.** La relation entre l'énergie radiative E, la puissance radiative P, et la durée Δt pendant laquelle le rayonnement est émis par le Soleil est : $E = P \times \Delta t$.

b. La puissance radiative émise par le Soleil est égale à : $P = 3{,}96 \times 10^{26}$ W.

L'énergie radiative E émise par le Soleil pendant une durée $\Delta t = 1$ min $= 60$ s vaut :

$E = 3{,}96 \times 10^{26} \times 60 = 2{,}38 \times 10^{28}$ J.

N'oubliez pas de convertir la durée en seconde et de noter l'unité de l'énergie, le joule (J), à la fin du calcul.

2 **a.** D'après la relation d'Einstein : $E = \Delta m \times c^2$, avec Δm la variation de masse du Soleil et c la vitesse de propagation de la lumière dans le vide.

b. La diminution de masse Δm du Soleil est égale à : $\Delta m = \dfrac{E}{c^2}$.

Application numérique : $\Delta m = \dfrac{2{,}38 \times 10^{28}}{\left(3{,}0 \times 10^{8}\right)^2}$

$\Delta m = 2{,}6 \times 10^{11}$ kg.

À savoir

La valeur de la vitesse de la propagation de la lumière dans le vide est à connaître :

$c = 3{,}0 \times 10^8$ m·s^{-1}

c. Le pourcentage de masse du Soleil perdue en une minute est égal à :

$\dfrac{2{,}6 \times 10^{11}}{1{,}9891 \times 10^{-30}} = 1{,}3 \times 10^{-19} = 1{,}3 \times 10^{-17}$ %.

Ce pourcentage est très faible : le Soleil va donc continuer à nous apporter l'énergie nécessaire à la vie pendant longtemps !

L'astuce du prof

Pour calculer un pourcentage, multipliez par 100 le résultat obtenu.

3 **a.** D'après le doc. 1, quatre noyaux d'hydrogène sont nécessaires pour former un noyau d'hélium.

b. Lors d'une transformation chimique, les éléments chimiques se conservent. Or, dans la réaction décrite dans le doc. 1, des noyaux d'hydrogène sont transformés en noyau d'hélium. Cette réaction modélise donc une transformation nucléaire mais pas une transformation chimique.

Le terme « nucleus » vient du latin et il signifie « noyau ». Une transformation nucléaire transforme donc les noyaux des éléments chimiques.

c. Lors d'une fission nucléaire, un noyau lourd se transforme en plusieurs noyaux plus légers alors que dans une fusion nucléaire plusieurs noyaux légers se transforment en un noyau plus lourd.

Dans la réaction décrite dans le doc. 1, plusieurs noyaux d'hydrogène constitués chacun d'un seul nucléon se transforment en un noyau plus lourd, l'hélium, constitué de quatre nucléons : cette réaction est donc une fusion nucléaire.

À savoir

L'information donnant le nombre de nucléons, c'est-à-dire le nombre de protons et de neutrons, constituant un noyau est donnée en haut à gauche de chaque noyau.

4 Dans l'expérience photographiée dans le doc. 2, le Soleil est modélisé par une lampe et la Terre est modélisée par une boule de polystyrène dont l'axe de rotation est représenté par une aiguille à tricoter traversant la boule de part en part.

L'expérience est correctement réalisée car l'aiguille à tricoter est inclinée, comme l'est l'axe de rotation de la Terre par rapport au Soleil.

Elle permet ainsi d'expliquer la variation diurne car, en faisant tourner la boule de polystyrène modélisant la Terre autour de son axe de rotation, on observe l'alternance des jours et des nuits.

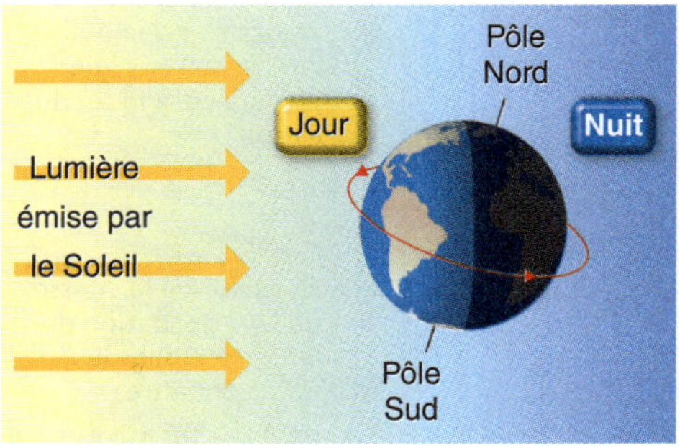

Gagnez des points !

Réalisez des schémas dès que possible. Cela sera valorisé par le correcteur. N'oubliez pas d'incliner l'axe de rotation de la Terre dans vos schémas.

En effet, en étudiant le schéma ci-dessous, on remarque qu'une même puissance radiative reçue du Soleil est répartie sur une plus grande surface à 9 h qu'à 12 h, ce qui explique que la puissance solaire reçue par unité de surface terrestre est plus faible à 9 h qu'à 12 h, et donc que la température à la surface terrestre est plus faible à 9 h qu'à 12 h.

L'astuce du prof

Comparez les aires des surfaces terrestres recevant une même puissance radiative solaire pour répondre à la question posée.

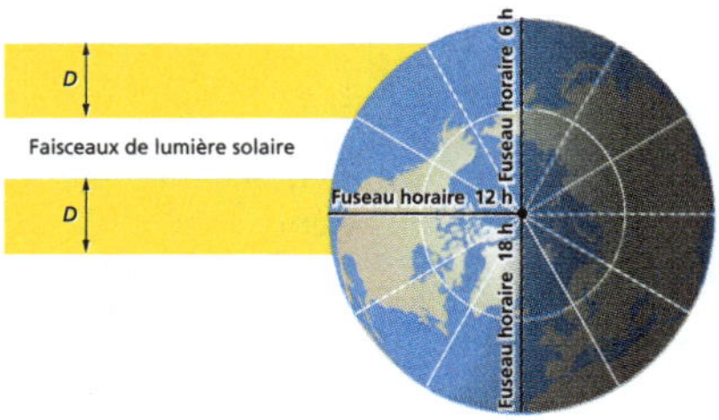

Cette expérience permet également d'expliquer la variation saisonnière car une même puissance radiative reçue du Soleil est répartie sur une plus grande surface l'hiver que l'été, ce qui explique que la puissance solaire reçue par unité de surface terrestre est plus faible l'hiver que l'été, et donc que la température à la surface terrestre est plus faible l'hiver que l'été.

À savoir

Rappelez-vous que l'hiver dans l'hémisphère Sud correspond à l'été dans l'hémisphère Nord.

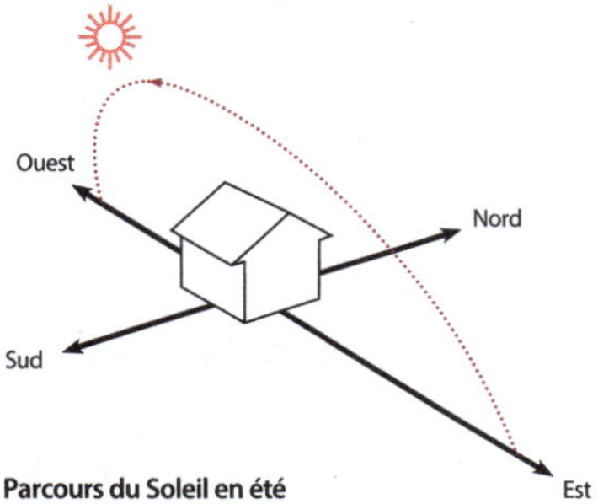

Parcours du Soleil en été

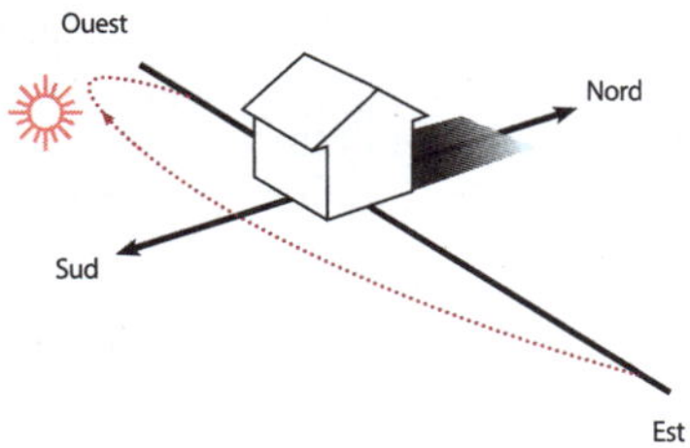

Parcours du Soleil en hiver

Enfin, cette expérience permet d'expliquer la zonation climatique car une même puissance radiative reçue du Soleil est répartie différemment suivant la latitude, ce qui explique que la puissance solaire reçue par unité de surface terrestre est plus faible aux pôles qu'à l'équateur, et donc que la température à la surface terrestre est plus faible aux pôles qu'à l'équateur.

La latitude est la mesure en degré de l'angle par rapport à l'équateur, suivie de l'indication Nord ou Sud.

SUJET 5 **Sujet inédit** 10 pts 1h

L'effet de serre renforcé

Calculatrice autorisée

En 2019, les rejets de dioxyde de carbone (CO_2) dû aux activités humaines ont encore augmenté par rapport aux années précédentes. Or, en 2015, les accords de Paris prévoyaient une réduction de 50 % des émissions de CO_2 afin de limiter le réchauffement climatique à 2 °C d'ici la fin du siècle.

Partie 1 Un effet de serre naturel et bénéfique

DOC. 1 Rayonnements reçus et émis par la surface de la Terre

Les deux tiers de l'énergie en provenance du Soleil sont absorbés par l'atmosphère, les sols et l'océan. Le tiers restant est directement réfléchi vers l'espace par les nuages, les aérosols, l'atmosphère et la surface terrestre. Atmosphère et surface terrestre émettent en retour un rayonnement infrarouge que les nuages et les gaz à effet de serre absorbent et réémettent en grande partie vers le sol. L'énergie est piégée. Ce phénomène a été baptisé « effet de serre » par analogie avec la serre du jardinier. On estime que sans cet effet de serre de l'atmosphère, la température moyenne à la surface de la terre serait de – 19 °C au lieu des 15 °C que nous connaissons.

Source : meteofrance.fr

1 À l'aide du doc. 1 et de vos connaissances :

a. rappeler ce qu'est l'albédo terrestre moyen.

b. schématiser les différents rayonnements reçus et émis par la Terre et localiser l'effet de serre.

DOC. 2 L'influence des différents gaz à effet de serre

En tenant compte de l'effet de serre des nuages, l'ensemble vapeur d'eau et nuages représente plus de 90 % de l'effet de serre global. Hors nuages, les contributions approximatives à l'effet de serre des principaux gaz sont les suivantes :

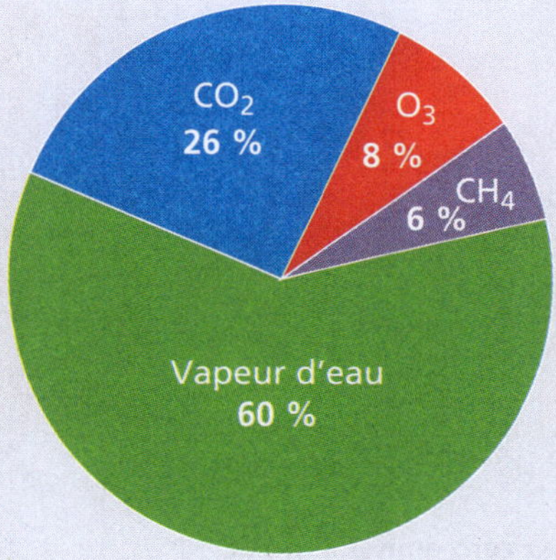

Source : stockage.univ-valenciennes.fr

2 À partir des informations du doc. 2 et des connaissances, choisir la proposition exacte pour chaque affirmation :

a. Les principaux gaz à effet de serre sont :

- ☐ la vapeur d'eau et le dioxyde de carbone émis par les activités humaines.
- ☐ la vapeur d'eau et le dioxyde de carbone présents naturellement.
- ☐ la vapeur d'eau et le méthane émis par les activités humaines.
- ☐ la vapeur d'eau et le méthane présents naturellement.

b. Les nuages sont responsables de :

- ☐ 30 % de l'effet de serre à eux seuls.
- ☐ 90 % de l'effet de serre associés à la présence de vapeur d'eau.
- ☐ 30 % de l'effet de serre associés à la présence de vapeur d'eau.
- ☐ 90 % de l'effet de serre à eux seuls.

3 À l'aide des documents précédents, justifier l'affirmation selon laquelle l'effet de serre est un mécanisme naturel et bénéfique pour la vie sur Terre.

Partie 2 Effet de serre augmenté par l'homme

DOC. 3 Évolution des émissions mondiales de dioxyde de carbone dues aux activités humaines (transports, industries, etc.)

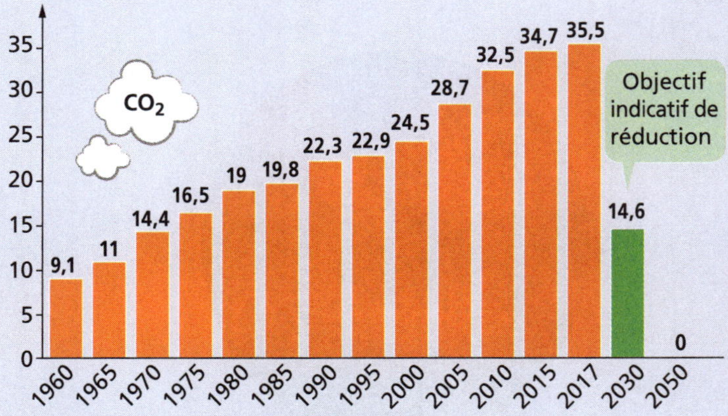

Le monde doit viser zéro émission de CO_2

Émission mondiale de CO_2 jusqu'en 2016 et objectif de réduction du Giec (en milliards de tonnes)

Depuis 30 ans, le Giec, groupement d'experts intergouvernemental sur le climat, évalue l'état des connaissances sur l'évolution du climat, ses causes, ses impacts. Il identifie également les possibilités de limiter l'ampleur du réchauffement et la gravité de ses impacts et de s'adapter aux changements attendus.

Sources : Global Carbon Project, Spiegel

4 À l'aide du doc. 3 :

a. indiquer la quantité de CO_2 émis en 2000 dans le monde.

b. indiquer l'objectif de quantité de CO_2 à émettre en 2050 fixé par le GIEC.

c. calculer le pourcentage d'augmentation des émissions de CO_2 entre 1960 et 2015.

5 À partir des informations extraites de la partie 1 du sujet, du doc. 3 et de vos connaissances, montrer que l'augmentation des émissions de CO_2 par les activités humaines depuis 1960 conduit à une augmentation de la température moyenne de la Terre.

PAR ÉTAPES

COMPRENDRE LE SUJET

Analyser les questions

- **Question 3 :** un effet naturel fait référence à l'absence de l'action humaine et son caractère bénéfique s'examine à la lumière de ses conséquences sur le climat.
- **Question 4. c. :** un pourcentage est un rapport entre deux valeurs multiplié par cent.

Analyser les documents

- **Doc. 1 :** utiliser le schéma connu sur l'effet de serre pour générer une image mentale.
- **Doc. 2 :** noter qu'il s'agit des contributions respectives à l'effet de serre de chaque gaz et non de leurs proportions dans l'atmosphère.
- **Doc. 3 :** repérer les quantités de CO_2 émis par tranche de 5 ans dans le monde.

Méthode

Réaliser un schéma fonctionnel des rayonnements reçus et émis

- **Lister** les rayonnements à représenter en écrivant de couleurs différentes ceux qui sont reçus et ceux qui sont émis.
- **Établir** des liens entre les rayonnements (ex. : le rayonnement réfléchi par le sol est lié à celui reçu par ce même sol).
- **Représenter** la surface de la Terre et la surface de l'atmosphère, les légender.
- **Lister** les rayonnements à représenter en écrivant de couleur différente ceux qui sont reçu et ceux qui sont émis.
- **Dessiner** et légender les flèches représentant les différents rayonnements en les barrant dans la liste au fur et à mesure.
- **Donner** un titre au schéma.

ORGANISER SES RÉPONSES

- Commencer par souligner les termes scientifiques du sujet à utiliser et/ou définir.
- Utiliser les connaissances sur l'albédo et l'effet de serre.
- **Question 5 :** penser à utiliser toutes les informations du sujet pour rédiger la synthèse et utiliser des connecteurs logiques pour échafauder une explication.

CORRIGÉ 5

Comprendre le corrigé

1 **a.** L'albédo représente la puissance solaire réfléchie et diffusée (par l'atmosphère, les nuages et la surface du sol) par rapport à la puissance solaire reçue. L'albédo terrestre moyen est de 30 %.

Pensez à citer sa valeur (un tiers dans le document).

b. Les différents rayonnements reçus et émis par la Terre peuvent être schématiser de la manière suivante :

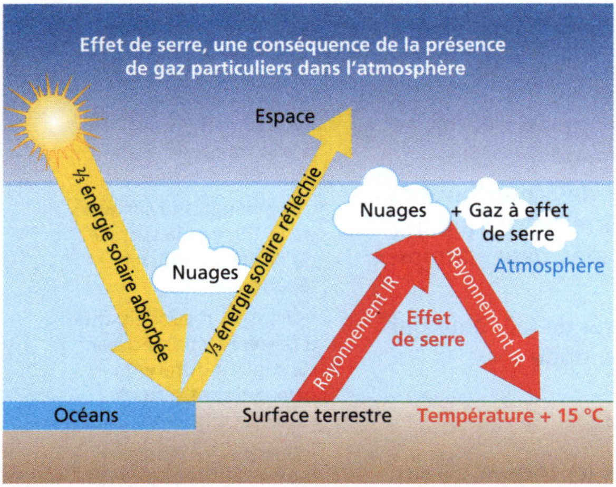

Le schéma doit représenter nettement les compartiments impliqués (océans, atmosphère, nuages, etc.).

2 **a.** Les principaux gaz à effet de serre sont la vapeur d'eau et le dioxyde de carbone présents naturellement.

Naturellement, le CO_2 est émis par l'activité volcanique depuis l'origine de la Terre et la vapeur d'eau est émise lors du cycle de l'eau.

b. Les nuages sont responsables de 90 % de l'effet de serre associés à la présence de vapeur d'eau.

3 L'effet de serre est dû à des gaz présents naturellement dans l'atmosphère et aux nuages. Il est bénéfique pour la vie car il génère une température moyenne de + 15 °C (– 19 °C sans effet de serre).

4 **a.** Les émissions mondiales de CO_2 ont été de 24,5 milliards de tonnes en 2000.

b. L'objectif fixé par le Giec est une émission de 0 tonnes de CO_2 en 2050.

c. Les émissions de CO_2 ont augmenté de 378 % entre 1960 et 2015 :

$$\frac{34,7}{9,1} \times 100$$

Il faut justifier ses résultats.

5 Depuis 1960, les émissions de CO_2 dans l'atmosphère par les activités humaines ont beaucoup augmenté (pratiquement de 400 %). Or, on sait que le CO_2 est un des principaux gaz à effet de serre : il contribue à 26 % de l'effet de serre naturel de la planète (données du doc. 2).

Lors d'une synthèse, il faut faire le lien entre les différents éléments du sujet.

En effet, le CO_2 absorbe une partie du rayonnement infrarouge émis par la Terre et le renvoie vers la surface du sol. Or, le rayonnement infrarouge réchauffe cette surface : c'est l'effet de serre. Par conséquent, en ajoutant du CO_2 dans l'atmosphère, l'homme renforce l'effet de serre naturel et la température globale va augmenter.

Lors d'une explication, il faut mobiliser un mécanisme et développer son fonctionnement.

SUJET 6 Sujet inédit

10 pts — 1h — Calculatrice autorisée

L'origine du charbon

Chaque seconde, plus de 100 tonnes de charbon sont extraites du sous-sol. Les principaux gisements de charbon exploités aujourd'hui ont été formés au carbonifère, c'est-à-dire entre −359 à −299 millions d'années.

Partie 1 L'origine du charbon

DOC. 1 Analyse chimique comparative

Le tableau suivant présente les résultats d'une analyse chimique comparative réalisée sur un échantillon biologique (végétal), un échantillon de charbon et un échantillon minéral (grès).

Atome / Échantillon	C	H	O	N	Si	Al	Autres
Végétal	45,1	5,9	44,9	1,5	–	–	2,6
Charbon	86,7	4,1	3,5	0,6	–	–	5,1
Grès (roche sédimentaire formée par l'accumulation de grains de sable)	–	–	52,8	–	35,4	8,4	3,1

N : azote / Si : silicium / Al : aluminium

1 Déterminer la composition atomique majoritaire du charbon.

2 À partir des informations du tableau ci-dessus, proposer une hypothèse sur l'origine du charbon. Justifier.

DOC. 2 Fougères actuelles et fossiles

Fossile de Percopteris dans un bloc de charbon extrait du sous-sol, daté du carbonifère

Fougère actuelle (polypode)

3 À l'aide du doc. 2 :

a. identifier la nature du fossile de Percopteris visible dans le bloc de charbon en appliquant le principe d'actualisme.

b. justifier l'affirmation suivante : « le charbon est une roche fossile ».

Partie 2 Le processus de formation du charbon

DOC. 3 Gisement de charbon dans un affleurement

Photographie d'une ancienne carrière de charbon (Graissessac, Hérault)

Un schiste est une roche qui a la particularité de présenter un empilement de feuillets. Il s'agit ici d'une roche sédimentaire formée à partir de grains très fins.

4 À partir des informations extraites de la partie 1 du sujet et du doc. 3, montrer que la formation du charbon est le résultat de l'accumulation cyclique de restes végétaux dans des sédiments.

DOC. 4 Une brève histoire de la formation du charbon

Tout commence dans un marécage, en bordure d'une lagune ou d'un lac. Des mouvements tectoniques provoquent la montée du niveau de la mer : la végétation, noyée, meurt. Les arbres et les débris végétaux s'accumulent et sont recouverts de masses de boue et de sable sous l'effet de la sédimentation. Cet enfouissement les met à l'abri de l'air et leur évite de pourrir rapidement. Puis, la mer se retire et une nouvelle végétation se reconstitue au-dessus des sédiments riches en matière organique carbonée… jusqu'au prochain engloutissement. Au fil du temps, cycle après cycle, les débris végétaux sont enfouis de plus en plus profondément et ils se transforment en charbon sous l'action de la pression et de la chaleur.

Source : planet-energies.com

5 À partir du texte du doc. 4, réaliser une succession de schémas pour expliquer la formation du charbon.

PAR ÉTAPES

COMPRENDRE LE SUJET

Analyser les questions

- **Question 1 :** à partir d'un total de 90 %, on qualifie la composition atomique de « majoritaire ».
- **Question 2 :** une hypothèse cohérente est une explication qui s'appuie sur des données mais aussi sur des connaissances.
- **Question 3. a. :** le principe d'actualisme postule que « le présent est la clé du passé ». Cela signifie que l'on peut expliquer des phénomènes anciens en appliquant des mécanismes actuels.

Analyser les documents

- **Doc. 1 :** utiliser le principe d'actualisme qui permet d'identifier le genre ou l'espèce d'un fossile lorsqu'il est semblable à un être vivant actuel.
- **Doc. 2 :** repérer un cycle de formation du charbon et montrez qu'il se répète.

Méthode

Lire la succession des couches géologiques dans un affleurement

- **Repérer** la chronologie : plus la couche est ancienne, plus elle est profonde.
- **Identifier** la nature des couches ; ce sont souvent des roches sédimentaires donc formées par une accumulation de sédiments minéraux de différentes tailles et/ou de particules d'origine biologique (morceaux de coquille, de carapace, restes végétaux…).
- **Repérer** la répétition dans la succession des couches qui révèle un phénomène cyclique qui est à son origine.

- **Doc. 3:** identifier les étapes chronologiques de la transformation des végétaux en charbon.

ORGANISER SES RÉPONSES

- Utiliser des marques langagières pour formuler son hypothèse: « on peut penser que »; « on peut conjecturer que », etc.
- Utiliser ses connaissances sur l'origine des combustibles fossiles, en particulier celle du charbon.
- **Question 5:** souligner les étapes importantes de la formation du charbon dans le texte. Réaliser 4 ou 5 schémas maximum en représentant les éléments de manière simplifiée, légender chaque schéma en utilisant des extraits du texte.

CORRIGÉ 6

Comprendre le corrigé

1 Le charbon contient majoritairement des atomes de carbone (plus de 86 %).

> Pensez à justifier votre réponse.

2 On peut penser que le charbon a une origine biologique et pas d'origine minérale. En effet, on constate dans le tableau de données que le végétal analysé contient une forte proportion d'atomes de carbone, ce qui n'est pas le cas du grès (roche analysée). En outre, le grès contient une forte proportion d'atomes d'oxygène et d'atomes de silicium, ce qui n'est pas le cas du charbon.

3 **a.** On observe que le fossile de Percopteris présente des sortes de rameaux sur lesquels s'attachent des feuilles. Or, on sait qu'il existe aujourd'hui des polypodes qui sont des végétaux très similaires au Percopteris et qui appartiennent au groupe des fougères. On peut donc penser que les fossiles de Percopteris sont des restes de fougères qui vivaient au Carbonifère.

> Le principe d'actualisme repose sur la comparaison des fossiles avec des organismes actuels.

b. Le charbon peut être qualifié de roche fossile car:

- il provient du sous-sol;
- il résulte de l'accumulation de fossiles de Percopteris qui sont des restes de végétaux;
- il date du Carbonifère, période géologique comprise entre 360 et 295 millions d'années avant Jésus-Christ.

> Il s'agit de justifier la nature du charbon et son origine biologique ancienne.

4 On constate sur la photographie du doc. 2, une alternance de couches sombres et de couches claires.

Or, le schéma d'interprétation des couches révèle que les couches sombres correspondent à du charbon et les couches claires correspondent à des roches sédimentaires (grès et schiste). La même séquence se répète : dépôt de particules grossières formant le grès, puis dépôt de charbon et enfin dépôt de particules plus fines formant le schiste. La répétition de cette séquence illustre bien le caractère cyclique de la formation du charbon. De plus, on remarque que le sommet de la couche de grès contient parfois des empreintes de racines, ce qui laisse supposer la présence de végétaux entre chaque cycle. Enfin, on sait grâce à l'exploitation de la première partie du sujet que le charbon est constitué par des fossiles de végétaux.

Accumulation cyclique de restes végétaux dans les sédiments.

5 La formation du charbon

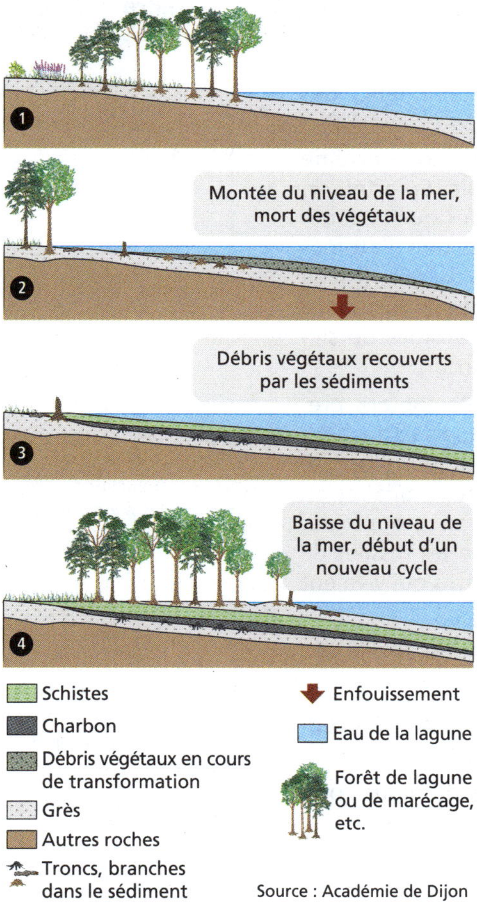

Source : Académie de Dijon

❶ Un cycle commence par un développement de la végétation en bord de lagune.

❷ Le cycle de formation se poursuit avec la mort massive des végétaux à l'origine des fossiles présents dans le charbon.

❸ et ❹ Les débris végétaux sont enfouis sous les sédiments et se transforment en charbon.

SUJET 7 Sujet inédit — 10 pts — 1h

Énergie du Soleil et des êtres humains

Calculatrice autorisée

Le Soleil mais aussi les êtres humains dégagent de l'énergie.

Partie 1 Puissance libérée par le Soleil et puissance thermique libérée par un corps humain

DOC. 1 Le Soleil

Le Soleil brille car en son sein a lieu une fusion nucléaire qui s'est amorcée lors de sa création, lorsque sa masse, sa densité et sa température l'ont permis. Le Soleil se sert de son carburant, l'hydrogène, pour libérer sa formidable énergie, en le transformant en hélium (chaque seconde, 596 millions de tonnes de noyaux d'hélium sont ainsi formées dans le cœur du Soleil). Actuellement, le Soleil est constitué en masse de ¾ d'hydrogène et de ¼ d'hélium. Ses autres composants sont divers métaux qui représentent à peine 0,1 % de sa masse totale.

Source : astropolis.fr.

DOC. 2 Rayonnement solaire

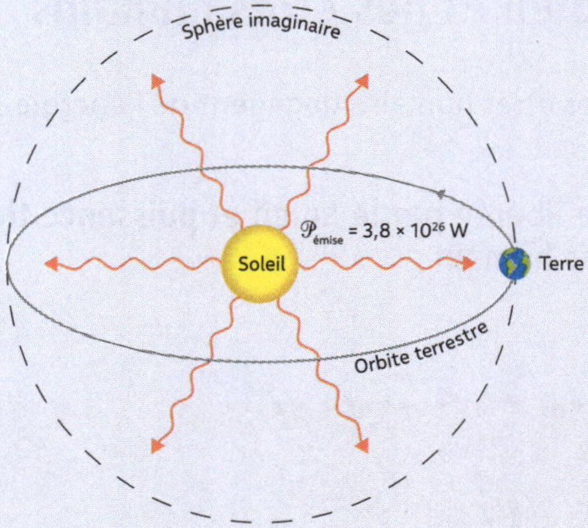

La puissance rayonnée émise par le Soleil se répartit de manière isotrope. Ainsi, à une distance donnée du centre du Soleil, la puissance solaire reçue est repartie de manière homogène sur une sphère de rayon égal à cette distance.

DOC. 3 Relation d'Einstein

Lors d'une fusion nucléaire, la diminution de masse observée est liée à la libération d'énergie E, en joule (J), d'après la relation d'Einstein : $E = \Delta m \times c^2$ avec Δm la diminution de masse, en kilogramme (kg), lors de la réaction de fusion et $c = 3,0 \times 10^8$ m·s^{-1} la vitesse de propagation de la lumière dans le vide.

DOC. 4 Personne filmée pendant un effort à l'aide d'une caméra infrarouge

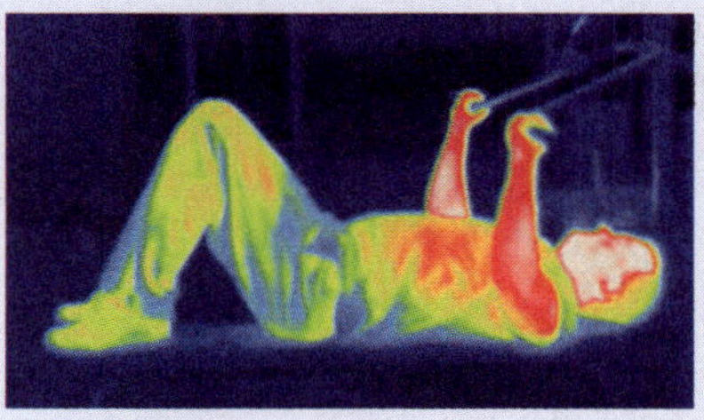

La thermographie infrarouge permet de mesurer à distance la température d'un être humain à partir des rayonnements infrarouges émis par son corps.

1 Pour chacune des questions, cocher la bonne réponse.

a. Le Soleil a une température très élevée car :

- ☐ l'énergie qu'il libère est compensée par l'énergie dégagée par la respiration cellulaire ou les fermentations.
- ☐ de l'énergie électrique est convertie en énergie thermique dans son cœur.
- ☐ il y a un échauffement et une évapotranspiration lors de la photosynthèse qui a lieu dans son cœur.
- ☐ des réactions de fusion de l'hydrogène ont lieu dans son cœur.

b. La température d'un corps humain est stable (autour de 37 °C) car :

- ☐ l'énergie qu'il libère est compensée par l'énergie dégagée par la respiration cellulaire ou les fermentations.
- ☐ de l'énergie électrique est convertie en énergie thermique dans son cœur.
- ☐ il y a un échauffement et une évapotranspiration lors de la photosynthèse qui a lieu dans son cœur.
- ☐ des réactions de fusion de l'hydrogène ont lieu dans son cœur.

2 Comparer la puissance libérée par le Soleil avec la puissance thermique libérée par un corps humain dans les conditions de vie courante, au repos.

3 En utilisant les doc. 2 et 3, déterminer la masse solaire transformée chaque seconde en énergie.

4 a. Calculer l'aire de la sphère ayant pour centre le Soleil et pour rayon la distance Terre-Soleil $R = 150 \times 10^9$ m.

b. Déterminer la puissance solaire reçue par mètre carré sur Terre, à 150 millions de kilomètres du Soleil.

Partie 2 Évolution des recherches scientifiques

DOC. 5 Autres domaines de la physique liés à l'étude des rayonnements

Après avoir étudié la « chaleur » et l'électricité afin d'améliorer les conditions de vie de leurs concitoyens, les physiciens se sont intéressés aux rayonnements. Des années 1870 à 1905, les bases de nouveaux domaines de la physique, comme la physique statistique et la physique quantique, ont été établies grâce à l'étude du rayonnement thermique

5 Décrire en quelques phrases ce qu'a pu apporter l'étude des rayonnements par des scientifiques en donnant un exemple ainsi que le nom des physiciens ayant travaillé sur ce sujet.

PAR ÉTAPES

COMPRENDRE LE SUJET

Analyser les questions

- **Question 2 :** exprimer les puissances dans des unités comparables et calculer un rapport.
- **Question 3 :** il faut appliquer la relation d'Einstein qui relie la puissance à l'énergie.
- **Question 4 :** utiliser la formule de calcul de la surface d'une sphère.

Méthode

Calculer la masse perdue par le Soleil à chaque seconde

- **Repérer** la puissance rayonnée par le Soleil et son unité, le watt (W).
- **Convertir** cette puissance en énergie grâce à la relation $E = P.t$ où E désigne l'énergie libérée en joules (J), P la puissance et t, le temps en secondes
- **Appliquer** la relation d'Einstein $E = mC^2$ pour calculer la masse perdue (par exemple, par seconde) : $m = E/C^2$.

Analyser les documents

- **Doc. 1 :** comprendre l'origine du rayonnement solaire grâce à ce document.
- **Doc. 2 :** repérer la valeur de la puissance rayonnée par le Soleil, sans oublier l'unité associée.
- **Doc. 3, 4 et 5 :** identifier les informations présentes dans ces documents, qui vous permettront de répondre notamment à la question 5.

ORGANISER SES RÉPONSES

- Les réponses du QCM nécessitent de croiser ses connaissances avec les informations tirées du doc. 1.
- Ne pas oublier de comparer les puissances du Soleil et du corps humain une fois les calculs terminés.
- Écrire au brouillon les relations mathématiques reliant la puissance, l'énergie et la masse en notant leurs unités.
- Prendre son temps pour réaliser les calculs demandés, les vérifier et se demander si les résultats sont cohérents avec l'énoncé et ses connaissances.

CORRIGÉ 7

1 a. Le Soleil a une température très élevée, car des réactions de fusion de l'hydrogène ont lieu dans son cœur.

b. La température du corps humain est stable (autour de 37 °C) car l'énergie qu'il libère est compensée par l'énergie dégagée par la respiration cellulaire ou les fermentations.

2 Globalement, l'ordre de grandeur de la puissance thermique libérée par un corps humain dans les conditions de vie courante, au repos, est $P1 = 100 = 102$ W. De plus, d'après le doc. 2, la puissance rayonnée émise par le Soleil est égale à $3{,}8 \times 10^{26}$ W, soit un ordre de grandeur $P2 = 10^{26}$ W. Ainsi : $\frac{P2}{P1} = \frac{10^{26}}{10^{2}} = 10^{24}$.

La puissance rayonnée émise par le Soleil est un million de milliards de milliards de fois plus grande que la puissance thermique libérée par un corps humain.

3 D'après le doc. 2, la puissance rayonnée P émise par le Soleil est égale à $P = 3{,}8 \times 10^{26}$ W.

De plus, la puissance solaire rayonnée P, en watt (W), est égale à l'énergie E, en joule (J), émise par le Soleil chaque seconde.

Ainsi, d'après la relation d'Einstein présentée dans le doc. 3, l'énergie E, en joule (J), libérée chaque seconde par le Soleil est telle que :

$E = m \times c^2$ avec m la masse solaire, en kilogramme (kg), transformée chaque seconde en énergie lors de la réaction de fusion et $c = 3{,}0 \times 10^{8}$ m·s^{-1} la vitesse de propagation de la lumière dans le vide.

La masse solaire transformée chaque seconde est donc égale à :

$m = E/c^2$

$$m = \frac{3{,}8 \times 10^{26}}{(3{,}0 \times 10^{8})^2} = 4{,}2 \times 10^{9} \text{ kg},$$

soit 4,2 milliards de tonnes !

4 a. L'aire S de la sphère ayant pour centre le Soleil et pour rayon la distance Terre-Soleil R est égale à : $S = 4\pi R^2$

$S = 4\pi \times (150 \times 10^{9})^2 = 2{,}83 \times 10^{23}$ m^2.

Comprendre le corrigé

Soyez sûr de vos définitions, ne confondez pas fission et fusion.

L'ordre de grandeur d'une valeur correspond à la puissance de dix la plus proche de cette valeur.

N'oubliez pas d'élever le dénominateur au carré en utilisant les parenthèses. Attention, le résultat final est exprimé en kilogramme.

b. La puissance solaire Pr reçue par mètre carré sur Terre, à 150 millions de kilomètres du Soleil, est égale à : $Pr = \frac{P}{S}$ avec $P = 3{,}8 \times 10^{26}$ W la puissance rayonnée émise par le Soleil et S l'aire de la sphère ayant pour centre le Soleil et pour rayon la distance Terre-Soleil.
Ainsi : $Pr = \frac{3{,}8 \times 10^{26}}{2{,}83 \times 10^{23}} = 1{,}3.10^{3}\ \text{W·m}^{-2}$.

> Le résultat est donné avec deux chiffres significatifs car la puissance rayonnée est donnée avec deux chiffres significatifs.

5 Des années 1870 à 1905, les bases de nouveaux domaines de la physique, comme la physique statistique, qui étudie le comportement et l'évolution d'un système physique macroscopique comportant un très grand nombre d'entités, et la physique quantique, qui modélise les entités microscopiques comme les atomes, les molécules et les ions, ainsi que leur interaction avec les rayonnements électromagnétiques, ont été établies grâce à l'étude du rayonnement thermique.
Albert Einstein (1879-1955) a été un des physiciens qui a travaillé sur ce sujet, et il a notamment découvert la relation entre la masse et l'énergie.
L'étude des rayonnements par les physiciens a produit de nombreuses applications utilisées encore aujourd'hui, comme la caméra infrarouge, qui permet de voir les êtres vivants la nuit ou de mesurer une température à distance.

> Il est aussi possible de citer les physiciens autrichiens Josef Stefan (1835-1893) et Ludwig Boltzmann (1844-1906), spécialistes de la physique statistique, ou le physicien allemand Max Planck (1858-1947), l'un des « pères » de la physique quantique, prix Nobel de physique en 1918.

SUJET 8 Sujet zéro

10 pts 1h

Mesures historiques de la Terre

Calculatrice autorisée

La forme de la Terre a longtemps fait l'objet de réflexions philosophiques et scientifiques. Suivant la forme choisie, les mêmes observations ont permis à Anaxagore d'estimer la distance Terre-Soleil et à Ératosthène de mesurer la longueur d'un méridien terrestre.

Partie 1 Expérience d'Anaxagore

DOC. 1 Biographie d'Anaxagore

Anaxagore
Philosophe grec
(v. 500-v. 428 av. J.-C.)

Anaxagore est sans doute le plus « moderne » des philosophes archaïques. Il introduisit à Athènes la philosophie, et appartint au cercle éclairé qui entourait Périclès. Il fut condamné pour impiété parce qu'il avait soutenu une astronomie mécaniste, Il envisageait la Terre comme un disque.

DOC. 2 Calcul de la distance Terre-Soleil par Anaxagore

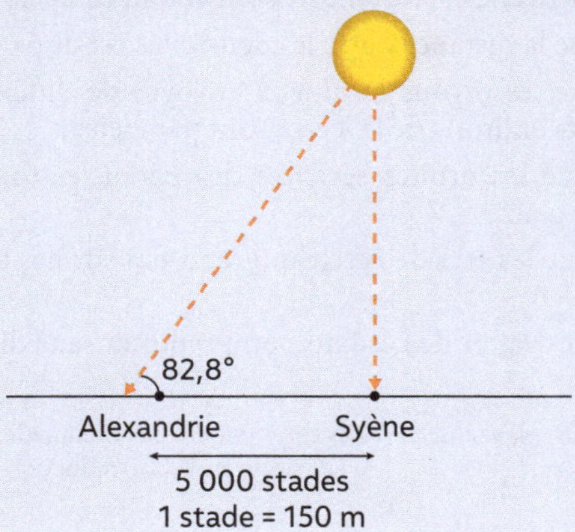

1 **a.** D'après le doc. 2, calculer la distance Terre-Soleil en utilisant les observations d'Anaxagore.

b. Comparer la distance calculée dans la question précédente avec la distance moyenne Terre-Soleil aujourd'hui précisément déterminée, égale à 150 millions de kilomètres. Quelle était l'erreur d'Anaxagore ?

Partie 2 Expérience d'Ératosthène

DOC. 3 Biographie d'Ératosthène

Ératosthène
Astronome, mathématicien et géographe grec d'Alexandrie
(v. 276-v. 194 av. J.-C.)

Premier géographe de l'Antiquité, célèbre aussi comme bibliothécaire du musée d'Alexandrie, Ératosthène était contemporain d'Archimède (v. 287-v. 212 avant J.-C.), lequel lui adressa une lettre sur *La Méthode*, sorte de testament scientifique dans lequel le Syracusain révèle le secret de certaines de ses découvertes. Il proposa notamment la première mesure précise de la circonférence de la Terre, considérée comme sphérique, rompant avec les estimations sans fondement des philosophes grecs.

Source : universalis.fr

DOC. 4 Hypothèses d'Ératosthène

Qu'il soit admis pour nous :

- premièrement que Syène et Alexandrie sont établies sous le même méridien ;
- deuxièmement que la distance entre les deux cités est de 5 000 stades ;
- troisièmement que les rayons lumineux envoyés de différents endroits du Soleil sur différents endroits de la Terre sont parallèles ;
- quatrièmement que les droites sécantes des parallèles forment des angles alternes-internes égaux ;
- cinquièmement que les arcs de cercle qui reposent sur des angles égaux sont semblables.

Celui qui pourrait se prévaloir de ces faits comprendrait sans difficulté le cheminement d'Ératosthène.

Le Mouvement circulaire des corps célestes par Cléomède, philosophe grec du Ier siècle av. J.-C. (traduction de Richard Goulet).

DOC. 5 Calcul du méridien terrestre par Ératosthène

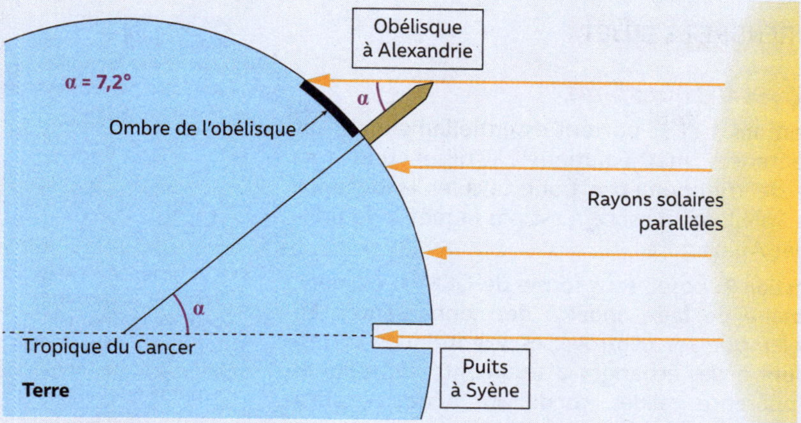

Eratosthène observe à Syène que, le jour du solstice d'été, le Soleil éclaire le fond des puits à midi.

À Alexandrie, il détermine qu'au même moment, les rayons lumineux solaires font un angle α = 7,2° avec la verticale.

2 Pour chacune des questions, cocher la (ou les) bonne(s) réponse(s).

a. D'après le doc. 4, Syène et Alexandrie :

- ☐ sont situés sur le même méridien.
- ☐ ont la même latitude.
- ☐ ont la même longitude.
- ☐ ont les mêmes coordonnées angulaires.

b. Au cours de l'histoire des sciences :

- ☐ seule la forme de la Terre fait l'objet de controverses.
- ☐ l'organisation du Système solaire a fait l'objet de controverses scientifiques.
- ☐ l'âge de la Terre a fait l'objet de controverses scientifiques.
- ☐ l'âge de la Terre était déjà connu précisément dans l'Antiquité.

3 **a.** D'après les doc. 4 et 5, calculer la longueur d'un méridien terrestre en utilisant les observations d'Ératosthène.

b. Comparer la longueur calculée dans la question **3 a.** avec la longueur d'un méridien terrestre aujourd'hui précisément déterminée, égale à environ 40 000 km. Conclure.

4 Expliquer en quelques lignes cette phrase d'Alan F. Chalmers, philosophe des sciences anglais né en 1936 : « La théorie précède l'observation en science. Les observations et les expériences sont faites pour tester ou pour faire la lumière sur une théorie. » (*Qu'est-ce que la science ?*, 1987)

PAR ÉTAPES

COMPRENDRE LE SUJET

Analyser les questions

- **Questions 1 et 3 :** portent essentiellement sur les compétences mathématiques. Utiliser une formule de trigonométrie pour calculer la distance Terre-Soleil, même si ce n'est pas la méthode utilisée par Anaxagore.
- **Question 2 :** posée sous forme de QCM. Il est donc nécessaire de faire appel à des connaissances. Se rappeler que les controverses scientifiques correspondent à des échanges d'arguments scientifiques en apparence valides, conduisant à des résultats contradictoires.
- **Question 3 :** faire le lien avec la forme de la Terre envisagée par Ératosthène.
- **Question 4 :** avoir une réflexion sur la construction de la science. Se baser sur les réponses des questions précédentes pour y répondre.

Méthode

Calculer le méridien terrestre par la méthode d'Ératosthène

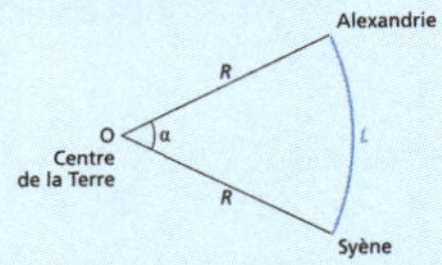

- La distance L entre Syène et Alexandrie peut s'exprimer en fonction du rayon R de la Terre et de l'angle α exprimé en radian :

$$L = R \times \alpha.$$

- Il est possible d'en déduire le rayon terrestre $R = L / \alpha$ et la longueur d'un méridien terrestre :

$$2\pi R = 2\pi L / \alpha.$$

Analyser les documents

- **Doc. 1 et 3 :** relever les formes de la Terre envisagées par Anaxagore et par Ératosthène.
- **Doc. 2 :** tracer un triangle rectangle sur le schéma représentant les observations d'Anaxagore. Le stade est une unité de distance antique, en vigueur à l'époque d'Ératosthène, qui correspond à 150 m actuels.
- **Doc. 5 :** relever la valeur de la distance entre Syène et Alexandrie ainsi que la valeur de l'angle de l'ombre portée de l'obélisque à Alexandrie.

ORGANISER SES IDÉES

- Appliquer correctement les formules de trigonométrie, sans se tromper entre sinus, cosinus et tangente.
- Être précis lors de l'utilisation de la calculatrice, en étant notamment attentif à l'unité des angles utilisés.
- Faire le lien avec l'histoire des sciences sans trop se focaliser sur les biographies des scientifiques données dans les documents.

CORRIGÉ 8

Comprendre le corrigé

1 a. D'après le doc. 2, le triangle Alexandrie-Syène-Soleil est un triangle rectangle.

Ainsi, $\tan(83°) = \frac{d_{Syène-Soleil}}{d_{Alexandrie-Syène}}$.

La distance Terre-Soleil, correspondant à la distance Syène-Soleil, est donc égale à :

$d_{Syène-Soleil} = d_{Alexandrie-Syène} \times \tan(83°)$

$d_{Syène-Soleil} = 5000 \times 150 \times \tan(83°)$

$d_{Syène-Soleil} = 6,1 \times 10^6 \text{ m} = 6,1 \times 10^3 \text{ km}$.

La distance Syène-Soleil est donc égale à environ 6 100 km.

b. Sachant que la distance moyenne Terre-Soleil, aujourd'hui précisément déterminée, est égale à 150 millions de km, on remarque que la distance calculée à partir des observations d'Anaxagore est totalement fausse. En effet, Anaxagore s'est basé sur le fait que la Terre était plate pour interpréter les observations qu'il a effectuées. Ses observations étaient donc correctes, mais l'interprétation qu'il en a faite était totalement erronée, étant donné que la Terre est en réalité sphérique.

2 a. D'après le doc. 2, Syène et Alexandrie sont situées sur le même méridien et ont la même longitude.

b. Au cours de l'histoire des sciences, l'organisation du Système solaire et l'âge de la Terre ont fait l'objet de controverses scientifiques.

3 a. D'après le doc. 4, la longueur de l'arc de cercle entre Alexandrie et Syène est égale à :

$L = 5000 \times 150 = 7,50 \times 10^5$ m = 750 km.

De plus, d'après le doc. 5, l'angle par rapport au centre de la Terre qui sépare ces deux cités est égal à $\alpha = 7,2°$.

Or, la longueur d'un arc de cercle est proportionnelle à l'angle qui l'intercepte.

Ainsi, la longueur M d'un méridien terrestre est égale à :

$M = L \times \frac{360}{\alpha}$.

$M = 750 \times \frac{360}{7,2} = 3,8 \times 10^4$ km, soit environ 38 000 km.

Pensez à paramétrer votre calculatrice en mode degré et pas en mode radian.

Les photographies de la Terre prises par des sondes ou des satellites dans l'espace permettent de prouver aujourd'hui sans aucune contestation possible la sphéricité de la Terre.

La longitude est la mesure en degré de l'angle par rapport au méridien de Greenwich, suivie de l'indication « Est » ou « Ouest ».

Pensez à convertir la longueur L en mètre ou en kilomètre.

b. Sachant que la longueur d'un méridien terrestre, aujourd'hui précisément déterminée, est égale à environ 40 000 km, l'écart relatif est égal à :

$$\frac{40000-38000}{40000}=\frac{2000}{40000}=0,05=5\%.$$

Cet écart est faible, la mesure réalisée par Ératosthène est donc correcte et très précise pour l'époque. En effet, les observations d'Ératosthène et son interprétation des observations étaient correctes car il a estimé, avec raison, que la Terre était sphérique.

L'observation de la coque d'un voilier disparaissant avant le reste du navire sous l'horizon et l'observation de la forme de l'ombre portée de la Terre sur la Lune lors d'une éclipse ont permis de conclure dès cette époque que la Terre était sphérique.

4 Les observations et les expériences réalisées par Anaxagore et par Ératosthène étaient identiques, mais leurs interprétations étaient très différentes, car leurs théories divergeaient (la Terre est un disque pour Anaxagore et une sphère pour Ératosthène).

Alan F. Chalmers, philosophe des sciences anglais, a donc écrit en 1987 que « la théorie précède l'observation en science. Les observations et les expériences sont faites pour tester ou pour faire la lumière sur une théorie », car les exemples d'Anaxagore et d'Ératosthène montrent qu'une observation seule ne permet pas de faire progresser la science. En science, la théorie précède l'observation : pour tester une hypothèse, il faut confronter les résultats expérimentaux attendus à ceux réellement observés.

En science, il est très rare qu'une observation seule permette de proposer une hypothèse. Un questionnement préalable est quasiment toujours présent, même implicitement.

SUJET 9 Sujet inédit

10 pts 1h

Détermination de l'âge de la Terre par Ussher et Buffon

Calculatrice autorisée

La détermination de l'âge de la Terre intéresse depuis longtemps les hommes, même si les moyens utilisés n'ont pas forcément permis de dégager un consensus.

Partie 1 Détermination de l'âge de la Terre par Ussher

DOC. 1 La Terre selon Aristote (384-322 avant J.-C.)

On peut voir clairement que l'ensemble du ciel n'a pas été créé, qu'il ne peut pas davantage périr, comme le disent quelques philosophes, mais qu'il est un et éternel, et qu'il n'a ni commencement ni fin, durant toute l'éternité.

D'après *Traité du ciel* (II-1) d'Aristote

DOC. 2 L'âge de la Terre selon Ussher (1581-1656)

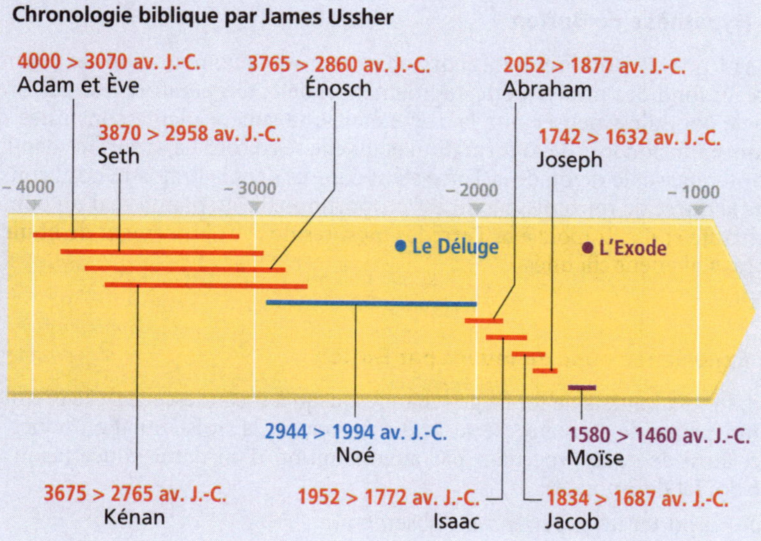

1 Pour les deux questions suivantes, cocher la bonne réponse.

a. Selon Aristote, la Terre :

- ☐ s'est formée 4 000 ans avant J.-C.
- ☐ s'est formée 2 000 ans avant J.-C.
- ☐ s'est formée 1 000 ans avant J.-C.
- ☐ est éternelle.

b. Selon Ussher, la Terre :

- ☐ s'est formée 4 000 ans avant J.-C.
- ☐ s'est formée 2 000 ans avant J.-C.
- ☐ s'est formée 1 000 ans avant J.-C.
- ☐ est éternelle.

2 James Ussher (1581-1656) est un archevêque et un théologien irlandais. Sur quoi s'est-il basé pour calculer l'âge de la Terre ?

3 Les prévisions réalisées par Aristote et par Ussher sont-elles dogmatiques ou scientifiques ? Justifier la réponse.

Partie 2 Détermination de l'âge de la Terre par Buffon

En 1774, Georges-Louis Leclerc, comte de Buffon (1707-1788) cherche à déterminer expérimentalement l'âge de la Terre. Après avoir énoncé son problème, il émet une hypothèse puis conçoit un protocole expérimental dont l'interprétation des résultats lui permet de tester cette hypothèse et de résoudre son problème.

DOC. 3 Hypothèse de Buffon

Buffon sait que de nombreux mineurs observent une augmentation de la température au fond des mines. Cette augmentation de la température liée à la profondeur le conduit à penser que la Terre était une sphère pleine constituée de matériaux en fusion lors de sa formation et qu'elle se refroidit à sa surface depuis. La circonférence et le rayon de la Terre étant connus depuis Eratosthène, il considère que la durée de refroidissement est proportionnelle au diamètre d'un boulet en fer chauffé et il extrapole à la Terre les mesures de refroidissement de boulets en fer préalablement chauffés.

DOC. 4 Expérience mise en œuvre par Buffon

J'ai fait faire dix boulets de fer forgé [chauffés jusqu'à incandescence] : le premier d'un demi-pouce de diamètre ; le second d'un pouce ; le troisième d'un pouce et demi [et ainsi de suite procédant par augmentation d'un demi-pouce jusqu'au dixième boulet de 5 pouces].

Avant de rapporter les expériences, j'observerai :

1. Qu'on a laissé refroidir les boulets dans une cave où le thermomètre était à peu près à dix degrés au-dessus de la congélation ; et c'est ce degré que je prends pour celui de la température actuelle de la Terre.

2. J'ai cherché à saisir deux instants dans le refroidissement : le premier où les boulets ont cessé de brûler, c'est-à-dire le moment où on pouvait les toucher et les tenir avec la main pendant une seconde sans se brûler ; le second jusqu'au point de la température actuelle, c'est-à-dire à dix degrés au-dessus de la congélation. Et pour connaître le moment de ce refroidissement jusqu'à la température actuelle, on s'est servi d'autres boulets de comparaison de même matière et de même diamètre qui n'avaient pas été chauffés et que l'on touchait en même temps que ceux qui avaient été chauffés.

D'après l'œuvre encyclopédique de Buffon *Histoire naturelle, générale et particulière* en 36 volumes publiés de 1749 à 1804 (les 8 derniers sont posthumes).

DOC. 5 Exemples de résultats expérimentaux obtenus par Buffon

Diamètre d du boulet (en pouce)	0,5	1,0	2,0	3,0	4,0
Durée τ de refroidissement du boulet (en minute)	39	93	196	308	415

Données

- 1 pouce = 2,7 cm.
- Rayon de la Terre : $R = 6\,400$ km.

4 a. D'après le doc. 5, tracer le graphe représentant l'évolution de la durée τ de refroidissement d'un boulet en fonction de son diamètre *d*.

b. Vérifier que les résultats expérimentaux permettent à Buffon de valider son hypothèse : la durée de refroidissement est proportionnelle au diamètre d'une boule chauffée.

c. Vérifier que l'exploitation du graphe précédent permet d'obtenir la relation linéaire suivante : $\tau = 100\ d$ avec τ en min et *d* en pouce.

d. Estimer l'âge de la Terre, en année, avec la méthode de Buffon.

5 La détermination de l'âge de la Terre réalisée par Buffon est-elle dogmatique ou scientifique ? Justifier la réponse.

6 a. Indiquer l'âge de la Terre qui est précisément déterminé aujourd'hui.

b. Expliquer à quoi peut être due la différence entre l'âge de la Terre trouvé par Buffon et l'âge de la Terre précisément déterminé aujourd'hui.

PAR ÉTAPES

COMPRENDRE LE SUJET

Analyser les questions

- **Questions 1 et 2 :** demandent une appropriation de documents pour répondre convenablement aux questions posées. Pour les réponses aux QCM, bien noter qu'une seule bonne réponse est demandée, sans justification.
- **Questions 3 et 5 :** nécessitent de connaître la définition du terme dogmatique.
- **Question 4 :** demande de réaliser un graphique puis de l'interpréter.
- **Question 6 :** demande de développer son esprit critique.

Méthode

Tracer et étudier un graphe

- **Tracer** des axes horizontal et vertical sur une feuille de papier.
- **Faire** correspondre les grandeurs et les unités associées à chaque axe : τ (en min) sur l'axe vertical des ordonnées, *d* (en pouce) sur l'axe horizontal des abscisses.
- **Graduer** les axes horizontal et vertical avec une échelle adaptée.
- **Placer** les points correspondant aux mesures expérimentales sur le graphe.

Analyser les documents

- **Doc. 1 :** repérer les informations concernant la Terre dans ce document historique.
- **Doc. 2 :** lire les dates affichées sur la frise chronologique ainsi que l'origine des sources sur laquelle s'est appuyé Ussher pour créer cette frise.
- **Doc. 3 :** prendre le temps nécessaire pour extraire les informations importantes de ce texte historique

de Buffon assez difficile à lire, car écrit avec du vocabulaire du XVIIIe siècle.

- **Doc. 4:** bien comprendre l'hypothèse proposée par Ussher pour pouvoir répondre aux questions 4. c. et 6. a..
- **Doc. 5:** prendre garde aux unités affichées dans le tableau et ne pas oublier d'utiliser les données qui permettent d'effectuer des conversions d'unités.

ORGANISER SES IDÉES

- Bien distinguer une prévision dogmatique d'un argument scientifique.
- Comprendre la signification des termes historiques utilisés pour la mesure au XVIIIe siècle, comme le mot « pouce » par exemple.
- Faire la distinction entre les déterminations de l'âge de la Terre décrites dans l'exercice et la détermination actuelle de l'âge de la Terre, qu'il faut connaître.

- **Placer** les points correspondant aux mesures expérimentales sur le graphe.
- **Ne pas oublier** de donner un titre au graphe.
- **Vérifier** s'il est possible de tracer une droite passant par l'origine pour relier à peu près les points entre eux sur le graphe. Si c'est le cas, compte tenu des incertitudes expérimentales, il est possible de considérer que la durée τ de refroidissement d'un boulet est proportionnelle à son diamètre d.

CORRIGÉ 9

Comprendre le corrigé

1 a. Selon Aristote, d'après le doc. 1, la Terre est éternelle.

b. Selon Ussher, d'après le doc. 2, la Terre s'est formée 4000 ans avant J.-C.

Pour aller plus loin

La prévision d'Ussher était en réalité bien plus précise : il a proposé la date du 23 octobre 4004 avant J.-C. !

2 D'après le doc. 2, Ussher s'est basé sur la Bible pour calculer l'âge de la Terre.

3 Les prévisions réalisées par Aristote et par Ussher sont dogmatiques : elles ne s'appuient pas sur des explications scientifiques.

4 a. Le graphe représentant l'évolution de la durée τ de refroidissement d'un boulet en fonction de son diamètre d est dessiné ci-après sur du papier millimétré.

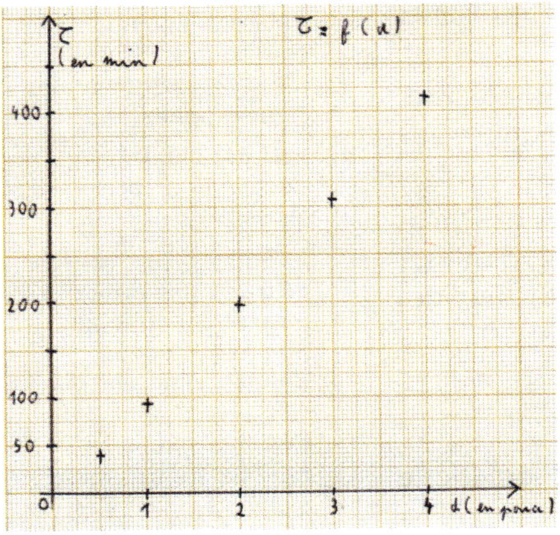

L'utilisation du papier millimétré n'est pas indispensable puisque ce n'est pas explicitement demandé dans l'énoncé.

L'astuce du prof

- Représentez les mesures expérimentales sur le graphe par des « + ».
- N'oubliez pas d'orienter les axes en mettant une flèche au bouts des axes et pensez à noter les unités des grandeurs.

b. Pour vérifier que les résultats expérimentaux permettent de valider l'hypothèse « la durée de refroidissement est proportionnelle au diamètre d'une boule chauffée », il faut vérifier qu'il est possible de tracer une droite passant par l'origine reliant les différents points du graphe.

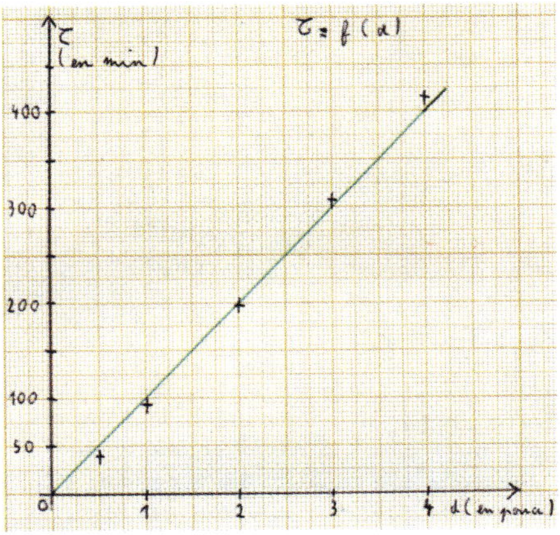

À savoir

À cause des incertitudes expérimentales, il est tout à fait normal que les points ne soient pas exactement alignés sur la droite.

Comme c'est bien le cas, Buffon a pu valider son hypothèse : la durée de refroidissement est proportionnelle au diamètre d'une boule chauffée.

c. Pour vérifier la relation linéaire « $\tau = 100\,d$ avec τ en min et d en pouce », il faut d'abord vérifier que la droite reliant les différents points du graphe est une droite passant par l'origine, ce qui a été fait dans la réponse à la question précédente.

Ensuite, il faut calculer le coefficient directeur a de cette droite : $a = \frac{\tau}{d}$.

À savoir

Le coefficient directeur d'une droite peut aussi être appelé la pente de cette droite.

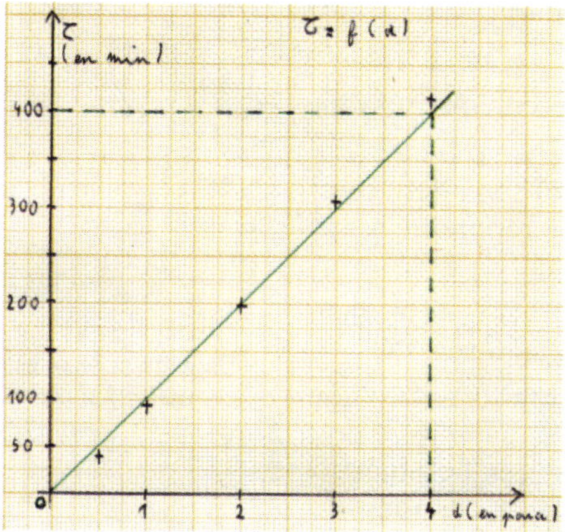

Ainsi : $a = \dfrac{400-0}{4-0} = 100$ min.pouce^{-1}.

La relation linéaire « $\tau = 100\ d$ avec τ en min et d en pouce » est donc bien vérifiée.

N'oubliez pas que le coefficient directeur d'une droite a très souvent une unité, ici : min.pouce^{-1}.

d. D'après le doc. 3, Buffon extrapole à la Terre les mesures de refroidissement de boulets en fer préalablement chauffés. Il utilise donc la relation linéaire « $\tau = 100\ d$ avec τ en min et d en pouce » pour la Terre.

Sachant d'après les données que le rayon de la Terre est égal à $R = 6\,400$ km

et qu'un pouce = 2,7 cm = $2{,}7 \times 10^{-5}$ km, le rayon de la Terre, en pouce, vaut :

$$R = \frac{6\,400}{2{,}7 \times 10^{-5}} = 2{,}4 \times 10^{8} \text{ pouces.}$$

Le diamètre de la Terre est donc égal à $d = 2 \times R = 4{,}7 \times 10^{8}$ pouces.

Le diamètre de la Terre est égal à $4{,}7 \times 10^{8}$ pouces et pas à $4{,}8 \times 10^{8}$ pouces car le calcul de « $2 \times R$ » doit s'effectuer avec la valeur exacte de R calculée précédemment et pas avec sa valeur approchée.

D'où, d'après la relation linéaire « $\tau = 100\ d$ avec τ en min et d en pouce » :

$\tau = 100\ d = 4{,}7 \times 10^{10}$ min.

De plus, 1 an = $365 \times 24 \times 60$ min.

L'âge de la Terre, en année, déterminé avec la méthode de Buffon, vaut donc :

$$\tau = \frac{4{,}7 \times 10^{10}}{365 \times 24 \times 60} = 9{,}0 \times 10^{4} \text{ années, soit environ}$$

90 000 ans.

Pour aller plus loin

Buffon a en réalité conclu en 1774 que l'âge de la Terre était d'environ 75 000 ans.

5 La détermination de l'âge de la Terre réalisée par Buffon est scientifique. Elle s'appuie en effet sur une véritable démarche scientifique :

– il a d'abord énoncé son problème ;
– il a émis une hypothèse ;
– il a conçu un protocole expérimental permettant de tester cette hypothèse ;
– il a associé expérimentation et observations pour valider son hypothèse et pour répondre à son problème.

6 **a.** L'âge de la Terre, précisément déterminé aujourd'hui, est de 4,57 milliards d'années.

À savoir
L'âge de la Terre est à connaître par cœur.

b. La différence extrêmement importante entre l'âge de la Terre trouvé par Buffon et l'âge de la Terre précisément déterminé aujourd'hui est due notamment au fait que l'extrapolation à la Terre des mesures de refroidissement de boulets en fer préalablement chauffés n'est pas du tout pertinente car la Terre n'est pas une boule de fer en fusion.

De plus, la relation linéaire « $\tau = 100\,d$ avec τ en min et d en pouce » est valable pour un diamètre d entre 0 et 4 pouces mais elle n'est pas du tout valable pour des diamètres de boules beaucoup plus grandes comme celle de la Terre.

Gagner des points !
Donnez si possible plusieurs explications pour comprendre la différence entre l'âge de la Terre déterminé actuellement et celui trouvé par Buffon.

SUJET 10 **Sujet inédit** 10 pts 1h

Structure de l'Univers

Calculatrice autorisée

Le système Terre-Lune fait partie du Système solaire qui fait lui-même partie d'une galaxie parmi d'autres dans l'Univers.

Partie 1 L'Univers

DOC. 1 Distances dans l'Univers

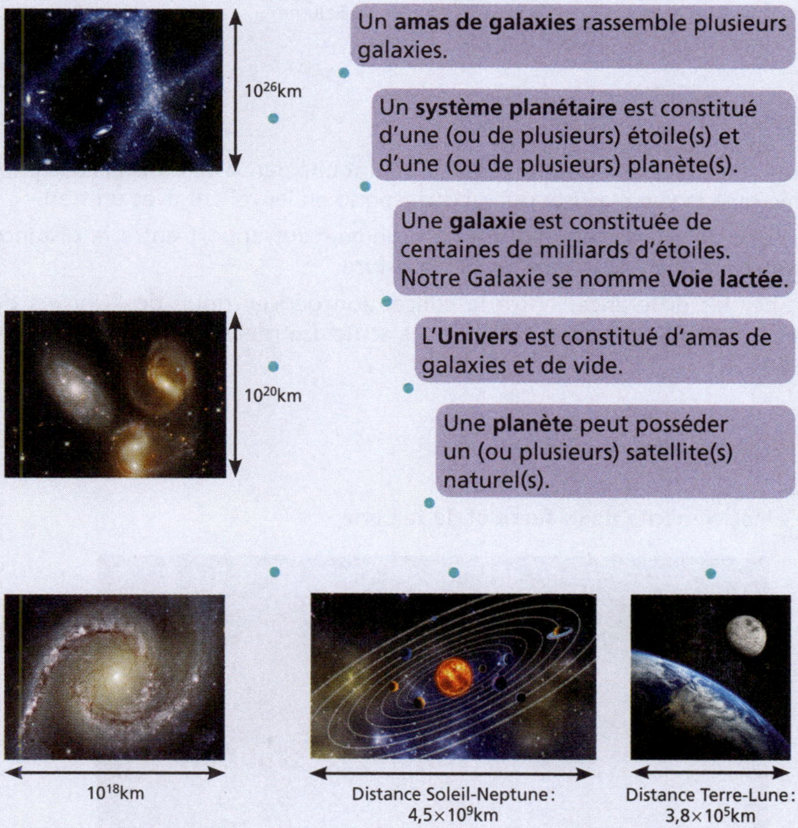

DOC. 2 Conception géocentrique de l'Univers d'après Ptolémée (100–168 après J.-C.)

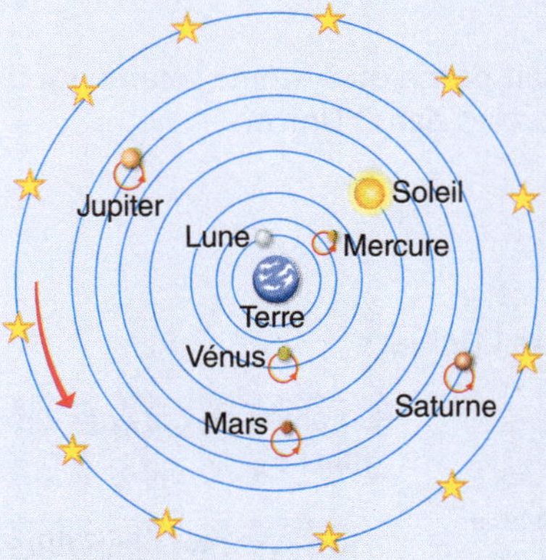

1 Associer dans le doc. 1 chaque texte décrivant une partie de l'Univers à la photographie ou à la vue d'artiste qui lui correspond en les reliant avec un trait.

2 D'après le doc. 1, calculer l'ordre de grandeur du rapport entre la distance Terre-Lune et la taille de la Voie lactée. Conclure.

3 Identifier les différences entre la conception géocentrique de l'Univers de Ptolémée schématisée dans le doc. 2 et la structure réelle de l'Univers décrite dans le doc. 1.

Partie 2 Le système Terre-Lune

DOC. 3 Mouvements de la Terre et de la Lune

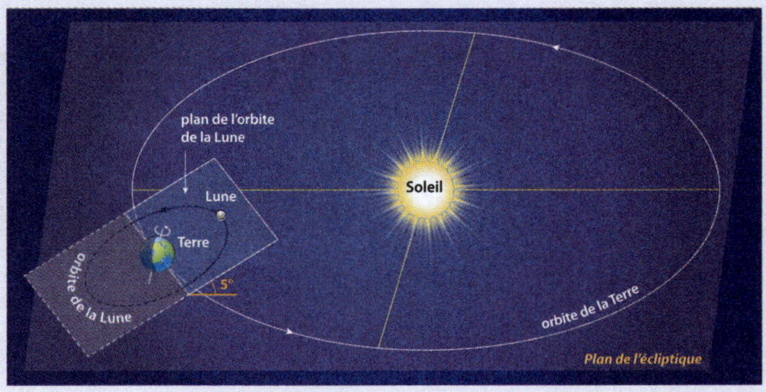

DOC. 4 Phases de la Lune

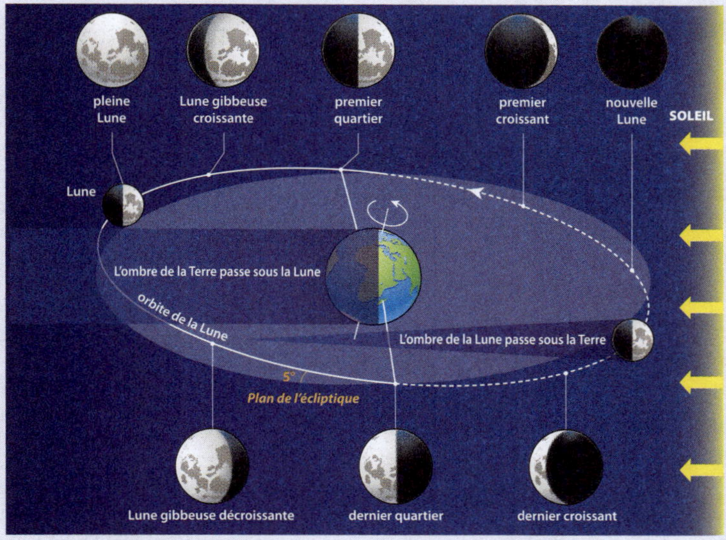

4 a. Identifier les deux mouvements de la Terre dans le référentiel géocentrique et indiquer en combien de temps ils sont effectués.

b. Identifier les deux mouvements de la Lune dans le référentiel géocentrique et indiquer en combien de temps ils sont effectués.

c. Expliquer pourquoi la Lune montre toujours la même face à la Terre.

5 a. D'après les doc. 3 et 4, expliquer pourquoi l'ombre de la Lune passe régulièrement sous la Terre et pourquoi l'ombre de la Terre passe régulièrement sous la Lune.

b. Sachant qu'une éclipse de Lune se produit lorsque l'ombre de la Terre se projette sur la Lune, y a-t-il une éclipse de Lune à chaque pleine lune ? Justifier la réponse.

6 Expliquer pourquoi la Lune n'est pas visible depuis la Terre au moment de la nouvelle lune.

PAR ÉTAPES

COMPRENDRE LE SUJET

Analyser les questions

- **Question 1 :** ne porte pas sur des connaissances. Il suffit de suivre la méthode décrite ci-contre.
- **Question 2 :** demande un calcul d'ordre de grandeur, c'est-à-dire que le résultat du calcul doit être donné uniquement avec une puissance de dix.
- **Question 3 :** s'appuie sur le schéma du doc. 2.
- **Question 4 :** nécessite des connaissances.
- **Question 5 :** permet de distinguer les phases et les éclipses de Lune.
- **Question 6 :** demande de s'appuyer sur le doc. 4 pour bien expliquer la réponse donnée.

Analyser les documents

- **Doc. 1 :** ne pas confondre amas de galaxies et galaxie par exemple.
- **Doc. 2 :** relever la place de la Terre dans ce schéma.
- **Doc. 3 :** comparer le plan de l'orbite de la Lune avec le plan de l'écliptique, qui est le plan dans lequel la Terre tourne autour du Soleil.
- **Doc. 4 :** observer les phases de la Lune suivant la position de la Lune par rapport à la Terre et au Soleil.

Méthode

Associer différents éléments d'un document

- **Lire** l'ensemble des informations données dans le document.
- **Relier** d'abord les deux éléments les plus simples, ici ceux portant sur la planète.
- **Classer** les éléments par ordre croissant de taille. Par exemple, la planète est plus petite qu'un système planétaire, qui est plus petit qu'une galaxie, qui est plus petite qu'un amas de galaxies, qui est plus petit que l'Univers.
- **Associer** ces différents éléments aux photographies ou vues d'artiste, en s'aidant si nécessaire les valeurs de distance indiquées pour chaque photographie ou vue d'artiste.

ORGANISER SES IDÉES

- Prendre le temps de lire attentivement les différents documents car ils comportent beaucoup d'informations.
- Bien distinguer conception héliocentrique et conception géocentrique.
- Définir convenablement une période de rotation et une période de révolution pour utiliser le terme adéquat suivant la réponse à donner.
- Être bien attentif à la rédaction des réponses dans ce sujet qui demande de nombreuses explications écrites : vérifier que chaque phrase contient un verbe, qu'il n'y a pas de fautes d'orthographes, etc.

CORRIGÉ 10

Comprendre le corrigé

1 a.

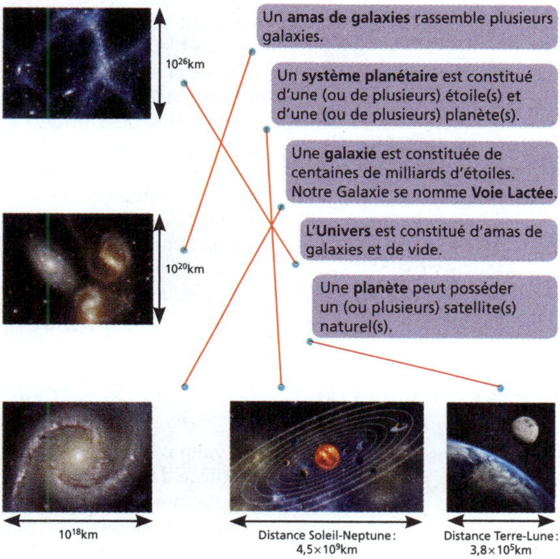

L'astuce du prof

Aucune justification n'est demandée. Ne perdez donc pas de temps à en donner car sinon vous ne pourrez pas finir l'ensemble de l'exercice en une heure.

2 a. D'après le doc. 1, la distance Terre-Lune est égale à $d = 3{,}8 \times 10^5$ km et la taille de la Voie lactée est égale à $D = 10^{18}$ km.

L'ordre de grandeur du rapport entre la distance Terre-Lune et la taille de la Voie lactée vaut donc :

$$\frac{d}{D} = \frac{3{,}8 \times 10^5}{10^{18}} = 10^{-13}.$$

Cet ordre de grandeur extrêmement faible montre la petitesse du système Terre-Lune par rapport à notre Galaxie.

À savoir

L'ordre de grandeur d'un résultat est la puissance de dix la plus proche du résultat.

À savoir

10^{-13} = 0,000 000 000 000 1.

3 Dans la conception géocentrique de l'Univers de Ptolémée schématisée dans le doc. 2, la Terre est immobile au centre de l'Univers et tout l'Univers tourne ou se trouve autour de la Terre. Cette conception est très différente de la structure réelle de l'Univers décrite dans le doc. 1, dans laquelle la Terre est une planète en mouvement autour d'une étoile commune dans une galaxie commune parmi les 100 milliards de galaxies composant l'Univers.

4 a. Dans le référentiel géocentrique, la Terre tourne sur elle-même et autour du Soleil. Sa période de rotation sur elle-même est égale à une

Pour aller plus loin

Dans le mot « géocentrique », « géo » est un préfixe qui a pour origine un mot grec signifiant la Terre.

journée et sa période de révolution autour du Soleil est égale à une année.

b. Dans le référentiel géocentrique, la Lune tourne sur elle-même et autour de la Terre. Sa période de rotation sur elle-même est égale à 27 jours et sa période de révolution autour de la Terre est égale à 27 jours.

c. La Lune montre toujours la même face à la Terre car, dans le référentiel géocentrique, sa période de rotation sur elle-même et sa période de révolution autour de la Terre sont égales.

5 **a.** D'après les doc. 3 et 4, le plan de l'écliptique et le plan de l'orbite de la Lune sont inclinés de 5° l'un par rapport à l'autre. Ainsi, l'ombre de la Lune passe régulièrement sous la Terre et l'ombre de la Terre passe régulièrement sous la Lune.

b. Une éclipse de Lune se produit lorsque l'ombre de la Terre se projette sur la Lune. Or, lors de la plupart des pleines lunes, l'ombre de la Terre passe sous la Lune : il n'y a donc pas d'éclipse de Lune à chaque pleine Lune.

6 La Lune n'est pas visible depuis la Terre au moment de la nouvelle lune car la lumière émise par le Soleil et diffusée par la Lune lors de la nouvelle lune ne diffuse pas vers la Terre.

À savoir

Ne confondez pas la lunaison, d'une durée de 29 jours, qui est l'intervalle de temps séparant deux nouvelles lunes, et la période de révolution de la Lune autour de la Terre, d'une durée de 27 jours, pendant lesquels la Terre avance d'environ 1/12 sur son orbite autour du Soleil. Ce qui explique que la Lune met 27 + 2 = 29 jours pour se retrouver à nouveau entre la Terre et le Soleil.

À savoir

Il n'y a pas non plus d'éclipse de Soleil à chaque nouvelle lune car l'ombre de la Lune passe le plus souvent sous la Terre lors de la nouvelle lune.

SUJET 11 Sujet inédit

10 pts 1h

Acoustique de la guitare

Calculatrice autorisée

La guitare est un instrument à cordes pincées. Les cordes sont disposées parallèlement à la table d'harmonie et au manche, généralement coupé de frettes, sur lesquelles on appuie les cordes, d'une main, pour produire des notes différentes. L'autre main pince les cordes.

Partie 1 Accorder une guitare

Pour accorder son instrument, un guitariste utilise un diapason qui émet un son pur. Un dispositif d'acquisition a permis d'obtenir les enregistrements ci-dessous du diapason et de la guitare jouant seuls.

DOC. 1 Enregistrements des sons

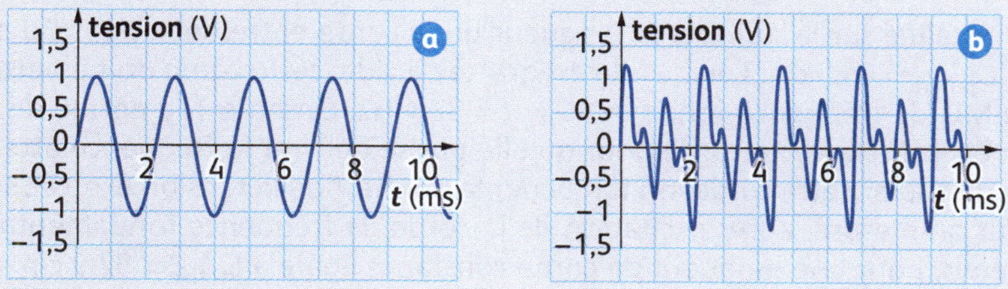

1 a. Attribuer chaque enregistrement à son instrument en justifiant la réponse.

b. Déterminer la fréquence fondamentale du son émis par la guitare.

2 Le spectre associé au son émis par la guitare est présenté dans le doc. 2. Indiquer à quoi correspondent les différents pics.

DOC. 2 Spectre du son émis par la guitare

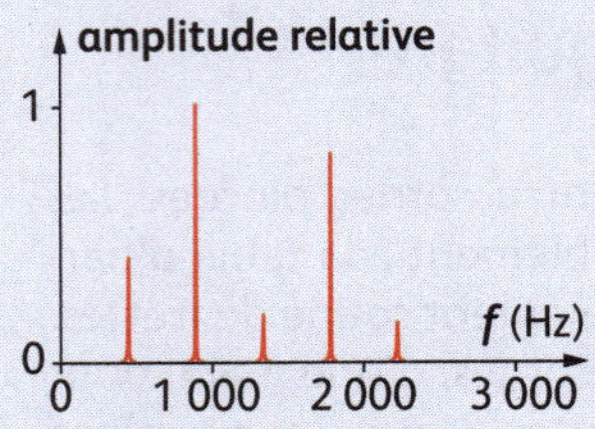

3 La guitare et le diapason sont accordés.

Représenter le spectre du son émis par le diapason.

Partie 2 Jouer de la guitare

4 Une corde de guitare (Mi1) a :

– une masse linéique μ ;

– une longueur totale L_{totale}.

Une fois installée sur la guitare, la longueur de la corde entre deux points d'attache est $L_{guitare} = 65{,}5$ cm. Lorsqu'elle est grattée à vide, cette corde doit émettre une note Mi1 de fréquence fondamentale $f = 82{,}4$ Hz. On note T la norme de la tension à exercer sur cette corde pour qu'elle puisse délivrer la fréquence attendue. Afin d'étudier cette corde, on fait varier la norme T de la tension exercée sur la corde et on mesure, après excitation de la corde, la fréquence fondamentale f du son émis, pour une longueur de corde constante égale à $L_{totale} = 92{,}9$ cm.

L'évolution du carré de la fréquence fondamentale f^2 du son émis par la corde étudiée en fonction de la norme T de la tension exercée sur la corde est représentée dans le doc. 3.

DOC. 3 Représentation graphique des résultats expérimentaux

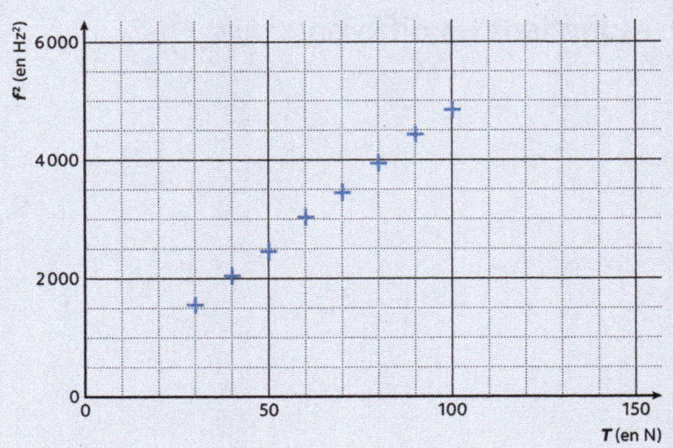

a. À l'aide de la formule $f = \frac{1}{2L} \times \sqrt{\frac{T}{\mu}}$, vérifier que la masse linéique μ de la corde vaut 6 g.m^{-1}.

b. En déduire la norme T de la tension qu'il faut appliquer à une longueur $L_{guitare}$ = 65,5 cm de cette corde pour qu'elle émette un son de fréquence fondamentale f = 82,4 Hz à vide.

5 Un concert est donné par dix guitaristes.

À 5 mètres des musiciens, on mesure l'intensité sonore moyenne, c'est-à-dire la puissance sonore moyenne par unité de surface, du son émis séparément par chacune des dix guitares :

$I_1 = 1 \times 10^{-4}$ W·m^{-2}.

DOC. 4 Échelles de niveau d'intensité sonore *L* et de l'intensité sonore *I*

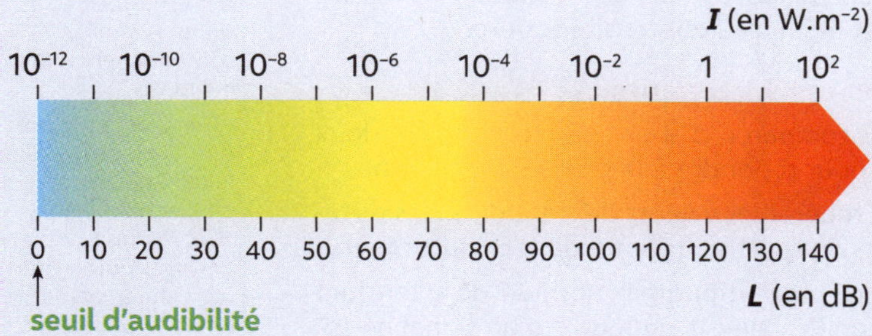

a. En utilisant le doc. 4 ci-dessus, déterminer le niveau d'intensité sonore moyen L_1 du son émis par une seule guitare à 5 mètres de cette guitare.

b. Calculer l'intensité sonore I_{10} du son émis par l'ensemble des dix guitares à 5 mètres des musiciens.

c. Déterminer le niveau d'intensité sonore L_{10} du son émis par l'ensemble des dix guitares à 5 mètres des musiciens.

PAR ÉTAPES

COMPRENDRE LE SUJET

Analyser les questions

- **Question 1 :** analyser l'enregistrement d'un son.
- **Question 2 :** connaître et savoir distinguer les termes « fondamental » et « harmonique ».
- **Question 3 :** s'appuyer sur une information donnée dans l'énoncé de la partie 1 : un diapason émet un son pur.
- **Question 4 :** question difficile se basant sur l'étude d'un graphe.
- **Question 5 :** porte sur les notions d'intensité sonore et de niveau d'intensité sonore.

Analyser les documents

- **Doc. 1 :** comparer d'abord les formes des deux signaux pour répondre à la première question.
- **Doc. 2 :** repérer les valeurs de fréquence des différents pics du spectre présenté dans ce document.
- **Doc. 3 :** ne pas confondre la norme T de la tension, en newton (N), avec la période T d'un signal périodique, en seconde (s).
- **Doc. 4 :** distinguer les valeurs correspondant à l'intensité sonore I, en $W.m^{-2}$, et les valeurs correspondant au niveau d'intensité sonore L, en dB.

Méthode

Analyser l'enregistrement d'un son musical

- **Vérifier** que le signal correspondant au son musical est bien périodique (sinon, ce n'est pas un son musical).
- **Étudier** la forme du motif élémentaire du signal : un son pur est associé à un signal sinusoïdal, contrairement à un son composé.
- **Mesurer** la période T du signal, c'est-à-dire la durée du motif élémentaire. Pour cela, mesurer plusieurs périodes puis diviser cette durée par le nombre de périodes mesurées.
- **Calculer** la fréquence du signal : $f = \frac{1}{T}$.
- **Mesurer** l'amplitude du signal, c'est-à-dire la tension maximale du signal.

ORGANISER SES IDÉES

- Réfléchir d'abord au brouillon pour résoudre la question 4.
- Pour résoudre cette question 4, commencer par vérifier qu'il y a bien proportionnalité entre f^2 et T. Pour cela, utiliser la formule donnée dans l'énoncé de la question 4. a. afin d'en déduire une relation entre f^2 et T.
- Écrire ensuite directement sur le doc. 3 pour déterminer les coordonnées des points nécessaires au calcul du coefficient directeur de la droite, ce qui permettra de vérifier la valeur de la masse linéique de la corde.

CORRIGÉ 11

Comprendre le corrigé

1 **a.** Le son produit par un diapason étant pur, le signal est sinusoïdal. La figure **a** correspond donc au diapason et la figure **b** à la guitare.

b. D'après l'enregistrement de la figure **b** : $3\,T = 6{,}8$ ms, soit $T = \frac{6{,}8}{3}$ ms.

Ainsi, la fréquence du fondamental du son émis par la guitare est égale à : $f = \frac{1}{T} = \frac{3}{6{,}8 \times 10^{-3}} = 4{,}4 \times 10^{2}$ Hz, soit 440 Hz.

> Mesurez plusieurs périodes et divisez par le nombre de périodes mesurées pour donner un résultat le plus précis possible.

2 Dans le spectre, le premier pic correspond à la fréquence fondamentale du son émis par la guitare tandis que les pics suivants correspondent aux harmoniques.

> **L'astuce du prof**
> Vérifiez le résultat obtenu à la question 1.b. sur le spectre du doc. 2.

3 Si la guitare et le diapason sont accordés, ils ont la même hauteur, c'est-à-dire que leurs signaux associés ont la même fréquence associée : 440 Hz.

De plus, le diapason émet un son pur. Le spectre du diapason, dessiné ci-dessous, ne comprend donc que le pic relatif au fondamental.

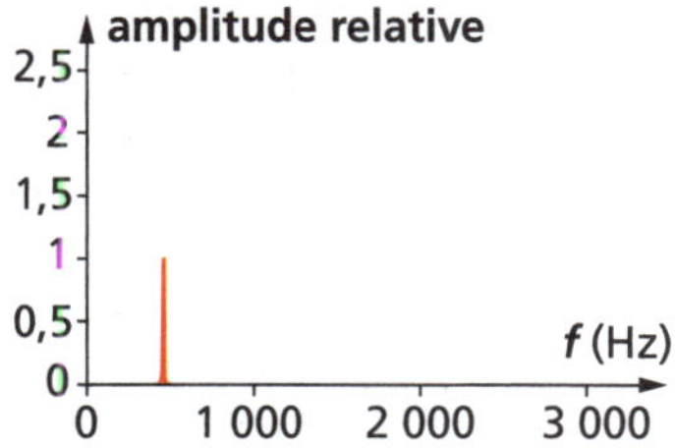

> **Gagnez des points !**
> La composante verticale du pic n'a aucune importance. En revanche, il doit être placé précisément à une fréquence de 440 Hz.

4 **a.** En mettant au carré la relation donnée dans l'énoncé, on obtient, en remplaçant L par L_{totale} :

$$f^2 = \frac{1}{4 \;\; L^2_{totale}} \times T.$$

D'après cette relation, f^2 est proportionnelle à T. La représentation graphique de $f^2 = f(T)$ du doc. 3 est donc une droite qui passe par l'origine avec un coefficient directeur :

$$a = \frac{1}{4 \;\; L^2_{totale}}.$$

Ainsi, la masse linéique de la corde est égale à :

$$= \frac{1}{4\,a\,L^2_{totale}}.$$

> **L'astuce du prof**
> Vérifiez plusieurs fois les relations trouvées lorsque vous manipulez des formules littérales afin d'être sûr de ne pas vous tromper. En effet, l'oubli d'un carré par exemple est vite arrivé.

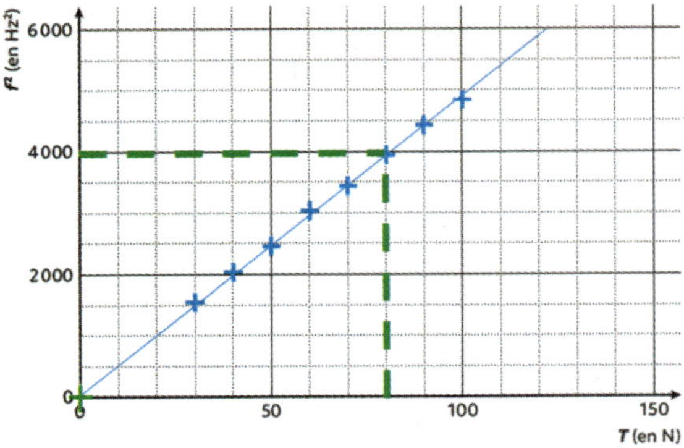

D'après le doc. 3, $a = \dfrac{4\times10^3-0}{80-0} = 50\ \text{Hz}^2.\text{N}^{-1}$.

De plus, L_{totale} = 92,9 cm = 0,929 m.

Ainsi : $\mu = \dfrac{1}{4\times50\times0,929^2} = 0,006\ \text{kg.m}^{-1} = 6\ \text{g.m}^{-1}$.

b. La norme T de la tension qu'il faut appliquer à une longueur $L_{guitare}$ = 65,5 cm = 0,655 m de cette corde pour qu'elle émette un son de fréquence fondamentale f = 82,4 Hz à vide est :

$T = 4\times f^2\times\mu \times L^2_{guitare}$.

$T = 4\times82,4^2\times0,006\times0,655^2 = 7\times10^1$ N, soit environ 70 N.

5 a. À 5 mètres d'une seule guitare, l'intensité sonore moyenne émise par cette guitare vaut :

$I_1 = 1\times10^{-4}$ W.m^{-2}. Ainsi, d'après le doc. 4, L_1 = 80 dB.

b. Pour l'ensemble des dix guitares à 5 mètres des musiciens, l'intensité sonore vaut : $I_{10} = 10\times I_1$.

D'où : $I_{10} = 10\times10^{-4}$ W.m^{-2} $= 1,0\times10^{-3}$ W.m^{-2}.

c. D'après le doc. 4, le niveau d'intensité sonore correspondant à une intensité sonore

$I_{10} = 10\times10^{-4}$ W.m^{-2} vaut : L_{10} = 90 dB.

Gagnez des points !

N'hésitez pas à tracer les traits de construction sur les courbes étudiées afin de bien montrer au correcteur la démarche suivie.

À savoir

Pour calculer le coefficient directeur de la droite, utilisez l'origine car c'est le point de la droite qui a les coordonnées les plus simples : 0, 0.

N'oubliez pas l'unité du coefficient directeur de la droite.

Ne confondez pas $L_{guitare}$ et L_{totale}.

Pour aller plus loin

Le niveau d'intensité sonore n'est pas lié à l'intensité sonore selon une échelle linéaire mais selon une échelle logarithmique. En effet, si le niveau d'intensité sonore était exprimé selon une échelle linéaire, le niveau d'intensité sonore serait multiplié par 10 lorsque l'intensité sonore du son est multipliée par 10, ce qui n'est pas le cas.

SUJET 12 Sujet zéro

10 pts 1h

Des instruments, des notes et des gammes

Calculatrice autorisée

Les instruments de musique produisent des sons auxquels l'oreille humaine associe certaines caractéristiques : hauteur, timbre et intensité. La répartition des notes dans une gamme a été retenue pour qu'elles sonnent de manière harmonieuse les unes par rapport aux autres. La recherche de cette harmonie a conduit à différents types de gammes, des gammes dites de Pythagore aux gammes tempérées.

Le sujet est composé de deux parties largement indépendantes.

PARTIE 1 Des instruments et des notes

Les cordes d'un piano vibrent lorsqu'elles sont frappées par de petits marteaux actionnés par les touches du clavier. Les sons produits par le piano résultent de ces vibrations.

DOC. 1 Notes associées aux touches d'un piano pour l'octave Do3 – Do4 et fréquences associées en hertz (Hz)

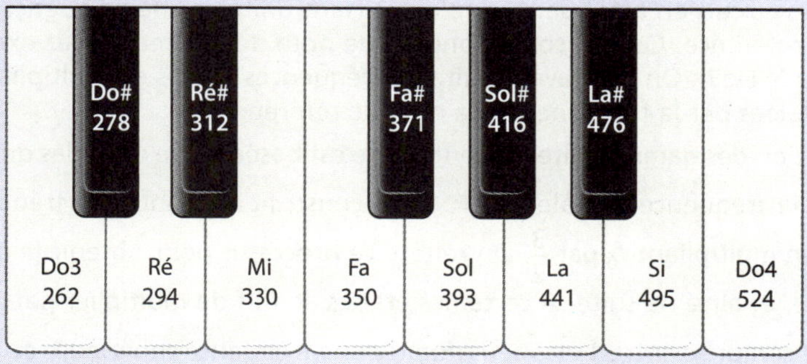

1 Calculer la fréquence associée au La4 située une octave au-dessus de La3.

2 On s'intéresse aux sons produits par ce piano. Un système d'acquisition permet l'enregistrement et la visualisation des signaux associés à ces sons.

FRANÇAIS
ENSEIGNEMENT SCIENTIFIQUE
HISTOIRE GÉOGRAPHIE
ANGLAIS

DOC. 2 Signaux enregistrés correspondant à des notes de musique jouées par un piano

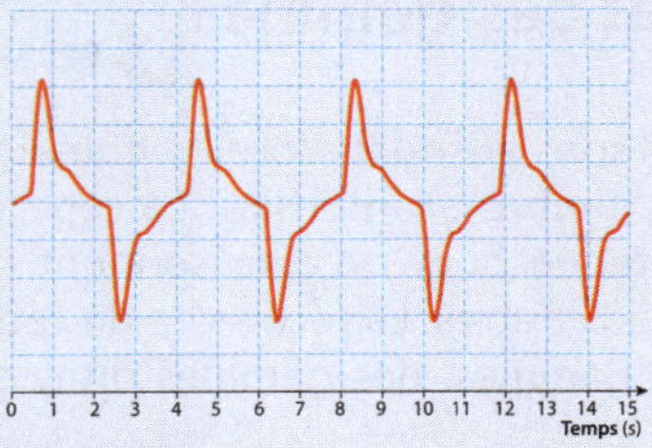

Figure 1 : Signal sonore en fonction du temps. Une graduation horizontale correspond à 1,0 ms.

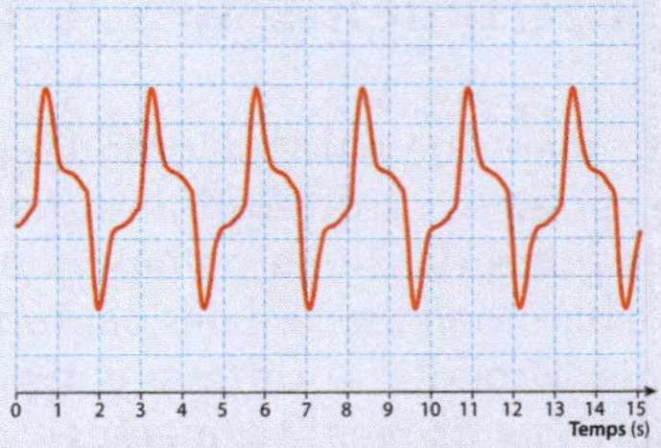

Figure 2 : Signal sonore en fonction du temps. Une graduation horizontale correspond à 1,0 ms.

a. Justifier que les figures 1 et 2 correspondent à deux notes différentes.

b. Identifier les notes correspondantes aux figures 1 et 2.

PARTIE 2 Des notes et des gammes

La théorie musicale étant fondée sur des rapports de fréquences, on décide de simplifier les calculs en attribuant la valeur 1 (sans unité) à une fréquence choisie comme référence. Celle-ci correspond à une note de référence (par exemple 262 Hz pour le Do3). On retrouve ensuite les fréquences réelles en multipliant les valeurs calculées par la fréquence de la note de référence.

La construction des gammes dites de Pythagore est basée sur le cycle des quintes : on part de la fréquence de valeur $f_0 = 1$. On construit une nouvelle fréquence, la quinte, en multipliant f_0 par $\frac{3}{2}$. On réitère ce processus pour obtenir la quinte de la quinte, et ainsi de suite. À certaines étapes, le fait de multiplier par $\frac{3}{2}$ une fréquence f comprise entre 1 et 2 peut donner une fréquence supérieure ou égale à 2. On se propose de démontrer que, si on divise par 2 la valeur obtenue, on la ramène dans l'octave.

3 On suppose que $1 \leq f \leq 2$ et on raisonne par disjonction de cas :

– premier cas : $1 \leq f \leq \frac{4}{3}$. Montrer que $1 \leq \frac{3}{2}f < 2$;

– deuxième cas : $\frac{4}{3} \leq f \leq 2$. Montrer que $2 \leq \frac{3}{2} \times f$ et $1 \leq \frac{1}{2} \times \frac{3}{2}f < 2$.

4 L'algorithme suivant permet de calculer les fréquences des notes successivement obtenues par ce processus jusqu'à ce qu'on retombe sur la fréquence initiale.

```
f ← 1
f ← 3/2 × f
n ← 1
Tant que f ≠ 1 faire
        n ← n + 1
        f ← f × 3/2
        Si f ≥ 2 alors f ← f × 1/2
        Fin Si
Fin Tant que
```

Compléter le tableau suivant en donnant les valeurs des 12 premières quintes obtenues par cet algorithme. Les résultats seront donnés d'abord sous forme exacte comme quotients d'une puissance de 2 par une puissance de 3, puis par leurs valeurs décimales approchées au centième obtenues à l'aide de la calculatrice.

Numéro de note	0	1	2	3	4	5	6	7	8	9	10	11	12
Fréquence (fraction irréductible)	1	$\frac{3}{2}$				$\frac{3^5}{2^7}$	$\frac{3^6}{2^9}$	$\frac{3^7}{2^{11}}$		$\frac{3^9}{2^{14}}$	$\frac{3^{10}}{2^{15}}$	$\frac{3^{11}}{2^{17}}$	$\frac{3^{12}}{2^{19}}$
Fréquence (valeur approchée à 10^{-2} près)	1	1,5				1,9	1,42	1,07		1,20	1,80	1,35	1,01

5 L'algorithme termine-t-il pour une valeur de n inférieure ou égale à 12 ?

6 Chacune des fréquences calculées est obtenue à partir de 1 par multiplications successives par $\frac{3}{2}$ et parfois par $\frac{1}{2}$. Elles peuvent donc toutes s'écrire sous la forme $\frac{3^m}{2^n}$ où m et n sont des entiers naturels non nuls.

a. Démontrer que l'égalité $\frac{3^m}{2^n} = 1$ est impossible.

b. Que peut-on déduire pour l'algorithme proposé ci-dessus ?

7 D'après ce qui précède, le cycle des quintes ne « reboucle » jamais exactement sur la note de départ. En s'appuyant sur le tableau de la question 4, justifier le choix de 12 notes dans une gamme construite selon ce principe.

8 Si on choisit comme fréquence de référence celle du Do3, les fréquences réelles des autres notes sont obtenues en multipliant par 262 les fréquences calculées dans le tableau de la question 4 . En les rangeant dans l'ordre croissant et en arrondissant à l'unité, on obtient les fréquences des notes de la gamme de Pythagore a 12 notes.

a. Comparer ces fréquences, en hertz (Hz), à celles inscrites sur les touches du piano de la partie 1.

Do	Do#	Ré	Ré#	Mi	Fa	Fa#	Sol	Sol#	La	La#	Si
262	280	295	315	332	354	373	393	420	442	472	497

b. Calculer au centième près les rapports entre la fréquence du Do# et celle du Do puis entre la fréquence du Ré et celle du Do# dans cette gamme. Que constate-t-on ?

9 a. Calculer au centième près les rapports entre la fréquence du Do# et celle du Do, puis entre la fréquence du Ré et celle du Do# dans la gamme figurant sur le piano représenté dans la partie 1. Que constate-t-on ?

b. Comment nomme-t-on la gamme figurant sur le piano ?

En quoi diffère-t-elle de la gamme de Pythagore à 12 notes ?

PAR ÉTAPES

COMPRENDRE LE SUJET

Analyser les questions

- **Question 1 :** utiliser la formule mathématique du périmètre d'un cercle.
- **Question 2 :** comparer et mesurer des périodes des signaux. Penser à convertir les valeurs des périodes en seconde lors des calculs des fréquences.
- **Question 3 :** rédiger un raisonnement par disjonction de cas.
- **Questions 4 et 5 :** réaliser les calculs les uns après les autres. Faire des essais et comparer les résultats avec ceux donnés dans le tableau.
- **Question 6 :** repose sur une règle : 3^m (avec m un entier naturel non nul) est toujours impair, et 2^n (avec n un entier naturel non nul) est toujours pair.
- **Question 7 :** se baser sur la dernière colonne du tableau précédent.

Méthode

Comparer deux sons grâce à leur enregistrement

- **Mesurer** la période T des deux signaux sonores, c'est-à-dire la durée du motif élémentaire de chaque signal.
- **Calculer** la fréquence $f = 1 / T$ de chaque signal.
- **Comparer** les fréquences des deux signaux : si les deux fréquences sont différentes, les hauteurs des deux sons sont différentes.

- **Question 8 :** recopier les fréquences des notes inscrites sur les touches du piano de la partie 1. Ne pas confondre le mot « rapport » qui correspond à un quotient, avec le mot « différence » qui correspond à une soustraction.
- **Question 9 :** demande un résultat au centième près, c'est-à-dire avec deux chiffres après la virgule.

Analyser les documents

- **Doc. 1 :** la note La notée sur ce document est un La3.
- **Doc. 2 :** les deux figures correspondent aux mêmes réglages. Il est donc possible de les comparer.

ORGANISER SES IDÉES

- Poser les formules littérales avant de réaliser les applications numériques demandées.
- Vérifier plusieurs les calculs réalisés avec la calculatrice.
- Ne pas oublier l'unité du résultat final lorsqu'il y en a une.

CORRIGÉ 12

1 D'après le doc. 1, la fréquence du La3 est égale à 441 Hz. La fréquence du La4, située une octave au-dessus du La3, est égale à :
2 × 441 = 882 Hz.

2 **a.** Les mêmes réglages sont paramétrés sur les figures 1 et 2 et on observe un nombre de signaux périodiques différents sur ces deux figures. Cela signifie que les périodes et donc les fréquences des deux signaux sur les figures 1 et 2 sont différentes. Ainsi, les figures 1 et 2 correspondent à deux notes différentes.

b. D'après le doc. 2, les périodes des deux signaux périodiques valent :

T_1 = 3,8 ms et T_2 = 2,4 ms.

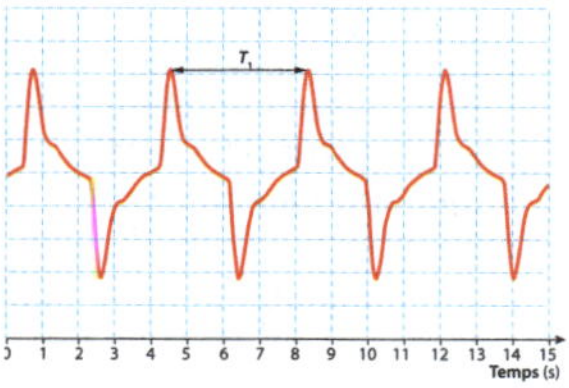

Figure 1

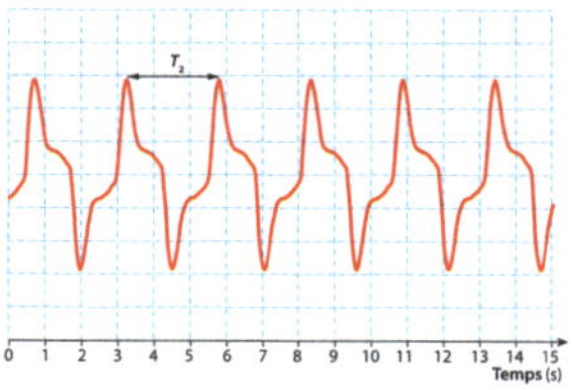

Figure 2

Comprendre le corrigé

À savoir

Une octave est l'intervalle qui sépare deux sons dont les fréquences sont dans le rapport 2/1.

L'astuce du prof

Pour déterminer une période avec plus de précision, mesurez plusieurs périodes puis divisez la mesure effectuée par le nombre de périodes mesurées.

Les fréquences des deux signaux périodiques sont égales à :

$f_1 = \dfrac{1}{3{,}8 \times 10^{-3}}$ et $f_2 = \dfrac{1}{2{,}4 \times 10^{-3}}$

$f_1 = 263$ Hz et $f_2 = 417$ Hz.

D'après le doc. 1, la figure 1 semble donc correspondre au Do3 ($f = 262$ Hz) tandis que la figure 2 semble correspondre au Sol3# ($f = 416$ Hz).

3 On suppose que $1 \leq f \leq 2$ et on raisonne par disjonction de cas.

– Premier cas : $1 \leq f \leq \dfrac{4}{3}$.

On multiplie cette inégalité par $\dfrac{3}{2}$:

$\dfrac{3}{2} \leq \dfrac{3}{2} \times f < \dfrac{3}{2} \times \dfrac{4}{3}$

$\dfrac{3}{2} \leq \dfrac{3}{2} \times f < \dfrac{4}{2}$

$\dfrac{3}{2} \leq \dfrac{3}{2} \times f < 2.$

Comme $1 \leq \dfrac{3}{2}$: $1 \leq \dfrac{3}{2} \times f < 2.$

– Deuxième cas : $\dfrac{4}{3} \leq f \leq 2.$

On multiplie cette inégalité par $\dfrac{3}{2}$:

$\dfrac{3}{2} \times \dfrac{4}{3} \leq \dfrac{3}{2} \times f < \dfrac{3}{2} \times 2$

$\dfrac{4}{2} \leq \dfrac{3}{2} \times f < 3 \qquad 2 \leq \dfrac{3}{2} \times f < 3.$

Ainsi : $2 \leq \dfrac{3}{2} \times f.$

De plus, en multipliant l'inégalité précédente par $\dfrac{1}{2}$, on trouve :

$\dfrac{1}{2} \times 2 \leq \dfrac{1}{2} \times \dfrac{3}{2} \times f < \dfrac{1}{2} \times 3 \qquad 1 \leq \dfrac{1}{2} \times \dfrac{3}{2} \times f < \dfrac{3}{2}.$

Comme $\dfrac{3}{2} < 2$: $1 \leq \dfrac{1}{2} \times \dfrac{3}{2} \times f < 2.$

4 L'algorithme suivant permet de calculer les fréquences des notes successivement obtenues par ce processus jusqu'à ce qu'on retombe sur la fréquence initiale.

À savoir

En mathématiques, la disjonction de deux propositions P et Q est une proposition qui est vraie si l'une au moins des deux propositions P et Q est vraie, et fausse si les deux propositions sont fausses.

Un algorithme est une suite finie et non ambiguë d'opérations ou d'instructions permettant de résoudre une classe de problèmes. Le mot « algorithme » vient du nom d'un mathématicien perse du IXe siècle, Al-Khwârizmî.

```
f ← 1
f ← 3/2 × f
n ← 1
Tant que f ≠ 1 faire
        n ← n + 1
        f ← f × 3/2
        Si f ≥ 2 alors f ← f × 1/2
        Fin Si
Fin Tant que
```

> Dans l'algorithme présenté ci-contre, la fréquence initiale est égale à 1.

Numéro de note	0	1	2	3	4	5	6	7	8	9	10	11	12
Fréquence (fraction irréductible)	1	$\frac{3}{2}$	$\mathbf{\frac{3^2}{2^3}}$	$\mathbf{\frac{3^3}{2^4}}$	$\mathbf{\frac{3^4}{2^6}}$	$\frac{3^5}{2^7}$	$\frac{3^6}{2^9}$	$\frac{3^7}{2^{11}}$	$\mathbf{\frac{3^8}{2^{12}}}$	$\frac{3^9}{2^{14}}$	$\frac{3^{10}}{2^{15}}$	$\frac{3^{11}}{2^{17}}$	$\frac{3^{12}}{2^{19}}$
Fréquence (valeur approchée à 10^{-2} près)	1	1,5	**1,13**	**1,6**	**1,27**	1,9	1,42	1,07	**1,60**	1,20	1,80	1,35	1,01

5 L'algorithme proposé ci-dessus termine lorsque $f = 1$.

Or, pour une valeur de n inférieure ou égale à 12, $f \neq 1$.

L'algorithme ne termine donc pas pour une valeur de n inférieure ou égale à 12.

> Les fréquences sont indiquées ici sans unité car elles sont utilisées ici dans le cadre d'un algorithme mathématique.

6 **a.** Chacune des fréquences calculées est obtenue à partir de 1 par multiplications successives par $\frac{3}{2}$ et parfois par $\frac{1}{2}$. Elles peuvent donc toutes s'écrire sous la forme $\frac{3^m}{2^n}$ où m et n sont des entiers naturels non nuls.

Comme 3^m est toujours impair et 2^n est toujours pair, avec m et n des entiers naturels non nuls,

$$3^m \neq 2^n \Leftrightarrow \frac{3^m}{2^n} \neq \frac{2^n}{2^n} \qquad \frac{3^m}{2^n} \neq 1.$$

L'égalité $\frac{3^m}{2^n} = 1$ est donc impossible.

b. Comme l'égalité $\frac{3^m}{2^n} = 1$ est impossible, l'algorithme proposé ci-dessus ne se terminera jamais : il est infini.

> L'algorithme présenté ci-dessus s'arrête uniquement quand une fréquence calculée est égale à 1.

7 D'après ce qui précède, le cycle des quintes ne « reboucle » jamais exactement sur la note de départ. Cependant, d'après le tableau de la question 4, lorsque $n = 12$, $f = 1{,}01 \approx 1$, ce qui explique le choix de $n = 12$ notes dans une gamme construite selon ce principe.

8 **a.** En choisissant comme fréquence de référence celle du Do3, les fréquences des notes de la gamme de Pythagore à 12 notes peuvent être comparées dans le tableau suivant à celles inscrites sur les touches du piano de la partie 1.

Note	Do	Do#	Ré	Ré#	Mi	Fa	Fa#	Sol	Sol#	La	La#	Si
Fréquence, en hertz des notes de la gamme de Pythagore	262	280	295	315	332	354	373	393	420	442	472	497
Fréquence, en hertz des notes du piano	**262**	**278**	**294**	**312**	**330**	**371**	**393**	**416**	**441**	**467**	**495**	**524**

On remarque que les notes associées à ces deux gammes sont différentes.

b. Dans la gamme de Pythagore à 12 notes :
– le rapport entre la fréquence du Do# et celle du Do est égal à : $\frac{280}{262} = 1{,}07$;
– le rapport entre la fréquence du Ré et celle du Do# est égal à : $\frac{295}{280} = 1{,}05$.

Ces rapports de fréquences de deux notes consécutives, appelés aussi intervalles, ne sont donc pas égaux dans la gamme de Pythagore.

9 **a.** Dans la gamme figurant sur le piano représenté dans la partie 1 :
– le rapport entre la fréquence du Do# et celle du Do est égal à : $\frac{278}{262} = 1{,}06$;
– le rapport entre la fréquence du Ré et celle du Do# est égal à : $\frac{294}{278} = 1{,}06$.

Ces rapports de fréquences de deux notes consécutives, appelés aussi intervalles, sont donc égaux dans la gamme figurant sur le piano.

b. La gamme figurant sur le piano est appelée : gamme à intervalles égaux, ou gamme tempérée.

Elle diffère de la gamme de Pythagore à 12 notes, dans laquelle les intervalles ne sont pas égaux.

Cette gamme à intervalles égaux a été créée pour faciliter la transposition.

L'astuce du prof

Ne confondez pas un rapport, qui est un quotient, avec une différence, qui est une soustraction.

À savoir

Les rapports de fréquences de deux notes consécutives sont aussi appelés intervalles.

Pour aller plus loin

Une transposition est un décalage de toutes les notes d'un morceau de musique d'un même intervalle afin qu'une œuvre musicale puisse être jouée par un autre instrument que celui prévu initialement.

SUJET 13 Sujet inédit

10 pts 1h

Musique compressée

autorisée

L'écoute de la musique compressée est devenu une habitude pour la plupart d'entre nous et certains ne se posent même plus de la question de la différence entre une musique compressée et une musique non compressée.

PARTIE 1 Le format MP3

DOC. 1 30 ans de musique MP3

« Triste » anniversaire pour la musique : il y a 30 ans naissait le format de compression audio MP3. Inventé par Thomson Multimédia et le Fraunhofer Institut en Allemagne, le MP3 a évidemment permis l'explosion du partage de la musique et l'éclosion de milliers d'artistes.

Mais le Mpeg Audio Layer 3 a aussi engendré des ravages dans l'industrie musicale. Et il a surtout altéré la qualité d'écoute. « Avec le MP3, on a permis à de la musique de tenir moins de place. Cela implique que l'on en a réduit la dynamique, les écarts sonores. Conséquence : une qualité d'écoute finalement dégradée et une fatigue auditive. C'est un peu comme si l'on enlevait des pixels sur une photo : la qualité est tronquée », décrypte Michel Aublanc, créateur du *Comptoir du son*.

De plus, « en studio, on va passer des heures à travailler les panoramiques, à poser les instruments à gauche et à droite pour qu'au final on écoute notre travail en MP3 sur des téléphones ou des enceintes toutes pourries. C'est comme si nous, artistes, nous mettions en place des choses qui ne servaient à rien, comme si le public écoutait notre travail en basse définition » déplore le musicien, auteur-compositeur, interprète et producteur Gaël Benyamin (aka Geyster).

Source : 20minutes.fr

DOC. 2 Compression de données au format MP3

Les fichiers au format .mp3, qui est aujourd'hui un format libre de droit, ne prennent pas autant de mémoire que ceux d'un CD : 700 Mo d'un CD audio peuvent être réduits en .mp3 à 63 Mo. En effet, la compression MP3 s'effectue « avec perte d'informations », ce qui signifie qu'à partir d'un fichier compressé, il n'est plus possible de retrouver le fichier d'origine.

Des informations sonores sont ainsi simplement enlevées et perdues à jamais. Par exemple, l'oreille humaine (ou plutôt le couple oreille-cerveau auditif) entend certains sons mieux que d'autres de sorte que toutes les fréquences supérieures à 15,5 kHz sont définitivement supprimées des fichiers .mp3 et celles comprises entre 1 et 4 kHz, auxquelles l'oreille humaine est le plus sensible, sont légèrement accentuées.

De plus, l'oreille humaine sait mieux de quelle direction provient un son aigu (comme celui d'une sirène d'ambulance), qu'un son grave. Donc, pour tirer parti de ce fait et économiser de la mémoire, l'algorithme MP3 réduit les informations stéréo des sons de basse fréquence en informations mono.

Enfin l'oreille humaine peut ne pas percevoir des sons séparés d'un court laps de temps et les confond alors en un seul. Le MP3 supprime donc les informations relatives à un son « voisin » à tel point que les sons de réverbération ou de cymbale seront reproduits différemment pour un MP3 et pour un CD.

D'après « Vinyl Vs CD/Mp3: Insights Into Music Formats & The Metaphysics Of Our Music », blog.ourvinyl.tv.

1 D'après le doc. 2, calculer le taux de compression

$$\tau = \frac{\text{taille du fichier compressé}}{\text{taille du fichier non compressé}}$$ du format MP3.

2 D'après les doc. 1 et 2 et en utilisant ses connaissances, rédiger une argumentation scientifique d'au moins une dizaine de lignes expliquant pourquoi le journaliste de *20 minutes*, considère que la naissance du format de compression audio MP3 il y a 30 ans est un triste anniversaire pour la musique. Dans cette argumentation scientifique, critiquer également l'avis du journaliste.

3 Expliquer pourquoi le doc. 3 ci-dessous permet d'expliquer visuellement le format MP3.

DOC. 3 DJ mixant de la musique

PARTIE 2 Le format FLAC

DOC. 4 Site musical Qobuz et format FLAC

Le site musical français Qobuz propose tout son catalogue, soit 30 millions de titres en qualité CD (format FLAC 16 bits/44,1 kHz). Il est donc possible de profiter de sons compressés en qualité CD même en streaming. Pour cela, le codec FLAC compacte le fichier audio d'origine sans supprimer d'informations de manière irréversible. Le compactage se contente en effet de réduire les données pour le transfert mais ces données sont récupérées lors de l'écoute.

Source : qobuz.com

DOC. 5 Comparaison de différents formats de fichiers audio

Format	Compression ou compactage	Taux de compression ou compactage indicatif	Catégorie de compression	Utilisation
WAV ou AIFF	non	Référence (1/1) (sans perte d'informations)	Référence	Distribution de musique de qualité CD. Chaîne Hifi, baladeur, téléphone, PC.
FLAC	oui	1/2	Sans perte d'informations (format dit « *lossless* »)	Libre de droits. Distribution de musique de qualité CD.
WMA	oui	1/15	Avec perte d'informations (format dit « *lossy* »)	Baladeur, platine de salon, lecteur de CD portable, téléphone... disposant d'une licence Microsoft. Qualité proche de celle d'un CD.
AAC	oui	1/15	Avec perte d'informations (format dit « *lossy* »)	Choisi par Apple et publié cinq ans après le MP3 avec pour but d'offrir une meilleure qualité à fréquence d'échantillonage et quantification identiques.
OPUS, anciennement OGG	oui	1/18	Avec perte d'informations (format dit « *lossy* »)	Libre de droits. Qualité proche de celle d'un CD.

4 D'après les doc. 4 et 5, indiquer les avantages et les inconvénients du format FLAC par rapport au format MP3 (taux de compression, perte ou non d'informations, etc.).

PAR ÉTAPES

COMPRENDRE LE SUJET

Analyser les questions

- **Question 1:** demande de calculer un rapport. Le résultat n'aura donc pas d'unité.
- **Question 2:** a pour objectif de rédiger une argumentation scientifique, en utilisant la méthode décrite ci-contre. Ne pas oublier de critiquer l'avis du journaliste. Cette argumentation scientifique doit être assez longue, elle doit comprendre au minimum une dizaine de lignes.
- **Question 3:** nécessite de faire le lien entre une partie du doc. 3 et le format MP3.
- **Question 4:** nécessite de comparer le format FLAC, décrit dans les doc. 4 et 5, et le format MP3, décrit dans les doc. 1 et 2. Ne pas oublier de parler du fait que ces deux formats sont aujourd'hui libres de droit.

Méthode

Rédiger une argumentation scientifique

- **Reprendre** les informations importantes tirées des différents documents.
- **Composer** un plan, en plusieurs parties si possible, correspondant aux étapes principales de l'argumentation.
- **Construire** des phrases simples et courtes ainsi que des paragraphes argumentés en évitant de juxtaposer des éléments les uns après les autres, sans faire de lien entre eux.
- **Soigner** les transitions qui montrent la logique entre les différentes parties.
- **Faire attention** à la syntaxe, à la grammaire et à l'orthographe: pas de phrase sans verbe, sans sujet, etc.

Analyser les documents

- **Doc. 1:** relever les arguments contre le format MP3 donnés par le journaliste dans cet article sans oublier de noter les quelques avantages du MP3 qui sont malgré tout cités.
- **Doc. 2:** noter les tailles des fichiers compressés et non compressés pour être en mesure de calculer le taux de compression.
- **Doc. 3:** remarquer la partie pixellisée de cette photo retravaillée d'un DJ en train de mixer de la musique.
- **Doc. 4:** comprendre comment le format FLAC permet de compacter un fichier audio sans perdre d'informations.
- **Doc. 5:** relever le taux de compactage du format FLAC ainsi que les conditions d'utilisation de ce format.

ORGANISER SES IDÉES

- Avant la rédaction de l'argumentation scientifique, noter au brouillon les notions importantes qui doivent apparaître dans l'argumentation scientifique puis les organiser pour composer le plan.
- Afin de répondre à la question 4, reprendre les notions importantes sur le format MP3 que vous avez notées au brouillon avant la rédaction de l'argumentation scientifique pour les comparer avec celles du format FLAC.

CORRIGÉ 13

Comprendre le corrigé

1 D'après le doc. 2, 700 Mo d'un CD audio peuvent être réduits en .mp3 à 63 Mo.

Le taux de compression du format MP3 est donc égal à :

$$\tau = \frac{\text{taille du fichier compressé}}{\text{taille du fichier non compressé}}$$

$$\tau = \frac{63}{700} = 0{,}09 = 9\ \%.$$

À savoir
Pour calculer un pourcentage, multipliez le résultat par 100.

2 Le journaliste de *20 minutes*, considère que la naissance du format de compression audio MP3 il y a 30 ans est un triste anniversaire pour la musique. Si le format MP3 permet à la musique de tenir moins de place, la compression dans ce format supprime des informations sonores, ce qui désespère les artistes qui cherchent à produire de la musique de qualité.

L'astuce du prof
Reprenez les informations données dans les doc. 1 et 2 en les organisant de telle sorte que l'argumentation scientifique soit cohérente.

En effet, tous les sons musicaux dont les signaux associés ont des fréquences supérieures à 15,5 kHz sont définitivement supprimés des fichiers .mp3.

Gagnez des points !
Indiquez des valeurs chiffrées dès que possible.

De plus, pour diminuer encore la taille des fichiers audio, la compression en format MP3 réduit les informations stéréo des sons de basse fréquence en informations mono et elle supprime également les informations relatives à un son « voisin » de telle sorte que les sons de réverbération ou de cymbale sont mal retranscrits avec cette conversion.

La qualité d'écoute d'un fichier audio est donc altérée en format MP3 et cela peut même générer une fatigue auditive car les sons dont les signaux associés ont des fréquences comprises entre 1 et 4 kHz sont quant à eux légèrement accentués.

Après avoir expliqué les défauts du format MP3, n'oubliez pas d'indiquer ses qualités, notamment concernant le stockage et la transmission des fichiers sonores.

Cet avis est bien sûr justifié mais il ne faut toutefois pas oublier que le format MP3 a également de grands avantages, ce qui explique sa longévité. Le principal est son taux de compression : un fichier audio compressé en format MP3 a une taille correspondant à uniquement 9 % du fichier original, ce qui signifie qu'il y a eu une compression de 91 %. Le stockage et la transmission des fichiers audio .mp3 sont donc facilités avec des fichiers

À savoir
La compression de 91 % est trouvé grâce à la formule $(1 - \tau) \times 100$.

en format MP3, d'autant plus que ce format est aujourd'hui libre de droits, ce qui signifie qu'il peut être utilisé par tous, c'est pourquoi le MP3 a permis l'explosion du partage de la musique et l'éclosion de milliers d'artistes.

3 Le doc. 3 est une photo retravaillée d'un DJ en train de mixer de la musique avec une partie de cette photo pixellisée, c'est-à-dire de moins bonne qualité que l'autre partie de la photo. Cela permet d'expliquer visuellement le format MP3, qui altère lui aussi la qualité d'un fichier sonore, comme l'explique dans le doc. 1 Michel Aublanc, créateur du *Comptoir du son*: « C'est un peu comme si l'on enlevait des pixels sur une photo : la qualité est tronquée. »

À savoir

Une photo pixellisée est une photo sur laquelle on voit les pixels, ce qui correspond à une photo de mauvaise qualité.

4 La conversion en format MP3 et le compactage en format FLAC permettent tous les deux de réduire la taille des fichiers audio afin de faciliter le stockage et la transmission de ces fichiers. Un fichier audio au format MP3 aura une taille de 9 % par rapport au fichier audio original alors qu'un fichier audio au format FLAC aura une taille de 50 % par rapport au même fichier audio original. La conversion au format MP3 est donc beaucoup plus efficace en matière de taille que le compactage au format FLAC.

Lisez bien le doc. 4 pour ne pas confondre la compression avec le compactage.

Un fichier audio au format FLAC a une taille de 50 % par rapport au fichier audio original car le doc. 5 indique un taux de compactage de 1/2 pour ce format.

Cependant, la conversion au format MP3 s'accompagne d'une perte d'informations qui altère la qualité d'écoute alors que ce n'est pas le cas pour un fichier audio au format FLAC. D'après le doc. 4, le compactage au format FLAC se contente en effet de réduire les données pour le transfert, mais ces données sont récupérées lors de l'écoute.

Enfin, une dernière information intéressante est le fait que ces deux formats sont aujourd'hui libres de droits, c'est-à-dire qu'ils peuvent être utilisés par tous.

Pour aller plus loin

N'oubliez pas d'indiquer que ces deux formats sont libres de droits, ce qui n'est pas le cas par exemple du format AAC. En effet, les brevets protègent un format pendant 30 ans : le format MP3 est donc libre de droits depuis 2017.

SUJET 14 Sujet inédit

10 pts · 1h · Calculatrice autorisée

Un dispositif anti-jeunes

Un tribunal de Saint-Brieuc a interdit à un particulier de réinstaller sur la façade de son domicile le Mosquito, un boîtier à ultrasons destiné à éloigner les jeunes. « Le tribunal a reconnu le trouble anormal de voisinage, et que l'appareil constituait une gêne auditive pour toutes les personnes », a déclaré l'avocat de l'association Val Tonic.

Partie 1 Des haut-parleurs à fréquences différentes

DOC. 1 Des dispositifs sonores contre les regroupements d'adolescents

Selon les fabricants, le boîtier émet des sons dont la fréquence est comprise entre 17,5 et 18,5 kHz pour une intensité maximale de 90 dB (décibels).

Le fabricant certifie que seuls les individus âgés de moins de 20 ans peuvent percevoir ces fréquences.

Source : lefigaro.fr

DOC. 2 Caractéristiques d'un signal sonore

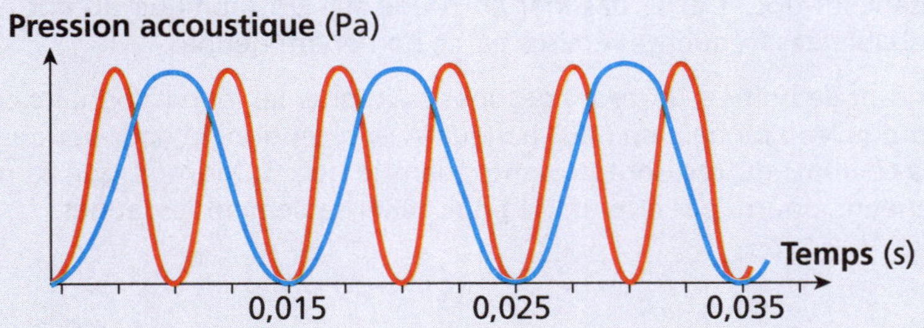

Un son pur est associé à un signal dépendant du temps de façon sinusoïdal.

Le graphique ci-dessus superpose deux signaux correspondants à deux sons purs de fréquences différentes.

DOC. 3 Graphique de fréquences des sons émis par un haut-parleur

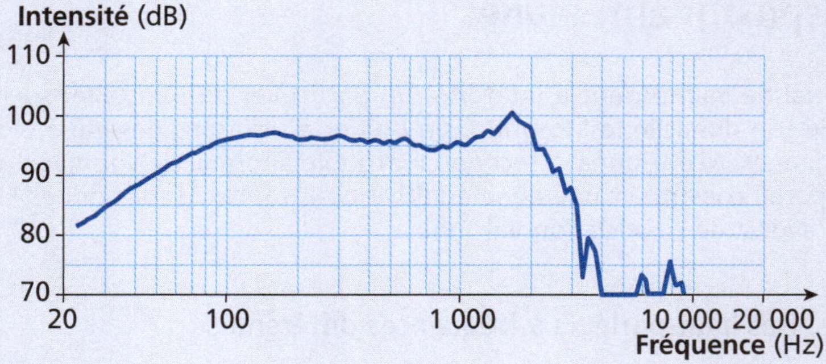

Source : toutlehautparleur.com

Le haut-parleur génère des compressions de l'air, il transforme ainsi l'énergie électrique en énergie sonore. Ainsi, une bobine va recevoir le signal électrique et créer à partir de ce dernier un champ magnétique. Le signal sera ensuite attiré ou repoussé par l'aimant solidaire de la structure du haut-parleur. Et cette bobine qui oscille et qui est reliée à la membrane du haut-parleur le fait donc vibrer en même temps, ce qui comprime l'air et produit donc une onde sonore dont on peut mesurer les fréquences.

1 Utiliser le doc. 2 pour calculer la fréquence de chaque signal et indiquer la courbe qui correspond au son le plus grave (calculs à détailler).

2 En utilisant les doc. 1 et 2, dessiner en rouge sur le graphique du doc. 3 la courbe probable des fréquences émises par le boîtier anti-jeunes.

3 Un fabricant de boîtiers ultrasons destinés à éloigner les jeunes souhaite commander un nouveau modèle de haut-parleur. À sa réception, le haut-parleur est testé et les résultats du test sont présentés dans le doc. 3. Montrer que ce nouveau matériel ne pourra pas être utilisé pour gêner seulement les jeunes.

Partie 2 La perception des sons par l'oreille humaine

DOC. 4 Audiogrammes moyens selon l'âge

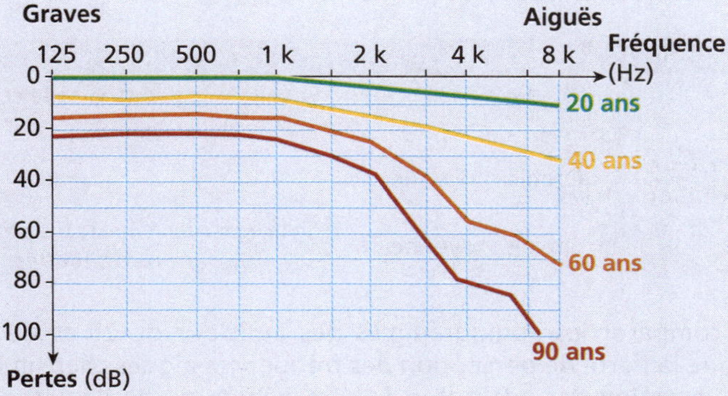

Source: www.cochlea.com

On estime que la perception des fréquences aiguës est significative à partir d'une perte de 50 dB et qu'elle rend difficile la compréhension de l'environnement sonore au-delà d'une perte de 80 dB.

DOC. 5 Tonotopie de la cochlée

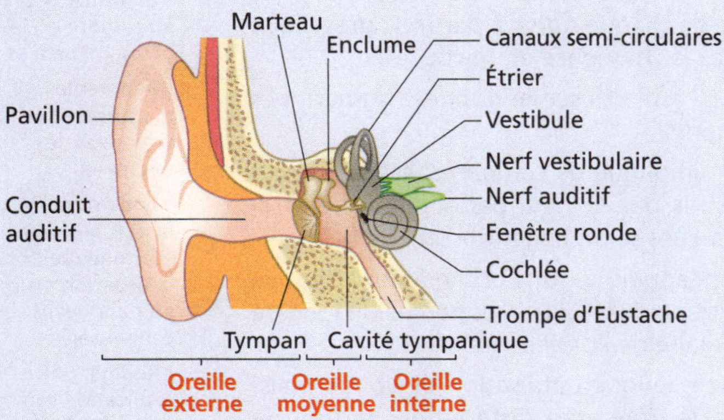

Source: microbiologiemedicale.fr

La cochlée, située dans l'oreille interne permet la perception des vibrations sonores dont les fréquences sont comprises entre 200 et 20 000 Hz (soit 20 kHz). Les fréquences captées sont réparties tout au long de la cochlée: des hautes fréquences à la base jusqu'aux basses fréquences à l'apex. C'est ce que l'on appelle la tonotopie.

À partir des connaissances et des doc. 4 et 5 :

4 Rédiger une hypothèse pour expliquer la différence de perception des fréquences selon l'âge.

5 Compléter le tableau suivant :

Éléments de l'oreille	Localisation	Rôle
Pavillon		Focaliser les sons vers le conduit auditif
Osselets (marteau, étrier et enclume)	Oreille moyenne	
	Oreille moyenne	Transformer les vibrations de l'air en vibrations de solides.

6 Décrire et comparer les audiogrammes des individus de 20 et de 40 ans. Peut-on dire que la perte de perception des fréquences aiguës chez un individu âgé de 40 ans entraîne des difficultés de compréhension de l'environnement sonore ?

PAR ÉTAPES

COMPRENDRE LE SUJET

Analyser les questions

- **Question 1 :** implique une estimation de la période en seconde de chaque signal à partir du graphique puis calculez la fréquence en Hertz.
- **Question 2 :** il faut utiliser les données numériques des documents.
- **Question 3 :** implique de comparer les fréquences des sons émis par le haut-parleur avec les fréquences perçues selon l'âge (document 1)
- **Question 4 :** s'appuie sur une observation attentive de la répartition des fréquences perçues le long de la lame basilaire de l'oreille interne.
- **Question 5 :** implique l'utilisation de vos connaissances sur le rôle des différentes parties de l'oreille interne.
- **Question 6 :** il est intéressant de citer des valeurs du graphique pour comparer les audiogrammes à 20 et 40 ans.

Méthode

Formuler une hypothèse explicative

- **Identifier** le problème à résoudre ou le phénomène à expliquer.
- **Repérer** les mécanismes, les structures, les facteurs mis en jeu.
- **Construire** l'explication la plus probable, la plus économique possible de la situation proposée en s'appuyant sur vos connaissances.
- **Rédiger** votre explication comme une solution provisoire qui comporte des conséquences testables.
- **Penser** à utiliser des marques langagières exprimant son caractère hypothétique : « il se peut que », « on peut supposer que », etc.

Analyser les documents

- **Doc. 1 :** identifier le principe utilisé par le boitier pour gêner les jeunes.
- **Doc. 3 :** repérer précisément la répartition des fréquences émises par le haut-parleur.
- **Doc. 4 :** repérer la répartition des fréquences perçues le long de la cochlée.

ORGANISER SES IDÉES

- Utiliser les données numériques fournies par les documents.
- Comparer les fréquences émises par les appareils étudiés et celles perçues par une oreille selon l'âge.
- **Question 5 :** utiliser ses connaissances sur le rôle des différentes parties de l'oreille.

FRANÇAIS
ENSEIGNEMENT SCIENTIFIQUE
HISTOIRE GÉOGRAPHIE
ANGLAIS

CORRIGÉ 14

Comprendre le corrigé

1 Pour le signal représenté en bleu, un cycle a une période de 0,015 s.

Par conséquent, la fréquence de ce signal sonore est de 1 / 0,015 = 66,67 soit 67 Hz environ.

Pensez à justifier votre réponse en détaillant vos calculs.

Pour le signal représenté en rouge, un cycle a une période de 0,0075 s. Par conséquent, la fréquence de ce signal sonore est de 1/0,0075 = 133,34 soit 133 Hz environ.

La fréquence du signal sonore représenté en bleu est inférieure à celle du signal sonore représenté en rouge donc il correspond au son le plus grave.

2 On peut représenter le signal du boîtier de la manière suivante (en rouge sur le graphique) :

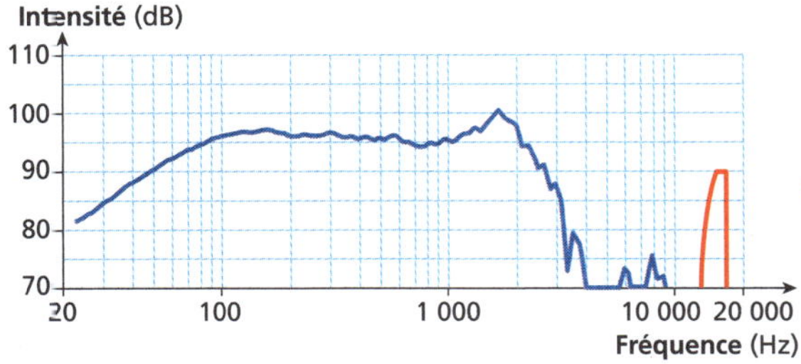

Attention, l'échelle des abscisses est logarithmique. Cela signifie que la valeur de chaque graduation n'est jamais la même. Par exemple, une graduation vaut 100 Hz entre 100 et 1 000 mais elle vaut 1 000 Hz entre 1 000 et 10 000.

3 On constate que le haut-parleur testé émet des sons dont les fréquences sont comprises entre 20 et 90 00 Hz. Or, on sait que les sons de fréquences inférieures à 2000 Hz sont perçus par tous les individus quel que soit leur âge (document 1). Donc, ce haut-parleur ne peut pas être utilisé pour gêner seulement les jeunes.

4 Plus un individu est âgé, plus la perte de perception est importante pour les sons aigus. Par exemple, la perte n'est que de 25 dB à 40 ans pour les sons de 4 kHz, alors qu'elle est de 55 dB à 60 ans et de 80 dB à 90 ans. On constate que la perception des sons dans la cochlée correspond à une répartition des différentes fréquences le long de la membrane basilaire. On note que les fréquences aiguës sont situées près de la base de la cochlée. On peut supposer que la base de la cochlée se détériore plus que son apex lors du vieillissement.

> Exprimez simplement la relation entre les deux grandeurs.

> Utilisez une forme grammaticale adaptée pour exprimer une hypothèse.

5 Le tableau complété est le suivant :

Éléments de l'oreille	Localisation	Rôle
Pavillon	Oreille externe	Focaliser les sons vers le conduit auditif
Osselets (marteau, étrier et enclume)	Oreille moyenne	Amplifier les vibrations du tympan
Tympan	Oreille moyenne	Transformer les vibrations de l'air en vibrations de solides

> Utilisez les mêmes types de formulation que celles des cases déjà complétées (par exemple en mettant le verbe à l'infinitif).

6 Chez les individus de 20 ou de 40 ans, on remarque que la perte de perception des sons aigus reste inférieure à 30 dB. Or, le doc. 4 nous apprend que la compréhension de l'environnement sonore devient impossible si la perte dépasse 80 dB. Donc, la perte de perception des fréquences aiguës chez un individu âgé de 40 ans n'entraîne pas de difficultés de compréhension de l'environnement sonore.

> Argumentez avec le triptyque habituel : constat, connaissance et déduction.

Sujets comme à l'examen

SUJET COMPLET 1 Sujet inédit

20 pts 2h

Exercice 1 10 pts 1h non-autorisée

corrigés p. 206

Différents types de solides

Le verre et le sel de cuisine sont tous les deux des solides à température ambiante mais les entités qui les composent n'ont pas la même organisation.

Partie 1 Le verre

Le verre est un mélange composé majoritairement de silice SiO_2, qui est le constituant principal du sable.

DOC. 1 Description du verre

Le verre est un solide amorphe, car les entités qui le constituent sont disposées de façon totalement désordonnée. L'analyse microscopique, appelée aussi analyse nanoscopique, de la silice montre en effet que les atomes de silicium Si et d'oxygène O ne sont pas organisés suivant un ordre géométrique.

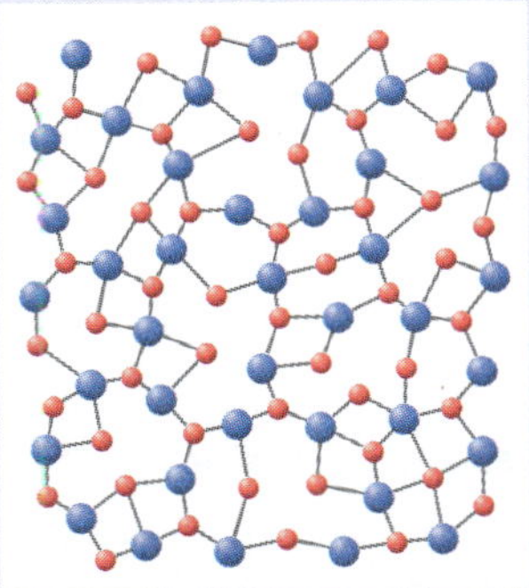

Structure microscopique de la silice
Les atomes de silicium sont représentés par des boules indéformables bleues et les atomes d'oxygène par des boules indéformables rouges.

1 **a.** Expliquer pourquoi l'analyse microscopique des atomes est aussi appelée analyse nanoscopique.

b. Indiquer si l'analyse microscopique d'une cellule peut elle aussi être appelée analyse nanoscopique. Justifier la réponse.

2 Indiquer si le verre est un solide cristallin. Justifier la réponse.

Partie 2 Le sel de cuisine

Le sel de cuisine, appelé aussi chlorure de sodium, est un solide ionique. Il peut se former lors de l'évaporation de l'eau de mer dans des marais salants par exemple.

DOC. 2 Description macroscopique du sel de cuisine

À l'échelle macroscopique, le chlorure de sodium constituant le sel de cuisine se trouve sous forme de cristaux, ayant souvent une forme cubique.

Cristaux de chlorure de sodium

DOC. 3 Description microscopique du sel de cuisine

À l'échelle microscopique, le chlorure de sodium constituant le sel de cuisine est décrit par une maille de forme cubique, se répétant un très grand nombre de fois. Pour représenter cette maille, les ions peuvent être modélisés par des boules indéformables.

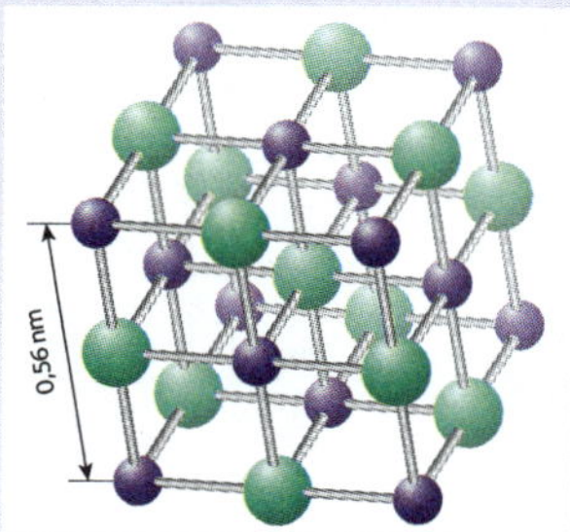

Structure du chlorure de sodium
Les ions chlorure sont représentés en vert et les ions sodium en violet.

DOC. 4 Premières descriptions microscopiques du sel de cuisine

En 1913, le scientifique britannique William Henry Brag (1862-1942) décrit la structure cubique du chlorure de sodium constituant le sel de cuisine. Il montre que les ions chlorure et les ions sodium sont organisés régulièrement, comme l'avait prévu deux siècles plus tôt le minéralogiste français René-Just Haüy (1743-1822), fondateur de la cristallographie géométrique. Pour cela, William Henry Brag fonde une nouvelle discipline : l'analyse par rayons X des structures cristallines.

3 Expliquer en quelques phrases pourquoi certaines découvertes scientifiques peuvent mettre plusieurs siècles pour être confirmées.

4 Indiquer si le sel de cuisine est un solide cristallin. Justifier la réponse.

5 Donner deux exemples de réseaux pouvant décrire des cristaux et représenter l'un d'eux en perspective cavalière.

Exercice 2 10 pts 1h calculatrice non-autorisée corrigés p. 207

La Terre et la Lune

Les êtres humains ont toujours cherché à étudier la Terre et la Lune afin de déterminer leur forme, leur âge, etc. et de comprendre comment elles se sont créées.

Partie 1 Formes et positions des astres

DOC. 1 La Terre vue de l'espace

En orbite autour de la Lune, la caméra de la sonde spatiale américaine LRO (*Lunar Reconnaissance Orbiter*) a capté en 2015 cette image de la Terre, vue par-delà le limbe bosselé de la Lune.

Source : autourduciel.blog.lemonde.fr

DOC. 2 La face cachée de la Lune

En 2019, la Chine est devenue la première nation à faire atterrir indemne un engin spatial sur la face non visible de la Lune depuis la Terre. Le rover chinois a atterri dans le bassin Aitken, un cratère d'une largeur d'environ 800 km créé il y a plusieurs milliards d'années par l'impact d'un astéroïde.

Si on arrivait à déterminer précisément l'âge de ce cratère, nous pourrions en savoir un peu plus sur l'environnement du système solaire de l'époque car cette analyse pourrait par exemple permettre d'inscrire un épisode fort en passage d'astéroïdes dans les chapitres de son histoire. En effet, sur la Terre, il n'est pas possible de trouver d'aussi anciens cratères artificiels, puisque ceux-ci se résorbent naturellement.

Source : siecledigital.fr

1 Cocher la bonne réponse.

La Lune a une face non visible depuis la Terre car :

- ▢ elle est immobile par rapport à la Terre.
- ▢ la face cachée de la Lune n'est jamais éclairée par le Soleil.
- ▢ elle tourne à la fois sur elle-même et autour de la Terre.
- ▢ elle tourne sur elle-même sans tourner autour de la Terre.

2 L'image de la Terre captée par la caméra de la sonde spatiale américaine LRO en 2015 (doc. 1) permet de montrer que la Terre est sphérique. Indiquer deux observations qui ont permis de conclure que la Terre était sphérique dès l'Antiquité, alors qu'il n'était bien sûr pas possible à l'époque d'envoyer des sondes dans l'espace pour vérifier sa sphéricité.

Partie 2 Âges des astres

DOC. 3 L'âge de la Lune

La Lune possède de fortes similarités chimiques avec la Terre, montrant un lien génétique fort entre les deux corps.

Selon une des théories les plus couramment admises, la Lune serait née de la collision d'une planète de la taille de Mars avec la Terre.

Grâce aux échantillons lunaires ramenés sur Terre lors des explorations spatiales, les scientifiques ont pu déterminer l'âge de la Lune.

D'après plusieurs méthodes de datation, similaires à celles utilisées aujourd'hui pour déterminer l'âge de la Terre, la Lune se serait formée environ 200 millions d'années après la Terre.

Source : universalis.fr

DOC. 4 Datation de la Terre

Déterminer l'origine du monde est d'abord lié aux croyances et aux religions. On retrouve déjà des estimations de l'âge de la Terre dans l'Antiquité, puis au Moyen Âge. En 1655, l'archevêque anglican James Ussher calcule l'âge de la Terre en se basant sur les textes de l'Ancien Testament : elle s'est formée en 4004 avant J-C. Il donne même le jour et l'heure de sa création ! […]

Le XIXe siècle est de fait marqué par de nombreuses querelles entre scientifiques au sujet de l'âge de la Terre. Vers 1860, le physicien anglais Lord Kelvin propose un âge de 100 millions d'années à partir d'expériences basées sur les lois de la thermodynamique. Les géologues, dont Charles Lyell et Charles Darwin sont les chefs de file, estiment cet âge beaucoup trop faible. La querelle entre géologues et physiciens fait rage !

C'est la découverte de la radioactivité naturelle par Henri Becquerel en 1896 et le développement de son application à la datation qui y mettront fin. […]

En 1953, [Clair Cameron] Patterson procède à l'analyse de la composition isotopique du plomb contenu en traces dans les météorites et montre que la Terre et les météorites se sont formées à la même époque […]. En se référant au corpus de connaissances acquis depuis, l'étude de Patterson est considérée comme ayant fourni la première estimation correcte de l'âge de la formation du système solaire et de la Terre. Cet âge sera confirmé par d'autres méthodes isotopiques (potassium/argon et rubidium/strontium).

Source : IFE

3 Cocher la bonne réponse.

L'âge de la Terre, aujourd'hui précisément déterminé, est de :

- ☐ 13,75 milliards d'années.
- ☐ 4,57 milliards d'années.
- ☐ 2,37 milliards d'années.
- ☐ 74 000 ans.

4 D'après le doc. 3, plusieurs méthodes de datation similaires à celles utilisées aujourd'hui pour déterminer l'âge de la Terre ont été utilisées pour déterminer le plus précisément possible l'âge de la Lune.

À partir de l'exemple de la datation de l'âge de la Terre, rédiger une synthèse d'une quinzaine de lignes montrant comment la science construit et perfectionne peu à peu sa compréhension de la nature, en exploitant des faits nouveaux apparus successivement.

CORRIGÉ SUJET COMPLET 1

Exercice 1

énoncé p. 201

1 a. L'analyse microscopique des atomes est aussi appelée analyse nanoscopique, car **l'ordre de grandeur** de la dimension d'un atome **n'est pas le micromètre**, mais plutôt le dixième de nanomètre.

b. L'analyse microscopique des cellules ne peut pas être appelée analyse nanoscopique, car **l'ordre de grandeur** des plus petites cellules **est le micromètre** et non le nanomètre.

Remarque

L'échelle nanométrique est l'échelle des entités dont l'ordre de grandeur va du dixième de nanomètre à la dizaine de nanomètres : $1\ nm = 1 \times 10^{-9}\ m$.

2 Le verre n'est **pas un solide cristallin**. C'est un solide amorphe, car les atomes qui le constituent ne sont **pas organisés régulièrement**.

3 Certaines découvertes scientifiques peuvent mettre **plusieurs siècles pour être confirmées**. Par exemple, René-Just Haüy (1743-1822), le fondateur de la cristallographie géométrique, avait prévu dès le XVIIIe siècle la régularité de l'organisation des entités constituant les cristaux, mais il n'avait pas à l'époque le matériel nécessaire pour prouver son affirmation. Il a alors fallu attendre les **avancées technologiques** du XXe siècle et l'invention des rayons X pour avoir la **confirmation expérimentale** de cette affirmation.

4 Le sel de cuisine est un **solide cristallin**, car les ions qui le constituent **sont organisés régulièrement**.

5 Des cristaux peuvent être décrits par :

– un **réseau cubique simple**, pouvant être représenté en perspective cavalière :

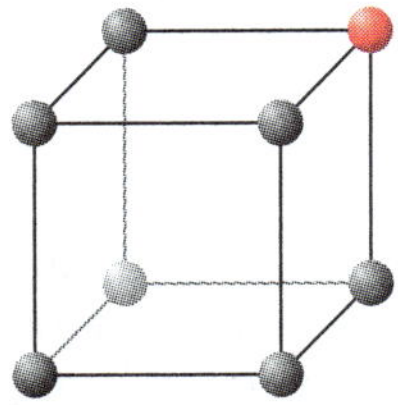

– un **réseau cubique à faces centrées**, pouvant être représenté en perspective cavalière :

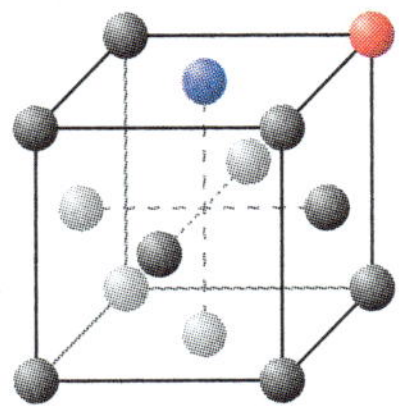

L'astuce du prof

La perspective cavalière permet de représenter en deux dimensions un solide à trois dimensions.

Une seule représentation est demandée dans la réponse à cette question.

Exercice 2

énoncé p. 203

1 La Lune a une face non visible depuis la Terre car **la Lune tourne à la fois sur elle-même et autour de la Terre**.

2 Alors qu'il n'était bien sûr pas possible dans l'Antiquité d'envoyer des sondes dans l'espace pour vérifier la sphéricité de la Terre, **l'observation de la coque d'un voilier disparaissant avant le reste du navire sous l'horizon** et **l'observation de la forme de l'ombre portée de la Terre sur la Lune lors d'une éclipse** ont permis de conclure dès cette époque que la Terre était sphérique.

3 L'âge de la Terre aujourd'hui précisément déterminé est de **4,57 milliards d'années**.

4 Le savoir scientifique résulte d'une longue construction collective faisant intervenir des **échanges d'arguments et des controverses**. Les faits nouveaux, les techniques et les théories nouvelles permettent alors d'affiner ou de rejeter les précédentes conclusions et installent lentement la certitude.

> **Conseils du prof**
> N'oubliez pas de commencer votre synthèse par une introduction. Proposez également différents paragraphes afin d'aérer votre texte.

Ainsi, pour déterminer l'âge de la Terre, **les premières prévisions ne se basaient pas sur des faits scientifiques**. Ussher par exemple a analysé des textes bibliques pour conclure que la Terre a été créée le dimanche 23 octobre 4004 avant J.-C. Ensuite, dès le XVIIIe siècle, les scientifiques ont utilisé des **arguments scientifiques**, mais ceux-ci se basaient sur des **théories différentes** qui n'aboutissaient pas au même âge de la Terre :

- Buffon ou Kelvin ont calculé la durée nécessaire pour que la Terre, initialement en fusion, se refroidisse **(arguments physiques)** ;
- Lyell a estimé la durée nécessaire pour la formation des structures géologiques, comme les empilements sédimentaires **(arguments géologiques)** ;
- Darwin a déterminé la durée nécessaire aux transformations lentes de l'évolution biologique qui ont abouti à la diversité actuelle des êtres vivants **(arguments biologiques)**.

Pour aller **au-delà de ces controverses**, il a fallu attendre la découverte de la radioactivité en 1896 **(nouveau fait)** et l'invention des spectromètres de masse **(nouvelle technique)**. Cela a en effet permis à Rutherford et Patterson d'utiliser de nouvelles méthodes de datation fondées sur la radioactivité pour calculer l'âge de la Terre.

Un **consensus scientifique** a alors pu être trouvé sur l'âge de la Terre, en 1953, après deux siècles de controverses : en utilisant les lois de décroissance radioactive, l'âge de la Terre est aujourd'hui estimé à **4,57 milliards d'années**.

Exercice 1 10 pts 1h Calculatrice non-autorisée corrigés p. 215

Les forêts tropicales transpirent

Les végétaux chlorophylliens présents sur les continents et dans les océans utilisent une source d'énergie inépuisable, le Soleil. Cette énergie est utilisée pour produire la matière végétale. La production de biomasse végétale est tellement importante dans les forêts tropicales qu'elle a des conséquences sur le climat.

Partie 1 Une conversion biologique de l'énergie solaire : la photosynthèse

DOC. 1 Répartition de l'énergie solaire reçue par un arbre

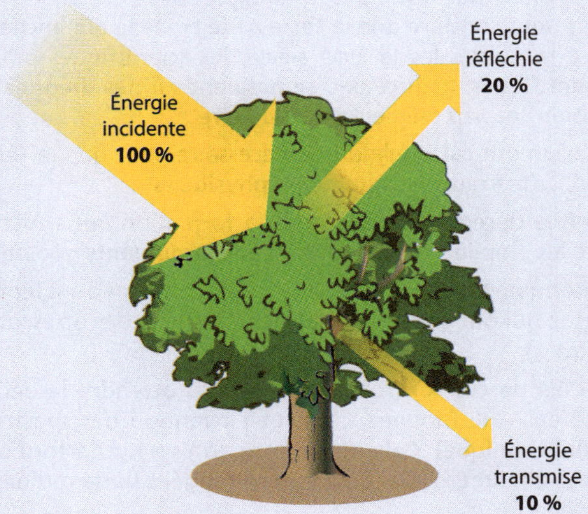

Il est possible d'estimer les parts respectives des énergies incidente, réfléchie et transmise par un arbre même si elles varient beaucoup selon l'espèce de l'arbre, son âge, la saison, etc.

DOC. 2 Spectre d'absorption des pigments chlorophylliens

Les pigments de feuilles de végétal chlorophyllien sont extraits, mis en solution et éclairés avec une source de lumière comparable à celle émise par le Soleil. Un dispositif analyse et mesure la lumière qui traverse la solution.

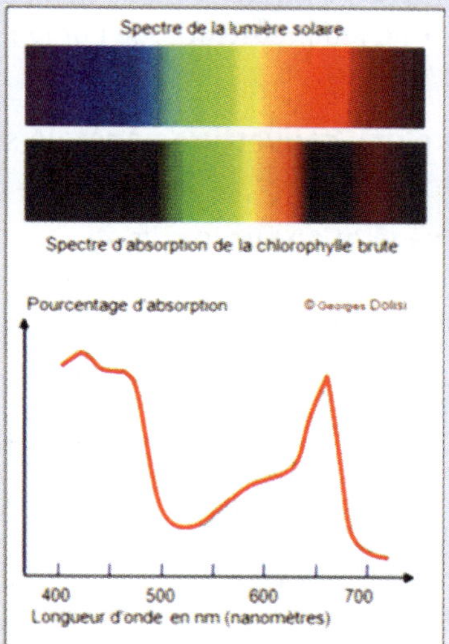

Spectre d'absorption de la chlorophylle brute

Source : snv.jussieu.fr

DOC. 3 Devenir de l'énergie lumineuse absorbée par une feuille

Pour 200 000 joules d'énergie lumineuse reçue, une feuille en convertit 2 000 en énergie chimique utilisable pour la photosynthèse. Le reste de l'énergie lumineuse absorbée est transformé en énergie thermique qui réchauffe la feuille et se dissipe ensuite dans l'environnement. Chez les plantes aériennes, une partie de cette énergie thermique sert à l'évapotranspiration.

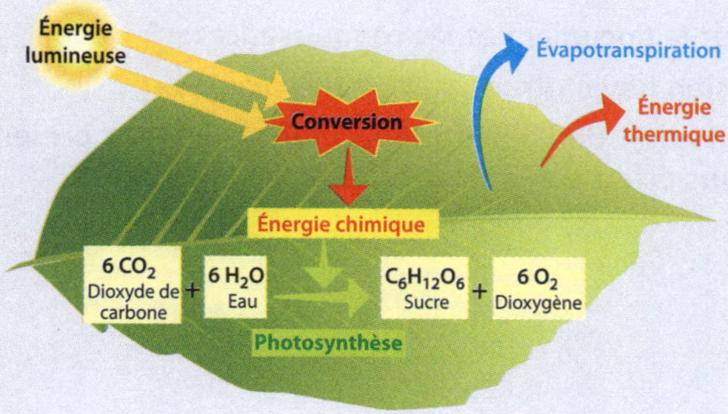

1 Calculer la part d'énergie solaire absorbée par un arbre et proposer une utilisation de cette énergie par l'arbre (calculs à présenter).

2 Déterminer les longueurs d'onde et les couleurs des radiations absorbées par les pigments chlorophylliens.

3 Rédiger une définition du processus biologique de la photosynthèse, puis calculer le pourcentage d'énergie lumineuse utilisée par la photosynthèse.

Partie 2 Conséquences d'une couverture végétale sur le climat

DOC. 4 Les effets de la végétation sur le climat

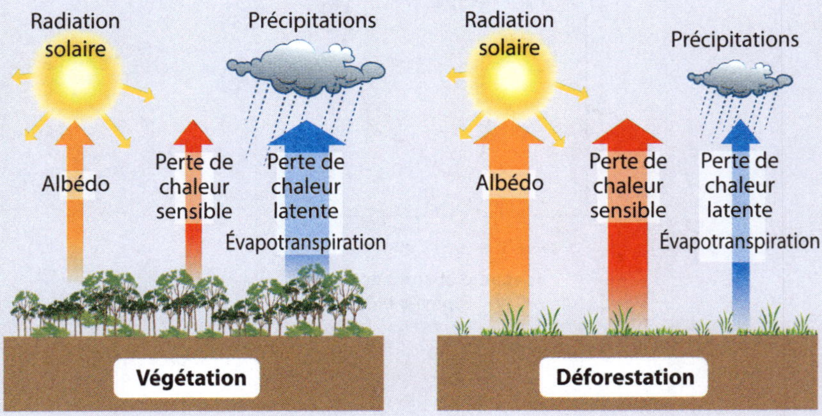

Dans les régions tropicales déforestées, l'albédo et la perte d'énergie thermique par le sol sont augmentés. De plus, l'évapotranspiration est réduite, ce qui diminue localement les précipitations.

La chaleur sensible modifie la température d'une matière, par opposition à la chaleur latente qui modifie l'état physique d'une matière (dans ce cas, passage de l'eau liquide à l'état gazeux).

› En s'appuyant sur le document et les connaissances :

4 Définir l'expression « évapotranspiration des plantes ».

5 Rappeler la définition de l'albédo, puis montrer que la présence des forêts tropicales a plusieurs effets sur le climat.

Exercice 2 10 pts 1h non-autorisée corrigés p. 216

Numérisation d'un son et compression

La numérisation et la compression sont aujourd'hui des étapes indispensables pour que les sons puissent être transportés et écoutés partout. Ces processus de numérisation et de compression sont également utilisés lors de l'enregistrement d'une chanson.

Partie 1 Numérisation d'un son

DOC. 1 Conversion analogique-numérique

Un son engendre des variations de pression de l'air qu'un microphone peut convertir en signal électrique analogique. Pour être utilisé dans un smartphone ou un ordinateur, il est indispensable de numériser ce signal.

Un des paramètres à régler lors de la numérisation est la fréquence d'échantillonnage, qui doit être suffisamment grande. En effet, si celle-ci est trop faible, les variations rapides du signal ne pourront pas être retranscrites.

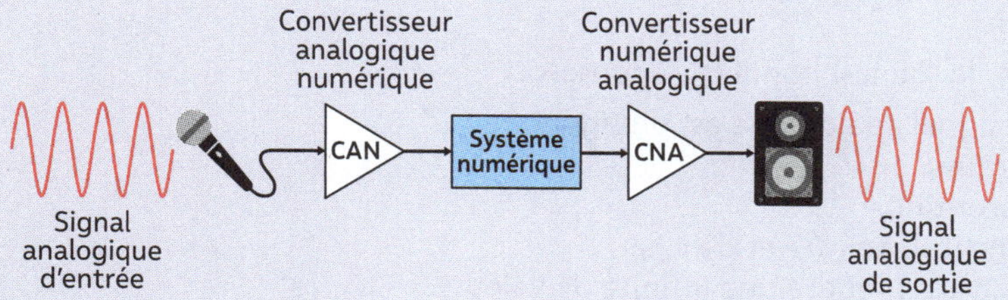

Source : culturesciencesphysique.ens-lyon.fr

DOC. 2 Exemples d'échantillonnage d'un même signal électrique pour deux fréquences d'échantillonnage différentes

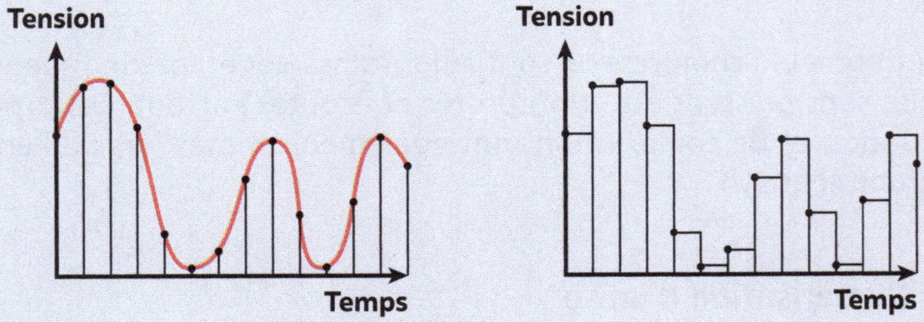

a.

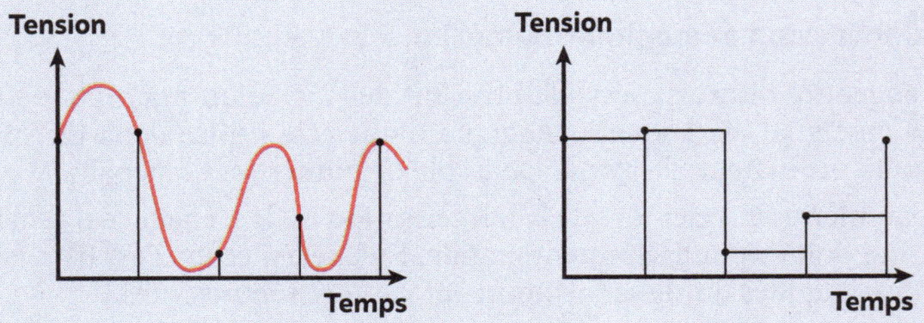

b.

1 Cocher la (ou les) bonne(s) réponse(s).

a. Un signal analogique est un signal :

- ☐ continu.
- ☐ discontinu.
- ☐ constitué de « 0 » et de « 1 ».
- ☐ pouvant prendre une infinité de valeurs.

b. Les techniques de compression spécifiques au son diminuant la taille d'un fichier numérique :

- ☐ permettent de convertir un signal analogique en un signal numérique.
- ☐ permettent de ne perdre aucune information par rapport au fichier original.
- ☐ éliminent forcément des informations par rapport au fichier original.
- ☐ éliminent des informations auxquelles l'oreille est très sensible.

2 **a.** Indiquer quel échantillonnage a été effectué avec la plus petite fréquence d'échantillonnage dans le doc. 2. Justifier la réponse.

b. En se basant sur le doc. 2, expliquer pourquoi la reproduction fidèle d'un signal analogique nécessite une fréquence d'échantillonnage au moins double de celle du son.

Partie 2 Compression d'un son

DOC. 3 Compression dès l'enregistrement et mixage d'une chanson

La compression consiste à diminuer la taille d'un fichier numérique afin de faciliter son stockage et sa transmission, mais on utilise ce même terme dès la phase d'enregistrement et de mixage d'une chanson. En effet, lorsqu'un chanteur chante le début d'une chanson, il commence à chanter doucement pour nous faire rentrer dans le morceau. Il faut alors augmenter le niveau d'intensité sonore pour bien l'entendre. Et puis vient le refrain qui est chanté plus fort. Ainsi, lors du mixage de la chanson dans le studio d'enregistrement, il faut atténuer le son au-delà d'un certain niveau d'intensité sonore, ce qui a pour conséquence de réduire l'écart entre les sons les plus faibles et les sons les plus forts.

Source : monter-son-home-studio.fr

DOC. 4 Enregistrement et mixage d'une chanson

DOC. 5 Fragilité du système auditif

L'exposition à un bruit intense, si elle est prolongée ou répétée, peut provoquer des lésions graves du système auditif qui peuvent être irréversibles. Notre capacité à comprendre ce que les autres nous disent est liée à l'état de nos cellules ciliées. Or, ce sont les premiers éléments à être endommagés par une exposition trop importante au bruit. Les cellules ciliées endommagées ne sont pas remplacées ; leur perte est irréversible et responsable de troubles définitifs de l'audition.

L'oreille peut être endommagée bien avant que l'on ne ressente une quelconque douleur. Le seuil de danger pour l'oreille se situe à 90 décibels (dB), alors que le seuil de douleur lui se situe à 120 dB.

Les atteintes de l'audition dépendent notamment du niveau d'intensité sonore, de la durée et de la fréquence de l'exposition, et peuvent prendre plusieurs formes :

- une surdité ou une perte auditive ;
- des acouphènes, c'est-à-dire des sifflements ou bourdonnement d'oreilles, entendus sans cesse, jour et nuit, sans aucun stimulus sonore extérieur ;
- une hyperacousie qui désigne une intolérance aux bruits, même les plus banals.

Source : INPES

DOC. 6 Intensité sonore *I* et niveau d'intensité sonore *L*

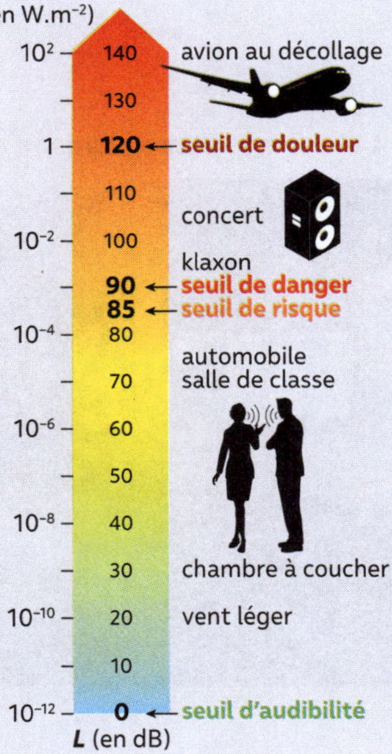

3 **a.** Indiquer la variation d'intensité sonore d'un son dont le niveau d'intensité sonore a diminué de 10 décibels (dB), puis expliquer pourquoi le niveau d'intensité sonore est exprimé en décibel selon une échelle logarithmique.

b. Lors du mixage d'une chanson dans un studio d'enregistrement, le son est atténué au-delà d'un certain niveau d'intensité sonore. En utilisant des connaissances et des documents, rédiger une argumentation scientifique de quelques lignes indiquant, en le justifiant, les conséquences sur la santé des auditeurs si cette étape d'atténuation du son n'était pas réalisée.

CORRIGÉ SUJET COMPLET 2

Exercice 1

énoncé p. 208

1 **Énergie solaire absorbée = Énergie incidente – (Énergie réfléchie + Énergie transmise).**

Énergie solaire absorbée = 100 – 30 = 70.

La part **d'énergie** solaire **absorbée** est de **70 %**. Cette énergie est **utilisée** par l'arbre **pour** réaliser **la photosynthèse**, c'est-à-dire la production de matière végétale à partir de l'énergie solaire. L'énergie solaire est aussi utilisée comme source d'énergie thermique pour réchauffer l'arbre.

2 **Les longueurs d'onde absorbées** par les pigments chlorophylliens se situent **entre 400 et 500 nm** d'une part et **entre 640 et 680 nm** d'autre part. Cela correspond **respectivement** aux radiations, appelées aussi rayonnements, de **couleurs bleu-violet** d'une part et **rouge** d'autre part.

3 La **photosynthèse** est un processus de **transformation chimique** de CO_2 et d'H_2O en sucre. Cette transformation **nécessite de l'énergie chimique** qui provient de la conversion d'**énergie solaire**. Cette conversion est réalisée par les **pigments chlorophylliens** qui absorbent majoritairement les radiations bleues et rouges pour effectuer cette **conversion énergétique**. La photosynthèse n'utilise que 2 000 J sur les 200 000 J d'énergie solaire reçue.

Cela représente $\frac{2\,000}{200\,000} \times 100 = 1$ % de l'énergie solaire reçue par une feuille.

4 Les plantes **transpirent**, c'est-à-dire qu'elles perdent de l'eau par leurs feuilles. À la surface des feuilles, l'eau **s'évapore**, c'est-à-dire qu'elle passe de l'état liquide à l'état de gaz. **L'évapotranspiration** est donc la quantité **d'eau évaporée par les plantes qui transpirent**.

5 L'albédo est la fraction d'énergie solaire réfléchie et diffusée par la surface de la Terre. La présence de forêts tropicales sur le sol terrestre a trois effets sur le climat régional :

- une **diminution de l'albédo**, donc une diminution de l'énergie solaire réfléchie et diffusée par la surface de la Terre ;
- une **diminution des pertes de chaleur sensible**, donc un refroidissement de l'atmosphère ;
- une **augmentation de l'évapotranspiration**, donc une augmentation des précipitations.

> **Conseil du prof**
> L'utilisation répétée de la conjonction « donc » accentue la relation entre la présence des forêts et les multiples conséquences sur le climat régional.

Exercice 2

énoncé p. 211

1 a. Un signal analogique est un signal **continu et pouvant prendre une infinité de valeurs**.

b. Les techniques de compression spécifiques au son diminuant la taille d'un fichier numérique **éliminent forcément des informations par rapport au fichier original**.

2 a. La période d'échantillonnage, c'est-à-dire la durée entre deux mesures, est plus grande dans le deuxième échantillonnage que dans le premier échantillonnage.

Comme la fréquence d'échantillonnage f_e, en hertz (Hz), et la période d'échantillonnage T_e, en seconde (s), sont liées par la relation $f_e = \frac{1}{T_e}$, la fréquence d'échantillonnage, c'est-à-dire le nombre de mesures par seconde, est plus petite dans le deuxième échantillonnage que dans le premier échantillonnage.

> **Gagnez des points !**
> Notez absolument la relation $f_e = \frac{1}{T_e}$ pour obtenir tous les points liés à la justification de cette réponse. En effet, les justifications doivent être associées dès que possible à des relations mathématiques.

Ainsi, l'échantillonnage qui a été effectué avec la plus petite fréquence d'échantillonnage dans le doc. 2 est **l'échantillonnage b.**

b. Dans le doc. 2, si on relie horizontalement entre eux les points noirs des signaux numériques, on observe que **le signal numérique du premier échantillonnage est assez fidèle** au signal analogique, alors que **celui du deuxième échantillonnage n'est pas fidèle**.

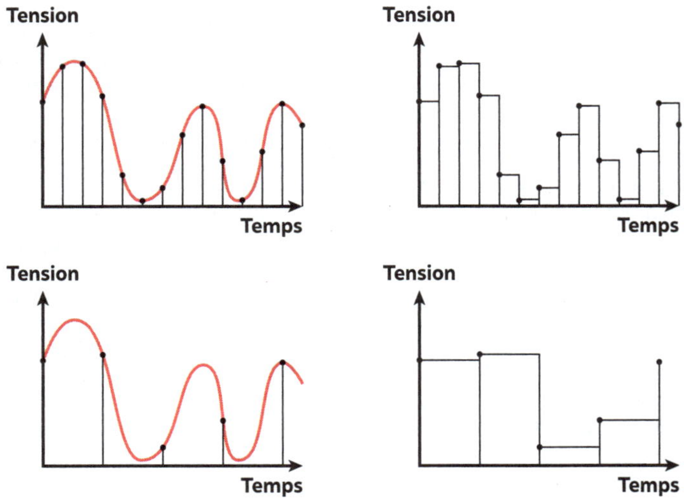

Or, si on considère le signal analogique comme un signal périodique, on peut estimer que **la fréquence d'échantillonnage du premier échantillonnage est environ 4 fois plus grande que celle du son**, alors que **la fréquence d'échantillonnage du deuxième échantillonnage est environ égale à celle du son**.

Cela confirme donc bien l'affirmation donnée dans l'énoncé de cette question : la reproduction fidèle d'un signal analogique nécessite une fréquence d'échantillonnage élevée, au moins double de celle du son.

Remarque

La résolution de la question 2 b. nécessite de faire une approximation, à savoir de considérer que le signal analogique est un signal périodique. Sinon, il n'est pas possible de se baser sur le doc. 2 pour répondre à cette question, alors que c'est explicitement demandé dans l'énoncé de la question.

3 **a.** D'après le doc. 6, si le niveau d'intensité sonore d'un son a diminué de 10 décibels (dB), son intensité sonore a été **divisée par 10**.

De même, si le niveau d'intensité sonore d'un son a diminué de 10 + 10 = 20 décibels (dB), son intensité sonore a été divisée par 10 × 10 = 100.

Le niveau d'intensité sonore est exprimé en décibels selon une échelle **logarithmique**, car les graduations de cette échelle sont telles que le **rapport** entre deux graduations à distance constante **est égal à 10**.

b. Lors du mixage d'une chanson dans un studio d'enregistrement, le son est atténué au-delà d'un certain niveau d'intensité sonore. En effet, si cette étape d'atténuation du son n'était pas réalisée, le niveau d'intensité sonore de la chanson pourrait **dépasser le seuil de danger** (90 dB). Cette **exposition** à un bruit intense, si elle était **prolongée** ou **répétée**, pourrait alors **endommager les cellules ciliées** très fragiles, qui sont indispensables à l'audition. Cela pourrait provoquer des **lésions graves du système auditif**, par exemple une surdité ou une perte auditive, irréversibles ou non, des acouphènes ou une hyperacousie.

SUJET COMPLET 3 Sujet zéro, juin 2019 20 pts 2h

Exercice 1 10 pts 1h calculatrice non-autorisée

corrigés p. 225

La datation des peintures rupestres de la grotte Chauvet

Découverte en Ardèche en 1994, la grotte Chauvet est célèbre pour ses peintures rupestres réalisées par des êtres humains préhistoriques. Ces peintures comptent parmi les plus anciennes connues. Leur âge a été estimé par la méthode de datation au carbone 14.

Partie 1 Du carbone dans la matière organique.

DOC. 1 Deux rhinocéros qui s'affrontent représentés sur le panneau des chevaux dans la salle Saint-Hilaire de la grotte Chauvet

Un mouchage est un frottement de la torche sur la paroi de la grotte pour retirer la partie carbonisée qui asphyxie la flamme.

Les analyses des pigments ont révélé que les peintures ont été réalisées avec des fragments de charbons de bois (traits noirs) et des minéraux :

– le rouge est constitué d'oxydes de fer (Fe_2O_3) ;

– le noir de dioxyde de manganèse (MnO_2).

Source : dossier *Pour La Science* n° 42 janvier 2004
Hélène Valladas, Jean Cottes et Jean-Michel Geneste

DOC. 2 Les constituants du bois

Les parois cellulaires très épaisses donnent au bois ses propriétés. Ces parois sont formées de deux constituants principaux, la cellulose et la lignine.

La cellulose est une macromolécule composée d'un enchainement de plusieurs glucoses de formule $C_6H_{12}O_6$, comme le montre le schéma ci-contre.

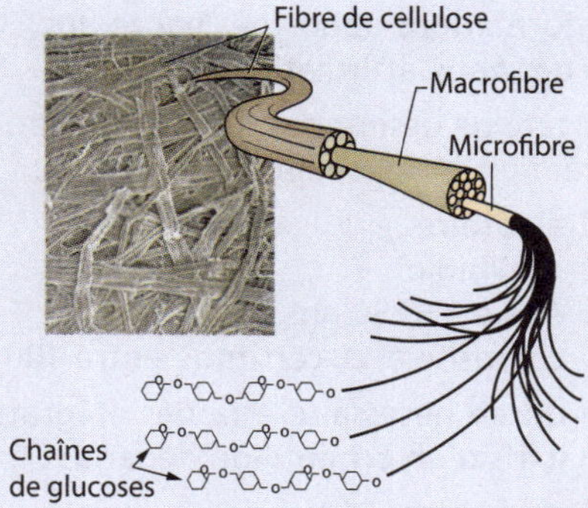

Source : canalblog.com

À partir des connaissances et des informations apportées par les doc. 1 et 2, répondre aux questions suivantes.

1 Justifier que les oxydes minéraux ne peuvent pas être datés par la méthode du carbone 14, alors que la datation est possible pour le charbon de bois.

2 Nommer le mécanisme biologique à l'origine de la synthèse du glucose par les plantes terrestres et donner l'équation de réaction de cette synthèse de matière végétale (on veillera à ajuster les nombres stœchiométriques de l'équation). Préciser les organes impliqués dans les échanges entre la plante et son milieu.

Partie 2 Radioactivité par datation de carbone 14 (^{14}C).

DOC. 3 Datation par le carbone 14

L'isotope ^{14}C de l'élément carbone se désintègre en azote ^{14}N et se régénère régulièrement en haute atmosphère à partir de l'azote de l'air : il se retrouve donc en proportion constante dans tous les milieux et tous les êtres vivants. Lorsqu'un être vivant meurt, son métabolisme s'interrompt et son carbone n'est plus renouvelé. En raison de la désintégration radioactive, pour un échantillon donné, le rapport P/P_0 du nombre d'atomes ^{14}C résiduel (P) sur le nombre d'atomes présents moment de la mort (P_0) décroît au cours du temps.

Deux ensembles de mesures ont été réalisés pour la grotte Chauvet :

– le premier, réalisé sur des fragments de charbon de bois prélevés sur les peintures, fournit des valeurs P/P_0 comprises entre 1,5 % et 2,5 % ;

– le second ensemble de mesures, réalisé à partir des prélèvements sur les mouchages de torche, fournit des valeurs comprises entre 3,5 % et 4,5 %.

3 Les réponses aux questions suivantes s'appuieront sur les connaissances et sur les informations apportées par le doc. 3. Cocher la proposition exacte pour chacune des deux affirmations.

a. La date de désintégration d'un noyau individuel de ^{14}C dont on connaît la date de création (prise comme origine) est :

- ◯ aléatoire.
- ◯ prévisible.
- ◯ égale à 5 730 ans.
- ◯ comprise avec certitude entre 100 et 10 000 ans.

b. La durée nécessaire à la désintégration radioactive de la moitié des noyaux radioactifs d'un échantillon dépend :

- ◯ du nombre initial de noyaux.
- ◯ du volume de l'échantillon.
- ◯ de la nature chimique des noyaux.
- ◯ de la température.

Un graphique représentant le rapport P/P_0 du nombre d'atomes ^{14}C résiduel sur le nombre d'atomes ^{14}C présent au moment de la mort en fonction du nombre d'années écoulées depuis la mort est donné dans la figure 1.

FIGURE 1 Rapport P/P_0 du nombre d'atomes ^{14}C résiduel sur le nombre d'atomes ^{14}C présents au moment de la mort en fonction du temps

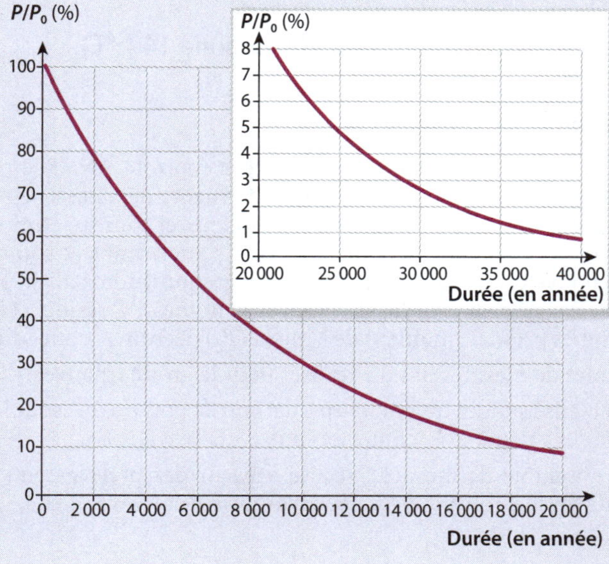

4 En exploitant le graphique de la figure 1 (et le zoom inséré), estimer, après l'avoir définie, la demi-vie du carbone 14.

5 Estimer par un encadrement l'ancienneté des traces de l'habitation de la grotte Chauvet par les êtres humains préhistoriques en datant les mouchages de torche et les traits réalisés à l'aide de charbons de bois.

6 Expliquer en quelques phrases comment la méthode de datation par le carbone 14 utilisée en archéologie illustre l'intérêt de la coopération entre plusieurs champs disciplinaires scientifiques.

Exercice 2 10 pts 1h calculatrice autorisée corrigés p. 227

De l'énergie solaire dans nos assiettes

Dans la plupart des agrosystèmes, le Soleil est la source d'énergie initiale, appelée aussi source d'énergie primaire. La croissance des plantes cultivées par l'homme, puis celle des animaux d'élevage qui consomment ces plantes dépendent finalement de l'énergie solaire.

Partie 1 Énergie solaire et production primaire

DOC. 1 Absorption des radiations solaires par l'atmosphère

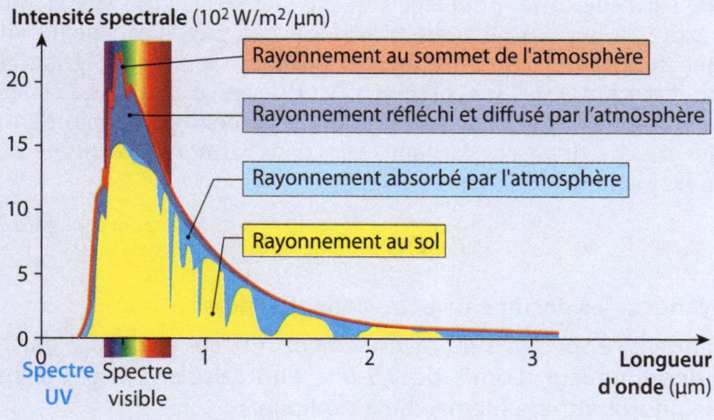

Spectres du rayonnement solaire moyen incident au sommet de l'atmosphère (courbe rouge) et à la surface de la Terre (jaune)

La fraction du rayonnement solaire absorbée dans l'atmosphère est en bleu, celle qui est réfléchie et diffusée en violet. Les végétaux chlorophylliens utilisent environ 1 % du rayonnement qui parvient au sol pour réaliser la photosynthèse.

Source : lmd.jussieu.fr

DOC. 2 Productivité mondiale de la photosynthèse sur les continents

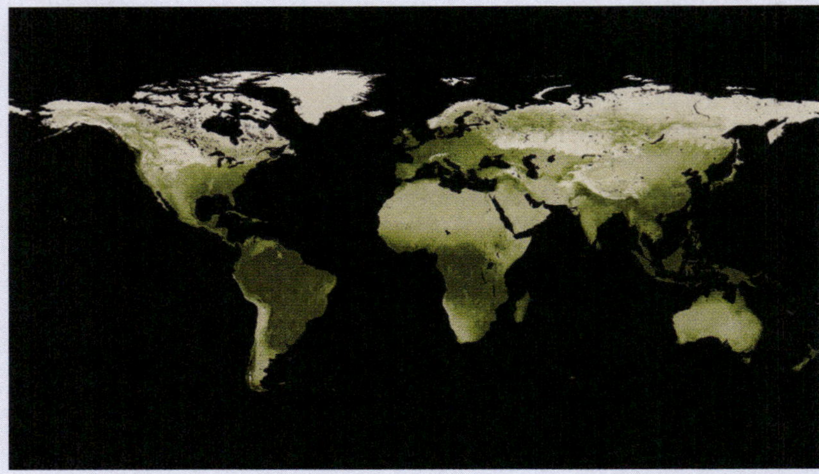

Productivité primaire nette planétaire de novembre 2016 (image de la NASA)

La productivité primaire nette correspond à l'énergie solaire utilisée lors de la photosynthèse des plantes pour produire de la matière (biomasse).

Les couleurs sur cette carte indiquent à quelle vitesse le carbone a été absorbé par mètre carré de terrain pendant la période indiquée. Les valeurs vont de −1,0 gramme de carbone par mètre carré et par jour (brun) à 6,5 grammes par mètre carré et par jour (vert foncé). Une valeur négative signifie que la décomposition ou la respiration dépasse l'absorption de carbone par la photosynthèse : par conséquent, il y a eu plus de carbone libéré dans l'atmosphère que de carbone absorbé par les plantes.

Source : neo.sci.gsfc.nasa.gov

› En s'appuyant sur les documents et les connaissances :

1 Calculer l'intensité spectrale du rayonnement réfléchi et diffusé par l'atmosphère pour une longueur d'onde de 0,5 µm, puis calculer l'intensité spectrale utilisée par la photosynthèse (démarche à expliquer).

2 Proposer une hypothèse pour expliquer la localisation de la productivité primaire la plus forte.

Partie 2 De l'énergie solaire à l'énergie dans nos aliments

DOC. 3 Transferts d'énergie dans un agrosystème

Éléments de la chaîne alimentaire	Quantité d'énergie en $kJ/m^2/an$
Énergie solaire reçue par les producteurs primaires	87 000
Producteurs primaires (luzerne)	14 000
Consommateurs primaires (vache)	1 600
Consommateurs secondaires (homme)	90

Dans une chaîne alimentaire (de l'énergie solaire jusqu'à l'Homme), le transfert d'énergie d'un maillon à l'autre est accompagné de pertes importantes. Les végétaux (la luzerne, par exemple) n'utilisent qu'une partie de l'énergie solaire pour produire la matière végétale. Les consommateurs utilisent une partie de l'énergie pour produire leur propre matière, mais aussi pour réaliser d'autres activités (reproduction, mouvements…).

DOC. 4 Données quantitatives sur l'apport énergétique de céréales

Informations nutritionnelles		
	Pour 100 g	Par portion de 30 g
ÉNERGIE	1 588 kJ 375 kcal	476 kJ 113 kcal
MATIÈRES GRASSES dont acides gras saturés	1,5 g 0,3 g	0,5 g 0,1 g
GLUCIDES dont sucres	79 g 15 g	24 g 4,5 g
FIBRES ALIMENTAIRES	4,5 g	1,4 g
PROTÉINES	9 g	2,7 g
SEL	1 g	0,3 g

Valeur énergétique des aliments

Glucides	Lipides	Protéines
17 kJ/g	37 kJ/g	17 kJ/g

Source : kelloggs.fr

L'énergie contenue dans les aliments est une forme d'énergie chimique que l'on peut mesurer [...]. En laboratoire, les mesures sont réalisées grâce à un appareil appelé bombe calorimétrique. [On prélève] un petit échantillon sec d'aliment, par exemple un gramme. L'échantillon est placé dans un récipient en acier très résistant (appelé « bombe ») rempli d'oxygène pur sous pression. L'échantillon est enflammé électriquement et sa combustion produit de la chaleur. Cette chaleur est ensuite évacuée, et sa température peut être mesurée avec précision à l'aide d'un thermomètre extrêmement sensible. L'augmentation de la température de l'eau permet de calculer l'énergie contenue dans un gramme d'aliment, exprimée en kJ/g.

Source : *L'alimentation des ruminants*, Maisonneuve et Larose, 1996

› En utilisant les données des documents et les connaissances :

3 Dessiner une pyramide de transfert d'énergie selon le modèle ci-dessous sachant que les longueurs des différents niveaux de la pyramide doivent respecter les proportions d'énergie.

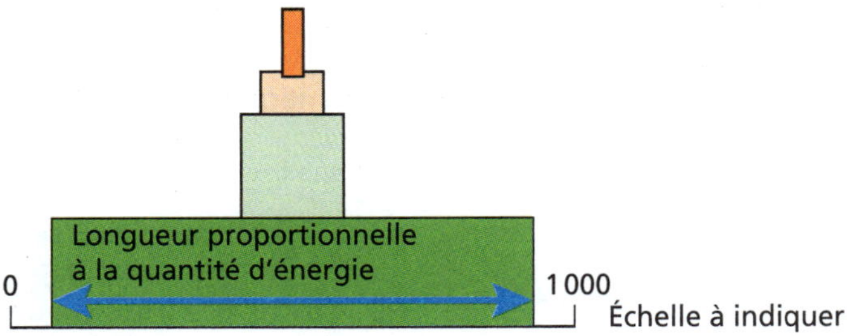

Pyramide des transferts d'énergie dans une chaîne alimentaire

4 Calculer la quantité d'énergie apportée par 1,5 g de lipides + 79 g de glucides + 4,5 g de protides contenus dans 100 g de céréales. Comparer cette valeur avec celle annoncée par l'étiquette pour 100 g de céréales, puis expliquer la différence.

5 Justifier l'affirmation suivante : « l'énergie que l'homme tire de ses aliments provient du Soleil ».

CORRIGÉ SUJET COMPLET 3

Exercice 1

énoncé p. 218

1 On constate que les oxydes minéraux utilisés sont les oxydes de fer (**Fe_2O_3**) et le dioxyde de manganèse (**MnO_2**). Or, on sait que la datation au **^{14}C** nécessite la présence de **carbone** dans l'échantillon. Donc, ces oxydes de minéraux ne peuvent pas être utilisés pour une datation au ^{14}C puisqu'ils ne contiennent pas de carbone.

Par ailleurs, on observe que le bois présent dans le charbon contient de la cellulose (qui est composée notamment de carbone). Par conséquent, le **charbon de bois** peut être utilisé pour une datation au **^{14}C** puisqu'il contient du **carbone**.

2 Le mécanisme biologique à l'origine de la synthèse du glucose s'appelle la photosynthèse. Son équation bilan est la suivante :

$$6CO_2 + 6H_2O \rightarrow C_6H_{12}O_6 + 6O_2$$

Cette transformation chimique nécessite de l'énergie. Ce sont les organes contenant des pigments chlorophylliens qui réalisent **la conversion de l'énergie solaire en énergie chimique** : **feuilles** et **tiges**. Ce sont également les feuilles qui assurent les échanges de gaz avec le milieu (CO_2 et O_2). Enfin, les **racines** réalisent l'absorption d'eau.

> **Remarque**
> Chez les plantes aquatiques, les échanges avec le milieu sont réalisés par tous les organes immergés.

3 **a.** La date de désintégration d'un noyau individuel de ^{14}C dont on connaît la date de création (prise comme origine) est **aléatoire**.

b. La durée nécessaire à la désintégration radioactive de la moitié des noyaux radioactifs d'un échantillon dépend **de la nature chimique des noyaux.**

> **Remarque**
> Même si la désintégration d'un seul noyau est aléatoire, la vitesse de désintégration d'un grand nombre d'atomes est une constante caractéristique de cet atome.

4 La **demi-vie** du carbone 14 est la **durée nécessaire pour que la moitié des noyaux initialement présents dans un échantillon se soit désintégrée**.

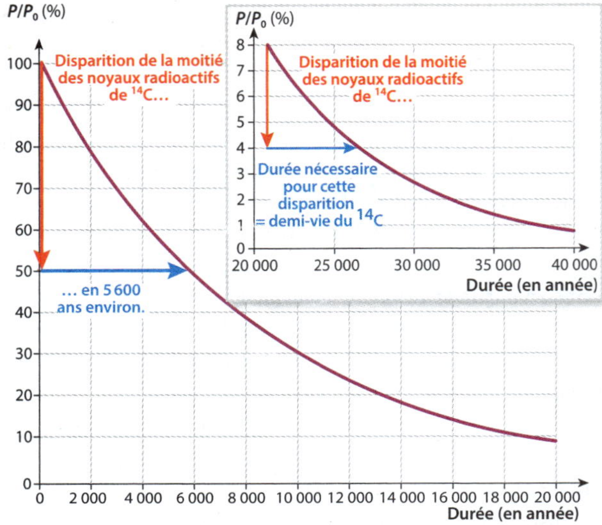

5 On constate que le rapport P/P_0 dans les mouchages de torche est compris entre **3,5 et 4,5 %**. En reportant ces valeurs dans le graphique inséré de la figure 1, on peut dater ces mouchages **entre 26 000 et 28 000 ans**. On constate également que le rapport P/P_0 du charbon de bois prélevé dans les peintures est compris entre **1,5 et 2,5 %**. En reportant ces valeurs dans le graphique inséré de la figure 1, on peut dater ce charbon de bois entre **30 000 et 34 000 ans**. Par conséquent, **l'ancienneté des traces de l'habitation de la grotte Chauvet par les êtres humains préhistoriques peut être encadrée entre 26 000 et 34 000 ans.**

Conseil du prof

Attention aux unités.
La plus petite subdivision équivaut à 400 ans sur le graphique de la figure mais elle équivaut à 1 000 ans sur le zoom inséré.

6 La méthode de datation par le carbone 14 utilisée en archéologie illustre bien l'intérêt de la coopération entre plusieurs **champs disciplinaires scientifiques** car elle :

– nécessite une analyse des constituants des peintures (**chimie**) ;

– s'appuie sur la détermination de la demi-vie des noyaux radioactifs (**physique**) ;

– repose sur les connaissances relatives à l'intégration des noyaux radioactifs chez les êtres vivants, notamment au cours de la photosynthèse (**biologie**) ;

– requiert le traitement de données numériques : calculs, représentations graphiques (**mathématiques**).

Exercice 2

énoncé p. 221

1 L'intensité spectrale du **rayonnement réfléchi et diffusé** par l'atmosphère est égale à la **différence** entre l'intensité spectrale du **rayonnement au sommet** de l'atmosphère et l'intensité spectrale du **rayonnement qui atteint le sol**. Pour une longueur d'onde de 0,5 µm, cette différence est de **700 W/m²/µm**.

L'intensité spectrale utilisée par la **photosynthèse** représente **1 % de l'intensité reçue au sol**, soit 1 % de 1 500 W/m²/µm, c'est-à-dire 15 W/m²/µm.

2 La **productivité primaire la plus forte** se situe dans la zone **intertropicale**, c'est-à-dire entre les tropiques du Cancer et du Capricorne. Or, c'est à ces latitudes que les conditions climatiques sont les plus constantes sur Terre : durée de jour de 12 heures, **humidité et température élevées presque toute l'année**. On peut supposer que ce sont ces conditions qui **favorisent la photosynthèse** et la croissance des végétaux, donc la productivité primaire.

Remarque

La photosynthèse nécessite de la lumière et de l'eau. Comme tout processus chimique, elle est favorisée lorsque la température augmente.

3

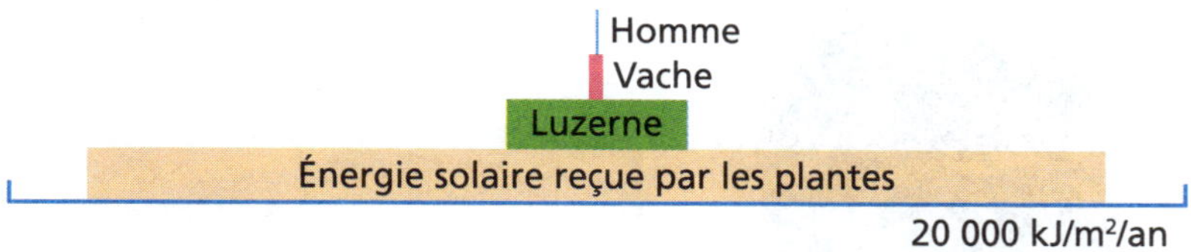

Pyramide des transferts d'énergie dans un agrosystème

4 La **quantité d'énergie** apportée par **1,5 g de lipides + 79 g de glucides + 4,5 g de protides** est égale à 1,5 × 37 + 79 × 17 + 4,5 × 17 = 1 475. Donc, la quantité d'énergie apportée par cette ration est de **1 475 kJ**. Or, la **quantité d'énergie** apportée par **100 g de céréales** annoncée est de **1 588 kJ**. Il y a donc une **différence** d'énergie de **113 kJ** entre la quantité annoncée pour 100 g de céréales et celle calculée à partir des apports en lipides, protides et glucides. On peut supposer que les fibres alimentaires contenues dans les céréales apportent cette différence d'énergie.

Remarque

La quantité d'énergie apportée par 100 g d'aliments est théoriquement égale à la somme des quantités d'énergie apportée par chacun de ses constituants.

5 Seul **1 % de l'énergie solaire est utilisé par la photosynthèse** des plantes (doc. 1). Cette énergie sert à **produire de la biomasse végétale** (doc. 2). L'énergie est transférée des végétaux à la vache, puis à l'Homme (doc. 3). L'énergie contenue dans les aliments est portée par des molécules de lipides, protides et glucides (doc. 4). Donc, **l'énergie** tirée **des aliments** d'origine végétale ou animale **provient bien de l'énergie solaire**.

Conseil du prof

La référence faite à chaque document permet de montrer au correcteur que vous les avez tous utilisés pour votre synthèse.

SUJET COMPLET 4 Sujet inédit 20 pts 2h

Exercice 1 10 pts 1h non-autorisée

corrigés p. 235

Des membranes cellulaires vibrantes

Les cellules vivantes sont limitées par une membrane souple qui ondule sans cesse et dont les constituants sont très mobiles. Dans le cas des cellules spécialisées, la membrane joue un rôle déterminant dans la fonction de ces cellules.

Partie 1 Structure et composition d'une membrane

DOC. 1 Les membranes dans une cellule

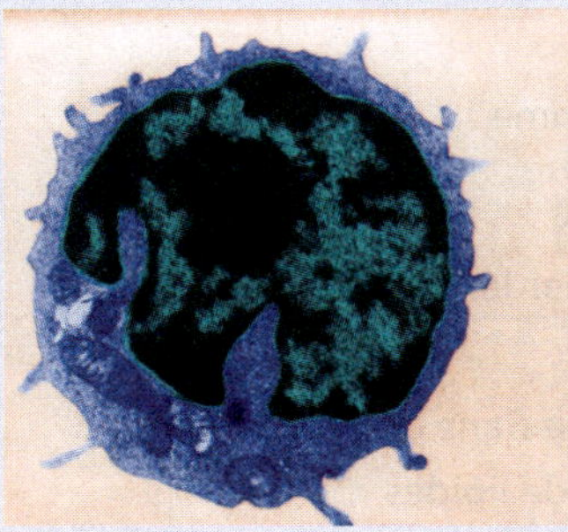

Une cellule sanguine

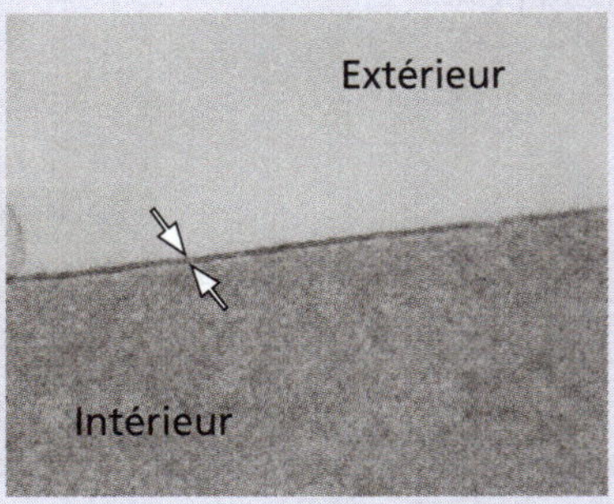

Le détail de la membrane plasmique de la cellule (images obtenues en microscopie électronique à transmission)

Dans une cellule eucaryote (qui possède un vrai noyau), on distingue plusieurs membranes ayant chacune un rôle spécifique. La membrane plasmique qui entoure la cellule sert de limite et de zone d'échange entre le cytoplasme et le milieu extracellulaire (membrane plasmique entourée par les deux flèches blanches sur l'image de droite, d'une épaisseur moyenne de 7,5 nm, soit 10^{-9} m). D'autres membranes limitent des compartiments fonctionnels : le noyau, les vacuoles, les mitochondries…

Quel que soit son rôle, une membrane est constituée d'une bicouche de lipides fluide dans laquelle viennent s'ancrer une grande diversité d'autres molécules : des protides, des glucides, des glycoprotéines, du cholestérol…

Source : scm.univ-lorraine.fr et Ressources.unisciel.fr

DOC. 2 Propriétés des constituants de la membrane plasmique

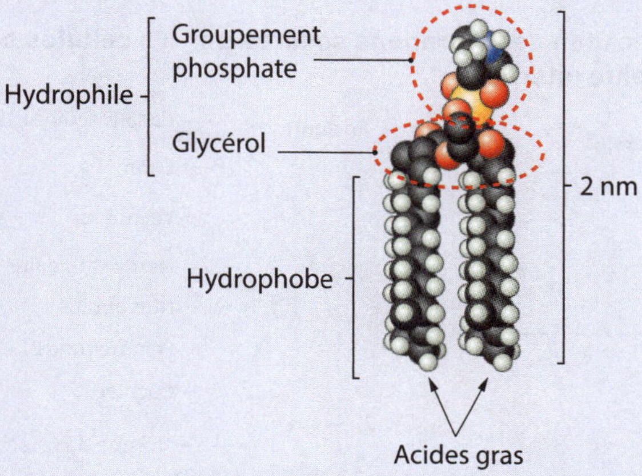

Les phospholipides qui constituent la membrane plasmique sont des lipides amphiphiles, ce qui signifie qu'un côté est hydrophile (la portion glycérol phosphate), alors que l'autre côté est hydrophobe (les acides gras). Ainsi, si on les place dans l'eau, les phospholipides vont s'organiser de telle manière que seule la zone hydrophile sera en contact avec l'eau. Si on les force à se mélanger à ce liquide, ils vont former une bicouche lipidique dans laquelle les acides gras hydrophobes se font face.

Source : babel.cegep-ste-foy.qc

› En utilisant les informations des documents et les connaissances :

1 Réaliser un dessin d'observation de la cellule sanguine du doc. 1 en ajoutant les légendes fonctionnelles adéquates.

2 Schématiser la membrane plasmique pour montrer son organisation en bicouche de lipides.

3 Ranger les niveaux d'organisation suivants par ordre croissant de taille en indiquant un ordre de grandeur pour chaque niveau : cellule, atome, organe, molécule et organite. Les ordres de grandeur seront exprimés en unités scientifiques ou en puissances de 10 d'unité de longueur le mètre.

Partie 2 Rôle de la membrane des cellules de l'oreille interne

DOC. 3 Amplification des vibrations sonores par les cellules sensorielles de l'oreille interne

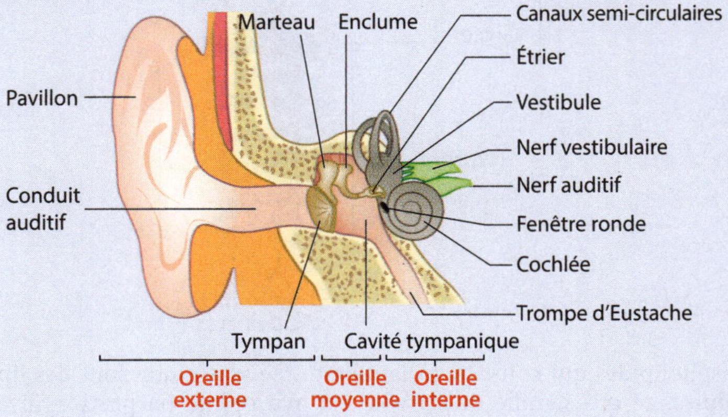

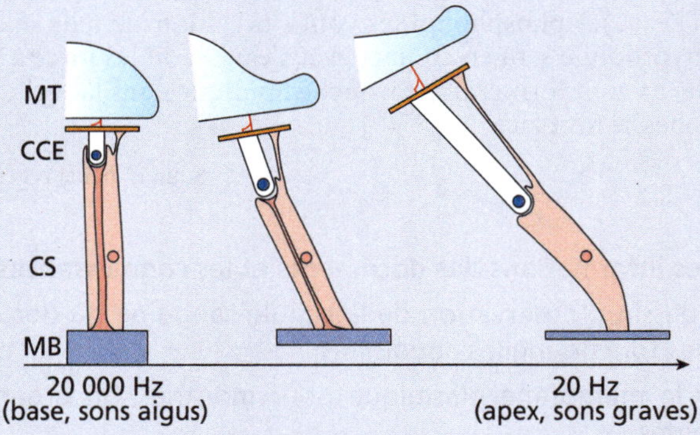

Gradient morphologique des CCE le long de la cochlée

Dans l'oreille interne, tout au long de la cochlée, les cellules sensorielles sont réparties selon un gradient de fréquences. À la base de la cochlée, les cellules ciliées externes (CCE) sont courtes et fortement attachées par leur membrane aux cellules de soutien (CS) ; les vibrations à haute fréquence sont transmises des cellules de soutien aux cellules sensorielles. À l'inverse, vers l'apex, les cellules ciliées externes sont longues et faiblement attachées aux cellules de soutien. Dans ce cas, ce sont les vibrations à basse fréquence qui sont transmises aux cellules sensorielles.

MT : membrane tectoriale, toit de la cochlée ;

MB : membrane basilaire, plancher de la cochlée.

Source : medecinesciences.org

DOC. 4 Organisation des cellules ciliées de la cochlée

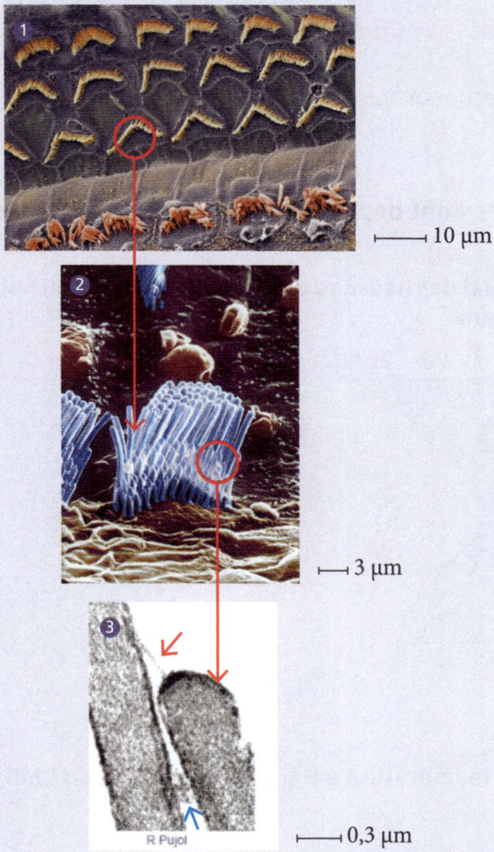

En microscopie électronique à transmission, les cellules sensorielles sont disposées en rangées serrées en forme de V (image ❶).

Dans chaque « V », on note 3 rangées de cellules ciliées de grande, moyenne et petite tailles reliées entre elles (image ❷).

Les cellules ciliées sont attachées entre elles (image ❸) par le sommet de la cellule (flèche rouge) et par un attachement latéral (flèche bleue).

Ainsi, lorsque des cellules ciliées d'une rangée vibrent, elles entraînent mécaniquement celles avec lesquelles elles sont attachées.

Source : cochlea.eu

4 Calculer le grossissement appliqué entre les images ❶, ❷ et ❸ du doc. 3.

5 À partir des doc. 3 et 4, expliquer comment la membrane des cellules ciliées externes contribue à la perception des vibrations sonores de fréquences différentes.

Exercice 2 10 pts 1h non-autorisée

corrigés p. 236

Puissance solaire reçue sur Terre

La puissance solaire reçue sur Terre est indispensable à la vie, mais elle dépend de nombreux paramètres.

Partie 1 Paramètres dont dépend la puissance solaire reçue sur Terre

DOC. 1 Relevé annuel des heures de lever et de coucher du Soleil en France métropolitaine

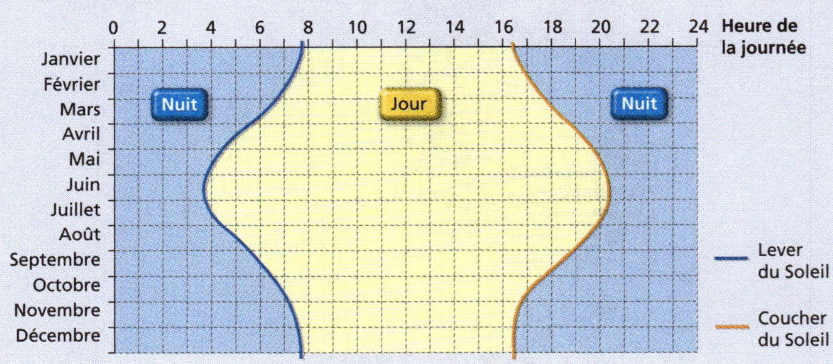

DOC. 2 Relevés de température à Paris et à Santiago du Chili

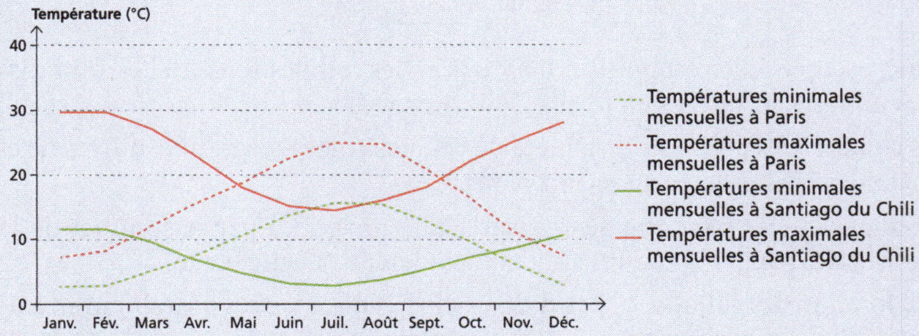

Les températures moyennes mensuelles ont été mesurées pendant plusieurs années à Paris et à Santiago du Chili.

DOC. 3 Représentation schématique de la Terre éclairée par le Soleil au mois de juin

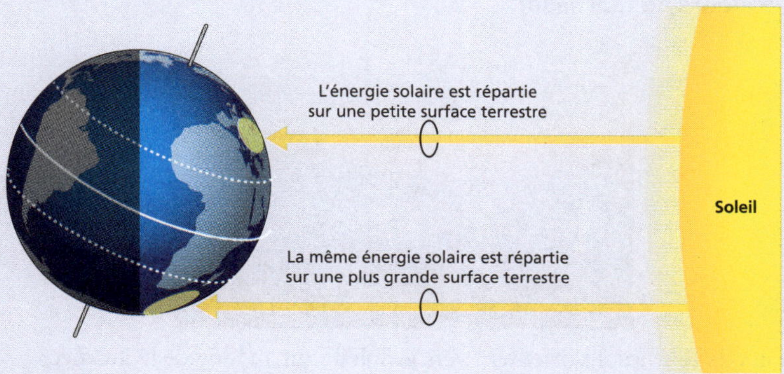

DOC. 4 Repérage d'un point A sur une sphère

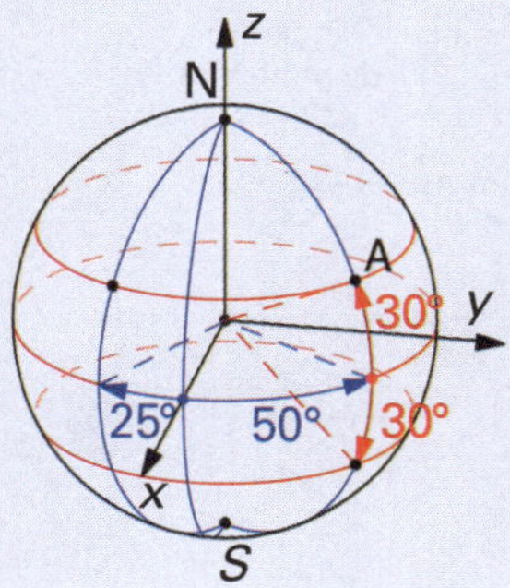

1 Cocher la bonne réponse :

a. La longitude du point A sur le doc. 4 est :

- ☐ 30 ° Sud.
- ☐ 30 ° Nord.
- ☐ 50 ° Est.
- ☐ 50 ° Ouest.

b. La latitude du point A sur le doc. 4 est :

- ☐ 30 ° Sud.
- ☐ 30 ° Nord.
- ☐ 50 ° Est.
- ☐ 50 ° Ouest.

2 **a.** Indiquer sur le doc. 3 la zone pour laquelle la puissance solaire reçue par unité de surface terrestre est maximale au mois de juin et la zone pour laquelle la puissance solaire reçue par unité de surface terrestre est minimale au mois de juin. Justifier la réponse.

b. Citer les différents paramètres dont dépend la puissance solaire reçue par unité de surface terrestre. Justifier la réponse.

Partie 2 Effets de la puissance solaire reçue sur Terre

DOC. 5 Fleurs de tournesol

Les fleurs de tournesol s'orientent vers le Soleil tout au long de la journée.

DOC. 6 Révolution de la Terre autour du Soleil

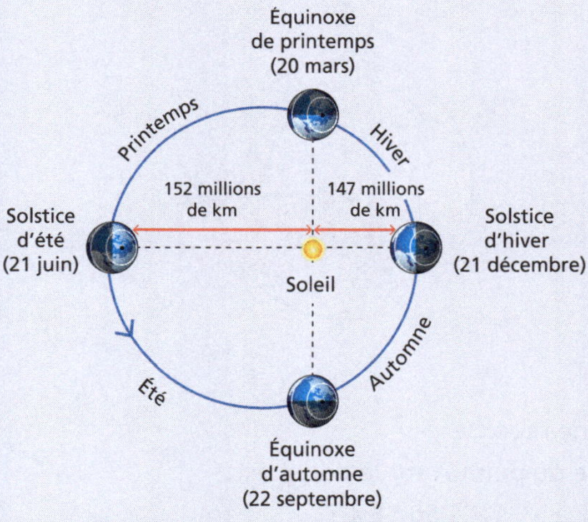

La Terre effectue une révolution complète autour du Soleil en un an. Bien que sa trajectoire dans le référentiel héliocentrique ressemble à un cercle, la Terre est légèrement plus proche du Soleil en décembre qu'en juin.

3 Cocher la bonne réponse :

a. Les fleurs de tournesol se tournent vers le Soleil pour :

- ☐ absorber une partie du rayonnement solaire.
- ☐ protéger leurs feuilles du rayonnement solaire.
- ☐ respirer.
- ☐ réaliser une fermentation.

b. À l'échelle de la planète Terre, les organismes chlorophylliens utilisent pour la photosynthèse environ :

- ▢ 0,1 % de la puissance solaire totale disponible.
- ▢ 1 % de la puissance solaire totale disponible.
- ▢ 10 % de la puissance solaire totale disponible.
- ▢ 100 % de la puissance solaire totale disponible.

4 Expliquer à quoi sont dues les saisons dans l'hémisphère nord et dans l'hémisphère sud en réalisant notamment un schéma.

CORRIGÉ SUJET COMPLET 4

Exercice 1

énoncé p. 228

1 Dessin d'observation d'une cellule sanguine :

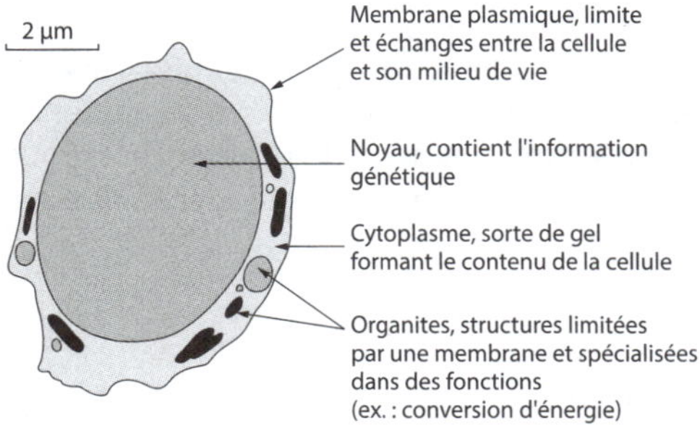

2 Schéma d'organisation de la membrane plasmique :

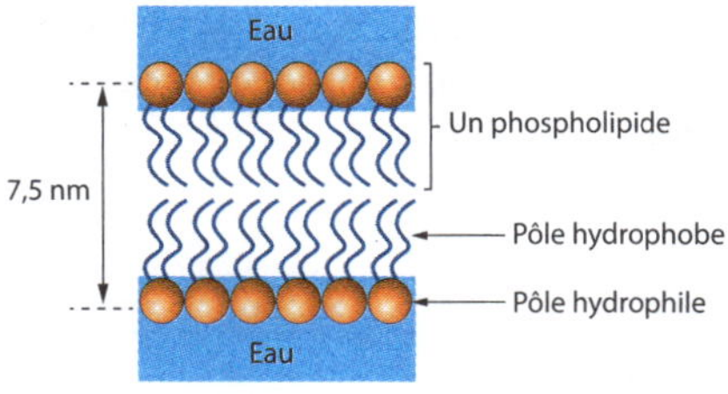

3 Les niveaux d'organisation rangés par taille croissante

Niveaux d'organisation	Atome	Molécule	Organite	Cellule	Organe
Ordre de grandeur	0,1 nm (10^{-10} m)	Quelques nm (10^{-9} m)	Quelques µm (10^{-6} m)	1 à 100 µm (10^{-6} m)	cm (10^{-2} m)

Remarque

L'ordre de grandeur des niveaux d'organisation pouvait être donné en notation scientifique (puissances de 10) ou en unités de longueur. Le corrigé propose les deux solutions.

4 Sur l'image 1, la structure en V mesure 5 mm de long. Sur l'image 2, la même structure mesure 5 cm. Donc, le **grossissement appliqué entre l'image 1 et l'image 2** est de 50 mm/5 mm, **soit 10**.

Sur l'image 2, une cellule ciliée mesure 1 mm de large, alors qu'elle mesure 1,5 cm sur l'image 3. Donc, le grossissement appliqué **entre l'image 2 et l'image 3** est de 15 mm/1 mm, **soit 15**.

Ainsi, le grossissement appliqué **de l'image 1 à l'image 3** est de 10 × 15, **soit 150**.

Conseils du prof

Citez des informations précises extraites des documents.

5 On constate que les cellules ciliées externes **sont accrochées** aux cellules de soutien liées elles-mêmes à la membrane basilaire de la cochlée (doc. 3). Or, les cellules ciliées **sont plus fortement liées aux cellules de soutien** à la base de la cochlée qu'à l'apex. De plus, les vibrations de **haute fréquence** sont perçues à la **base** de la cochlée et les vibrations de **basse fréquence à l'apex**. Ainsi, on peut penser que la fréquence des vibrations sonores perçues dépend de l'intensité d'attachement entre les cellules de la cochlée. On constate également que les cellules sensorielles **sont attachées entre elles** par des liens accrochés à leur membrane. Ces accrochages sont réalisés grâce à des liens attachés aux membranes plasmiques. Ainsi, **les cellules ciliées sont mécaniquement solidaires**. On peut donc conclure que la membrane des cellules de l'oreille interne contribue à la **perception des sons** de différentes fréquences en permettant l'adhésion et donc **la transmission d'énergie mécanique entre les cellules**.

Exercice 2

énoncé p. 232

1 **a.** La longitude du point A sur le document 4 est **50° Est**.

b. La latitude du point A sur le document 4 est **30° Nord**.

2 **a.** Au mois de juin, la zone pour laquelle la puissance solaire reçue par unité de surface terrestre est maximale se trouve dans l'hémisphère nord, car **une même puissance radiative reçue du Soleil couvre une surface plus petite dans l'hémisphère nord que dans l'hémisphère sud**.

b. La puissance solaire reçue par unité de surface terrestre dépend :

– **de l'heure (variation diurne)**. En effet, d'après le doc. 1, on observe que la puissance solaire reçue sur Terre en France métropolitaine à 2 heures du matin est toujours nulle, alors que cela n'est pas le cas à midi par exemple ;

– **du moment de l'année (variation saisonnière)**. En effet, d'après les documents 1 et 2, on observe que, pour un même lieu, la durée d'ensoleillement et la température moyenne varient suivant les mois de l'année ;

– **de la latitude (zonation climatique)**. En effet, d'après le doc. 2, la température moyenne varie suivant le lieu, ce qui est expliqué dans le doc. 3 par le fait que la puissance solaire reçue par unité de surface terrestre dépend de la latitude de ce lieu.

3 **a.** Les fleurs de tournesol se tournent vers le Soleil pour **absorber une partie du rayonnement solaire**.

b. À l'échelle de la planète Terre, les organismes chlorophylliens utilisent pour la photosynthèse environ **0,1 % de la puissance solaire totale disponible**.

4 Les saisons dans l'hémisphère Nord et dans l'hémisphère Sud ne sont pas dues à la distance entre le Soleil et la Terre, car la distance Soleil-Terre est plus grande au mois de juin qu'au mois de décembre, alors que c'est l'été dans l'hémisphère Nord au mois de juin. Les saisons sont dues à **l'inclinaison de l'axe de rotation de la Terre par rapport au Soleil**, ce qui explique que l'hiver dans l'hémisphère Nord correspond à l'été dans l'hémisphère Sud.

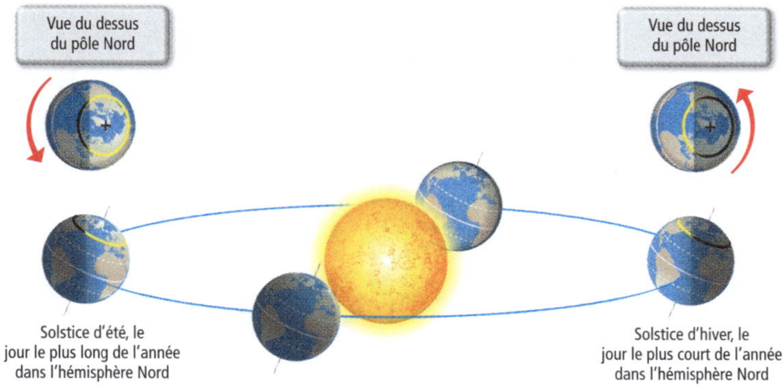

Position de la Terre par rapport au Soleil à différents moments de l'année

En effet, au mois de juin, la zone pour laquelle la puissance solaire reçue par unité de surface terrestre est maximale se trouve dans l'hémisphère nord, car une même puissance radiative reçue du Soleil couvre une surface plus petite dans l'hémisphère nord que dans l'hémisphère Sud, alors que c'est l'inverse au mois de décembre.

Conseils du prof

Dans cette argumentation scientifique, reprenez des arguments déjà développés dans les questions précédentes.

Histoire
Géographie

Sujets guidés

HISTOIRE

GÉOGRAPHIE

Sujets guidés

Sujets comme à l'examen

L'ÉPREUVE EN BREF

L'épreuve de contrôle continu d'histoire-géographie en 1re

Comment s'organisent les épreuves de l'année de première ?

Durée : 2h
Coefficient : 5
Notation : 20 pts

• Un sujet est constitué de **deux parties : une question problématisée et une analyse de document ou production graphique**.

• Les épreuves communes d'histoire-géographie se déroulent en deux temps au deuxième et au troisième trimestre de l'année de la classe de Première. Elles portent sur **le programme de l'enseignement commun d'histoire-géographie** de la classe de Première.

• Ce sont des épreuves écrites de 2 heures.

• Chaque épreuve est composée de deux parties :

– Partie 1 : réponse à une question problématisée.

L'intitulé de la question suggère des éléments de construction de la réponse, il faudra s'appuyer sur les connaissances acquises en cours et donc une **réponse rédigée et construite**.

– Partie 2 : analyse de document(s) ou réalisation d'une production graphique.

L'analyse de document(s) est accompagnée d'une consigne suggérant une problématique et des éléments de construction de l'analyse.

Lorsque la production graphique demandée est un **croquis**, il faudra la réaliser à partir d'un texte qui présente une situation géographique. Un fond de carte sera fourni.

Dans le cas d'une autre production graphique, les consignes et les données servant à l'élaboration de cette production sont fournies avec l'exercice.

• Si la première partie du sujet porte sur l'histoire, la deuxième porte sur la géographie et inversement.

• **Notation :** Les épreuves sont chacune notées sur 20 points, chaque partie compte donc 10 points.

Quels sont les objectifs de cette épreuve ?

Les épreuves communes de contrôle continu d'histoire-géographie ont pour objectif d'**évaluer les connaissances et les compétences figurant au programme d'histoire-géographie** pour la classe de Première, dont l'aptitude du candidat à :

– mobiliser au service d'une réflexion historique et géographique, des **connaissances fondamentales pour la compréhension du monde et de la formation civique et culturelle du citoyen** ;

– rédiger des **réponses construites et argumentées**, montrant une maîtrise correcte de la langue ;

– **exploiter, organiser et confronter** des informations ;

– **analyser un document** de source et de nature diverses ;

– **comprendre, interpréter et pratiquer** différents langages graphiques.

Bien se préparer

Travailler régulierement

• Tout au long de l'année, rédigez des **fiches de révisions** sur les thèmes abordés, les dates et les définitions étudiées. N'hésitez pas à **afficher les cartes et croquis réalisés en classe,** chez vous, afin de les consulter tous les jours.

• Vos cours ne sont pas le seul moyen d'apprentissage : il existe de nombreux podcasts ou documentaires de qualité, qui permettront de **diversifier vos modes de révisions.**

• Prenez une heure de votre temps plusieurs fois dans l'année pour **résoudre différents plusieurs sujets pas à pas** de cet ouvrage.

Le jour J

• Prenez le temps de **lire l'intégralité du sujet** avant de commencer.

• Gérez correctement votre temps (une heure par exercice). Prévoyez de garder un peu de **temps pour la relecture.**

• **Analysez précisément les différents termes de chaque sujet** et de la consigne qui l'accompagne. Le sujet donne des indications de structure et de réponses.

Sujets guidés

SUJET 1 Sujet inédit

10 pts 1h

Question problématisée

›Comment la souveraineté nationale s'est-elle affirmée en France de 1789 à 1814 ?
Vous pourrez réfléchir aux évolutions du régime politique français, à la question de la citoyenneté, ainsi qu'aux temps forts marquant l'affirmation de cette souveraineté.

PAR ÉTAPES

COMPRENDRE LE SUJET

Cadrer le sujet

- Le sujet couvre la période qui s'étend de 1789 à 1792, soit du début de la Révolution jusqu'à l'instauration de la République. Il s'agit donc d'une **période de rupture majeure** dans l'histoire politique et sociale de la France. La France expérimente alors plusieurs systèmes politiques, tandis que **la nation devient progressivement souveraine** à la faveur de différents moments charnières.

> **Méthode**
>
> **S'appuyer sur les bornes chronologiques du sujet**
>
> - **Prêter attention** aux bornes chronologiques évite les hors-sujets et fournit d'utiles informations pour organiser vos idées. Relevez les événements qui déterminent le début et la fin de la période étudiée. Si les dates ne sont pas fournies par le sujet, vous devez les formuler, de manière à proposer une réponse argumentée et conforme à la démarche historique où la notion de chronologie est déterminante.
> - Dès l'introduction, **déterminez et limitez** les bornes du sujet afin de signifier au correcteur que vous maîtrisez les repères indispensables.

Les mots clés

- **Citoyenneté :** reconnaissance accordée à une personne de sa qualité de citoyen, avec en particulier le droit de vote.
- **Nation :** groupe humain qui souhaite constituer une communauté sur un territoire défini et partage des valeurs communes.
- **Souveraineté nationale :** principe qui accorde à la nation, à travers ses représentants, le pouvoir politique.

ORGANISER SES IDÉES

Retrouver les axes du sujet et former un plan

- La réponse à la question peut se structurer en deux parties : dans un premier temps, il s'agit d'étudier **la succession des régimes politiques** qui ont permis à la nation de s'affirmer progressivement. Puis, dans un second temps, il conviendra de **récapituler les temps forts** qui ont permis à certains Français de passer de l'état de sujet à celui de citoyen.

Mobiliser et classer les connaissances indispensables

- Entre **1789 et 1792**, la France passe d'un système de **monarchie dite absolue** à celui d'une **République**, en passant par une tentative intermédiaire de **monarchie constitutionnelle**. La marche vers la souveraineté nationale a été progressive et certains temps forts ont permis l'affirmation d'une citoyenneté pour certains Français. Même si les droits civiques ne sont pas accordés à tous, il s'agit d'un **bouleversement politique et social majeur** dans l'histoire contemporaine de la France.

RÉDIGER SA COPIE

Introduire et conclure la réponse à la question problématisée

- Pour introduire le sujet, il est indispensable de définir ce qu'est la **souveraineté nationale** et de rappeler à quoi correspondent les bornes chronologiques du sujet : **le début de la Révolution française** avec l'effondrement du système dit de monarchie absolue et **le passage à la République en 1792**.

- Concluez en montrant à quel point cette période a été déterminante dans l'histoire politique française. **La nation s'est affirmée comme l'élément central de l'action politique.** Même si les régimes politiques suivants ont parfois tenté de la limiter, elle est devenue la matrice de tout système politique légitime en France.

Enrichir la copie

- Pour valoriser votre copie, vous pouvez réinvestir les apports des points de passage et d'ouverture sur **Manon Roland** et le **procès de Louis XVI**. Ces deux acteurs témoignent des changements intervenus en France entre 1789 et 1792 avec **la fin de l'Ancien Régime et l'instauration d'une souveraineté nationale et d'une monarchie constitutionnelle** qui caractérisent la nouvelle conception française de la nation.

CORRIGÉ 1

Comprendre le corrigé

Entre 1789, date du début de la Révolution française et 1792, moment où la monarchie s'effondre pour laisser la place à la République, la France vit une rupture politique et sociale majeure avec l'émergence et l'affirmation progressive de la souveraineté nationale, qui se définit comme un principe accordant à la nation, à travers ses représentants, le pouvoir politique.

Comment la souveraineté nationale s'est-elle affirmée en France de 1789 à 1792 ?

Dans un premier temps, nous étudierons comment le pouvoir politique est progressivement transféré à la nation entre 1789 et 1792. Puis, dans un second temps, nous analyserons quelles conquêtes civiques ont permis l'émergence de la citoyenneté, condition indispensable à la reconnaissance de la souveraineté nationale.

Jusqu'en 1789, la France vit sous un régime de monarchie dite absolue, qui se définit comme un régime politique où le roi détient l'essentiel du pouvoir avec très peu de limites à celui-ci. Les Français sont alors des « sujets », qui vivent dans une « société d'ordres » inégalitaire où clergé et noblesse bénéficient de privilèges par rapport aux membres du tiers état. Face aux difficultés financières et politiques de la monarchie, la contestation se développe dans les années qui précèdent 1789.

Pour faire face à cette crise, le roi Louis XVI convoque les états généraux à partir du 5 mai 1789. Pour autant, le tiers état n'est pas satisfait – même s'il a obtenu de constituer la moitié des représentants –, car il considère qu'il représente l'essentiel des Français (97 %). Le 17 juin, les députés du tiers état se proclament même « Assemblée nationale », signifiant ainsi qu'ils représentent la nation à eux seuls. Le 20 juin, rejoints par quelques députés du clergé, ils s'engagent par le serment du Jeu de paume à ne pas se séparer avant d'avoir rédigé une Constitution qui consacrerait une séparation des pouvoirs en France. Devant le refus du tiers état de revenir aux états généraux, Louis XVI préfère temporiser : le 9 juillet, il reconnaît l'Assemblée nationale constituante, demandant aux députés privilégiés de la rejoindre. La révolution politique

Introduction

Spécifiez les bornes chronologiques et définissez les termes essentiels.

L'astuce du prof

Pour matérialiser la structure de la réponse, vous pouvez sauter deux lignes entre l'introduction et la première partie. Allez à la ligne entre chaque sous-partie et sautez une ligne entre chaque partie.

Gagnez des points !

Il est important de mobiliser des repères chronologiques pour compléter les bornes délimitant le sujet définies en introduction.

Gagnez des points !

Pour ce sujet politique, il est important de valoriser votre réponse en réinvestissant un vocabulaire spécifique sur les institutions telles que Constitution, Assemblée…

a débuté et le roi semble accepter de partager ses pouvoirs avec un parlement, à l'image de ce qui se fait en Angleterre depuis la fin du XVIIe siècle.

Le 3 septembre 1791, la Constitution française rédigée par les députés de l'Assemblée constituante instaure une monarchie constitutionnelle. Ce nouveau régime politique limite les pouvoirs du souverain, dont la souveraineté est explicitement transférée à la nation. Désormais, c'est la nation, le peuple qui est « souverain ». Le pouvoir législatif appartient à l'Assemblée législative, élue tous les deux ans au suffrage censitaire. Ainsi, seuls ceux qui paient un certain niveau d'impôt peuvent alors voter, soit 4 sur 7 millions de citoyens. Le roi et son Conseil des ministres possèdent le pouvoir exécutif. Toutefois, le roi conserve un droit de veto suspensif sur les lois, imité de la constitution étasunienne de 1787 et qu'il ne va pas hésiter à utiliser afin de bloquer le travail de l'Assemblée, soutenant parfois les jacobins, partisans d'une poursuite de la Révolution.

L'astuce du prof

Les statistiques (ici sur le nombre d'électeurs) permettent d'appuyer votre réponse sur des exemples significatifs.

Désireux de retrouver ses pouvoirs initiaux et de rétablir sa popularité entachée par sa tentative de fuite stoppée à Varennes en juin 1791, Louis XVI incite l'Assemblée à déclarer la guerre à l'Autriche, alliée à la Prusse. Alors que les monarchies européennes souhaitent rétablir l'ordre en France et éviter ainsi la contagion révolutionnaire à tout le continent, le roi est de plus en plus soupçonné de souhaiter la défaite française et de comploter contre la nation. Le 10 août 1792 après la prise des Tuileries, les députés votent la suspension des pouvoirs du roi et l'élection d'une nouvelle assemblée, la Convention. Lorsqu'elle se réunit pour la première fois, le 21 septembre 1792, elle décide d'abolir la monarchie et de la remplacer par un nouveau régime : la République. Le pouvoir est désormais exercé par des citoyens élus, qui représentent une nation souveraine.

L'utilisation de connecteurs logiques permet de matérialiser la démonstration opérée pour répondre à la question problématisée.

Si la souveraineté nationale se concrétise en France, avec le passage progressif de la monarchie absolue à la République, son affirmation pose la question de la citoyenneté et de l'exercice concret des droits civiques et politiques. En effet, sous l'Ancien Régime, les Français sont des sujets soumis à l'autorité souveraine du roi et ne bénéficient pas tous, avec la société d'ordres, des mêmes droits. Sous la pression populaire dans le contexte de la « Grande Peur », les députés de l'Assemblée nationale votent l'abolition des privilèges de la noblesse et du clergé lors de la nuit du 4 août 1789. Avec la Déclaration des droits de l'homme et du citoyen votée le 26 août 1789 par l'Assemblée nationale, les anciens sujets deviennent des citoyens égaux en droits, bénéficiant de libertés de pensée et d'expression et de garanties judiciaires. Cette citoyenneté n'est pas complète, notamment en raison de l'exclusion de droits politiques pour les femmes, mais certaines s'enthousiasment pour la nouvelle conception de la nation qui émerge, à l'image de Manon Roland.

Cependant, la constitution de 1791 établit une distinction subtile entre les citoyens actifs et les citoyens passifs : seuls ceux qui payent un certain niveau d'impôt (équivalent à trois jours de travail payé en impôt) sont en mesure de voter. On évoque le suffrage censitaire, qui crée une inégalité de fait entre citoyens. Les femmes et les domestiques sont également exclus du vote. En 1792, après la chute de la monarchie, la Convention nationale est la première assemblée à être élue théoriquement au suffrage universel masculin. La démocratie semble être en marche avec la souveraineté nationale.

En conclusion, nous pouvons constater que la souveraineté nationale s'est progressivement affirmée en France entre 1789 et 1792 à travers une succession d'expériences politiques et le vote de grands textes fondamentaux qui définissent encore aujourd'hui la citoyenneté française. Pour autant, le suffrage universel acquis en 1792 est remis en cause dès 1795 par le Directoire et ne sera instauré définitivement qu'en 1944.

Pour aller plus loin

Suite à la prise de la Bastille, des rumeurs courent que des brigands profiteraient de la désorganisation du pays pour piller les campagnes et terrifier les habitants. Cette menace effraye les paysans, qui ne comprennent pas les révolutionnaires. Du 20 juillet au 6 août 1789, de nombreuses révoltes éclatent partout en France.

Gagnez des points !

Mobilisez les points de passage dans votre copie quand cela est pertinent.

Pour aller plus loin

La Convention nationale de 1792 établira la Première République, elle abolira la royauté et durera jusqu'en 1795.

Conclusion

La conclusion revient sur le bilan et met le sujet en perspective. Ici aussi, les bornes temporelles sont rappelées.

SUJET 2 **Sujet inédit** 10 pts 1h

Étude de document

› À partir du document, expliquez en quoi la Révolution parisienne de 1848 et la proclamation de la République ont une influence sur le mouvement des nationalités en Europe et reflètent les aspirations des peuples à instaurer un nouvel ordre sur le continent.

DOC. La République universelle, démocratique et sociale.

Lithographie en camaïeu gouachée, 31 × 45 cm. Paris, Imprimerie Lemercier, 1848. Frédéric Sorrieu, Paris, musée Carnavalet.

PAR ÉTAPES

COMPRENDRE LE SUJET

Cadrer le sujet

- Cette gravure décrit le rêve de **République universelle** formulé par certains penseurs après la révolution de 1848 à Paris. Leur objectif est de montrer que les valeurs défendues par les républicains français sont universelles et peuvent être appliquées dans de nombreux pays qui souhaitent se constituer en États-nations. C'est la base même du **Printemps des peuples de 1848**.

Les mots clés

- **République :** forme de gouvernement dans laquelle n'importe quel citoyen peut exercer le pouvoir au nom de l'intérêt général.
- **Nationalité :** groupement d'individus partageant des mêmes valeurs, une histoire et une origine communes.

Méthode

Identifier un document iconographique

- Pour **identifier un document**, il convient de préciser sa nature, son auteur, sa date et son contexte de parution, sa dimension et son lieu de conservation.
- On peut **compléter cette identification** par des éléments de contexte ou de diffusion qui permettent de mieux répondre au sujet.

Identifier le document

- Ce document iconographique réalisé par Frédéric Sorrieu est une gravure sur pierre (ou lithographie) colorisée qui s'intitule *La République universelle, démocratique et sociale*. Cette lithographie est de petite taille, 31 × 45 cm, afin d'être facilement distribuée et affichée dans les foyers. Elle a été imprimée par Lemercier en 1848 et est donc contemporaine du Printemps des peuples. Elle est aujourd'hui conservée au musée Carnavalet, consacré à l'histoire de Paris.

ORGANISER SES IDÉES

Retrouver les axes du sujet et former un plan

- La consigne incite à adopter un plan en deux parties : il faut tout d'abord expliquer **l'influence des idéaux républicains de la révolution de Février en Europe en 1848**. Puis, dans un second temps, il convient de montrer en quoi le document reflète les aspirations des peuples européens à **renverser l'ordre ancien pour promouvoir un monde nouveau**.

Prélever les informations du document

- Sur le document, on observe que la délégation française conduit la marche des autres peuples d'Europe, tels que l'Allemagne, l'Autriche ou les États italiens, dans ce que l'on appelle les **« révolutions de 1848 »** ou le **« Printemps des peuples »**. Le titre évoque explicitement l'adhésion à une **« République universelle »**. La statue, qui représente Marianne, porte les emblèmes de la République et de la conception française de la nation avec le bonnet phrygien et les droits de l'homme de 1789. On observe également un arbre de la liberté que l'on a planté en France au moment de la **proclamation de la Deuxième République**.
- La vision défendue par l'auteur ne correspond pas aux valeurs républicaines d'aujourd'hui puisqu'elle n'est pas laïque : en effet, dans le ciel apparaît le Christ qui bénit la procession fraternelle des peuples européens. Au sol, sont jetés les attributs royaux de l'ordre ancien.

RÉDIGER SA COPIE

Introduire et conclure la réponse à l'étude de document

- En accroche, il est intéressant de rappeler la **chute de la monarchie de Juillet en février de 1848** et la **proclamation de la République à Paris** qui entraînent des révoltes libérales et nationales sur tout le continent.
- En conclusion, on pourra préciser que la plupart **des révolutions de 1848 se terminent par des échecs** et qu'il existe donc d'importantes différences entre le souhait exprimé par l'auteur et la réalité.

Enrichir la copie

- Il est important de rappeler les enchaînements qui conduisent de la révolution parisienne de 1848 aux révolutions européennes du Printemps des peuples. On pourra également rappeler les avancées et les échecs produits par ces révolutions pour bâtir **un ordre nouveau**.

CORRIGÉ 2

En France, Louis-Philippe instaure en 1830 une monarchie libérale qui devient de plus en plus conservatrice, refusant le suffrage universel, ce qui entraîne une révolution en février 1848. À la suite de celle-ci, un ensemble de révoltes enflamme de nouveau le continent : on parle d'un Printemps des peuples.

Le document étudié est une gravure sur pierre (ou lithographie) colorisée, réalisée par Frédéric Sorrieu qui s'intitule *La République universelle, démocratique et sociale*. Elle est de petite taille, 31 × 45 cm, afin d'être facilement distribuée et affichée dans les foyers. Elle a été imprimé par Lemercier en 1848 et est donc contemporaine du Printemps des peuples. Elle est aujourd'hui conservée au musée Carnavalet qui est consacré à l'histoire de Paris.

De quelle manière la Révolution parisienne de 1848 a-t-elle influencé le Printemps des peuples qui souhaitait instaurer un nouvel ordre sur le continent, basé sur les concepts d'État-nation et de démocratie ?

Dans un premier temps, nous allons expliquer l'influence des idéaux de la révolution parisienne de 1848 en Europe. Puis, dans un second temps,

Comprendre le corrigé

À savoir

Louis-Philippe Ier est le dernier roi français, son règne durera jusqu'en 1848, sous la forme d'une monarchie constitutionnelle, qu'on appellera plus tard monarchie de Juillet.

Gagnez des points !

La problématique doit se référer aux notions structurantes du cours.

nous montrerons en quoi le document démontre les aspirations des peuples européens à se constituer en États-nations démocratiques.

À partir du congrès de Vienne, la remise en cause des acquis de la révolution s'oppose à celle des peuples, qui souhaitent mettre en place des réformes libérales et promouvoir leur nation. Les révolutions parisiennes de 1830 et surtout de 1848 ont entraîné des mouvements révolutionnaires qui se propagent à l'échelle du continent européen.

En 1848, les anciens sujets deviennent des citoyens et prennent conscience de leur pouvoir potentiel : les aspirations à la liberté ne peuvent plus être étouffées. L'influence française se mesure par les symboles républicains issus du modèle révolutionnaire de 1789 : la statue de Marianne, la référence aux droits de l'homme, la représentation de la fraternité des peuples qui complète les mots de « Liberté » et « Égalité ». La délégation française mène explicitement le mouvement ; démontrant son rôle précurseur. L'arbre de la liberté rappelle le modèle français puisqu'on a planté dans la plupart des communes françaises ce symbole révolutionnaire en février 1848.

L'astuce du prof

Pour appuyer votre démonstration, partez du document et expliquez-le à partir de vos connaissances en réinvestissant les notions et les repères.

Les peuples européens représentés (allemand, autrichien, italien…) souhaitent renouer avec les idéaux de 1789 et une nouvelle conception de la nation où les citoyens détiennent le pouvoir et se constituent en nations. Il n'y a donc plus de place pour l'ordre ancien. Aussi, l'artiste Frédéric Sorieu a-t-il représenté au sol les couronnes et les chartes, symboles des anciennes monarchies balayées par le Printemps des peuples, à l'image de ce que les Français viennent de réaliser.

Dans l'identification du document, la contextualisation doit être précise car c'est ainsi que ce dernier prend tout son sens.

Pour autant, la rupture avec l'ordre ancien, appuyé sur l'Église, a ses limites : la scène représente une procession placée sous les auspices du Christ et des saints. De fait, à cette époque, la République française n'était pas encore laïque.

Ce document iconographique symbolise donc bien l'influence française dans les révolutions de 1848 et les aspirations libérales et nationales des peuples européens. Même si ce mouvement connaît des échecs avec des répressions et le retour à un ordre dynastique, les souverains sont amenés à faire des concessions : l'ordre monarchique d'Ancien Régime qui ignorait les peuples a bel et bien remis en cause.

Conclusion

La conclusion dresse un bilan de la réponse au sujet sans perdre de vue le document qui reste central dans la réflexion engagée.

SUJET 3

10 pts 1h

Question problématisée

› En quoi les Français font-ils l'apprentissage de la démocratie par le vote entre 1848 et 1870 ? Vous pourrez aborder l'essor des pratiques de vote sous la Deuxième République et le Second Empire, puis montrer que ces usages ne respectent pas totalement les principes de la démocratie.

PAR ÉTAPES

COMPRENDRE LE SUJET

Cadrer le sujet

- Le sujet couvre l'ensemble du chapitre, et englobe la **Deuxième République** (1848-1852) et le **Second Empire** (1852-1870). Il vous invite à réfléchir à la manière dont les Français se sont approprié les pratiques de la vie démocratique sur un temps long à travers l'exemple essentiel du suffrage, mais aussi à interroger les limites de cette pratique.

Les mots clés

- **Suffrage universel masculin :** capacité de voter accordée à tous les hommes adultes, sans condition de revenu ou de naissance.
- **Candidat officiel :** candidat soutenu par le pouvoir politique en place.
- **Plébiscite :** consultation directe des électeurs visant à valider une décision déjà prise par le pouvoir, et à laquelle ils ne peuvent répondre que par oui ou par non.
- **Régime autoritaire :** régime qui ne garantit pas les libertés fondamentales et, par divers moyens (répression, propagande), cherche à empêcher leur expression.

ORGANISER SES IDÉES

Retrouver les axes du sujet et former un plan

- L'étude du sujet s'organise en deux parties. D'abord, vous devez **montrer** qu'entre 1848 et 1870, les **Français découvrent et pratiquent l'exercice du vote**, au fil de plusieurs élections. Cependant, il faudra ensuite **nuancer la dimension démocratique** de ces différents votes, en soulevant plusieurs limites d'exercice du suffrage.

Mobiliser et classer les connaissances indispensables

- **Entre 1848 et 1870, les Français découvrent et pratiquent l'exercice du vote:** suffrage universel masculin, Lamartine, décret du 5 mars 1848, élections d'avril 1848, taux de participation de 84 %, président de la République avec 74 % des voix, 3 plébiscites, élections locales, élections législatives de 1869, vote rural, vote urbain.
- **Dès 1848, il existe pourtant des limites à la dimension démocratique du vote:** suffrage masculin, féminisme, George Sand, candidats officiels, plébiscites, censure, républicains avec 40 % des suffrages.

RÉDIGER SA COPIE

Introduire et conclure la réponse à la question problématisée

- Vous pouvez introduire le sujet en définissant le **droit de vote** et en expliquant ses limites avant 1848.
- Concluez en soulignant l'**apparition** d'une pratique régulière du **suffrage dans la vie politique française**, à l'échelle nationale comme à l'échelle locale.

Enrichir la copie

- Insistez sur l'**importance de la victoire de Louis-Napoléon Bonaparte** en décembre 1848, et ses conséquences politiques.

Utilisez le cas de **George Sand** pour exposer l'exclusion des femmes du suffrage universel.

Méthode

Introduire la réponse à la question problématisée

- Même si une introduction n'est plus exigée, il vous faut quelques clés pour **amorcer votre réponse**.
- Utilisez un **événement marquant** de votre sujet pour en montrer la pertinence, ou bien mettez le sujet en contexte, en résumant la période précédente sous l'angle choisi par le sujet.
- Définissez un ou deux **mots clés,** correspondant à des notions qui permettent de saisir l'enjeu du sujet.
- Reprenez la question problématisée du sujet, que vous aurez ainsi justifiée.
- Annoncez votre plan.

Au brouillon

Appuyez-vous sur les points de passage et d'ouverture pour développer des exemples portant sur les élections ou la pratique du vote.

CORRIGÉ 3

Comprendre le corrigé

Le suffrage est masculin et censitaire en France depuis 1815 : voter reste réservé à une minorité aisée. C'est pourquoi l'instauration du suffrage universel masculin en 1848 est considéré comme une avancée majeure vers la démocratie, régime reposant sur l'expression d'une majorité. En quoi les Français font-ils l'apprentissage de la démocratie par le vote entre 1848 et 1870 ?

> **Introduction**
> Le sujet porte sur le vote. Pour contextualiser, vous pouvez résumer son usage avant 1848.

Entre 1848 et 1870, au fil de plusieurs élections, les Français s'approprient les usages démocratiques. Cependant, plusieurs limites réduisent encore l'exercice et la portée du suffrage.

Des débuts de la Deuxième République à la fin du Second Empire, les Français renforcent leur expérience du vote, et se familiarisent ainsi avec les principes démocratiques.

> **Gagnez des points !**
> Reprenez les mots du sujet dans vos phrases-titres.

Le gouvernement provisoire issu de la révolution du 23 février 1848 montre rapidement sa volonté de mettre en place un régime démocratique. C'est pourquoi, le 5 mars 1848, un décret instaure le suffrage universel masculin. Dans les mêmes conditions qu'en 1792, tous les Français de plus de 21 ans, justifiant d'une résidence de six mois et jouissant de leurs droits civils et politiques, sont électeurs. Leur nombre passe de 250 000 à plus de 9 millions !

> **L'astuce du prof**
> Mobilisez des ordres de grandeur pour caractériser l'ampleur du changement.

Le gouvernement provisoire organise ensuite l'exercice du suffrage pour stabiliser le régime. Les 23 et 24 avril 1848, après une campagne électorale marquée par le foisonnement de la presse, 84 % des électeurs élisent une majorité de républicains modérés – voire conservateurs – à la Chambre des députés. En décembre 1848, la première élection présidentielle au suffrage universel masculin porte au pouvoir Louis-Napoléon Bonaparte, avec près de 75 % des suffrages exprimés.

Sous le Second Empire, bien que le régime ait changé de nature, l'exercice du droit de vote se maintient. D'abord, par plébiscite, l'Empereur obtient à trois reprises le soutien massif du corps électoral. En outre, les électeurs sont

> **Pour aller plus loin**
> Le plébiscite ressemble au référendum, mais porte sur le soutien au chef de l'état. Louis-Napoléon Bonaparte a choisi ce mode de consultation pour établir un lien direct avec son peuple. Le « oui » l'a emporté pour tous les plébiscites, nationaux ou régionaux, qu'il a mis en place.

FRANÇAIS · ENSEIGNEMENT SCIENTIFIQUE · HISTOIRE GÉOGRAPHIE · ANGLAIS

appelés à désigner leurs représentants au Corps législatif, mais aussi leurs conseillers municipaux.

Cependant, plusieurs limites réduisent encore l'exercice et la portée du suffrage, et empêchent de parler de démocratie entre 1848 et 1870.

D'abord, le décret de mars 1848 exclut les femmes du corps électoral : la moitié des Français, les Françaises, ne votent pas. George Sand elle-même refuse de se porter candidate à la députation en avril 1848, malgré les sollicitations de féministes comme Eugénie Niboyet. Elle estime en effet que ce serait aller trop vite, et qu'un tel geste nourrirait l'hostilité envers le féminisme.

En outre, les conditions de vote – un déplacement au chef-lieu de canton –, limitent les débats publics. Les notables ruraux, usant de leur influence locale, favorisent le vote conservateur des campagnes.

Surtout, le sens même du suffrage est rapidement vidé de son sens : voter n'a plus de conséquence sur l'exercice du pouvoir. Entre 1850 et 1852, un tiers du corps électoral, le plus pauvre et le plus instable, perd même le droit de voter. Et malgré un rétablissement du suffrage universel masculin en 1852, l'Empire encadre l'exercice du vote par le système des candidatures officielles, et n'hésite pas à falsifier le résultat de certaines élections.

Après 1860, l'ouverture libérale du régime permet cependant aux républicains, dont le nombre d'élus augmente, de former un contre-pouvoir, et d'obtenir en 1870 l'abandon du principe des candidatures officielles.

Ainsi, entre 1848 et 1870, quoique strictement encadré et limité aux hommes, l'exercice du vote permet aux Français de se familiariser avec les pratiques électorales, et d'engager ainsi leur apprentissage de la démocratie.

L'adverbe cependant permet d'indiquer au correcteur que vous allez aborder la deuxième partie de votre réponse.

L'astuce du prof

Les points de passage étudiés en classe doivent servir d'exemples dans vos réponses !

L'astuce du prof

Variez les mots de liaison, en début de paragraphe, pour enrichir votre composition. Attention à n'utiliser que du vocabulaire que vous maîtrisez.

Pour aller plus loin

Les candidatures officielles permettaient à l'Empire de faire élire des notables dévoués au régime en place. Les candidats officiels bénéficiaient d'avantages : leurs affiches de campagne étaient blanches, couleur des documents officiels, et ils étaient soutenus par les préfets.

SUJET 4

10 pts 1h

Étude de document

› Expliquez en quoi ce document permet de comprendre les transformations sociales et économiques du Second Empire, et notamment l'importance du monde rural, l'industrialisation, et la place des femmes parmi les actifs.

DOC. La population active en France de 1851 à 1876

	1851		1866		1876	
	Hommes	Femmes	Hommes	Femmes	Hommes	Femmes
Agriculteurs exploitants	3 298	2 340	3 425	2 430	3 310	2 346
Salariés agricoles	2 716	952	2 550	840	2 318	732
Patrons de l'industrie et du commerce	1 828	1 081	2 010	1 188	1 647	974
Cadres et employés	/	/	677	150	987	254
Ouvriers	/	/	2 487	975	2 477	1 200
Autres[1]	1 476		1 580		1 639	
Total de la population active	16 663		18 312		17 884	

Source : Olivier Marchand et Claude Thélot, *Le Travail en France (1800-2000)*, Nathan, 1997.

1. Professions libérales et domestiques, armée, police, clergé.

Les nombres de ce tableau sont donnés en milliers.

PAR ÉTAPES

COMPRENDRE LE SUJET

Cadrer le sujet

- Le tableau statistique doit permettre de **décrire et de quantifier les transformations des emplois entre 1851 et 1876**, période qui englobe la totalité du Second Empire. Ce sont les multiples effets de l'industrialisation qui s'expriment ainsi par des chiffres.

Les mots clés

- **Transformations économiques et sociales :** mutations de l'activité économique et conséquences sociales de ces mutations, sur l'emploi, le mode de vie, etc.
- **Industrialisation :** diffusion du mode de production industrielle reposant sur la mécanisation, la standardisation et les grandes unités de production.

Identifier le document

- Le tableau statistique, issu des travaux des chercheurs Olivier Marchand et Claude Thélot rassemblés dans *Le Travail en France (1800-2000)*, permet de **comparer les effectifs de six catégories de travailleuses et travailleurs à trois dates-clés** 1851, début de la période, 1866, date d'une grande enquête nationale, et 1876, qui permet de mesurer l'ampleur de l'industrialisation une fois l'Empire révolu. Une colonne spécifique montre la place des femmes dans toutes les catégories d'emploi.

ORGANISER SES IDÉES

Retrouver les axes du sujet et former un plan

- La consigne vous invite à travailler en **trois temps**. Une première partie doit porter sur **les emplois dans le monde rural**, une deuxième se focaliser sur **la hausse des effectifs dans l'industrie**, en cumulant patronat et classe ouvrière, et une dernière porter sur **la place des femmes** dans le monde du travail, longtemps restée dans l'ombre.

Prélever les informations du document

- Les données les plus simples sont les valeurs de départ et d'arrivée, mais ce ne sont pas toujours les plus parlantes. **Additionnez** agriculteurs exploitants et salariés agricoles pour montrer le poids du monde rural. **Mesurez** la croissance de l'activité industrielle à l'aide des données portant sur le patronat et les ouvriers.
- Pour chaque donnée, comparez la part des hommes et celle des femmes ; vous pouvez aussi mettre en parallèle le nombre de femmes travaillant dans l'agriculture avec celui des hommes ouvriers, par exemple.

Mobiliser et classer les connaissances indispensables

- **La prédominance du monde rural:** 56 % des actifs, agriculteurs exploitants, journaliers, productivité agricole, engrais, machines agricoles, spécialisation, comices, exode rural.
- **L'essor de l'industrialisation:** ateliers, usines, urbanisation, industrie textile, patronat, ouvriers, pluriactivité.
- **La place des femmes dans le monde du travail:** agriculture, *Les Glaneuses* de Millet, ouvrières, salaires deux à trois fois inférieurs aux hommes, grève des ovalistes.

RÉDIGER SA COPIE

Introduire et conclure la réponse à l'étude de document

- Vous pouvez introduire votre copie avec un exemple montrant l'**importance du monde rural**.
- La conclusion doit porter sur les **transformations** engagées.

Mettre en relation le document avec vos connaissances

- **Rappelez le poids du monde rural** par des données chiffrées, et exposez les transformations qui s'amorcent dans les campagnes, amorçant l'exode rural.
- **Insistez sur l'importance de la pluriactivité**: de nombreux Français cumulent plusieurs emplois, souvent entre l'industrie et l'agriculture. La pertinence des données peut ainsi être discutée.
- Enfin, **expliquez la place des femmes** dans le monde du travail par des références à des exemples de femmes ouvrières ou agricultrices, dans l'art par exemple.

Méthode

Exploiter des données chiffrées

- Avec un tableau statistique, ne vous contentez pas de prélever et de citer les données. **Exposez les tendances** (croissance, stagnation, baisse) par une observation globale des données.
- Exploitez-les en recourant à des **calculs simples**. Vous pouvez mesurer le rapport d'une valeur à deux dates différentes en divisant la valeur d'arrivée par la valeur de départ, puis en arrondissant votre résultat. Calculez également un taux de croissance sous la forme d'un **pourcentage** avec la formule suivante:

$$\frac{(\text{valeur d'arrivée} - \text{valeur de départ})}{\text{valeur de départ}} \times 100.$$

CORRIGÉ 4

Comprendre le corrigé

En 1851, 75 % des Français sont ruraux. Comment se répercutent les transformations économiques et sociales du Second Empire sur leurs activités ? Si l'emploi dans le monde rural reste prédominant, la hausse des effectifs dans l'industrie est incontestable. De plus, la place des femmes dans le monde du travail, longtemps ignorée, est pourtant centrale.

> **Introduction**
> Situez les évènements dans le temps dès le début de votre analyse.

Sous le Second Empire, une large majorité des Français vit et travaille dans les campagnes.

En 1851, agriculteurs exploitants et salariés agricoles, hommes et femmes, représentent 56 % du total des actifs : la France est encore un pays agricole. Toutefois, les campagnes connaissent une grande diversité de conditions de vie et de formes de travail.

Certains des agriculteurs exploitants, qui sont propriétaires de leurs terres, peuvent adopter les engrais et machines agricoles présentés dans les Expositions universelles et diffusés par les comices agricoles annuels. S'appuyant sur l'uniformisation du marché national, ils se spécialisent, ce qui explique leur effectif relativement stable entre 1851 et 1876, avec un pic à 5,8 millions en 1866.

> **Pour aller plus loin**
> La première Exposition universelle a eu lieu en 1851 à Londres, et devait présenter les productions et innovations agricoles et industrielles du monde entier.

En revanche, les 3,5 millions de journaliers connaissent une très grande précarité, renforcée par la hausse de la productivité agricole. Ils se tournent de plus en plus souvent vers les activités industrielles, et leur nombre baisse à 3 millions en 1876 : l'exode rural s'amorce.

> **Vocabulaire**
> Les journaliers sont des ouvriers agricoles payés à la journée.

La hausse des effectifs dans l'industrie est sensible, quoique contrastée.

Entre 1866 et 1876, le nombre d'ouvriers et d'ouvrières passe de 3,4 millions à presque 3,7 millions. Cette hausse correspond à l'essor de l'industrialisation, qui entraîne le développement d'ateliers et d'usines, de plus en plus souvent implantés en ville.

> **Méthode**
> Citez les données issues de vos calculs.

Il convient cependant de rappeler l'existence de la pluriactivité durant le Second Empire : de nombreux Français cumulent plusieurs emplois, souvent entre l'industrie et l'agriculture, ce qui permet de nuancer les données statistiques. Ce qui se dessine est davantage le passage d'un statut de paysan-ouvrier à celui d'ouvrier-paysan, la part du travail industriel ne rendant possible qu'un retour ponctuel aux champs l'été.

Le nombre de patrons de l'industrie et du commerce connaît une évolution plus contrastée : une hausse de 1851 à 1866 (de 2,9 à 3,2 millions) puis une baisse à 2,6 millions en 1876. Cela peut s'expliquer par la concentration industrielle : les petits patrons, à la tête d'ateliers modestes, sont balayés par la concurrence croissante des grandes unités productives.

Dans tous les domaines d'activité, les femmes jouent un rôle majeur.

La place des femmes parmi les actifs est essentielle sous le Second Empire. En 1866, elles exercent tous types de profession, des plus aux moins qualifiées, et représentent au moins un tiers des actifs, la part des domestiques n'étant pas classée par genre, mais comptant un très grand nombre de femmes.

Comme les hommes, les femmes travaillent majoritairement dans l'agriculture. Elles peuvent être exploitantes, avec un effectif quasiment stable de 1851 à 1876, ou journalières, avec un effectif en baisse de 23 % sur la période, lié à l'industrialisation et à la misère dans les campagnes. C'est ce que montre par exemple le tableau *Des glaneuses* de Millet : trois femmes sont représentées ramassant les épis non récoltés lors de la moisson. Mais il y a encore en 1876 davantage de femmes agricultrices que d'hommes journaliers, et presque autant que d'hommes ouvriers.

La part des femmes ouvrières augmente de plus de deux tiers, même si l'effectif total reste modeste, avec 254 000 ouvrières en 1876. Il faut souligner que leurs conditions de travail sont mauvaises, avec des salaires deux à trois fois inférieurs à ceux des hommes, et des tâches ingrates nécessitant peu de qualifications. Les jeunes ouvrières ovalistes, travaillant la soie, entrent ainsi en grève en 1869, réclamant les conditions nécessaires pour pouvoir se nourrir et se loger décemment.

Certaines femmes exercent également des professions de commandement, comme patronnes dans l'industrie ou le commerce : elles sont 1,2 million en 1866 ! Toutefois leur nombre baisse en 1876, peut-être en raison des discriminations croissantes contre les femmes, assignées à leur foyer.

Ainsi, l'industrialisation transforme la structure de la population active sous le Second Empire. Les grandes mutations du siècle s'amorcent.

L'astuce du prof

Utilisez avec une grande prudence le mot évolution, souvent utilisé à la place d'augmentation alors qu'il indique uniquement un changement.
Pour indiquer une augmentation, préférez les termes « hausse » ou « augmentation ».

Méthode

$$\frac{732 - 952}{952} \times 100$$
$= -23\ \%$

Pour aller plus loin

Des glaneuses, Jean-François Millet, 1857.

Pour aller plus loin

À Lyon, 250 ouvrières de la soie se mettent en grève pour demander une augmentation de leur salaire. Cette grève durera un mois et sera l'une des premières grèves importantes de femmes ouvrières.

SUJET 5 — Question problématisée

10 pts — 1h

› Quel rôle joue la France dans la construction des États italien et allemand entre 1848 et 1871 ?

Vous pourrez envisager de décrire comment Napoléon III mobilise la diplomatie au service des nationalités, avant d'évoquer les interventions militaires françaises en ce sens, et leurs effets.

PAR ÉTAPES

COMPRENDRE LE SUJET

Cadrer le sujet

- Les limites chronologiques du sujet étant larges, vous pouvez exploiter la totalité des exemples de votre chapitre. Le sujet vous invite à **réfléchir aux procédés par lesquels la France intervient dans l'apparition de l'Italie et de l'Allemagne**, dans le contexte de l'affirmation des nationalités.

Les mots clés

- **État :** autorité politique indépendante dotée de son propre territoire, délimitée par des frontières.
- **Nationalités :** groupes unis par une communauté de territoire, de langue, d'histoire, et qui entendent vivre ensemble en tant que nations.
- **Diplomatie :** mise en œuvre de la politique étrangère d'un État par la négociation et les traités.

ORGANISER SES IDÉES

Retrouver les axes du sujet et former un plan

- La consigne vous invite à un traitement thématique du sujet. Dans un premier temps, il s'agit d'**évoquer les efforts diplomatiques de la France** pour faire valoir les droits des nationalités italienne et allemande. Une réflexion sur les limites d'une telle démarche vous conduit dans un second temps à **exposer les opérations militaires de l'Empire** en lien avec la question des nationalités.

Mobiliser et classer les connaissances indispensables

- **Les efforts diplomatiques de la France pour faire valoir les droits des nationalités italienne et allemande :** expédition de Rome (1849), soutien au *Risorgimento*, Piémont-Sardaigne, Cavour, Plombières (1858), rattachement de Nice et de la Savoie (1860), Vénétie, Autriche, entrevue de Biarritz 1865, Bismarck.

- **Les opérations militaires de l'Empire en lien avec la question des nationalités :** expédition de Rome (1849), Magenta et Solferino (1859), défense du pape et des États pontificaux, Mentana (1867), Sadowa (1866), entrée en guerre (juillet 1870), défaite de Sedan (1er septembre 1870), perte de l'Alsace et de la Moselle.

Au brouillon

Vous pouvez détailler par des mots-clés les informations sur un événement pour le développer dans la copie. Magenta-Solferino : 1859. Armée française + armée Piémont. Artillerie. 40 000 morts.

RÉDIGER SA COPIE

Introduire et conclure la réponse à la question problématisée

- L'introduction doit cadrer l'enjeu soulevé par la **question des nationalités pour Napoléon III**.

- La conclusion peut s'ouvrir sur les tensions consécutives à la **perte de l'Alsace et de la Moselle**.

Enrichir la copie

- Articulez soigneusement les exemples italien et allemand, et essayez de développer les deux exemples dans les deux parties.

- N'hésitez pas à présenter **Cavour** ou **Bismarck** en quelques mots.

Méthode

Rédiger des transitions

- La qualité d'un devoir écrit repose en partie sur la **fluidité de son raisonnement :** les idées s'enchaînent de façon logique entre le début et la fin du devoir.

- Pour cela, vous devez **faire attention aux transitions**, les phrases par lesquelles vous passez d'une partie à l'autre. Une phrase de transition doit reprendre les thèmes des deux parties à relier, et les connecter par une explication ou une opposition. Vous gagnerez en efficacité en vous appuyant sur les notions principales de chacune des parties.

CORRIGÉ 5

Comprendre le corrigé

Sensible à la question des nationalités, Napoléon III décide d'agir en faveur des nations européennes, notamment italienne et allemande, bouleversant les équilibres et les rapports de force entre les États. Quel rôle joue la France dans la construction des États italien et allemand entre 1848 et 1871 ? Si la France mobilise son réseau et son poids diplomatique pour faire valoir les droits des nationalités, elle utilise également la force, par choix ou par contrainte.

Entre 1848 et 1871, la France mobilise son pouvoir diplomatique pour appuyer les processus d'unification allemande et italienne.

Méthode
Utilisez les mots de la consigne (ici diplomatie) dans vos phrases titres.

Le rôle diplomatique de la France en soutien à l'unité allemande est discret. Si Napoléon III ne se déclare pas hostile à la formation d'un État allemand, il refuse de s'engager plus avant. En 1865 à Biarritz, il concède cependant à la Prusse la neutralité de la France; Napoléon III ne soutiendra donc pas l'Autriche contre la Prusse.

Cela peut sembler logique car l'Autriche est un obstacle à l'unité italienne, pour laquelle Napoléon III est beaucoup plus actif. L'engagement français en faveur de l'unité italienne se confirme avec l'entrevue de Plombières, en 1858. Lors de cette rencontre, Cavour, chef du gouvernement du Piémont, prend avec Napoléon III des engagements réciproques. La France se déclare prête à s'engager dans une guerre contre l'Autriche pour récupérer les provinces de Lombardie et de Vénétie, qui ont vocation à faire partie d'une Italie unifiée. En échange, le Piémont accepte de céder Nice et la Savoie à la France. Deux ans plus tard, un plébiscite organisé dans les deux territoires confirme cette décision. Très massivement – mais sous le contrôle des militaires français et sans isoloir – Niçois et Savoyards valident leur rattachement à la France. L'Italie, de son côté, annexe la Lombardie.

L'astuce du prof
Développez le déroulement et les objectifs de l'entrevue de Plombières pour caractériser l'action diplomatique de la France en faveur de l'Italie.

L'astuce du prof
Appuyez-vous sur l'exemple du rattachement de Nice et de la Savoie à la France pour étoffer votre démonstration.

Toutefois, les tractations diplomatiques achoppent sur la question de Rome. Car si la France choisit d'abord la diplomatie pour concrétiser son soutien aux nationalités, elle peut aussi faire parler les armes pour orienter ou contrôler les processus d'unification italien et allemand.

Méthode
La transition permet de relier l'étude de la diplomatie française, rappelée dans la première partie de la phrase, à l'étude des actions militaires qui sont évoquées dans la seconde partie de la phrase.

Déjà en 1849, au nom de l'ordre, le président Louis-Napoléon Bonaparte décide de secourir militairement le pape contre les républicains romains, menés par Garibaldi. Cette expédition conduit à la restauration du pouvoir pontifical.

L'engagement militaire pris à Plombières semble apaiser les relations entre l'Empereur et les partisans de l'unité italienne, d'autant qu'il se traduit par les victoires de Magenta et de Solferino contre l'Autriche en 1859, permettant l'annexion de la Lombardie. Batailles d'artillerie auxquelles l'Empereur assiste en personne, elles sont particulièrement meurtrières, avec plusieurs milliers de victimes, et scellent l'alliance franco-italienne. La proclamation du Royaume d'Italie en 1861 la confirme.

L'astuce du prof

Rappelez le nom et le déroulement des batailles pour caractériser l'action militaire de la France en Italie.

Mais la question de Rome empoisonne ces relations. En 1867, les troupes de Garibaldi, qui tentaient de s'emparer de la ville avec le soutien du roi d'Italie, sont une nouvelle fois repoussées par des militaires français, qui protègent le pape.

Il faut attendre 1870 pour voir la situation se dénouer au détriment de la France. Déjà victorieuse de l'Autriche à Sadowa (1866), la Prusse provoque l'entrée en guerre de la France, fédérant derrière son projet les États allemands hésitants. La défaite de Sedan, le 1er septembre 1870, marque la fin du Second Empire en même temps que l'échec cuisant de la politique impériale des nationalités. Symbole de cet échec, la ville de Rome, dépourvue de militaires envoyés combattre la Prusse, est prise par les Italiens, qui en font leur capitale en 1871. Quant à la France, elle est amputée d'une partie de son territoire en 1871, l'Alsace et la Moselle étant intégrées au nouvel Empire allemand.

L'astuce du prof

Appuyez-vous sur la chronologie pour organiser vos idées, en traitant de l'unité italienne avant d'évoquer l'unité allemande.

Pour aller plus loin

Les trois départements du Bas-Rhin, du Haut-Rhin et de la Moselle sont annexés à l'Empire allemand en 1871. Ils deviennent alors un *Reichsland* à part entière avec ses propres institutions administratives. Ils resteront allemands jusqu'en 1918.

Ainsi, la France s'est engagée diplomatiquement et militairement en faveur de l'unité italienne, qui lui a permis d'agrandir son territoire. Mais elle a surtout subi l'unité allemande, qui conduit à la perte de l'Alsace et de la Moselle et constitue un véritable choc, nourrissant d'emblée une volonté de revanche.

SUJET 6 **Sujet inédit** 10 pts 1h

Étude de documents

› En confrontant ces documents, vous expliquerez pourquoi l'affirmation des libertés fondamentales est indissociable de la mise en œuvre du projet républicain.

DOC. 1 Des lois structurelles déterminantes

a. Loi du 29 juillet 1881 sur la liberté de la presse

Art. 1 L'imprimerie et la librairie sont libres [...]

Art. 5 Tout journal ou écrit périodique peut être publié sans déclaration ni autorisation préalable, ni dépôt de cautionnement.

b. Loi du 21 mars 1884 sur la liberté d'association

Art. 2 Les syndicats ou associations professionnelles, même de plus de vingt personnes exerçant la même profession, des métiers similaires, ou des professions connexes pourront se constituer librement sans l'autorisation du Gouvernement.

c. Loi du 1er juillet 1901 sur la liberté d'association

Art. 1 L'association est la convention par laquelle deux ou plusieurs personnes mettent en commun, d'une façon permanente, leurs connaissances ou leur activité dans un but autre que partager des bénéfices [...]

Art. 2 Les associations de personnes pourront se tenir librement sans autorisation ni déclaration préalable [...]

DOC.2 Banderole sur la bourse du travail de Paris le 1er mai 1906

PAR ÉTAPES

COMPRENDRE LE SUJET

Cadrer le sujet

• Le sujet vise à analyser la manière dont **les valeurs républicaines fondamentales s'ancrent dans le quotidien des Français de 1870 à 1914**. Il ne s'agit pas d'établir une chronique de la Troisième République mais d'envisager son histoire sous l'angle de cette conquête majeure.

Les mots clés

• **Libertés fondamentales :** droits essentiels pour l'individu et garantis dans une démocratie (exemple : liberté d'expression, d'opinion, de circulation…).

• **Projet républicain :** fil conducteur de la politique mise en œuvre par la Troisième République pour enraciner les valeurs républicaines en France malgré les oppositions.

Identifier le document

- Le **doc. 1** est composé d'extraits de textes législatifs qui datent de 1881, 1884 et 1901.
- Le **doc. 2** est une photographie de la bourse du travail de Paris en 1906.

> **Méthode**
> **Identifier les documents**
> - **Les documents doivent être au cœur de l'analyse :** il ne s'agit pas de répondre à la question uniquement ou principalement à partir de vos connaissances.
> - Appliquez l'acronyme **CANDI :** explicitez le Contexte, l'Auteur, la Nature du document, le(s) Destinataire(s), l'Idée principale.
> - Une **confrontation des documents** est attendue : sur quels critères ont-ils été associés ?
> - **Exercez votre esprit critique :** mettez en évidence les limites des documents, interrogez la pertinence du choix proposé, soulignez les lacunes majeures.

ORGANISER SES IDÉES

Retrouver les axes du sujet et former un plan

- Le sujet se prête à un plan **chrono-thématique** : la « mise en œuvre du projet républicain » s'étale sur plus de quarante ans mais son étude est limitée à l'affirmation des libertés fondamentales. On peut donc distinguer deux périodes : **1870-1879**, la conquête du pouvoir par les républicains, et **1879-1914**, l'enracinement de la République.

Prélever les informations des documents

- La consigne vous invite à **détailler l'affirmation des libertés fondamentales,** dans le cadre du mouvement plus vaste de construction de la République.
- Le **doc. 1** donne trois exemples de libertés fondamentales instaurées par la Troisième République.
- Le **doc. 2** est une illustration de l'une des manières dont la liberté syndicale se manifeste en France au début du XXe siècle.

Mobiliser et classer les connaissances indispensables

- **La mise en place progressive de la République :** défaite de Sedan (2 septembre 1870), Commune de Paris (18 mars au 28 mai 1871), semaine sanglante, élection de Mac Mahon (1873).
- **L'affirmation des libertés fondamentales :** liberté de presse, liberté syndicale, liberté d'association, lois constitutionnelles de 1875, régime parlementaire, démocratie libérale, séparation des pouvoirs exécutif et législatif.

> **Au brouillon**
> Faites la liste de tous les événements marquants de la période, et des acquis.

RÉDIGER SA COPIE

Introduire et conclure la réponse à l'étude de documents

- Une **date incontournable** doit absolument être mentionnée dès l'introduction : la proclamation de la Troisième République **le 4 septembre 1870**. La conclusion peut porter sur les limites du consensus républicain.

Mettre en relation le document avec vos connaissances

- **Identifiez clairement le thème commun et le contexte de production des documents** dans le cadre d'un paragraphe particulier: leur confrontation en sera facilitée. Bien qu'ils soient postérieurs à cette date, les documents ne peuvent être analysés sans faire référence aux débuts difficiles du régime républicain de 1870 à 1879. Détaillez la mise en place progressive de la République, et les divers événements politiques marquants.

CORRIGÉ 6

Comprendre le corrigé

Proclamée le 4 septembre 1870, la Troisième République connaît une première décennie chaotique. Elle parvient néanmoins à ancrer les libertés fondamentales dans le quotidien des Français avant le début de la Première Guerre mondiale. Comment ce régime établit-il les fondements démocratiques de la société française contemporaine? À quelles difficultés doit-il faire face avant d'y parvenir? C'est à cette double interrogation que les documents proposés (des textes législatifs et une photographie) permettent de répondre.

Introduction
Date fondamentale à signaler d'emblée.

Méthode
Mettez les deux docs en relation dès l'introduction. Ils sont au cœur de l'interprétation du sujet.

Née de la déroute militaire des Français, la Troisième République vit des débuts difficiles. Dans une situation politique complexe, elle doit faire face à l'insurrection de la Commune de Paris que la majorité monarchiste réprime violemment à l'occasion de la semaine sanglante. L'élection d'un président monarchiste en 1873, Mac Mahon, ouvre une période au cours de laquelle le régime entend restaurer l'ordre moral. Cette politique favorise l'unité des Républicains autour de l'anticléricalisme. Leurs victoires électorales permettent l'adoption des lois constitutionnelles de 1875 qui créent un régime parlementaire avec un gouvernement responsable devant la Chambre des députés et un Président aux pouvoirs élargis.

La Troisième République connaît des débuts difficiles. À Sedan, le 2 septembre 1870, l'armée française est écrasée par les troupes prussiennes. Napoléon III est fait prisonnier et la France perd l'Alsace et la Moselle.

Entre le 21 et le 28 mai 1871, le gouvernement de Thiers réprime violemment l'insurrection parisienne, mettant un terme à la Commune. Le bilan est d'environ 20 000 victimes. 38 000 personnes sont arrêtées.

À partir de 1879, la République a les moyens de s'inscrire dans la durée. Elle s'emploie à traduire l'héritage de la Révolution française dans des institutions stables. Elle commence par supprimer les mesures d'oppression mises en œuvre antérieurement. Elle consolide ensuite la démocratie libérale en votant des lois en faveurs des libertés fondamentales (doc. 1): la liberté de la presse (1881),

La séparation des pouvoirs exécutif et législatif est toujours en vigueur de nos jours.

FRANÇAIS
ENSEIGNEMENT SCIENTIFIQUE
HISTOIRE GÉOGRAPHIE
ANGLAIS

la liberté syndicale (1884) et la liberté d'association (1901) enracinent durablement ces droits fondamentaux dans le quotidien des Français. Leurs effets sont particulièrement visibles dans le domaine du travail : la montée en puissance de l'industrialisation stimule le développement des organisations syndicales ouvrières. Les bourses du travail deviennent des acteurs majeurs du dialogue social qui, lui aussi, s'inscrit durablement dans les pratiques fondamentales de notre démocratie (doc. 2).

La montée de l'antiparlementarisme est à l'origine de nouveaux dangers (crise boulangiste, attentats anarchistes) pour la République profondément ébranlée par l'affaire Dreyfus (1894-1906). Adoptée dans ce contexte de tension, la loi de séparation des Églises et de l'État (1905) vient cependant ajouter la liberté de conscience et le libre exercice des cultes aux droits fondamentaux dont disposent les Français.

Pour aller plus loin

La loi de 1884 est également connue sous l'appellation « loi Waldeck-Rousseau », du nom du ministre de l'Intérieur républicain qui la fit voter.

Conclusion

Pour conclure, n'hésitez pas à rappeler les points de passage et d'ouverture, ainsi que les dates clés du chapitre.

SUJET 7 Sujet inédit

10 pts 1h

Question problématisée

› Quelle est l'importance de l'immigration en France entre 1870 et 1914 ? Vous présenterez les caractéristiques de l'immigration sur la période et les tensions suscitées par ces mutations sociales.

PAR ÉTAPES

COMPRENDRE LE SUJET

Cadrer le sujet

- Le sujet s'inscrit dans le chapitre « Permanences et mutations de la société française (1870-1914) », comme il n'est pas associé à des dates rigoureuses il faut donc centrer son analyse sur la période adoptée dans le cadre du programme : 1870-1914.

Les mots-clés

- **Industrialisation :** processus d'extension et d'intensification des activités industrielles.
- **Immigration :** flux provisoire ou définitif d'une population qui franchit la frontière.

ORGANISER SES IDÉES

Retrouver les axes du sujet et former un plan

- Le sujet comporte **2 axes** : les caractéristiques et les tensions.

I. La France est le premier pays d'immigration en Europe à la fin du XIXe siècle : causes de cette spécificité ; l'origine des immigrés ; les secteurs qui les recrutent.

II. L'immigration face aux premières tensions xénophobes :

- Causes du rejet ; xénophobie ; épisode d'Aigues-Mortes

Méthode

Faire un brouillon pour mobiliser ses connaissances

- Rédigez au brouillon vos phrases-titres et vos transitions en reprenant toujours rigoureusement les termes du sujet comme cela est montré ci-contre.

FRANÇAIS · ENSEIGNEMENT SCIENTIFIQUE · HISTOIRE GÉOGRAPHIE · ANGLAIS

Mobiliser et classer les connaissances indispensables

- **Origine des immigrés :** Belgique puis Italie.
- **Aigues-Mortes :** 1893 / les circonstances du drame.
- **Les grandes régions d'immigration :** le Nord, l'Est et le Sud.

Au brouillon

Noter vos connaissances issues des cours sur le sujet concerné : les dates, les mots clés, les acteurs principaux et bien sûr les points de passage et d'ouverture. Cela vous permettra de vous replonger dans le chapitre abordé et de ne négliger aucune connaissance utile.

RÉDIGER SA COPIE

Introduire et conclure la réponse à la question problématisée

- L'entrée en matière doit présenter le sujet. Il s'agit de montrer qu'il est compris en **explicitant son libellé, ses limites spatiales ou chronologiques, et le contexte dans lequel il s'inscrit**.
- La conclusion doit permettre d'établir **un bilan du développement en apportant une réponse à la problématique**. Elle peut offrir une **mise en perspective du sujet** (un lien avec d'autres problématiques, un fait d'actualité, une référence bibliographique…).

Enrichir la copie

- **Sautez bien des lignes** après votre introduction et entre chaque partie pour montrer que vous avez pris la peine de construire un plan, que votre **réflexion est structurée**.
- Chaque partie doit commencer par une **phrase-titre**. Puis, chaque idée avancée doit être illustrée par des éléments précis tels que des exemples, des dates, des noms de personnages historiques…
- **Relisez régulièrement votre travail** surtout si vous êtes fragile en orthographe ou en syntaxe.
- Prenez le temps de relire l'ensemble de votre travail.

CORRIGÉ 7

Comprendre le corrigé

Dès le XIXe siècle, la France devient un grand pays d'immigration. En 1851, pour la première fois, le recensement général de la population compte le nombre d'étrangers : ils sont environ 380 000, le cap du million est franchi en 1881. Quelles sont dès lors les caractéristiques majeures de l'histoire de l'immigration en France jusqu'à la veille de la Première Guerre mondiale ?

Introduction

Compte-tenu de la taille très courte de la réponse à une question problématisée, vous pouvez vous dispenser d'une annonce de plan.

Après 1850, l'ampleur de l'industrialisation du pays est telle qu'elle engendre un besoin massif de main-d'œuvre. L'accroissement naturel est loin de pouvoir le satisfaire. La natalité a en effet commencé à diminuer en France bien plus tôt que dans les autres États européens. Des milliers d'individus franchissent donc la frontière en provenance des pays limitrophes. Les hommes occupent les emplois industriels nouvellement créés dans les mines, la sidérurgie, le textile... et ceux que les Français ne souhaitent plus occuper. La présence de cette main-d'œuvre moins bien payée, plus flexible, moins syndiquée est appréciée par le patronat.

Pour aller plus loin

La migration pouvait aussi concerner les femmes. Ainsi, les Suissesses étaient très recherchées comme domestiques par la bourgeoise parisienne du fait de leur réputation d'endurance et d'obéissance.

Méthode

Veuillez à montrer les différents points de vue.

En revanche, la concentration des étrangers dans le Nord, en Lorraine, dans les grandes villes industrielles comme Le Creusot ou Saint-Étienne, suscite des tensions chez les ouvriers français. Les bagarres ouvrières se transforment en violences xénophobes, attisées par la crise économique et le renforcement des nationalismes en Europe. C'est ainsi qu'en 1893, à Aigues-Mortes, des employés italiens de la Compagnie des salins du midi sont massacrés par des Français. Cette année-là, une loi sur le séjour des étrangers et la protection du travail national oblige les immigrés à se faire enregistrer en mairie ou en préfecture.

En juin 1894, l'assassinat de Sadi Carnot, président de la République, par un anarchiste italien, provoque de nouvelles émeutes anti-italiennes à Lyon.

Étrangers et nationaux partagent pourtant des conditions de vie comparables, souvent modestes ou misérables. Unis par une communauté de destin, le rapprochement entre ouvriers étrangers et français doit beaucoup aux syndicats comme la Confédération générale du travail (CGT) créée en 1895.

La France fut jusqu'à une date récente un « pays d'immigration qui s'ignore ». Les collections du musée national de l'histoire de l'immigration, fondé en 2007, témoignent de l'importance de cette période de la fin du XIXe siècle au début du XXe dans l'histoire économique, sociale et culturelle de la société française.

Conclusion

L'histoire a pour finalité de nous aider à comprendre le présent. Rien ne vous empêche d'y faire référence dans la conclusion de votre démonstration.

SUJET 8 Sujet inédit

10 pts 1h

Étude de document

› Montrer que ce document entend valoriser l'entreprise de la colonisation française sur un immense empire, mais que la description qu'il en fait n'est pas conforme à la réalité.

DOC. Couverture de cahier scolaire par G. Dashner, vers 1900

PAR ÉTAPES

COMPRENDRE LE SUJET

Cadrer le sujet

• Cette couverture de cahier est un exemple des très nombreux documents iconographiques de la **propagande coloniale** destinés à vanter les conquêtes auprès d'une **opinion publique française** assez peu intéressée par cette politique. Il permet d'appréhender la **justification de la colonisation par la mission civilisatrice** et de montrer la différence avec la réalité de la colonisation dans l'empire.

Les mots clés

- **Propagande :** action visant à faire adhérer la population à une idéologie.
- **Mission civilisatrice :** croyance en la supériorité morale et matérielle de l'Europe qui lui commanderait de civiliser les indigènes, jugés inférieurs.

Identifier le document

- Le document illustre un **cahier d'écolier**. Il participe ainsi à la **promotion de la colonisation** auprès de l'opinion publique qui s'en désintéresse globalement. La République poursuit une politique coloniale séculaire en apportant les bienfaits de sa civilisation aux peuples qui jalonnent le monde entier, de l'Afrique, au Maghreb en passant par l'Asie.

ORGANISER SES IDÉES

Retrouver les axes du sujet et former un plan

- La consigne est explicite sur le fait que l'on attend **deux parties** : l'une traitera du **discours valorisant de la colonisation** que l'on trouve sur ce document, l'autre sur la **différence entre l'attitude favorable des colonisés et la réalité historique**.

Prélever les informations du document

- Le document permet de **présenter facilement le discours colonial** : la mission civilisatrice présentée avec la branche d'olivier symbolisant la paix, la couronne de laurier avec les grands principes exposés sur le bouclier.
- C'est un document de propagande sur lequel il est simple de **porter un regard critique** : la réalité de la colonisation n'est pas idyllique mais au contraire violente et inégalitaire.

Mobiliser et classer les connaissances indispensables

- **Le discours colonial :** Jules Ferry, mission civilisatrice, assimilation.
- **L'immensité de l'empire :** colonie/protectorat, précocité de la conquête coloniale avec l'Algérie (1830), l'accélération dans les années 1880.
- **Une réalité coloniale** occultée par cette illustration.

RÉDIGER SA COPIE

Introduire la réponse à l'étude de document

- Les éléments d'introduction doivent intégrer la définition de la colonisation et l'idée que la République engage une intense campagne de propagande pour faire valoir ses nobles objectifs et ainsi mobiliser en sa faveur les Français.

Mettre en relation le document avec vos connaissances

- Le document et la consigne insistant sur le discours très valorisant de la colonisation, **décrivez la croyance en la mission civilisatrice** et la politique d'assimilation portée par la République, notamment par Jules Ferry.
- Un second point à aborder concerne **l'étendue de l'empire tricolore**, visible dans le document grâce aux nombreux représentants des peuples colonisés par la France. Vous pouvez **apporter un éclairage sur les deux principales formes de domination** : la colonie et le protectorat.
- Enfin, ce document doit être étudié avec un regard critique : **abordez la violence** en évoquant le travail forcé et les inégalités et la ségrégation en mobilisant le code de l'indigénat et l'exemple de Saigon.

Méthode

Faire un brouillon pour mobiliser ses connaissances

- **Les connaissances doivent toujours éclairer un point contenu dans le document** si bien qu'une grande partie du cours se retrouve hors-sujet. Vous devez donc **faire le tri** entre ce qui doit être utilisé à bon escient et ce qui doit être laissé de côté.
- Dans un premier temps, **listez toutes vos idées** puis éliminez celles qui ne sont pas en rapport avec le document comme suit.

CORRIGÉ 8

Comprendre le corrigé

Lancée très précocement avec la conquête de l'Algérie dès 1830 et malgré le passage au régime républicain, la politique coloniale de la France est poursuivie et même amplifiée à la fin du XIXe siècle. La République, pour convaincre une opinion publique plutôt indifférente, en vante les bienfaits. Le document est la reproduction d'un cahier d'écolier aux environs de 1900, ayant pour but de sensibiliser les enfants à l'apogée de l'empire colonial français.

Introduction

Dans une analyse de documents, il n'est pas indispensable d'annoncer un plan.

En quoi ce document donne-t-il une vision partiale de la colonisation ?

Cette couverture destinée aux écoliers donne une vision lénifiante, très valorisante de la colonisation française. La France, représentée en Marianne, est placée au centre de l'image pour marquer symboliquement son rôle primordial. Elle est accompagnée de tous ceux qui depuis le XVIIe siècle œuvrent à la puissance française et à la diffusion de sa civilisation. Cette illustration vante la mission civilisatrice de la France par la colonisation : la France, comme les autres métropoles coloniales européennes, croit en sa supériorité morale, économique et technique comme affiché dans le bouclier. Le document montre

Vocabulaire

Lénifiant : qui a pour but d'apaiser, de calmer.

L'astuce du prof

Après la phrase d'introduction, il est important de commencer par l'analyse du document pour éviter le hors-sujet.

qu'elle est favorablement accueillie par les indigènes. Elle a donc le devoir de conquérir les autres continents pour répandre ces bienfaits dans le monde entier. Jules Ferry est un des principaux soutiens politiques à la colonisation, invoquant à la fois cette mission civilisatrice et la nécessité pour la France de réaffirmer sa puissance mise à mal par la perte de l'Alsace et la Lorraine (1870).

La France s'est constituée le deuxième plus grand empire colonial. Le document présente tous les peuples désormais sous sa responsabilité. On peut reconnaître à gauche des archétypes qui symbolisent les Africains alors qu'à droite sont plutôt représentés les Asiatiques, un Indien et un Indochinois. La France est en effet présente en Afrique dans l'ensemble du Maghreb – du Maroc à la Tunisie – à l'Ouest et au centre. En Asie, aux quelques comptoirs indiens a été ajoutée la péninsule Indochinoise avec Saigon, « la perle de l'Orient ». Les rivalités coloniales notamment avec la Grande-Bretagne n'ont pas permis de s'étendre plus encore.

L'astuce du prof

Veillez à ce que vos parties soient équilibrées entre l'analyse des documents et votre cours qui doit occuper plus de la moitié.

Cette couverture de cahier donne une vision idyllique, voire apaisante de la colonisation qui s'est déroulée de manière bien plus violente. L'image montre des indigènes accueillant la France à bras ouverts. Pourtant, la conquête de l'Algérie fut particulièrement violente et longue, jusqu'à la fin des années 1870. Pareillement, l'existence des indigènes ne correspond pas à l'idéal affiché dans les discours et dans cette couverture de cahier. Le Code de l'indigénat généralisé à tout l'empire en 1887 institue un régime de non-droit pour les indigènes soumis à des travaux forcés gratuits pour des faits non punis en France et auxquels ne sont pas soumis les colons. Dans l'urbanisme même, les inégalités sont très fortes : à Saigon, capitale de l'Indochine, la ville coloniale reproduisant le modèle des villes françaises est séparée de Cholon, la ville indigène.

Cette couverture d'écolier participe donc à une intense campagne de propagande visant à populariser et vanter la colonisation. Elle décrit une France puissante, amenant la civilisation et bien accueillie par les indigènes. Mais la violence de la colonisation est tue, pourtant, elle fut tellement en contradiction avec le discours colonial lénifiant qu'elle mena aux premières contestations.

Conclusion

Pensez à bâtir votre conclusion autour du document pour montrer jusqu'au bout que vous l'avez bien compris.

SUJET 9 Sujet inédit

10 pts 1h

Question problématisée

› En quoi, de novembre 1914 à mars 1918, la nouvelle stratégie militaire est-elle une guerre d'usure ?

Pour répondre à la question vous montrerez que les combats ont pour but d'affaiblir et d'anéantir l'adversaire, puis vous présenterez les conséquences de cette stratégie.

PAR ÉTAPES

COMPRENDRE LE SUJET

Cadrer le sujet

- Le sujet couvre seulement une période du chapitre, de novembre 1914 à mars 1918, c'est-à-dire la **guerre de position**. Les bornes chronologiques et l'intitulé du sujet amènent donc à s'interroger sur les **conséquences d'une guerre longue**. Les tentatives sont nombreuses pour percer le front et reprendre l'offensive. Mais la guerre s'installe dans la durée et la victoire passe par l'épuisement des capacités de l'adversaire.
- Géographiquement, la question ne se limite pas à l'étude de la guerre des tranchées dans le nord de la France (front ouest). Le conflit se **mondialise**, il faut prendre en compte **tous les fronts** (mer, fronts secondaires...) et **tous les États**.

Les mots clés

- **Guerre de position :** stratégie défensive adoptée par les deux adversaires consistant à défendre le terrain acquis.
- **Guerre d'usure :** dans un conflit de longue durée, stratégie qui cherche à vaincre l'ennemi en le poussant aux limites de ses capacités.
- **Guerre sous-marine à outrance :** en 1917 (après la bataille de la Somme), l'Allemagne décide de couler sans sommation tous les navires qui ravitaillent les pays de l'Entente.
- **Expérience combattante :** manière dont les soldats ont vécu leur participation à la guerre.

ORGANISER SES IDÉES

Retrouver les axes du sujet et former un plan

- L'étude du sujet s'organise en deux parties. D'abord, il s'agit de **montrer les différentes formes que peut prendre la guerre d'usure** : il s'agit bien sûr des combats, mais la dimension est aussi économique et technologique.
- Il faudra ensuite en **mesurer les effets et les conséquences pour les États et les soldats** (à tous les niveaux hiérarchiques).

Mobiliser et classer les connaissances indispensables

- La période novembre 1914-mars 1918 est marquée non seulement par **l'intensification des combats** (guerre des tranchées, assauts meurtriers) mais aussi par **la multiplication des terrains d'affrontements** (fronts secondaires, guerre sur mer), qui sont autant d'actions menées pour épuiser l'adversaire.
- Enfin, les **grands événements de 1917** (entrée en guerre des États-Unis, défaite de la Russie, mutineries) doivent être vus comme le résultat de l'application de cette stratégie menée depuis les années précédentes.

RÉDIGER SA COPIE

Introduire et conclure la réponse à la question problématisée

- Vous pouvez introduire le sujet en définissant **la guerre d'usure** et en expliquant qu'elle s'inscrit dans **un contexte de guerre position** et que c'est une rupture stratégique.
- Concluez en expliquant que cette guerre d'usure a créé les conditions de la **reprise de la guerre de mouvement en mars 1918** et la victoire de l'Entente ensuite.

Enrichir la copie

- Insistez sur la nature même de **la stratégie de la guerre d'usure** : les armes les plus meurtrières sont utilisées pour causer le plus de souffrances et le plus grand nombre de morts possibles.
- Présentez **la bataille de la Somme** (1er juillet-18 novembre 1916) comme guerre d'usure poussée à l'extrême : front secondaire pour obliger l'Allemagne à enlever des soldats à Verdun, bataille la plus meurtrière de la guerre (440 000 morts), avec la première utilisation de chars et d'avions pour bombarder, la présence de soldats de 25 nations.

Méthode

S'appuyer sur les bornes chronologiques du sujet

Cela permet de **comprendre** le sujet, en se demandant :

- **Quand ?** En identifiant soit l'événement soit la date auquel le sujet fait référence.
- **Pourquoi à ce moment-là ?** En replaçant l'événement du sujet dans son contexte, par rapport à d'autres.
- **Pourquoi cet événement est important ?** En voyant si c'est une rupture ou une continuité par rapport aux autres événements.

Cela permet de **traiter le sujet** en évitant les anachronismes.

- **L'offensive des Dardanelles** est l'autre point de passage à développer : front secondaire à cause du blocage à l'ouest et bataille maritime (donc nouveau front), dont la motivation est économique (ravitailler la Russie) et qui illustre la **mondialisation du conflit** (troupes coloniales, australiennes, néo-zélandaises…).

Au brouillon

Il faut reprendre les événements de la période uniquement sous l'angle du sujet (usure de l'adversaire) et ne pas les traiter pour eux-mêmes.

CORRIGÉ 9

Comprendre le corrigé

L'échec de la guerre de mouvement en novembre 1914 a pour conséquence de prolonger le conflit : c'est la guerre de position (novembre 1914-mars 1918), dont la stratégie est la guerre d'usure. Le but est de gagner en faisant s'effondrer l'ennemi qui n'a pas les capacités de résister ou s'adapter.

Tout d'abord le but est d'affaiblir l'ennemi en cherchant à mettre hors de combat le plus d'hommes possibles : c'est la violence de masse. L'artillerie (obus), fait de nombreux morts et des blessés graves, même si les soldats s'abritent dans les tranchées. Les assauts sont les moments les plus meurtriers. Ainsi, l'assaut anglo-français contre les Allemands, la bataille de la Somme (juillet-novembre 1916) est le plus meurtrier de la guerre (440 000 morts). En effet, pour tuer d'avantage, de nouvelles armes apparaissent : chars et avion par exemple pour la Somme. Les souffrances physique et morale qui marquent fortement l'expérience combattante des tranchées ont aussi pour but de démoraliser et des mutineries éclatent en 1917. Enfin, les civils ne sont pas épargnés, comme le torpillage par les Allemands du paquebot britannique Lusitania en 1915 qui fait 1 100 morts.

Gagnez des points !

Indiquez bien quels sont les belligérants quand vous citez une bataille.

En effet, pour affaiblir l'adversaire, les combats ont lieu sur toute la planète, y compris les mers, et des ressources sont mobilisées partout : Français et Anglais font un blocus de l'Allemagne dès 1914. En 1917, l'Allemagne se lance dans la guerre sous-marine à outrance. Des fronts secondaires sont également ouverts : différents pays de l'Entente attaquent les colonies allemandes. Ou encore, parce que le front ne bouge plus en Europe, les Français

L'astuce du prof

Soyez clair dans votre argumentation en annonçant au début de chaque partie le sujet traité.

et les Anglais lancent l'offensive des Dardanelles (mars 1915-janvier 1916) contre l'Empire ottoman. Cette bataille maritime suivie d'un débarquement avait pour but d'empêcher l'épuisement de la Russie en ouvrant une voie de ravitaillement. Pour augmenter leur capacité militaire, Royaume-Uni et France recrutent des soldats dans les colonies: aux Dardanelles, la moitié des combattants français sont des tirailleurs sénégalais.

Expliquez en indiquant les causes et les conséquences.

Gagnez des points !

Mobilisez les points de passage vus en cours dès que le sujet s'y prête.

La guerre d'usure a eu des effets inégaux. Le grand nombre de morts dans chaque camp sur le front ouest en 1916 provoque le remplacement des chefs d'état-major français et allemand dans le but d'intensifier la stratégie défensive plutôt qu'offensive, donc la guerre d'usure. C'est la Russie qui a été la plus affaiblie par la guerre: elle signe l'armistice en décembre 1917 avec l'Allemagne. Mais l'avantage de l'Allemagne est limité: sa supériorité à l'ouest repose surtout sur le fait de pouvoir concentrer plus d'hommes alors que ces capacités de production ne parviennent pas à suivre. Elle réussit à percer le front en mars 1918 mais le succès est de courte durée: la guerre sous-marine à outrance, provoquant l'entrée des États-Unis (avril 1917) dans la guerre a renforcé l'Entente.

En conclusion, de novembre 1914 à mars 1918 se déroule une véritable guerre d'usure reposant sur une guerre totale et mondiale. Au total, 9,5 millions de soldats sont morts et 21,2 millions sont blessés pendant la Première Guerre mondiale.

SUJET 10 Sujet inédit — 10 pts — 1h

Étude de document

› Comment la population civile est-elle mobilisée lors de la Première Guerre mondiale ?

Vous pourrez d'abord expliquer comment est présenté le rôle des femmes puis analyser les fondements de la propagande.

DOC. La Femme française pendant la guerre*

Affiche dessinée par Georges Capon, 1918.

**The french woman war* est la version anglaise en 1918, d'un film documentaire de propagande réalisé par Alexandre Desvarennes en 1917.

PAR ÉTAPES

COMPRENDRE LE SUJET

Cadrer le sujet

- La problématique porte sur **le rôle des civils comme acteurs de la Première Guerre mondiale**. Mais c'est le document qui définit réellement le sujet. Le titre (« La Femme française dans la guerre ») et la consigne sans date invitent à s'intéresser à toutes les années de guerre.

• En revanche le titre, le contenu et la nature du document obligent à limiter l'analyse à la situation française. Il s'agit donc d'étudier **la mobilisation de la population française** et en particulier celle des **femmes pendant la guerre**.

Les mots clés

• **Guerre totale :** mobilisation de toutes les ressources (population, économie...) pour la victoire.

• **Effort de guerre :** mobilisation économique de toute la société pour subvenir aux besoins militaires de l'État.

• **Munitionnette :** ouvrière travaillant dans les usines d'armement.

Identifier le document

• Cette affiche de style réaliste a été dessinée par Georges Capon en 1918 pour faire la promotion d'un film français exporté au Royaume-Uni en 1918, mais produit et joué en France en 1917. Le commanditaire est l'État, à travers le **service cinématographique de l'armée** : c'est donc un **document de propagande** produit dans le cadre d'une **guerre totale**.

ORGANISER SES IDÉES

Retrouver les axes du sujet et former un plan

• Dans un premier temps, il s'agit de s'intéresser au **sujet du document** (le fond), c'est-à-dire **le travail des femmes**. Ensuite la consigne invite à exploiter **la nature du document** (la forme), donc **la propagande**.

Prélever les informations du document

• Au premier plan, on distingue un groupe de trois femmes : à gauche, une munitionnette. Au centre, une femme qui allaite, c'est une mère. À droite, la femme qui bêche un champ de maïs symbolise la paysannerie. Les vêtements des trois femmes sont des couleurs du du drapeau de la **République française**.

• Au second plan apparaît en filigrane, une femme casquée : c'est Marianne qui combat.

> **Au brouillon**
> Prélever les informations dans une image se fait en 2 étapes : décrire puis identifier. Pour ne rien manquer, étudiez un plan l'un après l'autre.

• Cette affiche fait la promotion d'un film réalisé par l'armée. Il faut garder à l'esprit que c'est un **film de propagande**.

Mobiliser et classer les connaissances indispensables

• Dès le début de la guerre, tous les pays manquent de main-d'œuvre pour remplacer les hommes partis au front, alors que **la guerre est aussi industrielle**. Ce sont donc les femmes qui remplacent réellement ces hommes.

• Toute l'économie et toute la société sont mobilisées pour **l'effort de guerre**. Ainsi, l'industrie se convertit pour produire des armes (par exemple, Renault).

• Cette mobilisation passe aussi par la **propagande**, multiforme, qui a pour but de développer une **culture de guerre commune** et de renforcer **l'unité nationale**.

Méthode

Mettre à distance un document

• Le but est de faire une **analyse critique** : pas de paraphrase, ni de commentaire linéaire.

• **Comment ?**
- **Identifier l'auteur** ou le commanditaire et son point de vue.
- **Confronter** ce qui est raconté avec vos connaissances (vérifier les faits).
- **Identifier** les informations qui sont mises en valeur et expliquer pourquoi et à l'inverse celles qui ne sont pas mentionnées et expliquer pourquoi.

ENRICHIR SA COPIE

Introduire et conclure la réponse à l'étude de document

• Vous pouvez engager le commentaire en **présentant le document dans son contexte** (manque de main d'œuvre) puis en expliquant que **son sujet (les femmes)** est aussi important **que sa nature (une affiche de propagande)**.

• Concluez en répondant à la problématique et en insistant sur les enjeux de ce document à travers ce qui est dit, et ce qui ne l'est pas. Terminez par sa portée en expliquant pourquoi ce type de document a pu faire croire à une **émancipation des femmes**.

Mettre en relation le document avec vos connaissances

• Les femmes remplacent les hommes partis au front dans tous les secteurs, mais seules les activités traditionnelles sont représentées ici (pas d'infirmière…). **C'est un message conservateur** : la femme est faite pour la maternité, il faut défendre la patrie et la République.

• Les événements de 1917 ne sont pas pris en compte, car ce document défend l'idée d'unité. C'est sur ces éléments que repose la culture de guerre de l'État.

CORRIGÉ 10

Comprendre le corrigé

Ce document présente les civils, et plus particulièrement les femmes, comme actrices de la guerre. Cette affiche au style réaliste a été dessinée par le français Georges Capon en 1918, c'est-à-dire plus de trois ans après le début de la guerre, et un an après les grandes grèves de 1917. Elle est destinée à promouvoir la diffusion au Royaume-Uni d'un documentaire de 1917 sur le rôle des femmes françaises dans la Première Guerre mondiale. Le document aborde donc à la fois le rôle des femmes dans la guerre et présente le fonctionnement de la propagande.

Faites attention aux légendes dans les documents iconographiques : elles vous apportent des informations essentielles.

Il faut bien comprendre et montrer le rapport entre le plan et le document qui est à analyser.

Ce document insiste d'abord sur la participation des femmes à l'effort de guerre.

En effet les femmes remplacent les hommes partis au front. À gauche une femme se trouve devant une machine à tourner les obus, c'est une munitionnette. Une partie des usines s'est reconvertie en industrie d'armement car toute l'économie est mobilisée pour l'effort de guerre. À droite, une femme bêche un champ de maïs: elle doit gérer l'exploitation agricole en l'absence de son mari. Les conditions de travail et de vie, qui se détériorent, n'apparaissent pas, pas plus que les grèves de 1917.

Cependant, cette affiche montre également que le rôle fondamental de la femme reste d'être une mère: celle qui allaite un enfant se trouve au centre. Cela peut s'expliquer par la priorité accordée à la natalité dans un contexte de mort de masse. L'affiche propose une vision très traditionnelle de la femme, on ne voit pas les ambulancières ou Marie Curie par exemple.

Ce document permet également d'aborder les fondements de la propagande.

Le commanditaire de l'affiche est la section cinématographique de l'armée française, donc l'État, ce qui prouve bien qu'il s'agit d'un document de propagande. Ce film au nom anglais (*The french women in war time*) est diffusé au Royaume-Uni. La propagande n'est pas seulement destinée à la population française mais aussi aux alliés sans doute pour montrer la mobilisation de la nation française. Son objectif est de construire une culture de guerre commune.

Les femmes portent les trois couleurs du drapeau français (ouvrière en bleu, mère en blanc et paysanne en rouge) et Marianne, en guerrière, se trouve au second plan. La propagande française repose sur le patriotisme et la République. Logiquement en découle la mise en avant de l'unité nationale: ainsi l'armée fait un film sur les civils, et en particulier les femmes. Enfin, la propagande utilise les moyens les plus modernes comme les affiches en couleur ou le cinéma.

En conclusion cette affiche montre que les femmes et la propagande occupent une place centrale. Mais cette affiche, comme le film dont elle fait la promotion, ont contribué à la fausse image de l'émancipation des femmes, alors qu'ils essaient de rendre leur travail visible.

L'astuce du prof

Prenez de la distance avec le document: il faut accorder de l'importance à ce qui est dit, mais aussi à ce qui ne l'est pas !

Gagnez des points !

Faites des transitions claires entre vos parties, sautez des lignes et indiquez le plan en faisant des phrases-titres.

Une image est plus difficile à lire qu'un texte car il faut déjà trouver les éléments à expliquer alors que les informations sont souvent explicites dans un texte. La description est donc essentielle.

Conclusion

La conclusion répond à la problématique, mais peut aussi ouvrir le sujet, ici sur la portée du document.

SUJET 11 Sujet inédit

10 pts 1h

Question problématisée

› Pourquoi peut-on dire que les traités de 1919 à 1923 mettent en place une paix fragile ?

Vous pourrez évoquer les négociations, les décisions pour les vaincus et enfin la création de la Société des Nations.

PAR ÉTAPES

COMPRENDRE LE SUJET

Cadrer le sujet

- Le sujet porte sur toute l'après-guerre qui va de janvier 1919 (début de la conférence de la paix) jusqu'à la remise en question du traité de Sèvres par le traité de Lausanne (1923). **La paix est fragile en 1923,** mais il convient d'éviter de présenter la Seconde Guerre comme prévisible ou inévitable.

- Géographiquement le sujet se concentre sur l'Europe : c'est là que se négocient les traités (en France) et qu'ils vont essentiellement s'appliquer (sauf pour les colonies et l'Empire ottoman).

Les mots clés

- **Les quatorze points :** but de guerre américain décidé par le président Wilson qui cherche à rendre les relations nationales démocratiques.

- **Traité :** accord de paix (souvent après un armistice qui est un arrêt des combats).

- **SDN (Société des Nations) :** organisation internationale imaginée par Wilson et mise en place par les traités de paix de 1919-1920 pour garantir la paix mondiale.

- **Diktat :** terme utilisé par les Allemands pour désigner le traité de Versailles.

- **Réparations :** paiement et transfert de biens que l'Allemagne et ses alliés doivent effectuer car ils sont déclarés responsables de « toutes les pertes et le dommage » subis par l'Entente.

ORGANISER SES IDÉES

Retrouver les axes du sujet et former un plan

• Le plan suggéré pourrait presque être un **plan chrono-thématique** : le temps des négociations (janvier 1919 à août 1920), puis la période 1920-1923 avec l'application de ces traités et les débuts de la SDN.

Mobiliser et classer les connaissances indispensables

• Les négociations sont difficiles et se font entre **les principales puissances qui ont gagné la guerre** : France, Royaume-Uni et États-Unis.

• **Cinq traités mettent fin à la Première Guerre mondiale** en 1919-1920 :
– traité de Trianon (4 juin 1919) avec la Hongrie ;
– traité de Versailles (28 juin 1919) avec l'Allemagne ;
– traité de Saint-Germain-en-Laye (10 septembre 1919) avec l'Autriche ;
– traité de Neuilly-sur-Seine (27 novembre 1919) avec la Bulgarie ;
– traité de Sèvres (10 août 1920) avec l'Empire ottoman renégocié lors du traité de Lausanne (24 juillet 1923) après les victoires de Mustafa Kemal.

• Dans chaque traité, une partie des clauses concerne la SDN. Mais tous reposent sur l'humiliation, la punition et l'exclusion des **vaincus rendus seuls responsables de la guerre**. Ces traités ne sont pas acceptés, y compris par une partie des vainqueurs : les Allemands reconnaissent d'autant moins cette défaite que leur territoire n'a pas été envahi et que leurs représentants n'ont pu négocier le traité de paix. Les Italiens, pourtant vainqueurs, parlent de « victoire mutilée » car leur pays n'a pas reçu tous les territoires promis (les terres irrédentes) lors de leur entrée en guerre en 1915 aux côtés de l'Entente (alors qu'il était engagé dans la Triple-Alliance).

RÉDIGER SA COPIE

Introduire et conclure la réponse à la question problématisée

• En introduction, vous pouvez replacer le sujet dans **différentes temporalités** : celui de la Première Guerre mondiale mais également des conflits franco-allemands (guerre de 1870-1871 en particulier).

• Concluez en **répondant bien à la problématique** mais en **insistant surtout sur le contexte qui est à l'origine de cette situation**.

Au brouillon

Le sujet s'étend sur une période très courte. Il faut dater les évènements avec précision et surtout bien expliquer ce que signifie chaque fait.

Enrichir la copie

- Appuyez-vous sur le point de passage traitant **des traités de paix (1919-1923)**. N'hésitez pas à **approfondir un exemple**, celui du traité de Versailles, déjà étudié, mais sans être exclusif, car le sujet n'est pas seulement le traité entre les vainqueurs et l'Allemagne.
- Le plan repose sur trois parties, qu'il faudra veiller à **équilibrer**.

Méthode

Développer un exemple

Il s'agit d'**illustrer une idée générale par un cas particulier** pour montrer sa capacité à analyser des situations particulières et rendre la réflexion plus concrète.

Un exemple doit être **analysé**, ce n'est pas une simple allusion :

- **présentez** l'exemple (situation, contexte) ;
- **sélectionnez** uniquement ce qui a un rapport avec l'idée ;
- **expliquez** le rapport entre cet exemple et l'idée.

Utilisez des **connecteurs logiques** pour introduire l'exemple :

- un **schéma** ou un croquis sont valorisés ;
- **deux exemples maximum** par idée.

CORRIGÉ 11

Comprendre le corrigé

Le dernier armistice ayant été conclu le 11 novembre 1918 (front ouest), la conférence de la paix s'ouvre à Versailles en janvier 1919. Le choix de ce lieu (où a été proclamée la création de l'Empire allemand en 1871) est déjà le symbole de la volonté d'humilier les vaincus. Les négociations d'abord, le contenu des traités ensuite et enfin le fonctionnement de la SDN sont autant d'éléments qui rendent cette paix fragile.

En effet, le but des négociations est de « gagner la paix » (Clemenceau), c'est-à-dire d'imposer aux autres ses volontés.

Gagnez des points !

Faites des citations courtes, pour faire comprendre rapidement une idée et mettre en avant les acteurs.

Les négociations se font entre un petit nombre d'États et s'imposent aux autres. Ainsi, seuls vingt-sept pays vainqueurs participent aux négociations de paix. Les vaincus sont contraints de signer sans avoir pu discuter, ce qui amène les Allemands à surnommer le traité de Versailles le « diktat ». Et même au sein des vainqueurs, c'est le Conseil des Quatre (France, Royaume-Uni, Italie et États-Unis) qui décide.

Les négociations sont compliquées, entre les idées de Wilson (les quatorze points) et les buts de guerre impérialistes des Européens. Ainsi, il y a une contradiction entre le principe du droit des peuples à disposer d'eux-mêmes, l'affaiblissement de l'Allemagne voulu par la France et la préoccupation britannique de limiter l'influence russe.

Finalement, il a fallu cinq traités (un avec chaque vaincu) pour « perdre la paix » (Foch).

Les traités considèrent les vaincus comme des coupables à punir. Par exemple, le traité de Versailles (28 juin 1919) impose des conditions impossibles à l'Allemagne : elle est déclarée responsable de la guerre, doit payer les réparations, perd 15 % de son territoire et 7 millions d'habitants, est en partie démilitarisée…

Cette paix ne satisfait personne, même pas les vainqueurs : l'Italie appelle ces traités la « victoire mutilée ». De nouvelles guerres éclatent, par exemple entre la Pologne et la Russie et entre la Turquie et la Grèce. Dans ce dernier exemple, le traité de Sèvres (1920) est remis en cause par le traité de Lausanne (1923).

Cependant, ces traités sont porteurs d'espoir, celui d'une sécurité collective avec la SDN.

En effet, cette organisation avait pour objectif de régler passivement les conflits, par la négociation et de conduire le monde vers un désarmement. Elle a fait progresser le droit international, notamment en protégeant les réfugiés avec la liberté de circulation pour les apatrides grâce au passeport Nansen (1922).

Cette organisation mondiale est pourtant paralysée, car des États importants comme la Russie ou les États-Unis (et les vaincus dans un premier temps) n'y participent pas. De plus, elle n'a aucun moyen d'imposer ses décisions aux États qui ne respecteraient pas la sécurité collective.

En conclusion, la paix est fragile car les traités ont écrasé les vaincus sans se donner les moyens d'une vraie sécurité collective. Mais il faut tenir compte des opinions publiques, qui après tant d'années de souffrances et de propagande, désiraient que les vaincus soient écrasés. Et il ne faut pas oublier la progression du droit international.

L'astuce du prof

Le traité de Versailles, déjà vu plus tôt dans votre scolarité, est un exemple pertinent à développer pour illustrer vos propos.

L'astuce du prof

Utilisez les notions essentielles du cours : vous montrez ainsi que vous avez bien compris et surtout, cela vous évite des imprécisions ou un trop long développement.

Les exemples sont suffisamment développés pour bien illustrer l'idée qui est présentée.

Piège à éviter

Évitez absolument le fatalisme d'une Seconde Guerre mondiale inéluctable et prévisible à l'avance.

SUJET 12 **Sujet inédit** 10 pts 1h

Étude de document

› Après avoir identifié le document, vous analyserez les conséquences de la métropolisation au Brésil en mettant en valeur les conséquences spatiales puis les difficultés de gestion de ces métropoles et enfin les implications sociales.

DOC. La métropolisation au Brésil et ses conséquences.

L'urbanisation incontrôlée a fait naître de nouveaux enjeux dans les agglomérations de plus de 1 million d'habitants. Pour répondre à la densification urbaine, les autorités locales et les promoteurs immobiliers étendent et verticalisent les villes. São Paulo s'étend ainsi sur 100 km d'est en ouest. Mais les politiques d'aménagement urbain ne suivent pas, notamment en ce qui concerne les transports. Les plus riches se déplacent en hélicoptère de leur résidence vers leurs lieux de travail ou vers des *shopping centers* de luxe. Les nouveaux urbains s'entassent dans des périphéries toujours plus lointaines où de nombreuses habitations se construisent dans l'illégalité. Les pouvoirs publics peinent à légaliser l'habitat précaire des favelas. Le manque d'accès aux services pèse sur l'hygiène et les populations sont régulièrement victimes d'inondations. Quant aux classes moyennes, elles se replient dans des quartiers fermés ou dans des immeubles grillagés, touchées par le sentiment d'insécurité.

Olivier Dabène et Frédéric Louault, *Atlas du Brésil : promesses et défis d'une puissance émergente*, éditions Autrement 2018

PAR ÉTAPES

COMPRENDRE LE SUJET

Cadrer le sujet

- Le document invite à étudier **les conséquences de la croissance urbaine et de la métropolisation**. Attention, ce n'est pas le processus lui-même qui est l'objet de l'étude du texte mais ses conséquences.

Les mots clés

- **Favela :** au Brésil, quartier pauvre d'une agglomération où les maisons sont construites avec des matériaux de récupération et illégalement. C'est de l'habitat spontané.
- **Quartiers fermés :** traduction du terme « *gated community* » qui désigne des quartiers fermés et sécurisés, de petite taille, où seuls sont autorisés à entrer les résidents et leurs invités. Ces quartiers sont homogènes socialement.

Identifier le document

• Le document proposé est un texte, extrait d'un Atlas du Brésil publié aux éditions Autrement. Les auteurs de l'ouvrage, Olivier Dabène et Frédéric Louault, sont géographes et le texte date de 2018. Son titre nous indique qu'il porte exclusivement sur le Brésil *(Atlas du Brésil : promesses et défis d'une puissance émergente)* et que son propos sera orienté sur la puissance et la notion d'émergence. Les informations concernant la métropolisation ou l'urbanisation seront donc **scientifiquement vérifiées et récentes**.

Méthode

Identifier un document

• C'est la première étape, essentielle à l'analyse du document. Elle permet de le **contextualiser spatialement et d'en considérer les enjeux**.

• Il s'agit de répondre à des questions comme la **nature du document** (carte, graphique, photographie, texte), **sa date** (est-il récent ou non), **sa source** et **son auteur** (un ouvrage spécialisé de géographie, un quotidien de presse, un outil de marketing territorial, etc.) et, bien sûr, son **thème principal**.

ORGANISER SES IDÉES

Retrouver les axes du sujet et former un plan

• La formulation du sujet invite à **utiliser le plan suggéré**, ici en trois parties. La première s'attachera à montrer les conséquences spatiales de la métropolisation au Brésil, la deuxième s'intéressera à ses difficultés de gestion et la dernière exposera ses conséquences socio-spatiales.

Prélever les informations du document

• Le document évoque la métropolisation au Brésil ; il faut relever certaines informations sur **les formes spatiales prises par la métropolisation** : étalement et verticalisation, puis **les difficultés d'aménagement des métropoles** et enfin **la ségrégation socio-spatiale**, toujours plus forte.

Au brouillon

Surlignez les expressions du texte se référant à telle ou telle partie du plan proposé pour les compléter avec des connaissances personnelles.

Mobiliser et classer les connaissances indispensables

• Il convient de **réutiliser les définitions** : métropolisation, étalement urbain, *gated community*.

RÉDIGER SA COPIE

Introduire la réponse à l'étude du document

- L'introduction permet l'identification du document et doit comporter le plan proposé pour son étude.

Mettre en relation le document avec vos connaissances

- Il s'agit **d'utiliser les termes du document** et de les mettre en relation avec **les connaissances** pour enrichir et permettre l'étude du document. Cette dernière ne doit pas se résumer à de la paraphrase du texte mais doit être enrichie de connaissances personnelles.

CORRIGÉ 12

Comprendre le corrigé

Le document soumis à notre étude est un texte extrait de *l'Atlas du Brésil, promesses et défis d'une puissance émergente*, écrit par les géographes Olivier Dabène et Frédéric Louault en 2018. Le texte présente les conséquences de la métropolisation au Brésil. Le pays est fortement urbanisé : près de 87 % des Brésiliens sont urbains et 40 % de la population vit dans des métropoles de plus d'un million d'habitants. La question des transformations spatiales, des aménagements urbains et les difficultés sociales générées par la métropolisation est particulièrement importante.

> Présentez le document avec nature, auteur, date et sujet.

Les premières conséquences de la métropolisation sont spatiales. En effet, pour faire face à l'urbanisation sans cesse croissante et à cette « densification », on observe deux tendances. La première réside en l'étalement urbain (São Paulo s'étend sur 100 km d'est en ouest) consistant à « étendre » les villes en construisant de nouveaux programmes de lotissement en périphérie de la ville, ce qui conduit à son agrandissement. Le paysage est donc urbanisé, souvent de lotissements ou d'habitats individuels (lorsqu'il s'agit d'habitat planifié). La seconde possibilité est de densifier l'existant en « verticalisant » les villes, c'est-à-dire en construisant des immeubles plus hauts, permettant ainsi d'absorber une partie des nouveaux urbains. Cette verticalisation s'effectue plutôt dans les centres-villes, au gré des opérations de démolition d'immeubles vétustes.

> **Méthode**
> - Reprenez les éléments du document pour étayer votre développement.
> - Recourez à vos connaissances personnelles pour étayer les informations du document.

> **Vocabulaire**
> Mobilisez un vocabulaire précis, comme verticalisation, pour montrer que vous maîtrisez les notions du cours.

Mais le Brésil est une puissance émergente et les pouvoirs publics ont du mal à gérer les conséquences de cette explosion urbaine. La politique des transports et des mobilités n'est pas traitée et les transformations urbaines ne sont pas prises en compte. La circulation est souvent anarchique et le réseau routier n'est pas pensé en amont, ce qui conduit à sa saturation avant même des travaux d'amélioration. De ce fait, les populations les plus riches « circulent » en hélicoptère pour éviter les embouteillages et la violence routière, les héliports se situant sur les toits des gratte-ciel du centre-ville.

Cette métropolisation conduit inévitablement à l'accentuation de la ségrégation socio-spatiale. Les populations les plus pauvres vivent dans des bidonvilles, appelés « favelas » au Brésil et qui sont construits dans l'illégalité. Cet habitat spontané s'installe en priorité dans la première couronne périphérique, mais s'étend de plus en plus loin. Les populations vivent dans la précarité et le manque d'hygiène et subissent parfois des inondations puisqu'il n'y a pas de système d'évacuation des eaux ou d'égouts dans ces quartiers. Pour éviter ces conditions, les classes moyennes font le choix des résidences fermées, ou *gated communities*. Ces quartiers sont socialement homogènes, souvent fermés, clos par des murs. Si ces classes moyennes ne peuvent habiter dans ces *gated communities*, elles feront le choix d'immeubles grillagés dans des quartiers dégradés du centre-ville.

Le Brésil fait face à une métropolisation forte, qui génère de nombreuses conséquences spatiales mais surtout sociales, accentuant ainsi la ségrégation.

Débutez chacune de vos parties par un rappel du plan.

Vocabulaire

Gated communities : complexes résidentiels sécurisés, fermés aux non-résidents.

Développez vos trois parties (conséquences spatiales, difficultés à gérer la métropolisation, conséquences spatiales) en reprenant les termes du texte et en y ajoutant vos connaissances personnelles.

Conclusion

Pour conclure, dressez un rapide bilan de l'étude du document.

SUJET 13 **Sujet inédit** 10 pts 1h

Question problématisée

› En quoi le réseau urbain français (DROM exclus) traduit-il un territoire inégalement métropolisé ?

Pour répondre à la question, vous pourrez évoquer le réseau urbain français fortement hiérarchisé puis montrer l'important réseau de métropoles qui structurent le territoire et enfin vous exposerez la situation des villes petites ou moyennes qui subissent la métropolisation du territoire national.

PAR ÉTAPES

COMPRENDRE LE SUJET

▶ Cadrer le sujet

• Il s'agit de délimiter spatialement le sujet. Ici, le territoire français métropolitain est concerné puisque l'énoncé précise que l'urbanisation des DROM n'est pas à étudier.

▶ Les mots clés

• **Métropolisation :** mouvement de concentration de populations, d'activités de valeur dans des ensembles urbains de grande taille. Les facteurs de la métropolisation sont divers : avantages comparatifs, besoins d'accessibilité aux réseaux (aux échelles nationales et mondiales), etc.

• **Réseau urbain :** ensemble de villes hiérarchisées en relation d'échanges et de commandement. Parmi les nombreux types de réseaux urbains, on distingue les réseaux monocentriques ou macrocéphales (dominés par une métropole) et les réseaux multipolaires (plusieurs métropoles en haut de la hiérarchie urbaine).

ORGANISER SES IDÉES

▶ Retrouver les axes du sujet

• Il s'agit de dégager le contexte géographique et les limites spatiales du sujet pour développer les axes du plan suggéré dans l'énoncé.

▶ Mobiliser et classer les connaissances indispensables

• La France est un territoire largement urbanisé et fortement métropolisé. Cette métropolisation présente des particularités, puisque **le réseau urbain français est très hiérarchisé avec à sa tête une capitale macrocéphale** (Paris) et des métropoles régionales de rang parfois international.

• Cette métropolisation provoque une **mise à l'écart des villes petites ou moyennes** qui peinent à conserver leur population malgré leurs atouts certains, dont la qualité de vie.

RÉDIGER SA COPIE

Introduire et conclure la réponse à la question problématisée

• L'introduction doit comporter plusieurs étapes : **l'accroche** (quel point de l'actualité peut se raccrocher au sujet, comme ici, le choix de Paris pour accueillir les prochains Jeux olympiques en 2024 ou encore la paralysie économique liée aux grèves contre la réforme des retraites qui a plus fortement touché l'Île-de-France et Paris que le reste du pays), **l'annonce du sujet de la question problématisée** avec une définition sommaire des notions ou termes spécifiques, **l'annonce du plan** suggéré dans les consignes (il faut se contenter de reprendre les grandes parties).

Méthode

S'appuyer sur une notion

• Développez votre réponse en vous appuyant sur une notion dont vous aurez au préalable **donné une définition** la plus exhaustive possible.

• La notion doit **éclairer le thème général de la réponse**. Il s'agit de l'expliciter puis de l'illustrer à l'aide d'exemples précis.

• La conclusion doit comporter deux étapes : **la réponse nuancée à la problématique** et une **ouverture** (expliquez qu'aujourd'hui, l'aménagement des territoires vise à redynamiser les territoires urbains en difficulté tout en maintenant la compétitivité des territoires les plus dynamiques).

Enrichir la copie

• Donnez des **exemples précis** pour illustrer votre propos. Les métropoles évoquées en cours permettront de fournir et d'illustrer la copie. Retenez dans ce but quelques chiffres et un ou deux exemples de villes étudiés en cours.

CORRIGÉ 13

Comprendre le corrigé

En 2018, la France compte plus de 80 % de citadins. Ce processus d'urbanisation se double d'une forte métropolisation. En quoi le réseau urbain français traduit-il un territoire inégalement métropolisé ? Pour répondre à la question, nous évoquerons le réseau urbain français fortement hiérarchisé puis nous montrerons l'important réseau de métropoles qui structurent le territoire et enfin nous exposerons la situation des villes petites ou moyennes qui subissent la métropolisation.

Introduction

Mettez le sujet en contexte à partir des grandes notions du chapitre, comme l'urbanisation et la métropolisation.

Paris est à la tête du réseau urbain français, avec une aire urbaine de près de 13 millions d'habitants. C'est donc une mégapole, mais aussi une ville mondiale qui exerce des fonctions de commandement à l'échelon mondial dans le domaine économique, politique et diplomatique, et touristique. À l'échelle du pays, le processus de métropolisation a renforcé le poids de la capitale. Aujourd'hui, son aire urbaine regroupe 19 % de la population nationale sur 2,4 % du territoire. On parle de macrocéphalie du réseau urbain.

Astuce du prof

Commencez à décrire le réseau urbain français, à l'aide de chiffres précis pour appuyer l'argumentation.

Le réseau urbain français est certes dominé par la capitale mais les grandes métropoles sont nombreuses. Lyon, Marseille, Toulouse, Bordeaux, Lille, Nantes sont dynamiques et en croissance forte, surtout les métropoles du sud et de l'ouest de la France.

Dans la transition, utilisez des exemples précis pour spatialiser la métropolisation.

Cependant, si le poids de ces métropoles régionales s'affirme sur le territoire national, il reste encore très limité face aux rivales européennes telles que Milan, Barcelone, ou Francfort.

À l'échelon inférieur, la France dispose d'un tissu dense de villes petites (entre 3 000 et 20 000 habitants) et moyennes (entre 30 000 et 200 000). Elles ont des dynamiques différentes, mais globalement, l'évolution générale de l'ensemble territorial dans lequel elle s'insèrent se montrera déterminante ; ainsi le bassin parisien, les régions du Sud et de l'Ouest sont attractives alors que les régions du Nord-Est et du nord du massif central le sont beaucoup moins.

Organisez votre troisième partie autour des villes petites et moyennes : définition, dynamiques puis difficultés et atouts.

Dans ces villes petites et moyennes, la dévitalisation des centres-villes est corrélée au développement des espaces périurbains avec multiplication des grandes surfaces en périphérie.

La qualité de vie est aussi un argument avancé dans la promotion de ces villes petites ou moyennes. Le lien social et la proximité y serait beaucoup plus forts que dans la métropole jugée anonyme. Le coût de la vie y est aussi moins élevé. L'offre culturelle est souvent plus accessible (parce que plus proche) même si moins diversifiée.

Ainsi donc, le réseau urbain français très hiérarchisé au profit de Paris est fortement métropolisé. Cette métropolisation se fait au détriment des villes petites et moyennes.

Conclusion

Répondez à la question de la problématique et terminez par une ouverture.

SUJET 14 Sujet inédit

10 pts 1h

Étude de document

› Montrez que ce document permet de rendre compte du fonctionnement de la division internationale du travail dans la mondialisation, et de ses conséquences sur les flux et les espaces productifs.

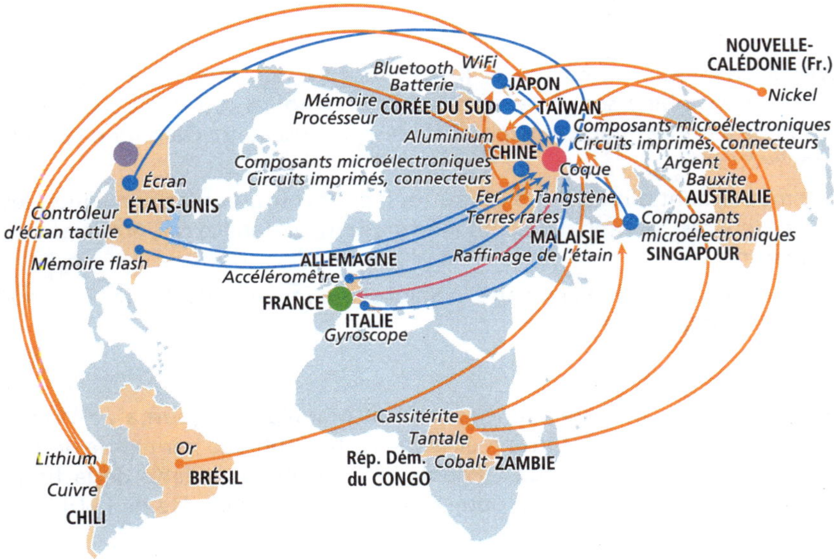

Les cinq grandes étapes de la fabrication d'un iPhone

- Conception
- Extraction et transformation de matières premières stratégiques et/ou indispensables
- Fabrication des principaux composants
- Assemblages
- Distribution

Flux matériels

Source : Cécile Marin, « peut-on fabriquer un téléphone équitable ? » *Le Monde diplomatique*, juin 2015

FRANÇAIS
ENSEIGNEMENT SCIENTIFIQUE
HISTOIRE GÉOGRAPHIE
ANGLAIS

PAR ÉTAPES

COMPRENDRE LE SUJET

Cadrer le sujet

- L'étude de ce document mobilise les connaissances relatives à l'étude de la diversification des espaces et des acteurs de la production, aussi bien ce qui concerne les **espaces de production dans le monde** que les **enjeux liés à la métropolisation et la littoralisation des espaces productifs**.

Les mots clés

- **Division internationale du travail (DIT):** processus par lequel les étapes de production d'un bien sont localisées sur des territoires différents, choisis en fonction de leurs avantages comparatifs; cela favorise la spécialisation des territoires productifs.
- **Flux:** mouvement d'un point à un autre. Il peut concerner les personnes, les biens, les services, les capitaux ou les informations, et dans ce cas, être matériel ou immatériel.
- **Espace productif:** espace aménagé et valorisé en fonction de l'activité économique qui s'y déploie.

Identifier le document

- L'étude porte sur une carte réalisée par Cécile Marin pour le journal *Le Monde diplomatique* en juin 2015. Cette réalisation cartographique permet de découvrir **où et comment est produit l'iPhone**, le smartphone vedette de la firme transnationale (FTN) Apple, et d'observer la traduction concrète de la DIT par un exemple.

ORGANISER SES IDÉES

Retrouver les axes du sujet et former un plan

- La consigne vous indique les axes à développer. Dans un premier temps, **décrivez et expliquez la DIT en partant de l'exemple de l'iPhone**, qui sert de support au document. Puis **exposez les conséquences de la DIT**: augmentation et diversification des flux, mais aussi spécialisation et hiérarchisation des territoires productifs.

Prélever les informations du document

- **La DIT** à partir de l'exemple de l'iPhone: les figurés ponctuels de couleur, avec des variations de taille pour les figurés ponctuels bleus. Le nombre de figurés ponctuels jaunes (14) et bleus (11).
- **Les flux**, la spécialisation et la hiérarchisation des territoires productifs: les flèches de couleur, les figurés ponctuels violet (lieu de commandement: États-Unis), rouge (assemblage: Chine) et vert (distribution: France). Les figurés bleus en Asie littorale. Les figurés jaunes dans les pays en développement (Pérou,

République démocratique du Congo) et développés (Australie).

Mobiliser et classer les connaissances indispensables

- **La DIT, à partir de l'exemple de l'iPhone:** figurés ponctuels, division internationale du travail (DIT), firme transnationale (FTN), «juste-à-temps» (JAT), délocalisation, États-Unis, République démocratique du Congo, Chili, Chine, Asie, UE.
- **Les conséquences de la DIT sur les flux et les territoires productifs:** flux, interface, réseau, 90 % des échanges de Chine par la mer, Yangshan, avantages comparatifs, accessibilité, spécialisation, hiérarchisation, périphéries productives.

Au brouillon

Après avoir choisi deux couleurs, une par partie, surlignez ou entourez les figurés ou les parties de légende que vous exploiterez dans votre réponse.

RÉDIGER SA COPIE

Introduire et conclure la réponse à l'étude de document

- Inscrivez le document dans **le contexte de la mondialisation et de la DIT** pour en exposer les enjeux. Concluez sur **le rôle moteur de la DIT dans le développement de flux** de toute nature à l'échelle mondiale et la **hiérarchisation des territoires productifs**.

Enrichir la copie

- Montrez votre **maîtrise du langage cartographique** en nommant précisément chaque figuré en fonction de sa couleur, de sa taille et de sa nature.
- Appuyez-vous sur l'exemple de la **Silicon Valley** pour décrire le cadre dans lequel s'est développée la FTN Apple.

Méthode

Hiérarchiser les figurés

- Lorsque vous étudiez une réalisation graphique, carte ou schéma, vous devez **faire référence au document**, comme pour un texte. Mais au lieu de citer des passages ou des mots, **vous nommerez des types de figurés** (ponctuels, linéaires, de surface) issus de:
  - la légende, pour montrer que vous savez la lire;
  - la carte elle-même, pour montrer que vous identifiez et localisez des phénomènes géographiques et des variations dans la taille des figurés.
- Vous devez également **nommer et caractériser des lieux** en observant comment s'y combinent différents figurés.

CORRIGÉ 14

Comprendre le corrigé

La mondialisation se traduit par l'éclatement du processus de production. C'est l'objet de cette carte de Cécile Marin, réalisée pour *Le Monde diplomatique* en juin 2015 et qui porte sur les étapes de la fabrication d'un iPhone, smartphone de la firme transnationale (FTN) Apple. En quoi ce document permet-il de rendre compte de la division internationale du travail et de ses conséquences ? Pour répondre à cette question, nous étudierons d'abord le processus de la division internationale du travail (DIT) à travers cet exemple, puis montrerons que cette dernière favorise l'existence de flux, mais aussi la spécialisation et la hiérarchisation des territoires productifs.

Le saviez-vous ?
Apple est né en 1976 lorsque Steve Jobs, Steve Wozniak et Ronald Wayne ont décidé de commercialiser l'ordinateur qu'ils avaient eux-mêmes conçu à Cupertino, dans la banlieue de San Francisco.

L'exemple de l'iPhone montre le fonctionnement de la division internationale du travail.

La conception, le design et le suivi de production sont assurés depuis les États-Unis par la FTN Apple, dont le siège se trouve à Cupertino, dans la Silicon Valley, pôle mondial pour les nouvelles technologies. Ce lieu est indiqué par un unique point violet sur la carte.

Cependant, Apple n'assure pas directement la production ; la firme confie la fabrication de son téléphone auprès de nombreux sous-traitants, qui eux-mêmes font appel à d'autres sous-traitants. Ainsi, à partir de la Californie, le processus de production mobilise des acteurs et territoires productifs du monde entier.

Méthode
Compter les figurés et leur récurrence permet de situer leur importance. Un seul figuré peut correspondre à un processus marginal *ou* à un processus très hiérarchisé (c'est le cas ici).

L'Afrique ou l'Amérique latine fournissent les matières premières (or, cuivre, nickel…), ce qu'indique la carte par un figuré ponctuel jaune. Certains métaux appelés terres rares sont très convoités, comme le tantale, principalement issu de la République démocratique du Congo.

Astuce du prof
N'hésitez pas à apporter des précisions ou à développer certaines informations de la carte.

Ces matières premières sont transformées par des entreprises qui fabriquent les pièces du téléphone, comme le gyroscope ou l'écran (figuré ponctuel bleu). Certains points, plus grands que d'autres sur la carte, permettent de localiser les sous-traitants stratégiques. La majorité se trouve en Asie.

Méthode
Décrivez précisément les figurés et leur localisation.

Les pièces sont ensuite assemblées en Chine (point rouge) : la chaîne d'assemblage se trouve au plus près des territoires où sont produites la plupart des pièces du smartphone.

Enfin, le produit est distribué. C'est l'exemple de la France qui est choisi (figuré ponctuel vert), mais la distribution est mondialisée, l'iPhone étant le smartphone le plus vendu au monde.

La DIT provoque le développement de flux de toute nature, et accentue la spécialisation et la hiérarchisation des territoires productifs.

La DIT s'organisant à l'échelle mondiale, des flux relient les territoires associés à la production d'un bien. Dans le cas de l'iPhone, les matières premières sont transportées jusqu'aux lieux de leur transformation (flèches jaunes), puis les pièces du téléphone convergent vers le lieu d'assemblage, en Chine (flèches bleues). Enfin, le produit fini est expédié en France où il est vendu (flèche rouge). On peut regretter que la carte n'indique pas les flux immatériels (informations et capitaux) mais aussi les flux humains (contrôle de la qualité par les ingénieurs d'Apple) qui naissent de la fabrication de ce produit.

Gagnez des points !

Même si la consigne ne le précise pas, une lecture critique du document est toujours un élément de valorisation d'une copie.

La DIT provoque la spécialisation des territoires productifs, ce qui renforce leur hiérarchisation. Les territoires où sont extraites les matières premières correspondent à des pays pauvres, dominés dans la mondialisation, comme la Zambie, mais aussi à des puissances émergentes comme le Brésil ou la Malaisie.

Astuce du prof

Ne multipliez pas les exemples, choisissez les plus pertinents.

La fabrication des pièces de l'iPhone exige des conditions humaines et techniques plus pointues, et donc un niveau de développement plus élevé : les lieux de production sont situés dans des pays industriels, tels l'Italie, Singapour ou Taïwan. La place de l'Asie est ici remarquable : la proximité entre les territoires productifs permet d'énormes gains de temps et une grande régularité logistique.

Enfin, les fonctions de commandement sont assurées par les grandes puissances économiques mondiales, qui disposent des travailleurs qualifiés et de la maîtrise des processus de production. La place de la Chine est cependant stratégique : le pays réalise une part essentielle de la production de l'iPhone, à la fois mine, atelier et usine du monde.

Astuce du prof

Mobilisez un vocabulaire précis pour renforcer votre argumentation.

Ainsi, ce document rend compte de la DIT, qui conduit à un éclatement mondial du processus productif et entraîne l'existence de flux, mais aussi la spécialisation et la hiérarchisation des territoires productifs, les pays industriels disposant des fonctions de commandement.

SUJET 15 Sujet inédit 10 pts 1h

Question problématisée

› Comment se recomposent les espaces productifs en France ?

Vous pourrez évoquer les mutations des espaces industriels et la nouvelle organisation spatiale qui en découle, puis voir en quoi la tertiarisation de l'économie favorise les processus de métropolisation et littoralisation.

PAR ÉTAPES

COMPRENDRE LE SUJET

Cadrer le sujet

- Le sujet s'inscrit dans l'étude des espaces de production, mais au niveau de la France. Il vous permet de mobiliser les connaissances portant sur l'échelle mondiale, en les appliquant au territoire national. Ainsi vous devez **placer la France dans le contexte des transformations globales des territoires productifs**, en lien avec la mondialisation.

Les mots clés

- **Espace productif :** territoire aménagé et mis en valeur pour participer à la production d'un bien.
- **Métropolisation :** processus de concentration des hommes et des fonctions de commandement dans quelques grandes villes.
- **Littoralisation :** processus de concentration des hommes et des activités sur les littoraux.
- **Tertiarisation :** progression des services dans l'emploi et l'activité du territoire.

ORGANISER SES IDÉES

Retrouver les axes du sujet et former un plan

- L'étude des mutations des espaces productifs se déploie en deux temps. Une première partie porte sur les espaces industriels, ce qui implique d'évoquer **la désindustrialisation et les délocalisations**, et d'envisager les conséquences spatiales de cette recomposition. Une seconde partie traite de la **domination croissante des services dans l'économie** et de leurs effets spatiaux, avec un renforcement des métropoles et des littoraux.

Mobiliser et classer les connaissances indispensables

- **Mutations des espaces productifs industriels :** mondialisation, division internationale du travail (DIT), désindustrialisation, délocalisation, Lorraine, Alsace, Île-de-France, de 40 à 13 % des emplois (1968-2015), pôles de compétitivité, recherche et développement (R&D), Airbus, Grand Ouest, Franche-Comté.
- **Prédominance des activités de services :** fonctions de commandement, métropolisation, littoralisation, régions frontalières, Paris, Lyon, Toulouse, Montpellier, Grenoble, Lille, littoral atlantique, arc méditerranéen, Bretagne.

Au brouillon

Le changement de nom des régions françaises ne doit pas vous gêner : vous pouvez utiliser les toponymes correspondant à des territoires en géographie, comme la Lorraine ou le Nord.

RÉDIGER SA COPIE

Introduire et conclure la réponse à la question problématisée

- Placez le territoire français dans le contexte de la mondialisation et des mutations spatiales qu'elle provoque. Concluez sur les **déséquilibres territoriaux croissants** et les défis que cela représente pour la cohésion du territoire français.

Enrichir la copie

- Appuyez-vous sur **l'exemple de Toulouse**, dont le site AéroConstellation résume bien l'organisation des nouveaux territoires industriels français.
- Vous pouvez mobiliser **votre expérience d'acteur spatial**, en faisant référence aux territoires qui vous entourent ou que vous fréquentez. D'une manière ou d'une autre, ils entrent dans le sujet.

Méthode

Développer un exemple en géographie

- Un exemple exploité au fil de la copie sous différentes formes vous permet de **nourrir votre argumentation sans multiplier les risques d'erreur ou de confusion** liés à l'apprentissage des chiffres et des toponymes. Vous pouvez vous appuyer sur une étude de cas du programme (Airbus et la production industrielle à Toulouse), sur la région de votre lycée, ou sur tout autre lieu que vous maîtrisez.
- Pour que votre exemple soit pertinent, vous devez en **connaître des caractéristiques précises** (nombre et nature des emplois, noms et lieux où sont implantées des entreprises, échelles d'activités, acteurs impliqués), mais également **être capable d'en faire un schéma d'organisation spatiale simple**, avec six à huit figurés.

CORRIGÉ 15

La mondialisation, en favorisant la division internationale du travail (DIT), a profondément transformé le territoire français. Comment s'y recomposent les espaces productifs ? Nous étudierons d'abord la désindustrialisation et les délocalisations et leurs traductions spatiales, avant de nous pencher sur la domination croissante des services dans l'économie, qui renforce les métropoles et les littoraux français.

Le territoire français est inégalement touché par la désindustrialisation, ce qui provoque une recomposition des systèmes productifs.

Dans de nombreux secteurs, les industriels ont massivement délocalisé leurs unités productives, ne conservant que les activités de commandement sur le territoire français. Ainsi, l'industrie ne représente plus que 13,8 % des emplois en 2017, contre 40 % en 1968. L'industrie textile a perdu les deux tiers de sa production et de ses effectifs. Les usines ont disparu les unes après les autres dans les Vosges, le Nord, la région de Mulhouse (Alsace). Les haut-fourneaux de l'usine de Florange ont fermé en 2013, malgré les appels au gouvernement.

Pour autant, certains secteurs demeurent dynamiques (automobile, aéronautique, chimie). Les lieux de production correspondent à la fois aux anciennes régions industrielles (Toyota dans le Nord, Peugeot dans le Grand-Est) et aux régions d'industrie plus récente, comme le Grand Ouest (Airbus).

Pour maintenir les activités industrielles et l'innovation, clé de la compétitivité plus globale de l'économie, l'État a lancé en 2004 les pôles de compétitivité. Il s'agit d'associer sur un territoire qui dispose d'une compétence particulière (textile, mécanique, ingénierie, cosmétique…) des acteurs de la production et de R&D (recherche et développement), et de faciliter leur coopération. Ainsi, la Franche-Comté conserve une activité industrielle de pointe dans l'horlogerie et la plasturgie. Le bilan global des pôles est toutefois mitigé.

En effet, ces mutations s'inscrivent dans des processus communs à tous les pays industriels : globalement, les métropoles et les littoraux bénéficient des effets spatiaux de la mondialisation, en lien avec les activités de services.

Comprendre le corrigé

Astuce du prof

Une fois que vous l'avez développé, vous pouvez utiliser un sigle comme vous le souhaitez (DIT).

Aller plus loin

L'article de François Bost et Dalila Messaoudi, « La désindustrialisation : quelles réalités dans le cas français ? », publié par la *Revue géographique de l'Est* offre une analyse détaillée de la désindustrialisation en France.

→ Accéder à l'article en ligne en flashant cette page avec l'application Nathan Live.

Gagnez des points !

Mobilisez des chiffres précis pour renforcer votre argumentation.

Le saviez-vous ?

Oyonnax, dans l'Ain, est parfois appelée Plastics Vallée tant les entreprises de plasturgie y sont nombreuses et dynamiques. Ce territoire productif est rattaché au pôle de compétitivité Plastipolis, créé en 2005.

live!

L'économie française est dominée par le secteur des services, ou plus largement par les fonctions de conception, de commandement. Leur développement s'appuie sur la présence de ressources intellectuelles, plus nombreuses dans les métropoles et sur les littoraux, lieux de contact.

Les grands pôles urbains accueillent donc la plupart des activités technologiques, comme l'aéronautique ou la mécanique de précision. Toulouse, où siège la firme transnationale (FTN) Airbus, conjugue un lieu de production (AéroConstellation) où sont installés de nombreux sous-traitants de la firme, un aéroport international pour faciliter l'expédition des avions comme la réception des pièces et des lieux de formation dédiés à la production et à la gestion aéronautique.

Astuce du prof

Mobilisez les connaissances de l'étude de cas pour étoffer et préciser votre argumentation.

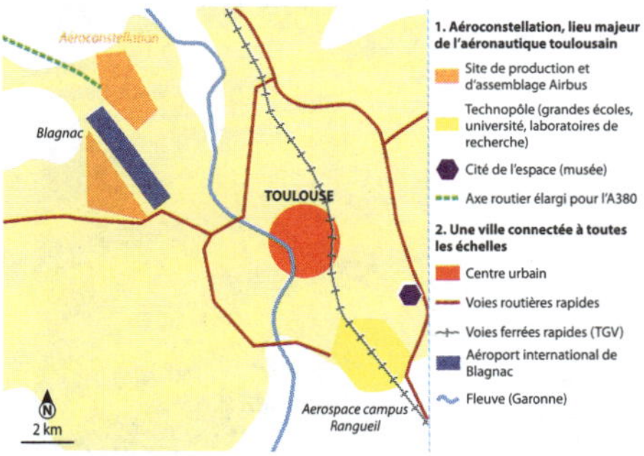

Plus largement, ce sont les métropoles comme Lyon, Montpellier, Grenoble ou Lille qui accueillent les activités productives à forte valeur ajoutée. La déconnexion croissante entre ressources naturelles et activités de production favorise les territoires offrant un cadre de vie agréable, comme le littoral atlantique ou l'arc méditerranéen. Ce processus est renforcé par l'essor du tourisme. Les littoraux et régions frontalières, par leur rôle d'interface, accueillent les activités connectées aux réseaux mondiaux (pétrochimie) ou jouant sur les disparités entre les territoires (commerce, tourisme).

Ainsi, la recomposition des espaces productifs en France se traduit par des écarts croissants entre régions gagnantes (métropoles, régions littorales ou offrant une certaine qualité de vie) et régions perdantes (Nord, Grand-Est), où le système industriel s'est décomposé avec la DIT, sans que le secteur des services les remplace totalement.

SUJET 16 **Sujet inédit** 10 pts 1h

Réalisation d'une production graphique

› En confrontant les deux documents, réalisez un croquis paysager pour illustrer les relations entre multifonctionnalité et conflits d'usage au sein de l'espace rural canadien.

Vous commencerez par repérer dans le doc. 1 les éléments qui témoignent de la multifonctionnalité de cet espace. Vous chercherez ensuite, à l'aide des informations du doc. 2, à quels acteurs et à quels conflits d'usage ces fonctions peuvent être associées. Enfin, vous compléterez avec soin la matrice proposée en lui donnant un titre adapté.

DOC. 1 Paysage du South Surrey près de Vancouver (Colombie britannique, Canada)

❶ Périurbanisation
❷ Fleuve Nicomeckl
❸ Autoroute vers Vancouver
❹ Serres horticoles
❺ Prairies (élevage laitier) et cultures (céréales, légumes)
❻ Terrain de golf
❼ Réserve ornithologique

DOC. 2 Conflits et jeux d'acteurs en géographie

En géographie, un acteur est un groupe humain qui agit sur l'espace. De même qu'au théâtre les acteurs se font donner la réplique, il est rare qu'un acteur géographique soit seul sur scène : il est en interaction, et parfois en conflit, avec les autres acteurs. Le jeu d'acteurs désigne ces interactions. Quelle que soit l'échelle, l'identification des acteurs débouche souvent sur la caractérisation d'un conflit. On parle de conflit d'acteurs ou de conflit d'usage lorsque l'enjeu du conflit est l'usage d'une ressource ou d'un espace, ce qui est souvent le cas.

Source : geoconfluences.ens-lyon.fr

Matrice du croquis paysager à compléter en suivant la consigne

Titre : ....

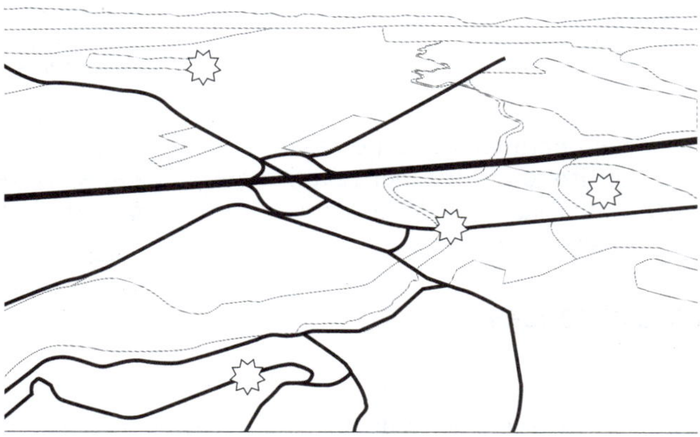

1. Environnement
- Fleuve
- Montagne
- Forêts

2. Fonctions agricoles
- Prairies (élevage laitier) et cultures céréalières
- Serres horticoles

3. Autres fonctions
- Périurbanisation dense
- Périurbanisation diffuse
- Loisirs (golf)
- Axes de transport terrestres

4. Conflits d'acteurs et d'usages (exemple)
- A Conflit entre urbains et agriculteurs
- B Conflit concernant l'usage d'un espace naturel
- C Conflit concernant l'usage de l'eau
- D Conflit entre la population permanente et la clientèle de passage

PAR ÉTAPES

COMPRENDRE LE SUJET

Cadrer le sujet

- Le sujet concerne l'espace rural canadien. Il renvoie à l'étude de cas du programme intitulée « Les espaces ruraux canadiens : une multifonctionnalité marquée ».

Les mots clés

- **Croquis paysager :** représentation d'un paysage mettant graphiquement en évidence son organisation et ses dynamiques spatiales.
- **Multifonctionnalité :** caractéristique d'un espace dans lequel se juxtaposent des fonctions de différente nature.
- **Conflits d'usage :** opposition entre différents acteurs présents en permanence ou occasionnellement sur un territoire (agriculteurs, élus, chasseurs, touristes, etc.) au sujet de la manière de l'occuper ou de l'exploiter.

Méthode

Combiner les figurés

- Ne commencez pas à compléter la matrice sans avoir pris la peine de prendre connaissance de toutes les rubriques de la légende.
- Ne choisissez pas un titre qui commence par « Croquis paysager de… » : le type de production graphique à réaliser parle de lui-même.

ORGANISER SES RÉPONSES

Prélever les informations des documents

- Relever dans le doc. 1 les éléments qui mettent en évidence le **caractère multifonctionnel** de cet espace.
- À partir des définitions proposées dans le doc. 2, identifier les **acteurs et les conflits d'usage** qui correspondent aux fonctions représentées dans le paysage.

Comprendre la légende

- Choisir des figurés adaptés aux informations à représenter.

Au brouillon

Si vous avez un doute au sujet de l'identification des quatre exemples de conflit mentionnés dans la légende, reportez dans un premier temps les lettres correspondantes au crayon à papier sur le croquis.

RÉALISER SA PRODUCTION GRAPHIQUE

- Compléter la légende avec les figurés choisis.
- Les reporter sur la matrice.
- Ajouter un titre qui résume la réponse apportée à la problématique.

CORRIGÉ 16

Comprendre le corrigé

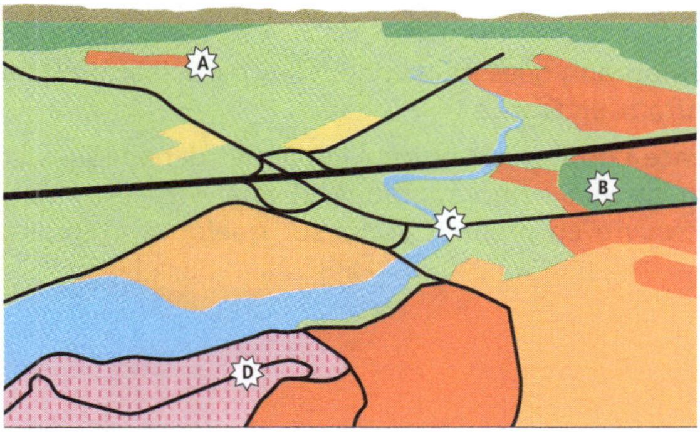

1. Environnement

- Fleuve
- Montagne
- Forêts

2. Fonctions agricoles

- Prairies (élevage laitier) et cultures céréalières
- Serres horticoles

3. Autres fonctions

- Périurbanisation dense
- Périurbanisation diffuse
- Loisirs (golf)
- Axes de transport terrestres

4. Conflits d'acteurs et d'usages (exemple)

- A Conflit entre urbains et agriculteurs
- B Conflit concernant l'usage d'un espace naturel
- C Conflit concernant l'usage de l'eau
- D Conflit entre la population permanente et la clientèle de passage

Le croquis présente une mosaïque de plages de couleur qui témoigne visuellement de la multifonctionnalité de l'espace rural canadien.

Chaque limite entre deux couleurs distinctes peut être associée, au moins en théorie, à un conflit d'usage ou d'acteurs.

Le terme « facteur » dans le titre proposé souligne que la multifonctionnalité est plus une cause qu'une conséquence des conflits.

SUJET 17 **Sujet inédit** 10 pts 1h

Question problématisée

› Comment les dynamiques démographiques et résidentielles participent-elles à la recomposition des espaces ruraux en France ?

Vous pourrez mettre en évidence l'opposition entre campagnes dynamiques et campagnes en déclin du point de vue démographique et analyser l'évolution des logiques résidentielles à l'œuvre en prenant appui sur quelques exemples significatifs.

PAR ÉTAPES

COMPRENDRE LE SUJET

Cadrer le sujet

- Le sujet porte sur l'ensemble du territoire national, Outre-mer inclus.

Les mots clés

- **Dynamiques démographiques :** évolution des caractéristiques d'une population donnée (effectif, structure par âge ou par sexe, catégories sociales, etc.).
- **Dynamiques résidentielles :** transformation de la manière d'habiter les campagnes du point de vue en particulier de la nature et du statut de sa résidence (principale ou secondaire, individuelle ou collective, neuve ou réhabilitée, etc.).
- **Recomposition :** réagencement dans la durée d'un espace, sous l'effet de facteurs variés.

Méthode

Valoriser sa copie : prendre appui sur les notions

- **Soyez rigoureux dans la conception du plan.** Distinguez bien ce qui relève des dynamiques démographiques de ce qui relève des dynamiques résidentielles.
- La recomposition est toujours le fait d'acteurs spatiaux, qu'ils soient individuels ou collectifs, publics ou privés, etc. **Mentionnez-en quelques-uns au fil de la démonstration.**

ORGANISER SES IDÉES

Retrouver les axes du sujet et former un plan

- Il s'agit de démontrer ce que la recomposition des campagnes françaises doit à l'évolution de ses caractéristiques démographiques d'une part et aux transformations de ses fonctions résidentielles d'autre part.

• Les autres facteurs de recomposition de l'espace rural (l'affirmation croissante des activités non agricoles par exemple) sont exclus du champ de l'étude.

Au brouillon
Conservez sous les yeux une liste d'exemples qui viendront illustrer votre argumentation à différentes échelles (un terroir, une région, etc.).

RÉDIGER SA COPIE

Introduire et conclure la réponse à la question problématisée

• Rédiger une brève introduction pour présenter le sujet, la problématique et le plan.

• Rédiger une conclusion qui apporte une réponse à la problématique traitée dans le développement et offre une mise en perspective du sujet.

Enrichir la copie

• Le développement est composé de deux ou trois parties. Chacune des parties correspond à une idée directrice permettant de répondre à la question soulevée. Elle est illustrée par des exemples précis à différentes échelles.

CORRIGÉ 17

Comprendre le corrigé

En France, les territoires ruraux couvrent 70 % de la surface totale du pays. Ils offrent des profils très contrastés. Entre multifonctionnalité et fragmentation, leurs trajectoires d'évolution sont extrêmement variables entre et dans les différentes régions. Si la recomposition des espaces ruraux correspond à la restructuration de l'organisation, des paysages, des fonctions, des usages, ... des campagnes de métropole et d'outre-mer, quel est l'impact des dynamiques démographiques et résidentielles et de leur évolution dans la recomposition de l'espace rural français ?

Introduction
Démarrer votre composition en exposant des données chiffrées montrera que vous maîtrisez les éléments de cours.

Aujourd'hui, les campagnes françaises ne perdent plus d'habitants. Leur population augmente même de 0,7 % par an en moyenne. Le rural proche des grandes villes (Montpellier, Bordeaux, Toulouse en particulier) est particulièrement attractif. Il connait une croissance démographique soutenue alors que la population de l'espace périurbain situé à plus de 30 minutes du centre n'augmente plus aussi vite qu'avant. Si le stress, la pollution et le coût du logement alimentent cet exode urbain, certains territoires poursuivent leur déclin démographique. Ainsi, les communes rurales situées entre la Belgique et les Pyrénées perdent en moyenne 0,5 % de leur population par an. La « diagonale du vide » concentre les campagnes les plus fragiles, celles dont le niveau de revenus est parmi les plus faibles du pays et dont le vieillissement est le plus marqué. La baisse continue du nombre d'habitants s'y explique d'ailleurs davantage par le nombre de décès que par celui des départs : la Creuse, le Cantal et la Nièvre ont un taux annuel d'accroissement naturel compris entre – 7,4 et – 9,8 ‰. La disparition des services publics y accompagne la dépopulation et accentue leur marginalisation. Ces espaces « hyper-ruraux », parfois désignés comme le « rural profond », font l'objet de politiques d'aménagement spécifiques aux effets inégaux…

Pour aller plus loin

En France, l'étalement urbain marque le pas : l'augmentation de la durée et du coût des déplacements est un facteur limitant.

Astuce du prof

L'usage des guillemets s'impose : cette diagonale est en fait celle des très faibles densités.

De nouveaux usages résidentiels contribuent également à la fragmentation du territoire national. Les campagnes faciles d'accès et bien desservies des littoraux et du Sud attirent en effet les touristes et surtout de nouveaux habitants permanents, qu'ils soient actifs ou retraités, français ou étrangers. En France, la mise en valeur touristique de l'espace rural est ancienne : les résidences secondaires de la bourgeoisie urbaine, la pratique du thermalisme ou du tourisme de santé en montagne, … ont contribué de longue date au dynamisme de certains territoires. Mais plus généralement, ce sont le plus faible coût du foncier et les aménités environnementales qui sont à l'origine de l'installation de « néoruraux ». L'Occitanie, la Bretagne et la Nouvelle Aquitaine sont à cet égard parmi les régions les plus attractives pour les populations initialement urbaines qui, au moins pour partie, conservent leur activité professionnelle en ville et pratiquent le télétravail. L'arrivée d'actifs à haut niveau de revenu peut dans certains cas accroitre les inégalités sociales et spatiales dans les campagnes concernées. Tel espace rural devient une terre de repli pour les plus précaires ; tel autre connaît au contraire une gentrification (Luberon, Dordogne, etc.). Au total, cette logique favorise le déploiement des paysages hybrides, où lotissements, centres commerciaux et échangeurs routiers

Pour aller plus loin

En géographie, on peut parler de « tropisme » pour désigner l'attractivité de ces régions (héliotropisme pour le soleil, thalassotropisme pour la mer, etc.).

se multiplient au détriment des espaces agricoles ou naturels. Elle soulève de nombreux défis environnementaux (artificialisation des sols, pollution visuelle, etc.) et sociétaux (village-dortoir, multiplication des véhicules individuels…).

Les dynamiques démographiques et résidentielles à l'œuvre sont bien des facteurs essentiels de la recomposition des campagnes françaises. Elles contribuent conjointement à la fragmentation du territoire national en raison de la diversité sociale, économique et environnementale des espaces ruraux du pays…

Conclusion

La question environnementale participe aussi à la fragmentation du territoire. Aller un peu plus loin que le sujet vous rapportera des points !

SUJET 18 **Sujet inédit** 10 pts 1h

Question problématisée

› Quels sont les effets de l'émergence de la Chine sur l'organisation et les dynamiques spatiales du pays ?

Vous pourrez caractériser les recompositions à l'œuvre en particulier sous l'angle de la transition urbaine, de la littoralisation et de la mutation des espaces ruraux.

PAR ÉTAPES

COMPRENDRE LE SUJET

Cadrer le sujet

• Le sujet reprend très largement le cadre du cours, il convient donc de se montrer vigilant dans la sélection des notions et concepts qui permettent de traiter le sujet, sous peine de ne pas avoir suffisamment de temps pour répondre à la question posée en une heure.

Méthode

Valoriser sa copie : prendre appui sur les notions

• **Soyez rigoureux** dans la conception du plan. Le libellé du sujet vous propose trois angles d'analyse complémentaires : il serait assez peu pertinent d'organiser le développement autour d'un nombre différent de parties.

• **Les recompositions sont toujours le fait d'acteurs spatiaux,** qu'ils soient individuels ou collectifs, publics ou privés, etc. Identifiez-en quelques-uns au fil de la démonstration.

Les mots clés

• **Émergence :** processus par lequel un État s'intègre à l'économie globalisée et au capitalisme mondial grâce à une augmentation forte du produit intérieur brut pendant plusieurs années.

• **Organisation spatiale :** au cœur même de la géographie, l'organisation spatiale correspond à la manière dont une société s'approprie, administre, habite, exploite… l'espace au sein duquel elle s'inscrit.

• **Dynamiques spatiales :** changements qui affectent la localisation des populations et de leurs activités et qui ont des conséquences sur les aménagements et la maîtrise d'un espace donné.

• **Recompositions :** ensemble des réagencements qui, sous l'effet de facteurs variés, modifient en profondeur et durablement l'espace dans lequel ils se produisent.

ORGANISER SES IDÉES

Retrouver les axes du sujet et former un plan

- Il s'agit de démontrer comment la croissance économique soutenue de la Chine, liée à son intégration de plus en plus marquée à la mondialisation, transforme les logiques spatiales à l'œuvre à toutes les échelles de cet « État-continent ».

Mobiliser et classer les connaissances indispensables

- **Les grandes métropoles :** Shanghai, Pékin, 20 millions d'habitants, multiplication de la population par huit depuis les années 1950.
- **Les facteurs :** transition urbaine brutale, développement rapide, croissance économique.
- **Les aspects :** étalement urbain, disparités spatiales et sociales, gentrification.
- **Les conséquences :** territoire polarisé, dégradation de l'environnement, conflits d'usage.

Au brouillon

Mobilisez des noms de lieux et des chiffres pour nourrir votre copie avec des exemples.

RÉDIGER SA COPIE

Introduire et conclure la réponse à la question problématisée

- Vous pouvez introduire votre copie en rappelant la **place de la Chine dans l'économie mondiale**.
- La conclusion doit être l'aboutissement de la réflexion annoncée par la problématique, et peut être l'occasion d'ouvrir sur une dimension non traitée par le sujet, comme les **enjeux environnementaux** par exemple.

Enrichir la copie

- Le développement est composé de deux ou trois parties. **Chacune des parties correspond à une idée directrice** permettant de répondre à la question soulevée. Elle est illustrée par des exemples précis à différentes échelles.

CORRIGÉ 18

La Chine est aujourd'hui la deuxième puissance économique mondiale. Elle a connu un développement spectaculaire au fil de ces dernières décennies, le produit intérieur brut chinois (PIB) ayant été multiplié par 35 en trente ans. Cette émergence, qui repose sur l'intégration de la Chine dans la mondialisation, est un facteur clé du processus de recomposition territoriale du pays. Elle transforme structurellement et durablement l'organisation et les dynamiques spatiales du pays. Quelles sont les conséquences territoriales à toutes les échelles du développement de la Chine ?

La population chinoise est devenue majoritairement urbaine à partir de 2012. Dans cet État, qui est encore à ce jour le plus peuplé du monde (1,4 milliard d'habitants), la croissance des villes s'est en effet accélérée à partir des années 1990, en particulier du fait d'un exode rural de plus en plus soutenu. Cette spectaculaire transition urbaine a fait des villes chinoises des acteurs et des vitrines du développement du pays. Plus d'une centaine d'entre elles comptent désormais plus d'un million d'habitants. Leurs aires d'influence ne cessent de s'étendre à l'échelle régionale (en intégrant leurs arrière-pays), nationale ou mondiale. Les plus peuplées d'entre elles forment en effet un réseau qui s'articule pleinement à celui des métropoles mondiales. C'est d'ailleurs en Chine que se trouve la plus grande ville du monde par sa superficie : Chongqing, vaste comme l'Autriche, compte 34 millions d'habitants et en gagne chaque année 300 000 de plus. Dans le sud du pays, le delta de la rivière des Perles constitue une vaste conurbation peuplée d'environ 66 millions d'habitants, soit l'équivalent de la population française. Si le niveau et les modes de vie de la population urbaine se rapprochent de ceux des pays industrialisés, témoignant ainsi d'une réelle ouverture de la Chine, les inégalités ont tendance à s'accentuer entre le centre et la périphérie des métropoles. L'opposition entre les quartiers d'affaires et espaces résidentiels de luxe situés au cœur des agglomérations et les zones de relégation où s'entassent les migrants qui ont fui les campagnes à la recherche d'un emploi (mingongs) est en voie d'accentuation.

Comprendre le corrigé

Introduction

Rappelez le contexte en rappelant la place de la Chine dans l'économie mondiale.

Vocabulaire

Émergence : forte croissance économique d'un pays, mais accompagnée d'une amélioration plus lente des conditions de vie des habitants les plus modestes.

Vocabulaire

Métropole : ville de grande importance qui exerce des fonctions de commandement, d'organisation et d'impulsion sur une région et qui favorise son intégration avec le reste du monde.

Appuyez-vous sur des données chiffrées précises pour étayer votre propos.

Vocabulaire

Mingongs : le « peuple du travail », ou travailleurs migrants, qui représentent l'essentiel de l'exode rural ; ils sont très exposés à l'insécurité de l'emploi et victimes de nombreux abus.

La Chine est devenue l'un des pays les plus inégalitaires d'Asie, voire du monde : 10 % des Chinois possèdent plus de 40 % des richesses totales du pays. Les disparités sont particulièrement importantes entre la Chine littorale et les régions de l'intérieur. Les façades orientales du pays regroupent les provinces les plus intégrées à la mondialisation : elles ne représentent « que » 14 % de la superficie chinoise totale (9,6 millions de km²) mais concentrent 45 % de la population et près de 60 % du PIB. A contrario, la Chine de l'Ouest couvre près de 60 % du territoire pour un dixième de la population et du PIB. L'attractivité des littoraux (ou « littoralisation ») est étroitement liée à la mondialisation. Elle correspond à la logique spatiale de la production des biens qui cherche une efficacité optimale dans le cadre de la globalisation des échanges. Elle est amplifiée par la révolution des transports maritimes et le caractère de plus en plus performant des aménagements portuaires. Le gouvernement chinois a en effet délibérément choisi d'appliquer une politique d'ouverture aux échanges mondiaux et aux logiques de marché (en créant par exemple les zones économiques spéciales ou ZES au début des années 1980). Cette stratégie a sensiblement changé la donne en favorisant le développement accéléré des régions littorales. Cependant, celles-ci sont désormais confrontées à la croissance de la demande intérieure et ne peuvent plus se satisfaire d'être « l'usine du monde ». C'est la raison pour laquelle l'État investit massivement pour développer les villes du centre et de l'ouest (« Go West Policy ») et pour moderniser les réseaux de transport dans la perspective d'intégrer l'intérieur du pays.

Vocabulaire

Littoralisation : concentration de la population, des activités économiques et des centres de commandement le long des façades maritimes ou océaniques.

Les espaces ruraux chinois se caractérisent par leur pauvreté relative, mais leur situation mérite d'être nuancée à l'échelle régionale. La croissance urbaine du pays bénéficie en effet à ceux qui sont les mieux connectés aux métropoles : des formes originales de campagnes à forte densité de population s'y développent. L'agriculture y reste l'activité prédominante ; elle est issue d'une très longue tradition agraire fondée sur la riziculture. Mais de nouvelles fonctions s'y développent

Gagnez des points !

Sautez une ligne entre les différentes parties pour clarifier l'organisation de votre devoir pour le correcteur.

peu à peu. C'est le cas notamment dans le secteur industriel (les campagnes offrent de vastes surfaces disponibles et une main-d'œuvre abondante à bon marché qui sont autant d'avantages comparatifs pour les entreprises) et dans le secteur du tourisme. L'amélioration du niveau de vie général en Chine (on estime que, depuis sa fondation en 1949, la République populaire de Chine a sorti plus de 800 millions de personnes de la pauvreté) permet en effet à un nombre croissant de Chinois de voyager. Porté par la volonté du gouvernement de valoriser davantage les atouts patrimoniaux et environnementaux du pays, le « tourisme vert » est devenu une manne appréciable pour les régions rurales y compris les plus reculées. La décision de l'État chinois de promouvoir ce type de tourisme comme un moyen de combattre la pauvreté a même été saluée récemment par l'Organisation mondiale du tourisme. Il faut cependant souligner que l'affirmation de la multifonctionnalité des espaces ruraux s'accompagne d'une forte augmentation des conflits d'usage. Près des deux tiers des manifestations qui ont lieu en Chine seraient ainsi liées aux expulsions forcées des paysans dans les régions les plus exposées à la pression urbaine.

La transition urbaine (et son corollaire, la métropolisation), la littoralisation et les mutations des espaces ruraux représentent donc bien trois aspects essentiels des recompositions spatiales à l'œuvre sur le territoire chinois. Pour autant, les inégalités socio-spatiales perdurent à toutes les échelles. Le gouvernement de Pékin doit donc relever de nouveaux défis en matière d'aménagement équitable et durable du territoire chinois…

Vocabulaire

Conflit d'usage : rivalité opposant les acteurs spatiaux (administrations, entreprises, secteurs d'activité, etc.) au sujet de l'utilisation d'une ressource (la terre, l'eau, l'énergie, …) ou d'un territoire.

On peut notamment utiliser les questions sociale et environnementale pour réaliser l'ouverture. Les grandes métropoles, vitrine de la réussite économique de la Chine, pourraient paradoxalement devenir son point faible.

Sujets comme à l'examen

SUJET COMPLET 1 Sujet inédit

20 pts 2h

Première partie 10 pts 1h

Question problématisée

corrigés p. 320

› Quels sont les facteurs, les modalités et les conséquences de la métropolisation en France en dehors de l'agglomération parisienne ?

Après avoir rappelé les caractéristiques de la métropolisation, vous expliquerez pourquoi et comment le rôle des métropoles régionales s'affirme. Vous préciserez ensuite les effets et les limites de ce processus.

Deuxième partie 10 pts 1h

Analyse de documents

corrigés p. 321

En analysant ces documents, vous mettrez en évidence les principales caractéristiques du génocide des Arméniens de l'Empire ottoman en 1915-1916.

DOC. 1 L'ordre d'exécuter les Arméniens

Il a été précédemment communiqué que le gouvernement […] a décidé d'exterminer entièrement tous les Arméniens habitant en Turquie. Ceux qui s'opposeraient à cet ordre et à cette décision ne pourraient faire partie de la forme gouvernementale. Sans égard pour les femmes, les enfants et les infirmes, quelque tragique que puissent être les moyens de l'extermination, sans écouter les sentiments de la conscience, il faut mettre fin à leur existence.

Talaat Pacha, ministre de l'Intérieur,
télégramme adressé à la préfecture d'Alep, 29 septembre 1915.

DOC. 2 Bilan du génocide

- Population arménienne de l'Empire ottoman en 1914 : 2 000 000.
- Arméniens morts pendant le génocide de 1915-1916 : 1 300 000.
- Arméniens tués après l'armistice de 1918 : 100 000 à 200 000.
- Population arménienne de Turquie en 1923 : 40 000.

Chiffres cités par Vincent Duclert, *Les Génocides*,
Documentation photographique n° 8127, CNRS Éditions, 2019.

DOC. 3 Charnier découvert par l'armée russe à Sheyxalan, village arménien (1915)

CORRIGÉ SUJET COMPLET 1

Question problématisée

Comme la plupart des États dans le monde, la France connaît un processus qui renforce le rôle et la place des villes dans l'organisation et les dynamiques spatiales du pays : la métropolisation. Seule métropole à pouvoir prétendre au rang de ville-monde, Paris domine très largement la hiérarchie urbaine française. Comment la métropolisation s'exerce-t-elle à d'autres échelles que celle de la région capitale ? Après avoir rappelé les caractéristiques d'ensemble de ce processus, nous envisagerons ses modalités et ses conséquences spatiales.

> **À savoir**
> Évitez dans la mesure du possible l'expression « processus de métropolisation », la métropolisation étant en soi un processus correspondant à l'évolution de la place et du rôle des villes dans l'organisation d'un espace.

La métropolisation est en quelque sorte la traduction urbaine de la mondialisation. La concentration de la population et des centres de commandement dans les grandes villes répond à la logique de fonctionnement en réseau de l'économie globalisée. Si Paris concentre une part majeure de la richesse et des fonctions métropolitaines supérieures du pays, d'autres grandes agglomérations françaises telles que Grenoble, Toulouse, Montpellier et Lyon s'inscrivent dans cette dynamique.

> Donnez des exemples précis.

L'attractivité de métropoles « de province » repose sur de multiples critères : une bonne accessibilité grâce à l'existence d'infrastructures de transport performantes (autoroutes, TGV, aéroport…), une offre complète de services aux entreprises, la présence d'une main-d'œuvre bien qualifiée, l'existence d'universités et de centres de recherche… La qualité du cadre de vie et de l'environnement est également de plus en plus recherchée. Ce critère offre souvent un avantage par rapport à la métropole parisienne, particulièrement polluée et saturée, aux villes de la ceinture méditerranéenne ou atlantique du pays. Leur environnement naturel, culturel et patrimonial est très apprécié des cadres et de leurs familles. La bonne santé démographique et économique des métropoles du Sud et de l'Ouest ne profite pas toujours aux territoires qu'elles polarisent : les villes petites et moyennes de ces territoires souffrent parfois cruellement des conséquences de la vitalité des centres urbains de grande taille, notamment du point de vue commercial. Les géographes y voient un phénomène de fragmentation entre les métropoles dynamiques et le reste du territoire régional.

Utiliser ses acquis

Vous pouvez aussi mobiliser ici les notions de « technopôles » et de « pôles de compétitivité » que vous avez étudiées cette année en cours.

De plus, certains grands centres urbains du Nord (Amiens), de l'Est (Metz), de l'intérieur (Clermont-Ferrand) ou des régions d'Outre-mer (Saint-Denis de La Réunion) ne bénéficient pas ou peu de ce mouvement de métropolisation. Parfois enclavés, isolés ou associés à une image négative liée à leur passé industriel, ils restent à l'écart de cette mise en réseau à l'échelle nationale ou européenne, et a fortiori mondiale.

La métropolisation est donc bel et bien présente en France ailleurs qu'à Paris, mais il s'agit d'un processus très sélectif du point de vue spatial.

Analyse de documents

La Première Guerre mondiale permet au gouvernement nationaliste turc de mettre en œuvre un programme de destruction de la population arménienne, accusée de trahison au profit des ennemis russes. Quels sont les causes, les moyens de mise en œuvre et les effets du génocide des Arméniens de l'Empire ottoman de 1915 à 1916 ?

Astuce du prof

L'annonce du plan et la problématique sont liées ici.

Le régime dictatorial instauré dans l'Empire ottoman à la suite du coup d'État des unionistes en janvier 1913 nie toute existence à l'individu. Il adopte une puissante idéologie contre les Arméniens, désignés comme les principaux responsables des malheurs de l'Empire et considérés comme des traîtres à la nation. En 1914, l'alliance passée avec la Triplice et l'attaque contre la Russie durcissent encore l'hostilité du gouvernement à l'égard des Arméniens. Très vite, les difficultés militaires des Ottomans conduisent les dirigeants Unionistes, dont le ministre Talaat Pacha (doc. 1), à orienter le combat contre ces ennemis intérieurs. À la fin du mois de mars 1915, la décision d'appliquer un plan « d'extermination » est prise.

Sous couvert de les déplacer loin du front, les soldats ottomans anéantissent les Arméniens sur ordre du gouvernement (doc. 1). Dès le mois d'avril 1915, les premières opérations de tueries massives débutent. Les plus faibles succombent « naturelle-

Astuce du prof

Les guillemets soulignent que vous ne reprenez pas à votre compte le langage des bourreaux : ce sont des insectes qu'on extermine, pas des hommes.

ment» à l'occasion de la déportation sur des routes arides et surchauffées. Les militaires pratiquent aussi des assassinats systématiques sur des «sites-abattoirs» tels qu'à Sheyxalan (doc. 3).

Astuce du prof

Le paratexte associé aux documents apporte des précisions très utiles (dates, sources, auteurs...).

Les historiens disposent de preuves (témoignages, photographies) de la violence de ce crime contre l'humanité: femmes enceintes éventrées, enfants raflés, corps mutilés et précipités dans les fleuves rouges de sang... Les Arméniens ayant perdu tout caractère humain du point de vue des tueurs, aucune inhumation du corps des victimes n'était envisageable: de nombreux charniers à ciel ouvert ont été localisés en Anatolie. À partir d'octobre 1915, le génocide se poursuit sous d'autres formes. Les déportés aboutissent dans des camps dépourvus d'abris où ils meurent de faim, de soif, d'épuisement ou de maladies.

L'Anatolie est la vaste péninsule qui forme l'extrême ouest de l'Asie et sur laquelle s'étend l'essentiel du territoire ottoman.

Le bilan humain du génocide arménien est effroyable (doc. 2): au moins 1,3 million de victimes directes en 1915-1916 et une population arménienne divisée par cinquante en une décennie. À l'époque, seuls les États membres de la Triple-Entente et quelques esprits éclairés se sont émus d'un tel drame. Cette indifférence n'a sans doute pas dissuadé Hitler de mettre en œuvre le génocide des Juifs une vingtaine d'années plus tard...

SUJET COMPLET 2 Sujet inédit

20 pts – 2h

Première partie 10 pts – 1h

Question problématisée

corrigés p.325

› À quelles difficultés sont confrontées les sociétés au sortir de la Première Guerre mondiale ?

Après avoir évoqué les efforts mis en place par les nations pour rétablir la paix, vous expliquerez le lourd bilan matériel et humain de la Première Guerre mondiale, qui marque durablement les sociétés dans leurs mémoires individuelle et collective.

Deuxième partie 10 pts – 1h

Analyse de documents

corrigés p. 326

En analysant les documents, vous expliquerez que la politique d'aménagement mise en place par le gouvernement chinois participe aux recompositions territoriales de la Chine.

DOC. 1 Les villes dans les dynamiques de l'espace chinois

DOC. 2 Un réseau ferroviaire à grande vitesse en plein développement

[…] Ce 26 décembre, […] la République populaire vient d'inaugurer la première ligne de train à grande vitesse reliant Urumqi, lointaine capitale de ladite Région autonome ouïgoure du Xinjiang, à la ville de Lanzhou, chef-lieu de la province du Gansu. Entre les déserts rebelles peuplés de musulmans turcophones et les limites occidentales de la « Chine des Han », les 1 800 km à franchir ne sont désormais plus qu'à douze petites heures de voyage. D'ici à 2017, on pourra se rendre à Pékin en seize heures au lieu de quarante.

Un exploit, certes. Mais une broutille comparé à l'annonce faite deux ans plus tôt, le 26 décembre 2012. La plus longue ligne de TGV du monde est alors entrée en service : les 2 298 km séparant Pékin de Canton (Guangzhou en chinois) ne sont plus désormais qu'à huit heures de trajet, contre vingt-deux auparavant. […]

Le boom économique chinois a fait connaître des mégapoles comme Pékin, Shanghai ou Canton. Il faudra désormais s'habituer à bien d'autres noms, car le réseau TGV désenclave désormais la plupart des capitales de province éloignées des côtes. Zhengzhou, Wuhan, mais aussi Xi'an, l'énorme Chongqing et même Chengdu, située à 1 600 km de Shanghai. Soudain connectées, elles offrent un potentiel économique encore plus prometteur aux entreprises. À en croire la municipalité de Chengdu, la moitié des plus grandes compagnies mondiales ont déjà commencé à migrer leurs sites de production vers l'intérieur du pays, écrit la BBC. Le coût de la main-d'œuvre et des terrains, bien plus avantageux que sur la côte, attire les multinationales. De son côté, la population locale, grâce au TGV, peut penduler plus vite et plus loin, donc saisir des opportunités professionnelles. Bref, la Chine compte sur le chemin de fer pour réduire les disparités économiques avec les provinces de l'intérieur.

La liaison avec le Xinjiang, ce far west chinois, constitue une deuxième étape du développement du réseau TGV, hors des territoires très largement peuplés par l'ethnie Han. Il s'agit de faciliter l'intégration et le développement de cette vaste région « autonome » en proie à une agitation récurrente, les Ouïgours turcophones et musulmans n'appréciant guère l'augmentation constante de la population Han et sa domination tant économique que politique. L'ouverture, dans un second temps, de lignes TGV vers l'Asie centrale doit permettre de faire du Xinjiang le passage obligé d'une nouvelle route de la soie.

De même, la future ligne entre Mongolie et Hainan doit connecter la minorité du nord avec l'économie de la Chine des Han, dont le réseau ferroviaire traverse trois grandes voies navigables et donc commerciales : le fleuve Jaune au nord, le fleuve Bleu (Yangtsi) au centre et la mer de Chine méridionale. Un TGV qui relie, en outre, des destinations touristiques populaires.

Andrés Allemand, « La Chine à fond de train »,
Tribune de Genève, 29 janvier 2015.

CORRIGÉ SUJET COMPLET 2

Question problématisée

L'armistice du 11 novembre 1918 met officiellement fin à la Première Guerre mondiale sur le front de l'Ouest. De par sa durée (quatre années) et sa violence, cette « guerre totale » impliquant soldats et civils marque durablement les sociétés et rend difficile le retour à la paix. En quoi il est difficile pour les sociétés de sortir de la Grande Guerre ? Nous traiterons dans un premier temps les conséquences des traités de paix. Puis, nous étudierons le lourd bilan humain et matériel auquel les sociétés font face. Enfin, nous aborderons le long processus de deuil, enjeu de mémoires multiples.

Astuce du prof

Le sujet donne la précision suivante : « au sortir de la Première Guerre mondiale ». La date de l'armistice sera donc la borne chronologique choisie comme point de départ ; la période étudiée se prolonge dans les années 1920.

À la fin de la Première Guerre mondiale, les traités internationaux tentent de rétablir la paix et de mettre en place un nouvel ordre mondial, inspiré des « quatorze points » du président américain Wilson. En 1919, la conférence de la Paix, réunissant les pays vainqueurs (États-Unis, France, Royaume-Uni, Italie), est à l'origine de différents traités qui modifient les frontières de l'Europe. Les Empires allemand, austro-hongrois et ottoman sont démantelés afin de tenir compte du principe du droit des peuples à disposer d'eux-mêmes et du respect des nationalités. De nouveaux États apparaissent tels que la Pologne, la Tchécoslovaquie… De plus, la Société des Nations (SDN) est créée en 1920 dans le but de régler les conflits entre États. Mais, les États-Unis et l'Allemagne n'y adhèrent pas et les moyens d'action de l'organisation sont limités.

Gagnez des points !

Illustrez chaque idée d'un ou de plusieurs exemples.

Or, ces traités sont l'objet de nombreuses critiques. D'une part, ils sont imposés aux pays vaincus qui ne participent pas aux négociations. Le traité de Versailles est qualifié de « diktat » par l'Allemagne, qui se voit imputer la responsabilité de la guerre et contraindre au paiement de lourdes réparations. La Turquie refuse le traité de Sèvres et déclare la guerre à la Grèce pour récupérer la Thrace occidentale et l'Anatolie. D'autre part, certains pays vainqueurs se montrent également mécontents, se sentant lésés. Ainsi, pour l'Italie, il s'agit d'une « paix mutilée » car cette dernière n'a pu récupérer les terres irrédentes (Istrie, Dalmatie, Trentin, Tyrol du Sud).

À savoir

Utilisez des mots de liaison pour structurer votre réflexion.

Au défi de rétablir la paix s'ajoute, pour les gouvernements tout comme pour les sociétés des pays belligérants, la difficulté de faire face à un lourd bilan humain et matériel.

Dans les zones de combat, les destructions sont massives. En France, dix-sept départements sont concernés. Des villes ont été bombardées (Reims) et des villages ont été rasés (village de Fleury-devant-Douaumont près de Verdun). Après la guerre, une « zone rouge » est délimitée dans le Nord où toute activité est interdite en raison de sa dangerosité (obus non explosés, présence massive de cadavres). Les voies de communication et les usines sont reconstruites en priorité. Par ailleurs, la Grande Guerre se caractérise par l'ampleur des pertes humaines : 10 millions de personnes ont été tuées et 20 millions blessées et mutilées (« gueules cassées »). À cela s'ajoute à partir de 1918 la propagation de la grippe espagnole qui provoque la mort de 20 à 30 millions de personnes dans le monde. Les conséquences démographiques sont importantes puisque cela entraine une baisse durable de la natalité et un déséquilibre entre le nombre d'hommes et de femmes. De plus, en modifiant les frontières des pays, les traités de paix sont à l'origine de déplacements massifs de population. Le passeport Nansen est créé en 1922 afin de permettre aux apatrides, personnes dépourvues de nationalités, d'être reconnus légalement par les pays d'accueil. Les sociétés sortent donc difficilement de la guerre, d'autant plus qu'elles sont traumatisées et marquées durablement.

Gagnez des points !
Rédigez une phrase de transition entre chaque partie du devoir.

Le retour à la vie normale des soldats se fait lentement, car la mobilisation dure pour certains jusqu'en juin 1920. De plus, les anciens combattants éprouvent des difficultés à se réinsérer dans la vie civile, familiale et professionnelle. Ils créent des associations qui obtiennent à partir de 1919 des pensions pour invalides, veuves et orphelins. La Grande Guerre est également un enjeu de mémoire pour ceux qui l'ont vécue et ceux qui ont survécu. Les familles sont touchées par le deuil. Chaque pays construit des cimetières militaires sur les anciens champs de bataille pour réunir les tombes des soldats morts au combat (Notre-Dame-de-Lorette près de Lens). Des commémorations sont organisées par les gouvernements. En France, chaque commune construit un monument aux morts à partir de 1919, le plus souvent en exaltant l'héroïsme des soldats. En 1920, le soldat inconnu est inhumé sous l'Arc de triomphe afin d'honorer l'ensemble des soldats français morts non identifiés. Des cérémonies identiques ont lieu dans d'autres pays européens tels que le Royaume-Uni.

En conclusion, le processus de sortie de guerre se révèle long et complexe. Les États peinent à construire une paix durable car les traités sont à l'origine de multiples tensions à la fois avec les pays vaincus mais aussi entre les pays vainqueurs. De plus, les sociétés sortent transformées, brutalisées et meurtries profondément par la Première Guerre mondiale. Celle-ci porte en elle les prémices de la Seconde Guerre mondiale.

Analyse de documents

Amorcé à la fin des années 1970, le développement économique de la Chine est à l'origine de fortes inégalités spatiales. Ainsi, les géographes ont l'habitude de distinguer « Trois Chine » : celle du littoral, la mieux intégrée à la mondialisation ; celle de l'intérieur du territoire, laissée à l'écart du dynamisme littoral et celle de l'ouest, peu développée. Or, l'État chinois tente depuis une vingtaine d'années de rééquilibrer le territoire en multipliant les aménagements; ceux-ci sont illustrés par la carte extraite de l'*Atlas de la Chine*, ouvrage écrit par le géographe Thierry Sanjuan aux éditions Autrement en 2018. Un extrait du quotidien suisse la *Tribune de Genève* rédigé le 29 janvier 2015 par le journaliste Andrés Allemand complète la carte. Il y est question des différentes lignes de TGV chinoises mises en service depuis 2012. Comment ces deux documents témoignent-ils des recompositions territoriales chinoises induites par de nombreux aménagements, notamment ferroviaires? Après avoir expliqué les grandes caractéristiques de l'organisation territoriale chinoise, nous analyserons les différents aspects de la politique d'aménagement du territoire et ses effets sur l'intérieur du pays, ainsi que dans les territoires périphériques.

À savoir

Les deux documents sont complémentaires. Il est donc nécessaire de les associer dans chacune des parties du devoir.

L'astuce du prof

Prélevez des informations issues des documents puis expliquez-les à l'aide de vos connaissances.

À savoir

Les villes Beijing et Guangzhou sont aussi désignées en français par « Pékin » et « Canton ». Choisissez plutôt la première dénomination, plus internationale.

Comme le montre le doc. 1 (figuré de surface orange), la Chine est marquée par un phénomène d'urbanisation et de littoralisation localisé sur une large bande de Beijing au nord à Guangzhou au sud. Depuis une quarantaine d'année, la Chine s'est fortement urbanisée grâce à un exode rural massif alimenté par les campagnes périphériques, en direction principalement des villes littorales. De plus, la politique d'ouverture menée à partir de la fin des années 1970, caractérisée par la création de ZES (zones économiques spéciales) dans les régions de Shenzhen ou Xiamen et par l'ouverture aux investissements étrangers à partir de 1984 de 14 villes côtières (par exemple, Dalian et Tianjin au nord, Ningbo et Nantong au centre représentées par des ronds violets sur le doc. 1) a permis de dynamiser et de bien intégrer à la mondialisation le littoral oriental chinois. Celui-ci regroupe 6 métropoles mondiales parmi lesquelles Beijing, Shanghai et Hong Kong (ronds rouges sur le doc. 1), désignées dans le doc. 2 par le terme « mégapoles », ce qui souligne le nombre élevé d'habitants. Beijing et Shanghai regroupent plus de 20 millions de personnes. La politique d'aménagement a pour objectif de rééquilibrer le territoire chinois.

D'une part, les aménagements ont pour objectif de mieux relier l'intérieur du territoire au littoral et de réduire les inégalités territoriales. Pour cela, la construction d'un vaste réseau de lignes à grande vitesse (LGV) a été entrepris depuis le début des années 2000. Ainsi, les villes de Chengdu, Chongqing, Zhengzhou et Xi'an sont désormais reliées à la côte grâce au TGV (figurés linéaires de couleur grise sur le doc. 1). La ville de Chengdu est aujourd'hui connectée aux villes de Beijing au nord et à la ville de Guangzhou au sud en moins de 14 heures, ce qui attire de plus en plus d'entreprises dans le domaine de l'automobile, de la high-tech, de la chimie et de l'informatique (doc. 2) les rapprochant ainsi d'une main-d'œuvre bon marché. Cette ville est en pleine croissance, tout comme Harbin, Zhengzhou, Chongqing, Wuhan et

Xi'an, devenues des villes-relais (ronds verts sur le doc. 1). Leur poids démographique augmente (Harbin compte plus de 10 millions d'habitants) et elles se voient transférer des activités industrielles plus spécialisées comme c'est le cas pour la ville de Xi'an dans le secteur des hautes technologies, dans le cadre du programme « China Manufacturing 2015 ». Reliées par une ligne TGV, les villes de Chengdu et Chongqing forment désormais une conurbation, c'est-à-dire un territoire urbain continu formé par la jonction de plusieurs aires urbaines (doc. 1). La valorisation du fleuve Yangzi (figuré linéaire de couleur bleue sur le doc. 1) avec par exemple la construction du barrage des Trois-Gorges en 2003, participe également à la mise en valeur de l'intérieur du territoire.

D'autre part, le gouvernement chinois porte son attention sur les régions les plus périphériques à l'ouest et multiplie les aménagements pour les désenclaver. La région du Xinjiang est mieux connectée à l'intérieur du pays grâce à une ligne TGV reliant les villes de Urumqi à Lanzhou en moins de 12 heures au lieu de 48 heures (figuré linéaire de couleur grise sur le doc. 1), en complément d'infrastructures déjà existantes (autoroutes, voies ferrées, gazoducs) aujourd'hui modernisées (figurés linéaires de couleur verte sur le doc. 1). Les objectifs de cette valorisation sont à la fois politiques et économiques. Ainsi, l'intégration géographique ouvre la voie à une assimilation économique et culturelle du peuple ouïgoure dans le but de stopper toute contestation vis-à-vis du pouvoir central. Comme le souligne le doc. 2, la population Han y est de plus en plus nombreuse et exerce dans la région un pouvoir politique et économique accru. De plus, il s'agit de faire de cette région une interface active entre la Chine et l'Asie centrale (Russie, Kazakhstan) en l'intégrant dans le projet plus vaste des « routes de la soie » dont l'objectif est de relier économiquement la Chine à l'Europe grâce à la construction de corridors de routes et de voies ferrées. Le gouvernement chinois favorise donc le développement des liaisons est-ouest, mais également nord-sud en créant la ligne TGV la plus longue du monde reliant Beijing à Guangzhou en moins de 8 heures (doc. 2).

En conclusion, nous pouvons constater que la politique d'aménagement du territoire mise en place par le gouvernement chinois est à l'origine de nouvelles recompositions spatiales dynamisant l'intérieur du pays tout en y intégrant de plus en plus les régions périphériques. Elle contribue à renforcer la puissance de la Chine puisqu'elle favorise ainsi l'intégration de l'ensemble de son territoire à la mondialisation.

SUJET COMPLET 3 Sujet inédit

20 pts 2h

Première partie 10 pts 1h

Question problématisée

corrigés p. 330

› La littoralisation des espaces productifs favorise-t-elle l'explosion des flux d'échanges matériels et immatériels ?

Vous pourrez aborder l'importance des espaces productifs littoraux et le rôle que jouent les flux maritimes dans leur organisation pour déterminer le rôle joué par la littoralisation des espaces productifs dans l'explosion des flux.

Deuxième partie 10 pts 1h

Analyse de document

corrigés p. 332

En analysant le document, vous montrerez que le peintre Eugène Delacroix propose une lecture des Trois Glorieuses qui met certains aspects de la révolution de 1830 en avant et en laisse d'autres de côté. Vous expliquerez ces choix.

L'analyse du document constitue le cœur de votre travail mais nécessite, pour être menée, la mobilisation de vos connaissances.

DOC. ***La Liberté guidant le peuple*, Eugène Delacroix**

E. Delacroix, *Le 28 juillet 1830 : la liberté guidant le peuple*, 1830. Huile sur toile. Musée du Louvre. 260 × 325 cm.

CORRIGÉ SUJET COMPLET 3

Question problématisée

La mutation des espaces productifs est le fruit de l'intégration croissante des territoires à un système mondial de production, la mondialisation. Ce processus repose sur la division internationale du travail (DIT), qui se traduit par une décomposition de la production en plusieurs lieux spécialisés. Dans ce contexte, il s'agit de comprendre le rôle joué par la littoralisation des espaces productifs dans l'explosion des flux.

Pour cela, nous verrons d'abord en quoi les espaces maritimes captent une activité de production croissante. Nous nous pencherons ensuite sur la manière dont les littoraux se transforment pour organiser des flux de toutes natures entre les territoires mondiaux.

Gagnez des points !

Mettez en valeur votre réponse problématisée en sautant des lignes, de manière à montrer au correcteur que vous organisez et classez vos connaissances.

La mondialisation se traduit par un processus de littoralisation : les hommes et les activités se concentrent sur les littoraux, qui offrent une accessibilité renforcée, aussi bien pour les personnes que pour les marchandises ou les informations.

Or l'accessibilité est devenue l'un des facteurs de localisation majeurs des activités productives.

En effet, dans le contexte de la division internationale du travail (DIT), le processus de production matérielle s'est déplacé dans des lieux offrant des conditions économiques, fiscales et réglementaires plus favorables aux entreprises.

Ainsi, les éléments nécessaires à la fabrication d'un bien, comme le smartphone, circulent par la mer entre plusieurs territoires : les matières premières, puis les différentes pièces constituant le téléphone sont assemblées en plusieurs étapes, le plus souvent en Chine. Le littoral chinois est devenu l'une des principales interfaces mondiales.

Ce processus favorise le développement de zones industrialo-portuaires (ZIP), comme celle de Singapour. Des usines de production ou d'assemblage de biens manufacturés (électronique, pétrochimie, biotechnologie) sont installées à proximité immédiate des zones portuaires, comme à Jurong, de manière à faire circuler le plus facilement et le plus rapidement possible les pièces d'une usine à l'autre, d'un territoire à l'autre. Les littoraux sont des territoires parfaitement adaptés à la production en « juste-à-temps ».

L'astuce du prof

Citez des activités et des lieux précis pour montrer que vous maîtrisez un exemple.

On assiste ainsi à l'échelle mondiale à la maritimisation de l'économie : les flux maritimes deviennent besoins croissants. Les littoraux se transforment pour organiser des flux de toutes natures entre les territoires mondiaux.

L'accroissement des flux maritimes est très net depuis 30 ans. Aujourd'hui, 90 % des échanges de la Chine avec le reste du monde se font par la mer. Le processus s'est accéléré avec le développement du conteneur et la conteneurisation.

L'usage de ces boîtes de métal sécurisées et standardisées a considérablement réduit le temps de chargement et de déchargement des navires. Il nécessite cependant l'installation d'équipements spécifiques (grues/portiques, voies d'accès) et d'espaces de stockage. Le port en eau profonde de Yangshan, à Shanghai, inauguré en 2005, est devenu en quelques années le 2e port du monde grâce à la qualité de ses infrastructures. De même, Singapour bénéficie de l'étendue et de la sécurité dans ses espaces de stockage situés en zone franche.

Ainsi, les grands ports maritimes mondiaux sont devenus les nœuds principaux du réseau d'échange mondialisé, et jouent le rôle de hubs dans le réseau des échanges, les marchandises opérant des correspondances via des navires plus petits pour gagner des destinations moins desservies.

L'astuce du prof

Entraînez-vous à reproduire schématiquement les contours des grands espaces continentaux pour produire des schémas simples, en conservant les territoires utiles à votre démonstration (ici l'ensemble Asie-Afrique-Europe).

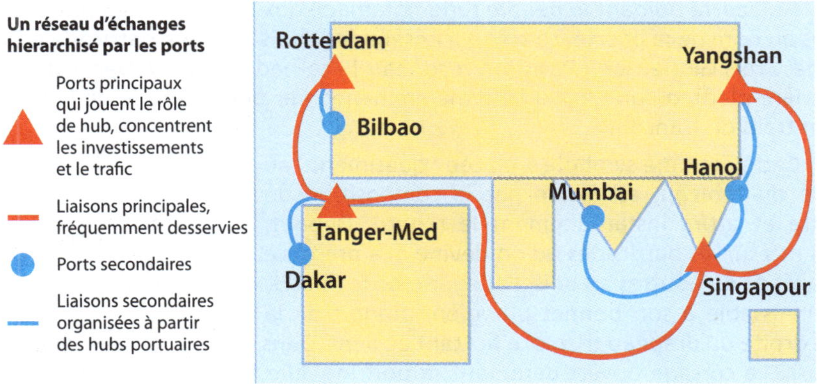

Les littoraux organisent enfin les échanges d'information à travers le développement des réseaux de câbles sous-marins. En France, le littoral de la Manche et de la Bretagne connecte l'ensemble du territoire au reste du monde, Europe, Afrique et surtout États-Unis, où se trouvent les serveurs racines des grands opérateurs du réseau. Le trafic des données internet a été multiplié par 30 entre 2008 et 2018, et au moins 90 % de ce trafic emprunte ces câbles.

Ainsi, la littoralisation des espaces productifs joue un rôle essentiel dans l'explosion des flux. La maritimisation de l'économie, conséquence du développement de la DIT, a encouragé les acteurs spatiaux à investir les littoraux pour bénéficier de bonnes conditions d'accessibilité. Les industriels ont ainsi développé des ZIP. Les littoraux, interfaces de la mondialisation, mettent également en relation les territoires mondiaux, ce qui se traduit par des flux, par bateaux ou par câbles sous-marins. Ce rôle a favorisé le développement du conteneur, transformant et hiérarchisant les espaces portuaires à toutes les échelles.

Analyse de document

La Liberté guidant le peuple est incontestablement devenue l'une des peintures les plus célèbres de l'histoire de la France contemporaine. Exposée au musée du Louvre, cette huile sur toile, qui fait 2,60 m de hauteur sur 3,25 m de largeur, a été réalisée peu de temps après l'évènement qu'elle représente, à savoir les Trois Glorieuses des 27, 28 et 29 juillet 1830.

> **L'astuce du prof**
> Utilisez les informations figurant en dessous du document pour montrer que vous les exploitez et que vous en tirez du sens.

Peinte par Eugène Delacroix, artiste romantique reconnu de ses contemporains, cette œuvre incarne à la fois le peuple, la nation et la liberté. Pourtant, il serait excessif de réduire les Trois Glorieuses à une révolution populaire. Partie de députés du Parlement, alimentée par des journalistes ou hommes politiques, elle permet finalement à un nouveau roi de prendre le pouvoir. En quoi le peintre Eugène Delacroix propose-t-il une lecture des Trois Glorieuses qui insiste sur certains aspects de la révolution de 1830 et en minore d'autres ?

La Liberté guidant le peuple rend hommage aux anonymes qui ont pris les armes au nom de la liberté. La scène d'ensemble représente une barricade érigée lors des Trois Glorieuses à Paris (on reconnaît la cathédrale Notre-Dame de Paris à l'arrière-plan), qu'une foule en arme emmenée par une allégorie de la liberté est en train de franchir.

Cette femme-symbole, placée quasiment au centre du tableau, est isolée par la composition du peintre et attire instantanément le regard. Debout, pieds nus sur les barricades qu'on devine à la présence de pavés et de poutres en bois, l'allégorie de la liberté, reconnaissable à son bonnet phrygien, brandit de la main droite un drapeau tricolore flottant au vent. Dans sa main gauche, elle tient un fusil. Le corsage ouvert dénudant sa poitrine, elle tourne son visage vers la foule qui la suit.

> **Gagnez des points !**
> Prenez le temps de décrire le personnage principal pour en justifier l'importance.

Formant par ce geste un triangle au sommet duquel se trouve le drapeau tricolore, cette allégorie de la liberté est ici glorifiée. C'est en effet au nom des libertés fondamentales (liberté de la presse) que se déclenche la révolution de juillet 1830. Le roi Charles X, frère de Louis XVI, fait alors face à une contestation grandissante. Mais plutôt que d'assouplir sa manière de gouverner, il choisit de faire adopter des ordonnances restreignant les libertés fondamentales, ce qui déclenche une insurrection, puis une révolution.

> **L'astuce du prof**
> Profitez d'une description d'un des aspects du tableau, ici la liberté, pour présenter en quelques lignes le contexte de sa production et son sujet.

En construisant son tableau autour d'une femme jaillissant de la foule, Eugène Delacroix manifeste ainsi son attachement à la Révolution et à son acteur principal, le peuple. Le drapeau tricolore, isolé, vient appuyer le message révolutionnaire du tableau.

De part et d'autre de cette figure de la liberté, le peintre a placé des personnages dont les vêtements et les postures montrent la variété sociale, et incarnent la nation. Un enfant, à droite, porte deux pistolets et semble s'élancer vers l'avant. À gauche, un homme, haut-de-forme sur la tête, tient à deux mains un fusil et semble lui-aussi s'avancer et franchir la barricade, vers les spectateurs du tableau. Derrière lui, on distingue quelques visages dans une foule compacte. Tous représentent la nation, ensemble de personnes partageant un destin commun.

Au premier plan, au pied des insurgés, le peintre a représenté des corps de soldats de Charles X, reconnaissables à leurs tenues. Immobiles et, pour l'un d'entre eux, en partie dénudés, salis, ils incarnent le régime vaincu. Peut-être faut-il aussi y voir la dénonciation d'un régime envoyant des soldats à la mort au nom d'une pratique autoritaire du pouvoir. L'engagement romantique du peintre exacerbe le contraste entre la partie haute du tableau, toute en mouvement, et les postures figées du premier plan.

Ainsi, Delacroix manifeste avec ce tableau un soutien lyrique au mouvement révolutionnaire de juillet 1830 et entend rendre hommage aux inconnus qui se sont sacrifiés pour la liberté.

Pourtant, la révolution de 1830 ne s'est pas jouée uniquement sur les barricades.

Les bourgeois, les journalistes, les proches du duc d'Orléans ont réussi à neutraliser la révolution en maintenant un régime monarchique, ce que le tableau passe sous silence. C'est en effet à l'initiative de ces acteurs politiques que Louis-Philippe se présente, enveloppé d'un drapeau tricolore, à l'Hôtel de ville de Paris et reçoit les acclamations de la foule.

En outre, la construction comme les thématiques du tableau ignorent les divergences de stratégie entre les députés et les représentants du peuple de Paris : de nombreux libéraux ont proposé au Premier ministre Polignac d'assouplir sa politique sans tenir compte des aspirations populaires. Et cette révolution s'achève sous les critiques des républicains qui estiment qu'elle leur a été « confisquée », et qui tentent au moins jusqu'en 1832 d'en récupérer les fruits.

Ainsi, le peintre Delacroix propose avec cette peinture une vision romantique des Trois Glorieuses et rend hommage au peuple, acteur principal de cette révolution en faveur de la liberté. Il choisit en revanche d'ignorer les autres aspects de 1830, et notamment le rôle des royalistes modérés, effrayés par la détermination du peuple de Paris, qui parviennent à récupérer le pouvoir.

Louis-Philippe, devenu roi des Français le 30 juillet 1830, achète le tableau mais fait en sorte qu'il échappe aux yeux du public, ne l'exposant que quelques mois avant de le confier au peintre lui-même. *La Liberté guidant le peuple* ne faisait que confirmer son pouvoir subversif.

L'astuce du prof

Reliez votre ouverture à votre conclusion par une anecdote, en vous appuyant sur l'enjeu du chapitre.

Anglais

Sujets guidés

Sujets guidés

Sujets comme à l'examen

L'ÉPREUVE EN BREF

Trois sessions d'**épreuves communes de contrôle continu** dites « E3C » sont prévues lors du cycle terminal.

E3C1

Durée : 1h
Coefficient : 5
Notation : 20 pts

- La **première session** (E3C1) a lieu au **deuxième trimestre** de l'année de **Première**. L'épreuve d'anglais est composée d'une **compréhension orale** et d'une **expression écrite**.

La compréhension orale

Description :
Vous écoutez le document trois fois, avec une minute entre chaque écoute.

- La compréhension orale se base sur un **document audio ou vidéo en anglais** de 1 min 30 au maximum. Vous devez rendre compte de ce que vous avez compris **en français**.
- **Les attendus** : savoir relever des informations détaillées sur le contexte et établir des liens entre elles ; relever l'essentiel des éléments porteurs de sens et identifier des liens de causalité simple ; identifier l'expression de points de vue, souhaits ou perspectives.

L'expression écrite

- L'expression écrite offre le **choix entre deux sujets** en lien avec la thématique générale du document support de la compréhension orale. Il s'agit de rédiger **en anglais** une **opinion argumentée** ou un écrit d'invention.
- **Les attendus** : produire un écrit intelligible et relativement développé ; faire référence à quelques éléments culturels ; rendre compte d'expériences en décrivant ses sentiments et réactions ; exposer et illustrer un point de vue ; maîtriser les structures simples et courantes.

E3C2

Durée : 1h30
Coefficient : 5
Notation : 20 pts

- La **deuxième session** (E3C2) a lieu au **troisième trimestre** de l'année de **Première**. L'épreuve d'anglais est composée d'une **compréhension écrite** et d'une **expression écrite**.

La compréhension écrite

- La compréhension écrite se base sur **un ou deux textes** en lien avec une thématique du programme.
- **Les attendus** : savoir relever des informations détaillées sur le contexte et établir des liens entre elles ; relever l'essentiel des éléments porteurs de sens ; identifier l'expression de points de vue, souhaits ou perspectives ; identifier la nature de l'articulation entre les documents.

L'expression écrite

- Voir E3C1.

E3C3

• La **troisième session** (E3C3) a lieu au **troisième trimestre** de l'année de **Terminale**. L'épreuve d'anglais se déroule en deux temps : une épreuve écrite de deux heures, composée d'une **compréhension orale** et **écrite** et d'une **expression écrite** ; et une épreuve d'**expression orale** de dix minutes. Pour la description précise des épreuves, voir les parties E3C1 et E3C2.

Durée : 2h10
Coefficient : 5
Notation : 20 pts

La compréhension orale

• **Les attendus** : identifier la richesse d'un contexte ou d'une situation d'énonciation ; identifier la cohérence globale d'un document ; repérer une intention en distinguant l'expression d'un point de vue de l'exposé des faits.

La compréhension écrite

• **Les attendus** : identifier la richesse d'un contexte ou d'une situation d'énonciation, identifier la cohérence globale d'un document, repérer une intention en distinguant l'expression d'un point de vue de l'exposé des faits, identifier des éléments implicites de l'articulation entre des documents.

L'expression écrite

• **Les attendus** : produire un texte structuré en indiquant la relation entre les faits et les idées ; prendre appui sur certains éléments culturels pertinents ; maîtriser les structures simples et courantes ; employer un lexique précis et des formulations variées.

L'expression orale

• L'expression orale est une épreuve **individuelle** d'une durée de **dix minutes**, sans temps de préparation. Vous aurez le choix entre **trois axes culturels** du programme sélectionnés par l'examinateur, qui vous proposera alors des pistes de discussion. L'épreuve se base sur **deux documents**, qui peuvent être des documents iconographiques ou des citations. Vous devrez expliquer **en anglais** quel document illustre le mieux l'axe choisi selon vous, pendant **cinq minutes maximum**.

Description :
L'épreuve est composée de 5 minutes de présentation puis de 5 minutes de discussion.

• À l'issue de votre présentation, vous échangerez avec l'examinateur. Cet **entretien de cinq minutes** sera l'occasion de répondre à des questions plus générales sur l'axe.

• **Les attendus** : savoir développer un point de vue pertinent et étayé ; nuancer un propos en s'appuyant sur des références culturelles ; argumenter, chercher à convaincre ; réagir avec pertinence et relancer la discussion ; s'exprimer de manière intelligible, avec des énoncés fluides et des formulations variées.

Sujets guidés

SUJET 1 Sujet zéro

10 pts 30 min

Compréhension orale

Does globalisation destroy culture?

> En rendant compte, **en français**, du document, vous montrerez que vous avez compris :

- le thème principal du document ;
- à qui s'adresse le document ;
- le déroulement des faits, la situation, les événements, les informations ;
- l'identité des personnes ou des personnages et, éventuellement, les liens entre elles/entre eux ;
- les éventuels différents points de vue ;
- les éventuels éléments implicites du document ;
- la fonction et la portée du document (relater, informer, convaincre, critiquer, dénoncer, etc.).

> Note

Les noms propres cités dans le document sont les suivants :

Riverdance • U2 • Guinness

PAR ÉTAPES

Étape 1 TESTER SA COMPRÉHENSION ORALE

corrigés p. 406

True or False? Le contenu, les idées

Déterminer si les propositions sont vraies ou fausses.

	true	false
1. Globalisation destroys local cultures.	☐	☐
2. Globalisation creates homogeneity.	☐	☐
3. People don't try to keep their local cultures.	☐	☐

Questions flash La grammaire

Observer les deux exemples ci-dessous et répondre aux questions.

"The Irish language has grown"

"It has been taught in private schools"

1. Quel est le temps utilisé dans ces deux formes verbales ? Pourquoi ?
2. Quelle est la différence entre les deux formes ?

Termes à relier Le vocabulaire

Relier chaque terme à son équivalent :

indigenous •	• *admit*
box store •	• *supermarket*
grant •	• *unlucky*
unfortunate •	• *local*

Étape 2 RÉACTIVER SON VOCABULAIRE

- **Vocabulary of trade:** a market • a fast-food chain • a box store • to sell.
- **Vocabulary of culture:** music • poetry • a film• a dance • a language.

Étape 3 REPÉRER ET EXPLOITER LES INFORMATIONS

En bref La vidéo évoque les effets de la mondialisation sur les cultures locales. Le journaliste constate une homogénéisation des enseignes commerciales. Un intervenant, au contraire, y voit un bénéfice pour la culture irlandaise dans le monde.

À repérer Les images de la vidéo qui montrent différentes enseignes commerciales ainsi que des exemples de la culture irlandaise.

Au brouillon
Relevez les informations concernant le pays : Où ? Quoi ? Quand ? Par qui ? Pourquoi ?

CORRIGÉ 1

Comprendre le corrigé

La vidéo s'intitule «*Does globalisation destroy culture?*». Plusieurs intervenants y prennent la parole sur le sujet de la mondialisation et de la culture locale. Le premier locuteur, un journaliste, dépeint négativement les effets de la mondialisation. Il affirme que cette dernière détruit la culture locale en homogénéisant les chaînes de restauration rapide et les enseignes de la grande distribution. C'est la vulgarité engendrée par un dénominateur commun dans tous les pays qui détruit les cultures indigènes.

Le deuxième intervenant appuie les dires du journaliste. En effet, en voyageant autour du monde, on observe de nombreuses enseignes similaires. Cependant, il pointe le fait que cette homogénéisation a pour conséquence la résurgence de formes traditionnelles de culture, car les individus souhaitent retrouver leur identité propre.

La troisième personne à intervenir est quant à elle convaincue que la mondialisation est la cause de la résurgence de la langue irlandaise. En effet, son enseignement avait été abandonné par les trois ou quatre générations précédentes, alors qu'il y a aujourd'hui une réelle demande des parents pour que l'enseignement de l'irlandais soit réintroduit dans les écoles. On remarque ainsi une volonté de retrouver non seulement la langue irlandaise, mais également la musique ou la danse. C'est ce qui a donné son ampleur au phénomène Riverdance dans le monde entier.

Quant au dernier intervenant, il reconnaît que l'Irlande a déjà utilisé la mondialisation pour promouvoir sa culture dans le monde. En effet, celle-ci possède une culture riche, avec de grands groupes de rock comme U2, la fameuse bière Guinness ou encore la poésie et les films. Cela prouve qu'un petit pays peut rencontrer un grand succès grâce à la mondialisation.

Soyez attentif à la répétition de certains mots comme « *destroy* ».

L'astuce du prof
Utilisez le discours rapporté.

Gagnez des points !
Veillez à organiser clairement votre compte-rendu en créant des paragraphes et en utilisant des connecteurs logiques.

Repérez les mots accentués comme « *huge success* ».

SUJET 2 Sujet zéro — 10 pts — 30 min

Expression écrite

› Vous traiterez **en anglais** et en 120 mots minimum au moins l'**un des deux sujets suivants au choix**.

Les sujets proposés ci-dessous sont en relation avec la thématique du document de la compréhension orale du sujet 1 p. 340.

SUJET A

Next to your house, a traditional restaurant has been replaced by an international fast food chain restaurant. Write an article for the school magazine to describe what happened and the reaction of the people living on your street.

SUJET B

Do you think globalisation only has negative effects? Give an example to illustrate your point.

PAR ÉTAPES

Étape 1 CHOISIR SON SUJET

SUJET A Rédaction d'un article pour le magazine de l'école

Le sujet A demande d'adopter les codes de la rédaction d'un article de journal. Il convient dans ce type d'écrit de proposer un titre, de débuter par une accroche et d'opter pour une écriture dynamique, avec des phrases courtes.

SUJET B Rédaction d'une opinion argumentée

Dans ce sujet, il s'agit de produire une opinion argumentée en vous appuyant sur des exemples. Vous pouvez mobiliser vos connaissances liées à l'axe « Identités et échanges », mais aussi vos cours de géographie sur la mondialisation.

Étape 2 ANALYSER LE SUJET ET ORGANISER SES IDÉES

- **Vocabulaire à utiliser:** street • waste • parking space • noise • multinational • underprivileged • crowded • neighbourhood.
- **Mobiliser des exemples connus:** McDonald's restaurant • Nike • Apple.

> **TIP**
> Adoptez un ton formel pour rédiger votre article. Organisez vos idées chronologiquement.

SUJET A

Définir un angle de rédaction

- Le sujet portant sur l'installation d'un restaurant de chaîne de restauration rapide à la place d'un restaurant traditionnel, vous devez décrire ce qui s'est passé et la réaction des gens du voisinage.

SUJET B

Construire une opinion argumentée

- Organisez vos idées avec un plan qui permet de démontrer que les effets de la mondialisation sont négatifs. La façon dont est formulé le sujet indique que vous devez ensuite ajouter un contre-argument en l'illustrant.
- Démontrez que les effets de la mondialisation peuvent être un atout dans certaines situations et illustrez vos arguments par une expérience ou des connaissances personnelles.

Au brouillon

Notez les exemples que vous souhaitez développer au brouillon en les classant (positif/négatif) pour ne pas oublier des citer lors de la rédaction.

CORRIGÉ 2

Comprendre le corrigé

SUJET A

Cause to Worry on Castle Street

Every inhabitant in the neighbourhood knows Clockworks, the traditional restaurant on Castle Street. The food you could eat there was tasty and it was the place where neighbours could gather. Up to last week, the street used to be a peaceful area where residents liked wandering around. Unfortunately, the situation has changed. The owners of Clockworks went bankrupt and they were compelled to sell the property to a fast-food chain restaurant, a McDonald's restaurant.

Before its opening, families were happy and expected to bring their children there. In fact, children wished they could eat a hamburger with French fries and have fun in the indoor playground. However, they have changed their minds! Indeed, the street is now overcrowded and cars are queuing to find a parking space. At night, the situation is not better, since the fast-food restaurant is open around the clock. The street is now noisy and crowded from Monday to Sunday.

Moreover, the customers of the restaurant are disrespectful. They eat in their cars and throw their waste on the ground. They stay there listening to

Donnez un titre à votre article

À savoir

Utilisez le prétérit pour parler de la situation passée et le present perfect pour parler des changements.

L'astuce du prof

Donnez l'opinion des habitants du quartier comme si vous aviez été les interroger.

Gagnez des points !

Insistez sur le contraste en faisant des parallèles implicites avec la situation du premier paragraphe.

music loud for hours and do not care about the neighbours.

The neighbourhood collective has urged the mayor to intervene to stop this intolerable behaviour. If the mayor does not call for more respect, the inhabitants on Castle Street may take the law into their own hands.

Concluez votre argumentation par une ouverture.

SUJET B

Globalisation is usually said to have more negative effects than positive ones. It is accused of destroying cultural diversity and increasing unemployment and pollution in some fields such as the textile industry. In fact, some factories choose to delocalise to produce more and at a lower cost. The labour force there have poor working conditions and low wages.

L'astuce du prof

Utilisez le passif pour introduire les arguments.

The system is pointed out to make the rich richer and the poor poorer. Thus it leads big multinationals like fast-food chains, McDonald's or KFC for example, to take over small restaurants.

Appuyez-vous sur des exemples concrets dans votre argumentation.

The United States is the biggest exporter of the American culture. Today, wherever you live, you may find a McDonald's restaurant, an Apple Store or buy online on the website Amazon. The world is little by little Americanising, as if the world was becoming as the United States. Moreover, by endangering local culture, globalisation may favour cultural homogeneity.

I reckon that globalisation may have negative effects. Nevertheless, it does not only have bad effects. It is also positive for some countries like India or Indonesia. In fact, it helps them by bringing them business. In those countries, globalisation contributes to improving the population's living conditions. The underprivileged have more access to water for instance thanks to the amenities built by big multinationals.

À savoir

The + adjectif pour exprimer un nom collectif.

In conclusion, globalisation enables the integration of goods and people from different countries. That is the reason why it has both positive and negative effects on populations. Governments should be aware of the dangers and act to protect their populations.

Concluez votre écrit en répondant de façon nuancée à la question du sujet.

SUJET 3 Sujet inédit

10 pts 40 min

Compréhension écrite

TEXTE 1 Shared interest beyond differences

The narrator recalls his sea voyage to England as a child.

His name was Mr. Fonseka and he was travelling to England to be a teacher. I would visit him every few days. He knew passages from all kinds of books he could recite by heart, and he sat at his desk all day wondering about them, thinking what he could say about them. I knew scarcely[1] a thing about the world of literature, but he welcomed me with unusual and interesting stories, stopping abruptly in mid-tale and saying that someday I should find out what happened after that. […] Often, during the night, while stalking the adult world with Ramadhin and Cassius, I'd attempt to add to the bare bones of an adventure Mr. Fonseka had left unfinished.

I tried to coax[2] him up on deck a few times, but his porthole[3] and what he could see through it seemed enough nature for him. With his books as well as a few family photographs, he had no need to leave his time capsule. I would visit that smoky room if the day was dull, and he would at some point begin reading to me. It was the anonymity of the stories and the poems that went deepest into me. And the curl of a rhyme was something new. I had not thought to believe he was actually quoting something written with care, in some far country, centuries earlier. He had lived in Colombo all his life, and his manner and accent were a product of the island, but at the same time he had this wide-ranging knowledge of books. […]

I brought Cassius and Ramadhin to meet him. He had become curious about them, and he made me tell him of our adventures on the ship. He beguiled[4] them as well, especially Ramadhin. Mr. Fonseka seemed to draw forth an assurance or a calming quality from the books he read.

Mr. Fonseka would not be a wealthy man. And it would be a spare life[5] he would be certain to lead as a schoolteacher in one urban location. But he had a serenity that came with the choice of the life he wanted to live. And this serenity and certainty I have seen only among those who have the armour of books close by.

Michael Ondaatje, *The Cat's Table*, 2011 (abridged and adapted).

1. **scarcely:** barely
2. **to coax:** *to gently persuade*
3. **porthole:** *round window on the side of a ship*
4. **to beguile:** *to charm*
5. **a spare life:** *a simple life*

TEXTE 2 Hidden from view

Together they focused on the film.

Pembe watched *The Kid* with wide-open eyes, the look of surprise on her countenance deepening with each scene. When Chaplin found an abandoned baby in a rubbish bin, and raised him like his own son, she smiled with appreciation. When the child flung stones at the neighbours' windows so that the tramp[1] could fix them and earn some money, she chuckled. When social services took the boy away, her eyes welled up with tears. And, finally, as father and son were reunited, her face lit up with contentment, and a trace of something that Elias took to be melancholy. What a funny thing it was to be jealous of Charlie Chaplin. [...]

Only minutes before the film came to an end, he found the nerve to reach out for her fingers, feeling like a teenager on his first date. To his relief, she didn't move her hand away. They sat still – two sculptures carved out of the dark, both scared of making a move that would disrupt the tenderness of the moment.

When the lights came back on, it took them a few seconds to grow accustomed[2] to real life. Quickly, he took out a notepad and wrote down the name of another cinema in another part of the town. "Next week, same day, same time, will you come?"

"Yes", she faltered[3].

Before he'd found a chance to say anything else, Pembe leaped to her feet and headed towards the exit, running away from him and everything that had taken place between them, or would have taken place, had they been different people. She held in her palm the name of the place they were to meet next time, grasping it tightly, as if it were the key to a magic world, a key she would use right now were it in her power to decide.

And so it began. They started to meet every Friday at the same time, and occasionally on other afternoons. They frequented the Phoenix more than any other place, but they also met at several other cinemas, all far-away from their home, all unpopular. In time he found out more things about her, pieces of a jigsaw puzzle that he would complete only long after she had gone home.

Slowly he was beginning to make sense of the situation. This unfathomable, almost enigmatic attraction that he felt for her, a woman so alien to the life he had led, was like a childhood memory coming back.

Elif Shafak, *Honour*, 2012 (abridged and adapted).

1. **tramp:** beggar
2. **accustomed:** *familiar*
3. **to falter:** *to whisper* (ici)

FRANÇAIS
ENSEIGNEMENT SCIENTIFIQUE
HISTOIRE GÉOGRAPHIE
ANGLAIS

QUESTIONS

Answer the following questions in English using your own words:

TEXTE 1

a. After reading the text, give three of Mr. Fonseka's activities during the voyage. What do they have in common?

b. Which four adjectives best correspond to Mr. Fonseka's personality? Justify with your own words: kind – selfish – captivating – fussy – educated – serene – dull – introverted.

c. Was Mr. Fonseka likely to have a prestigious career? Explain your opinion.

TEXTE 2

d. What do the two characters do together? Give three reasons to explain why.

e. "Together they focused on the film" (l. 1). Explain if this sentence is true for both characters.

f. Explain the reason why they choose cinemas that are distant from their homes.

TEXTE 1 et TEXTE 2

g. Explain what each character has to offer to the other.

PAR ÉTAPES

Étape 1 TESTER SA COMPRÉHENSION DU TEXTE

corrigés p. 407

True or false? Le contenu, les idées

Déterminer si les propositions suivantes sont vraies ou fausses.

	true	false
TEXTE 1		
1. Mr. Fonseka could recite by heart all kinds of books.	☐	☐
2. Cassius and Ramadhin were interested in Mr. Fonseka's stories.	☐	☐
3. Mr. Fonseka regretted his life.	☐	☐
TEXTE 2		
1. Pembe enjoyed The Kid very much.	☐	☐
2. Elias couldn't stop watching the film.	☐	☐
3. Pembe and Elias always go to the same cinema.	☐	☐

QCM La grammaire

Observer les deux exemples ci-dessous et répondre aux questions.

• **"I would visit him" (Texte 1)** • **"a key she would use" (Texte 2)**

1. Quel est l'emploi de « would » dans le premier exemple ?
2. Quel est l'emploi de « would » dans le deuxième exemple ?

Termes à relier Le vocabulaire

Relier chaque terme à son équivalent.

tale •	• labyrinth
maze •	• beggar
rubbish bin •	• disturb
disrupt •	• story
tramp •	• trash can

Étape 2 RÉACTIVER SON VOCABULAIRE

- **Vocabulary of sea:** a sea voyage • a deck • a porthole • a ship.
- **Vocabulary of feelings:** a surprise • to smile • to chuckle • eyes welled up with tears • contentment • melancholy • to be jealous of • to be scared of • tenderness • attraction.

Étape 3 REPÉRER ET EXPLOITER LES INFORMATIONS

TEXTE 1

En bref Le narrateur raconte un épisode de son enfance. Il retrace sa rencontre avec M. Fonseka, un passionné de littérature, lors de sa traversée en mer.

À repérer Identifiez les noms des personnages, les indications de lieu et de temps. Soyez attentifs à la manière dont le narrateur caractérise M. Fonseka.

Pour bien répondre aux questions

a. Utilisez des surligneurs de couleurs différentes pour repérer les informations sur les **personnages**, les **lieux** et le **temps**. Identifiez tous les **verbes d'actions** associés au personnage de M. Fonseka.

b. Il s'agit de choisir les adjectifs qui se rapprochent le plus de la description que fait le narrateur. Le garçon admire le professeur, il faudra donc choisir des **adjectifs mélioratifs**. Basez-vous sur les interactions entre les personnages pour justifier votre réponse.

c. Concentrez-vous sur le dernier paragraphe, où le narrateur évoque les **ambitions** du professeur. Vos réponses précédentes devraient également vous aider.

TEXTE 2

En bref Pembe et Elias sont deux amoureux qui se retrouvent secrètement au cinéma chaque semaine pour regarder un film ensemble.

À repérer Pembe et Elias ont des attitudes et des sentiments différents pendant la projection du film.

Pour bien répondre aux questions

d. Les deux personnages regardent un film au cinéma. Recherchez dans le texte les **raisons** de ce choix: quel rapport chacun des personnages entretient-il avec le film et quelle est la particularité de ce lieu ?

e. Il s'agit pour cette question de **comparer l'attitude** des deux personnages. Aidez-vous du fait que toutes les informations sur les réactions de Pembe nous sont données par le point de vue d'Elias. Les deux personnages accordent-ils la même attention au film ? Pensez à employer des mots de liaison pour exprimer le **contraste**, la **comparaison**.

f. L'attitude de Pembe et d'Elias au moment où les lumières s'allument devraient vous donner des indices sur la nature de leur relation.

TEXTE 1 et **TEXTE 2**

Pour bien répondre aux questions

g. Cette question se base sur les deux textes, il faut donc **examiner deux relations:** celle du garçon et M. Fonseka, et celle de Pembe et Elias. Relevez les **verbes d'action** et les **adjectifs de sentiment** qui caractérisent les personnages principaux. Quelle est la nature des deux relations, et quels sentiments motivent chacune d'elles ?

CORRIGÉ 3

Comprendre le corrigé

TEXTE 1

a. Mr. Fonseka's activities during the voyage included reciting texts from memory as he knew them by heart. Telling stories was another activity. In fact he liked reading unusual interesting stories out loud. And to complete this list, Mr. Fonseka enjoyed singing songs he had learned in books. Those three activities have in common the fact that they are all related to books.

Gagnez des points!
Pour évoquer ses activités, employez: *like + V-ing* ou *enjoy + V-ing*.

b. At first, Mr. Fonseka was kind because he was happy to welcome the narrator with interesting stories. Secondly, he was captivating because he drew the narrator's attention even if the stories and the poems were anonymous. Thirdly, he was serene because he knew which life he wanted to live. Lastly, he was educated because he had a wide-ranging knowledge of books.

L'astuce du prof
Utilisez des mots de liaison pour distinguer les adjectifs.

c. Mr. Fonseka wasn't likely to have a prestigious career. In fact, he did not try to be a wealthy man. The life he was planning to have was one of a schoolteacher.

TEXTE 2

d. The two characters go to the cinema together every week. There are three reasons explaining why they do so. Firstly, Pembe enjoys watching movies. She was fascinated by *The Kid* for example. Secondly, it is a way to be together, since they enjoy each other's company. Thirdly, cinemas are dark places where they can be anonymous as they always choose movie houses far from their homes. This enables them to hold hands discreetly since their relationship is secret.

Énumérez les différentes raisons à l'aide de mots de liaison.

e. Pembe is totally focused on the film and she reacts to it emotionally: she watches it with wide-open eyes, smiles with appreciation, chuckles, her eyes well up with tears and at the end her face lights up. On the contrary, Elias is paying more attention to Pembe and her reactions than to the film itself. He even expresses jealousy towards Charlie Chaplin.

Gagnez des points !

Les deux personnages n'ont pas la même attitude : insistez sur le contraste.

f. They choose to meet far from home because they don't want to be seen by anyone they know or who knows them. The farther and the more unpopular the cinemas are, the easier it is to keep their relationship a secret.

TEXTE 1 et TEXTE 2

g. In the first text, Mr. Fonseka introduced the boy to the world of literature. In return, the boy and his friends told Fonseka about their adventures on the ship. In the second text, Elias takes Pembe to the cinema. She offers him discreet moments of tenderness, and allows him to feel a deep attraction. They seem to be falling in love, which is like a gift they give to each other.

L'astuce du prof

Explicitez ce que chaque personnage tire de sa relation.

SUJET 4 Sujet zéro

10 pts — 50 min

Expression écrite

› Vous traiterez **en anglais** et en 120 mots minimum au moins **l'un des deux sujets suivants au choix.**

Les sujets proposés ci-dessous sont en relation avec la thématique du document de la compréhension orale du sujet 3 p. 346.

SUJET A

Pembe writes in her diary about her secret relationship with Elias.

SUJET B

How can relationships between people who are different enrich their lives?

PAR ÉTAPES

Étape 1 CHOISIR SON SUJET

SUJET A Rédaction d'un journal intime

Pour écrire une page de journal intime, il est nécessaire de bien relire le texte qui vous est donné comme support, afin d'**incarner le personnage** qui écrit. C'est dans le texte que vous prendrez des idées et du lexique. Il faut aussi s'inspirer du **style** pour la rédaction de la page de journal intime.

Ce sujet est destiné aux élèves qui ne seraient pas à l'aise avec la rédaction d'un texte argumentatif, puisqu'il implique un **ton informel** et laisse place à la créativité.

Au brouillon

La première étape est de réactiver votre vocabulaire : écrivez tous les mots ou expressions que le sujet vous évoque.

SUJET B Rédaction d'une opinion argumentée

Pour écrire une opinion argumentée, vous devez discuter d'une question relative au thème abordé dans les textes de compréhension écrite : ici les **relations**, amicales ou amoureuses. Il s'agit de formuler votre opinion personnelle fondée sur vos arguments. Pour cela, il faut appuyer votre réponse sur des **exemples** du texte, des références culturelles ou sur votre expérience personnelle (tout en gardant le ton formel de l'argumentation).

Au brouillon

Identifiez les champs lexicaux à mobiliser et notez les expressions idiomatiques que vous pourriez utiliser.

Étape 2 ANALYSER LE SUJET ET ORGANISER SES IDÉES

- **Vocabulaire à utiliser:** hopeful • relieved • reluctant • shameful • open-minded • to enable • to grow • to overcome prejudice.
- **Mobiliser des exemples connus:** "Opposites attract" • Romeo and Juliet • Charlie Chaplin.

SUJET A

Définir un angle de rédaction

Il s'agit de réécrire la scène du **point de vue de la jeune fille.** Pembe est un personnage sensible et romantique. Vous pouvez décider qu'elle est heureuse de voir Elias en secret. Elle raconte alors à son journal intime ce qu'elle ne peut dire à personne.

> TIP
> Respectez les éléments formels: date, lieu, milieu social du personnage.

Adressez-vous à votre journal comme si c'était une **vraie personne.** Ici, vous pouvez imaginer que vous confiez vos sentiments à une amie. Employez le **champ lexical des sentiments** (*thrilled, excited, upset...*), un **style informel et vivant.** N'hésitez pas à faire référence à des éléments qui ne sont pas dans le texte, tant que cela reste cohérent avec le document support.

SUJET B

Construire une argumentation

Démontrer que les différences peuvent être un **atout** et illustrer vos arguments par des exemples. Développez les **différents sens** que peut recouvrir le mot « différence »: cela peut être relatif à l'âge ou à la personnalité, culturel, religieux, politique, etc.

> TIP
> Vous pouvez aussi citer des exemples pris dans les livres ou les films !

Votre prise de position doit être **cohérente, nuancée et articulée.** Faites des paragraphes et utilisez des **connecteurs logiques** pour permettre au correcteur de suivre le fil de votre pensée. Chaque paragraphe doit contenir une idée principale, illustrée d'un exemple. Voici des mots de liaison pour vous aider à structurer votre copie :

– Introduire une idée: *first of all, to begin*
– Ajouter un élément: *in addition, furthermore, moreover*
– Donner un exemple: *for instance, for example, namely*
– Conclure: *to conclude, to put it in a nutshell, finally*

CORRIGÉ 4

Comprendre le corrigé

SUJET A

June 27th

Dear Diary,

Today was such an extraordinary day, unlike any other in my whole life. I'm almost afraid to write it down, because I don't want to break the spell… and I don't want anyone to read what I write, either! So, you're not going to believe this, but today I went to the cinema with Elias! I know, going to the cinema and seeing Elias are both so incredibly special that it's hard to imagine them happening on the same day.

À savoir
Utilisez la première personne : *I, me, myself, my…*

The film was fantastic… So sad in parts, but with a happy ending. Can you believe it? I was so absorbed in the film that I almost forgot that Elias was there with me!

L'astuce du prof
Privilégiez des phrases courtes et expressives.

But then, towards the end of the film, he touched my hand, and everything else disappeared. I don't know how long we sat there like that, but it was magical. I wish we could have stayed there forever… Unfortunately, the film eventually ended and the lights came on. And when they did, I panicked and ran away. Could you imagine if anyone saw us? I can't even think about what they would do. It's too horrible…

Pour exprimer le regret employez : *wish + had + prétérit.*

Still, before I left, Elias gave me a note asking me to meet him next week. I will go. I don't care how dangerous it is. Our relationship is secret but so important to me, I have to see him.

Gagnez des points !
N'hésitez pas à imaginer la suite du texte.

Sweet dreams my dear Diary!

SUJET B

There is an expression that says: "Opposites attract". It means that people often fall in love or develop friendships with people who are different from them.

Introduisez votre argumentation par une accroche efficace.

In many ways, this is a good thing. Differences can enrich a relationship because you learn new things about the other person. They could be simple things, like learning about your boyfriend's or girlfriend's favourite sport or hobby or book or video

L'astuce du prof
Utilisez les modaux pour exprimer des degrés différents de probabilité.

game, or meeting their family and getting to know them. Or it may be more broad, like if your boyfriend or girlfriend is from a different country, culture, social class or religion. You might wind up visiting the country the other person is from, learning about its culture or cuisine, or maybe even learning a new language!

Of course, differences can make things more complicated. You might be surprised, or disagree with your partner about how to do certain things. And your families might not approve your match. But seeing other ways of living and doing things can teach you to be more open-minded. Indeed, learning to adapt and compromise – and to distinguish between what's really important to you and which things you don't mind changing or doing differently – are important life lessons. So differences between people in a relationship can be enriching because they can help teach you all of that.

Gagnez des points !

Prenez en compte les arguments contraires à votre thèse, et nuancez-les.

SUJET 5 Sujet zéro

10 pts 30 min

Compréhension orale

Andy Warhol: Pop, Power and Politics

> En rendant compte, **en français**, du document, vous montrerez que vous avez compris :

- le thème principal du document ;
- à qui s'adresse le document ;
- le déroulement des faits, la situation, les événements, les informations ;
- l'identité des personnes ou des personnages et, éventuellement, les liens entre elles / entre eux ;
- les éventuels différents points de vue ;
- les éventuels éléments implicites du document ;
- la fonction et la portée du document (relater, informer, convaincre, critiquer, dénoncer, etc.).

> Note

Les noms propres cités dans le document sont les suivants :

Andy Warhol • Richard Nixon • Kennedy • Andrew Carnegie • Jimmy Carter

PAR ÉTAPES

Étape 1 TESTER SA COMPRÉHENSION ORALE

corrigés p. 407

True or False? Le contenu, les idées

Déterminer si les propositions sont vraies ou fausses.

	true	false
1. The exhibition takes place in Scotland.	☐	☐
2. The exhibition features 50 of the acclaimed artist's works.	☐	☐
3. The exhibition coincides with a week of events celebrating Carnegie's legacy.	☐	☐
4. Tickets must be bought online.	☐	☐
5. Andy Warhol wouldn't have appreciated having his artworks in Parliament.	☐	☐

Questions flash La grammaire

Observer l'exemple ci-dessous et répondre aux questions.

"Many of the works <u>have never been shown</u> in Scotland before."

1. À quel temps est conjugué le verbe souligné ?

live!

2. S'agit-il de la voix active ou de la voix passive ?

3. Que permet d'exprimer ce temps ?

À compléter Le vocabulaire

Compléter le tableau avec le vocabulaire qui relève des champs lexicaux suivants :

Art	Fame
....	....
....	....
....	....
....	....

Étape 2 RÉACTIVER SON VOCABULAIRE

- **Vocabulary of politics:** Parliament • Presiding Officer • President • political power • legacy • philanthropist.
- **Vocabulary of places:** Scottish Parliament • Scotland • Carnegie UK Trust • Andy Warhol Museum • Pittsburgh • exhibition hall.

Étape 3 REPÉRER ET EXPLOITER LES INFORMATIONS

En bref Le parlement écossais accueille, pour la première fois, une exposition des œuvres d'Andy Warhol. Ce sont quarante œuvres rassemblant autoportraits de l'artiste et portraits de célébrités et d'hommes politiques.

À repérer Les noms de lieux, les célébrités et hommes politiques mentionnés ainsi que les informations pratiques concernant l'exposition.

CORRIGÉ 5

Comprendre le corrigé

Ce document, qui s'intitule Andy Warhol: Pop, Power and Politics, est un reportage sur la nouvelle exposition consacrée à Andy Warhol qui va se tenir au parlement écossais. Ce reportage s'adresse aux amateurs d'art et aux futurs visiteurs de l'exposition.

Ne traduisez pas le titre.

Ce document présente Andy Warhol en quelques mots, les œuvres de l'exposition ainsi que les informations pratiques pour s'y rendre. Le présentateur insiste sur les thèmes qui intéressaient Andy Warhol, à savoir le pouvoir et la politique et fait intervenir un expert du musée Andy Warhol à Pittsburgh, comme on peut le voir sur les images tournées dans le hall de l'exposition. Celui-ci explique la fascination que génère encore aujourd'hui Andy Warhol par plusieurs raisons : ses œuvres, son regard sur le monde, sa capacité à s'intéresser aux innovations et sa fascination pour le pouvoir. Les œuvres présentées sont variées : des autoportraits de l'artiste ainsi que des portraits des présidents Nixon et Carter ou encore de la reine. C'est le résultat d'une collaboration entre le parlement écossais, le Carnegie UK Trust et le Musée Andy Warhol de Pittsburgh.

L'astuce du prof

S'agissant d'une vidéo, vous pouvez vous appuyer sur les images pour illustrer vos propos, mais en aucun cas vous ne devez tout décrire.

Mobilisez les noms propres que vous aviez repérés.

Ce reportage a été créé pour promouvoir l'exposition et donne les informations utiles : exposition du 5 octobre au 3 novembre, entrée gratuite, réservation (recommandée) sur le site du parlement ou par téléphone au 0131 348 54 54.

Gagnez des points !

Soignez votre orthographe et écrivez lisiblement afin que le correcteur puisse apprécier votre travail.

SUJET 6 Sujet zéro

10 pts · 30 min

Expression écrite

› Vous traiterez **en anglais** et en 120 mots minimum l'un des deux sujets suivants au choix.

Les sujets proposés ci-dessous sous en relation avec la thématique du document de la compréhension orale du sujet 5 p. 356.

SUJET A

In an online discussion thread, you've read three different reactions from people who have just visited an art exhibition. Which one do you agree most with? Why?

Option 1
Art shouldn't convey a political message!

Option 2
Art is always political.

Option 3
Art is not always about politics but it is definitely a representation of its time.

SUJET B

Comment on these words by Andy Warhol:

> "An artist is somebody who produces things that people don't need to have but that he, for some reason, thinks it would be a good idea to give them."
> Andy Warhol

PAR ÉTAPES

Étape 1 CHOISIR SON SUJET

SUJET A Rédaction d'une opinion argumentée

Le sujet A consiste à choisir, parmi les trois proposées, la réaction avec laquelle vous êtes le plus en accord et expliquer pourquoi. Cette question vous invite à donner votre opinion en employant le vocabulaire adapté.

Ce sujet permet aux élèves qui se sentent le moins à l'aise en expression écrite de pouvoir rédiger plus facilement puisqu'il faut partir de l'une des trois opinions proposées.

> **TIP**
> **Exprimer son opinion**
> Voici quelques expressions qui permettent de donner votre avis : *I think / I believe that, To me / I agree with / I have mixed feelings about…*

SUJET B Rédaction d'une opinion argumentée

Le sujet B consiste à expliquer pourquoi Andy Warhol pense que **l'art est utile à l'individu**. Vous devez rédiger une argumentation claire et convaincante en vous appuyant sur des **exemples concrets** de production artistique de domaines différents.

Relevez au brouillon les mots-clés dans le sujet («*artist*», «*produces*», «*don't need*», «*good idea*»), identifiez les champs lexicaux attendus (art, culture).

Étape 2 ANALYSER LE SUJET ET ORGANISER SES IDÉES

- **Vocabulaire à utiliser:** a committed artist • propaganda • to convey a message • to draw somebody's attention • aesthetics • to warn • to symbolise • to coerce • to express.
- **Mobiliser des exemples connus:** Bansky, «Santa's Ghetto» • Andy Warhol, «Campbell's Soup Cans» • Miriam Makeba • Woodstock • Mumbai noir • Stik • state propaganda • Norman Rockwell.

SUJET A

In an online discussion thread, you've read three different reactions from people who have just visited an art exhibition.

Which one do you agree most with? Why?

1. Annoncez la réaction que vous avez choisie, avec laquelle vous êtes le plus en accord.

2. Expliquez les raisons de votre choix.

> **Au brouillon**
> Munissez-vous de surligneurs et repérez les différentes parties du sujet. Ce travail préparatoire vous donnera le plan de votre écrit comme-ci contre.

- Réfléchissez au point de vue à défendre. Sous forme de notes au brouillon, listez les arguments à utiliser et classez-les sous forme logique et cohérente.
- Listez les exemples que vous pourrez utiliser, soit tirés de votre expérience personnelle, soit tirés de vos connaissances du sujet.
- Ne rédigez pas d'abord en français pour traduire ensuite, rédigez directement en anglais. Au cas où un mot vous manque, contournez la difficulté en formulant une périphrase.

Si vous choisissez...

la réaction 1: mettez en avant le fait que l'art ne doit pas s'impliquer en politique.

la réaction 2: montrez que l'art est forcément engagé politiquement.

la réaction 3: mettez en avant le fait que l'art est avant tout une manière pour l'artiste de représenter son temps.

SUJET B

Définir un angle de rédaction

Comment on these words by Andy Warhol: "An artist is somebody who produces things that people don't need to have but that he, for some reason, thinks it would be a good idea to give them".

Au brouillon

Effectuez le même travail préparatoire que pour le sujet A.

1. Exposez les raisons expliquant pourquoi Andy Warhol dit ces mots.

2. Expliquez pourquoi Andy Warhol pense que l'art est utile alors que, pour d'autres, il est considéré comme inutile.

Vous avez tout à fait le droit de ne pas être d'accord avec Andy Warhol tant que vous argumentez votre travail.

Notez au brouillon les **formes lexicales** (mots ou tournures idiomatiques), les **formes langagières ou grammaticales** (phrases complexes) que vous pourriez utiliser.

- Exprimer l'**opinion** : *It seems to me that, I can't help thinking that, As a matter of fact, I am convinced that…*
- Exprimer l'**accord** : *It is true to say that, I share the artist's point of view, I agree with…*
- Exprimer le **désaccord** : *Unlike the artist, That is not how I see it…*
- Exprimer le **doute** : *I am rather skeptical about, I am not really sure about…*

Cette citation est l'occasion d'une réflexion sur l'utilité et la fonction de l'art. Concentrez-vous sur ce qui constitue une œuvre d'art, au-delà du côté esthétique : la vision personnelle de l'artiste, les émotions que procure l'œuvre, la portée politique… Vous pouvez mobiliser les exemples vus dans « L'axe en coup d'œil ».

CORRIGÉ 6

Comprendre le corrigé

SUJET A

Option 3

From my point of view, the third reaction is the most convincing. Indeed whoever the artist, he or she aims at conveying a message to society and this message is usually political. In times of war, artists use their art to warn the population

> Introduisez votre propos en annonçant la réaction choisie.

about the dangers. Jimi Hendrix, for instance, wrote *Machine Gun*. This protest song denounced the conflict in Vietnam. At present it symbolises a protest against every conflict.

> **Vocabulaire**
> *Protest song*: chanson engagée.

Besides, a work of art can draw people's attention. Andy Warhol's work entitled « Campbell's soup cans » draws the consumer's attention on the dangers of consumerism. We wish everybody could avoid overconsumption. Thus we can say that art always conveys a message and this message represents a political force even if artists don't depend on governments or other institutional forces to create.

> **L'astuce du prof**
> Il faut employer le conditionnel pour exprimer le souhait.

However, in history, there were some governments who used artists to push their ideology in order to coerce the population into following them. It was the case with Hitler, Stalin or Mao Zedong who used art as a tool of propaganda. Art was subordinate to brainwashing. When artists aren't affected by censorship, they can say what they want through their works.

> **Vocabulaire**
> *Coerce into doing*: contraindre à faire.

Eventually, censorship is not only political. It may be religious, for example in India, where the violation of religious sentiments is punishable by law.

> Faites appel à votre culture personnelle pour donner des exemples concrets.

SUJET B

Buying a work of art several millions of dollars can be considered as useless by some people who think that art is only aesthetics. Andy Warhol disagrees with this idea and insists on the fact that art is useful to the person it is given. We can wonder what reasons can explain his opinion.

> Une accroche efficace permet d'introduire le propos d'Andy Warhol et de le rendre plus compréhensible.

When the artist creates, he tries to understand the world which is surrounding him. Thus art is a means to express the present in order to prepare the future. The person who admires a work of art is given joy. His or her stress may be relieved. It is a means of communication because music, literature, sculpture or other forms of art are our collective memory. People from different cultures and different times can communicate with each other. Let us take the example of the Statue of Liberty, it is a symbol of past immigration because it served as an icon of freedom to all immigrants arriving in America in the nineteenth century.

> **Gagnez des points !**
> Pour exprimer le but, employez *in order to* + infinitif.

Secondly, art has always been useful because it may be responsible for direct commitment and activism. Some celebrities have understood it and they use their fame and their art to help causes. Bono, the Irish songwriter and musician of the rock band U2, campaigns for Africa and has founded several non-profit organisations. Another example is rock musician Peter Gabriel who released *Biko* in 1980, an anti-Apartheid protest song inspired by the death of activist Steve Biko.

To conclude, art has always existed and it is a huge part of our culture. It shapes our ideas and provides us with a deeper understanding of our emotions. Unlike Andy Warhol, many people fail to realise how art impacts their daily life. But art is everywhere, in our homes, in the streets and even at work.

L'astuce du prof

Employez le present perfect pour signaler que l'action a toujours existé et a encore un impact dans le présent.

À savoir

Utilisez *an/a* devant un nom apparaissant pour la première fois.

À savoir

Optez pour *the* devant un nom connu.

SUJET 7 Sujet zéro

10 pts — 30 min

Compréhension orale

Meet Q, the gender-neutral voice assistant

› En rendant compte, **en français**, du document, vous montrerez que vous avez compris :

- le thème principal du document ;
- à qui s'adresse le document ;
- le déroulement des faits, la situation, les événements, les informations ;
- l'identité des personnes ou des personnages et, éventuellement, les liens entre elles/entre eux ;
- les éventuels différents points de vue ;
- les éventuels éléments implicites du document ;
- la fonction et la portée du document (relater, informer, convaincre, critiquer, dénoncer, etc.).

› Note

Les noms propres cités dans le document audio sont les suivants :

Alexa • Siri • NPR • Dalia Mortada • Julie Carpenter • Copenhagen Pride Week • Equal AI

PAR ÉTAPES

Étape 1 TESTER SA COMPRÉHENSION ORALE

corrigés p. 408

True or false? Le contenu, les idées

Déterminer si les propositions sont vraies ou fausses.

	true	false
1. Julie Carpenter is a journalist.	☐	☐
2. The document is about a new type of voice assistant.	☐	☐
3. The frequency used for a genderless voice stands between 125 and 145 Hertz.	☐	☐
4. Q was elaborated with random voices.	☐	☐
5. Usually, people pay attention to the gender of their voice assistant.	☐	☐

Questions flash La grammaire

Observer les adjectifs ci-dessous et répondre aux questions.

Gender neutral, genderless, female-sounding

1. Comment sont-ils formés ?
2. Pouvez-vous en déduire le sens ?

live!

Termes à relier Le vocabulaire

Relier les mots suivants à leur équivalent.

to develop •	• to modify
to pick •	• to define oneself
to alter •	• to invent
to identify •	• to consolidate
to break through •	• to choose
to reinforce •	• to overlook

Étape 2 RÉACTIVER SON VOCABULAIRE

- **Vocabulary of gender:** male • female • inclusive • genderless • gender-neutral • a stereotype • transgender • to identify.
- **Vocabulary of technology:** a researcher • to develop • a voice assistant • to record • a range • emerging • an initiative • ethics • a sound designer.

Étape 3 REPÉRER ET EXPLOITER LES INFORMATIONS

En bref Un groupe de chercheurs et chercheuses ont développé une assistance vocale non genrée – ni masculine ni féminine – afin de proposer une alternative inclusive et de dépasser les stéréotypes de genre.

À repérer Plusieurs **locuteurs** figurent dans ce document : un présentateur, la journaliste Dalia Mortada, l'assistance vocale Q et la chercheuse Julie Carpenter. Identifiez-les ainsi que leur **fonction** dans ce reportage.

Pendant l'écoute, n'hésitez pas à écrire ce que vous comprenez en français ou en anglais, même si ce sont des mots isolés. Espacez vos notes et profitez des temps de pause entre les écoutes pour les compléter.

CORRIGÉ 7

Ce document est un reportage radiophonique. Il présente Q, une assistance vocale non genrée.

Le présentateur y explique que la plupart des gens qui utilisent un assistant vocal tels qu'Alexa, Siri ou l'assistant Google choisissent une voix féminine, la voix masculine se voyant moins souvent sélectionnée. Cependant, des chercheurs développent une autre solution d'assistance vocale : une voix non genrée répondant au nom de Q.

Comprendre le corrigé

Commencez par décrire la nature du document audio et donnez sa thématique principale.

Une journaliste, Dalia Mortada, prend ensuite la parole. Cette dernière présente Q, puis Julie Carpenter, une chercheuse en comportement humain en lien avec la technologie.

> **L'astuce du prof**
> Différenciez les locuteurs lors de la restitution et précisez leur métier ou leur rôle dans le reportage.

La voix de Q a été développée à partir de douzaines de voix appartenant à des gens qui ne s'identifient ni à des hommes ni à des femmes. La fréquence retenue pour cette voix est comprise entre 145 et 175 Hertz, ce qui produit le meilleur effet pour une voix neutre d'après les chercheurs.

> **Gagnez des points !**
> Reformulez les arguments avec vos propres mots, tout en citant les données précises comme les chiffres.

La chercheuse raconte que Q a été conçu dans le cadre d'un échange sur le genre, la technologie et l'éthique. La journaliste évoque à son tour les résultats de recherches montrant que les gens s'attendent souvent à un certain type de voix en fonction de la situation. Pour la chercheuse, cela renforce les stéréotypes de genre, puisque l'on constate une nette préférence pour une voix féminine lorsqu'il s'agit d'une situation d'assistance.

> Présentez les points de vue des locuteurs grâce au discours rapporté.

La journaliste conclut que le recours à une assistance vocale non genrée permettrait aux entreprises qui le souhaitent de dépasser les stéréotypes liés au genre.

> **L'astuce du prof**
> Concluez en ouvrant sur les perspectives de l'innovation.

SUJET 8 Sujet zéro

10 pts · 30 min

Expression écrite

› Vous traiterez **en anglais** et en 120 mots minimum l'un des deux sujets suivants au choix.

Les sujets proposés ci-dessous sont en relation avec la thématique du document de la compréhension orale du sujet 7 p. 364.

SUJET A

Your school wants to upgrade its internal communication system. The school's website asks students to post their opinions on three options:

Option 1
Written messages on flat TV screens in the halls and corridors.

Option 2
Announcements made by a synthetic voice over the school intercom system.

Option 3
A daily radio news bulletin recorded by students and broadcast at lunchtime over the intercom system.

Which option do you choose and why?

SUJET B

Are you afraid of talking robots? Explain why or why not.

PAR ÉTAPES

Étape 1 CHOISIR SON SUJET

SUJET A Rédaction d'une opinion argumentée

Pour le sujet A, vous devez poster votre avis sur le site web du lycée concernant la rénovation de son système de communication interne. Le choix se porte sur trois supports possibles de communication : des messages écrits sur des écrans dans les halls et les couloirs, des annonces par voix synthétique sur les haut-parleurs de l'établissement, ou un bulletin d'information enregistré par les élèves et émis sur les haut-parleurs pendant la pause méridienne. Vous devez dire laquelle des trois options vous convient en **justifiant** votre réponse.

TIP

Pour un texte argumentatif, il faut utiliser :

- les expressions de l'opinion ;
- les verbes de recommandation ;
- le lexique de la conviction.

SUJET B Rédaction d'une opinion argumentée

Le sujet B vous demande d'**expliquer** si vous craignez les robots dotés de parole ou non. Cela fait référence aux débats autour de l'intelligence artificielle, notamment aux **potentiels dangers** vis-à-vis de l'humanité. Quelqu'un comme Elon Musk par exemple se méfie du développement fulgurant de ce secteur et prône une régulation plus stricte.

L'exploitation fréquente du sujet par la science-fiction met en évidence cette peur d'une domination des robots. Vous pouvez décrire la situation actuelle, parler des capacités des robots, de leur évolution rapide et envisager un futur plus lointain.

TIP

N'hésitez pas à mobiliser des exemples vus dans d'autres chapitres, par exemple celui d'Innovations scientifiques et responsabilité.

Étape 2 ANALYSER LE SUJET ET ORGANISER SES IDÉES

- **Vocabulaire à utiliser:** classroom • at the press of a button • automated • to design • to program • responsibility • to enable • to upgrade • accessibility • special needs.
- **Mobiliser des exemples connus:** movies or series that feature broadcasted announcements • Sophia the Robot • Q the vocal assistant • *The Matrix* • *Terminator*.

SUJET A

Définir un angle de rédaction

On attend de vous une opinion afin d'améliorer le système de communication de l'école. Vous pouvez tout à fait suggérer des idées ou approfondir l'une des trois options.

Organisez votre réponse en deux parties: commencez par exprimer votre opinion au sujet des deux options que vous rejetez, et développez ensuite vos arguments en faveur de la solution que vous retenez. N'oubliez pas d'utiliser des **mots de liaisons**.

Au brouillon

Listez vos arguments et associez-les à des exemples quotidiens ou à des références vues en cours. Réfléchissez à de possibles transitions.

Si vous choisissez...

l'option 1: l'argument utilisé pourrait être la rapidité avec laquelle les élèves peuvent être informés via des messages sur des écrans de télé dans les couloirs et dans le hall. Insistez sur l'efficacité de la dimension visuelle, qui est de plus en plus mobilisée de nos jours. Les jeunes générations ont grandi avec les écrans et peuvent être plus sensibles à ce genre de communication, d'autant plus si les messages sont présentés de manière attractive.

TIP

Utilisez des modaux pour renforcer votre argumentaire: *we should be doing this, this option would be beneficial...*

l'option 2: cette option permet d'informer tous les élèves malgré leur(s) potentiel(s) handicap(s) tels que la cécité ou les problèmes de motricité qui nécessitent de se déplacer pour accéder à l'information. Montrez que contrairement à un élément visuel, on ne peut pas échapper à une annonce audio, qui a une portée plus large.

l'option 3: dans ce cas, les élèves sont informés malgré leurs handicaps et ils sont associés à la démarche, ce qui présente de nombreux bénéfices – cohésion, satisfaction de s'investir, développement de compétences qui peuvent être utiles dans leur parcours.

SUJET B

Définir un angle de rédaction

Vous pouvez par exemple partir d'un constat sur l'évolution rapide des robots avant d'émettre des **hypothèses** quant à l'évolution future de ces robots, puis d'exprimer votre opinion. Évoquez les **capacités** des robots, et employez le champ lexical de la peur si cela est pertinent avec votre argumentation: *to be afraid, to fear something, to dread something…*

Si vous choisissez d'être optimiste, faites preuve d'**enthousiasme** et insistez sur tous les avantages de l'intelligence artificielle: le gain de temps, les avancées dans des domaines comme la médecine, la prise en charge de tâches pénibles voire dangereuses…

C'est un sujet qui vous encourage à exprimer votre **ressenti**. Cela peut se faire par l'emploi de la première personne du singulier ou du pluriel, de questions rhétoriques ou d'expressions comme: *I find it disturbing that, what is striking is…*

Au brouillon

Listez les références culturelles que vous évoque le sujet, et réfléchissez à une manière de les associer à des arguments.

TIP

Nuancer son argumentation

Voici quelques mots de liaison pour exprimer la concession: *although, even though, however, nevertheless, despite.*

CORRIGÉ 8

Comprendre le corrigé

SUJET A

Option 3

I find it quite puzzling to see that the range of proposals to upgrade the school intercom system is rather restricted. Indeed, the school ought to provide the necessary information for all the students including both the visually impaired and the hard of hearing. How can the latter become aware of what is happening if their special needs are not being taken into account?

L'astuce du prof

Annoncez votre thèse, ici centrée sur l'accessibilité, ce qui vous permettra d'éliminer d'emblée deux options.

I therefore reckon that it should be compulsory for any voice announcement to be doubled by a written message. In addition, the first two options seem one-directional: from the administrators to the staff, so in those cases the students are not included in the making of these announcements.

Employez le vocabulaire de l'opinion et de la recommandation.

That is why I feel like it would be more relevant in terms of educational purposes to integrate the running of the intercom system into the educational content offered by the school and thus get the pupils to be part of it. As far as I am concerned, it would be educationally efficient if every day a different class was in charge of the intercom system, a few students selected would prepare the lunchtime news and issue the announcements.

Gagnez des points !
N'hésitez pas à faire des propositions concrètes.

This would enable every single pupil to familiarise with such a system and could develop writing and speaking skills.

Concluez en mettant en avant les conséquences positives de vos propositions.

SUJET B

Progress in technologies is making giant footsteps day by day and nowadays scientists and engineers have not only managed to create talking robots but human-like talking robots. This may raise the following issue, should we be afraid of them?

Commencez par une accroche générale sur les avancées technologiques.

It might seem odd for a child of the twenty-first century to feel afraid of talking robots as we have grown up with talking toys. Indeed, every one of us is used to hearing talking devices such as voice assistants, or GPS. So what could make us afraid of talking robots?

Gagnez des points !
Insistez sur la spécificité des jeunes générations, qui ont grandi avec la technologie.

As far as I am concerned, the answer to the question might lie in inventions such as Sophia, the human-like robot, who is able to explain her own aspiration for the future, how she would like to study or raise a family just like any other ordinary person. It seems that those talking robots could be like us sooner than we think and one might wonder if they could eradicate human beings and therefore replace us once and for all.

L'astuce du prof
Avancez votre argument, et étayez-le en mobilisant un exemple. Inspirez-vous de votre cours, de votre culture personnelle.

Furthermore, not only have we grown up with talking devices but we have also been exposed to sci-fi movies or literature depicting worlds in which robots are taking over. As a matter of fact, it is very easy to draw a parallel between Sophia and the movie character Terminator from the 1980's movie whose intentions towards human beings are not the kindest. I reckon that if we do not pay attention or control the fast evolution of robots, we might wake up once it is too late in a sci-fi world.

Vocabulaire
To depict: représenter, décrire.

N'hésitez pas à vous inspirer des problématiques d'autres chapitres, ici Fictions et réalités.

SUJET 9 Sujet zéro

10 pts 40 min

Compréhension écrite

TEXTE 1 All alone on Mars

Six days into what should be the greatest two months of my life, and it's turned into a nightmare. I don't even know who'll read this. I guess someone will find it eventually. Maybe a hundred years from now.

For the record… I didn't die on Sol 6*. Certainly the rest of the crew thought I did, and I can't blame them. Maybe there'll be a day of national mourning for me, and my Wikipedia page will say, "Mark Watney is the only human being to have died on Mars."

And it'll be right, probably. 'Cause I'll surely die here. Just not on Sol 6 when everyone thinks I did.

Let's see… where do I begin?

The Ares Program. Mankind reaching out to Mars to send people to another planet for the very first time and expand the horizons of humanity blah, blah, blah. The Ares 1 crew did their thing and came back heroes. They got the parades and fame and love of the world.

Ares 2 did the same thing, in a different location on Mars. They got a firm handshake and a hot cup of coffee when they got home.

Ares 3. Well, that was my mission. Okay, not mine per se. Commander Lewis was in charge. I was just one of her crew. Actually, I was the very lowest ranked member of the crew. I would only be "in command" of the mission if I were the only remaining person.

What do you know? I'm in command.

I wonder if this log will be recovered before the rest of the crew die of old age. I presume they got back to Earth all right. Guys, if you're reading this: It wasn't your fault. You did what you had to do. In your position I would have done the same thing. I don't blame you, and I'm glad you survived.

Andy Weir, *The Martian*, 2011.

---

* **A sol** is a Mars solar day. It lasts 24 hours and 39 minutes, the duration of the day-night cycle on Mars.

TEXTE 2 An Interview with Elon Musk about Mars

The entrepreneur details his plan to send one million humans to the red planet.

In the year 2014 Elon Musk doesn't need much of an introduction. Not since Steve Jobs as an American technologist captured the cultural imagination like Musk. He is the inspiration for Robert Downey Jr.'s Iron Man. His life story has already become a legend. He decided idle hedonism wasn't for him, and instead sank his fortune into a pair of unusually ambitious startups. With his automobile company he would replace the world's cars with electric vehicles and with his space company he would colonise Mars. And so I wondered, why space?

"I think there is a strong humanitarian argument for making life multi-planetary," he told me, "in order to safeguard the existence of humanity in the event that something catastrophic were to happen, in which case being poor or having a disease would be irrelevant, because humanity would be extinct."

Musk told me this first group of settlers will need to pay their own way. "My rough guess is that for a half-million dollars, there are enough people that could afford to go and would want to go. But it's not going to be a vacation jaunt. It's going to be saving up all your money and selling all your stuff, like when people moved to the early American colonies."

A million people on Mars sounds like a techno-futurist fantasy. And yet, the very existence of Musk's space venture is fantasy.

Ross Andersen, Theatlantic.com, October 3, 2014 (abridged and adapted).

Questions

› Answer the following questions in English using your own words:

TEXTE 1

a. After reading the text, what can you say about the narrator and the situation he is in?

b. Focus on the following three clues:
- "I don't even know who'll read this" (l. 2)
- "Let's see…where do I begin?" (l. 10)
- "Guys, if you're reading this" (l. 23)

What do they reveal about what the narrator is doing? Explain why he is doing that.

c. Focus on what is said about the Ares program (l. 11 to 20). In what ways do the three missions Ares 1, Ares 2 and Ares 3 differ?

TEXTE 2

d. After reading the text, what can you say about:
- Elon Musk?
- the reasons why he is famous?
- his plans for the future?

e. What can you say about his vision of the future of humanity?

f. What are the conditions required to be part of the "first group of settlers" (l. 16)?

TEXTE 1 et **TEXTE 2**

g. In your opinion, which text is the more realistic? Justify your answer.

PAR ÉTAPES

Étape 1 TESTER SA COMPRÉHENSION DU TEXTE

corrigés p. 409

True or false? Le contenu, les idées

Déterminer si les propositions suivantes sont vraies ou fausses.

TEXTE 1

	true	false
1. Mark has been living on Mars for two months.	☐	☐
2. Mark doesn't blame the other members of the crew for leaving him alone on Mars.	☐	☐
3. The other astronauts left him behind because they disagreed with his plans.	☐	☐
4. Mark is wondering if they will come back to pick him up.	☐	☐
5. He's writing a novel as a testimony.	☐	☐

TEXTE 2

	true	false
1. Andersen thinks Elon Musk deserves to be introduced to the public.	☐	☐
2. He wonders why Elon Musk turned to fund a space expedition to the moon.	☐	☐
3. Elon Musk aims at somehow saving humanity.	☐	☐
4. Elon Musk thinks the human race might disappear one day unless we act to now.	☐	☐
5. Elon Musk thinks half a million people would be ready to go on the red planet.	☐	☐

QCM La grammaire

Cocher la proposition qui correspond au sens de la phrase.

1. "Maybe a hundred years from now" (Texte 1, l. 3)

- [ ] **a.** A hundred years ago
- [ ] **b.** For a hundred years
- [ ] **c.** In a hundred years

2. "In the event that something catastrophic were to happen" (Texte 2, l. 13)

- [ ] **a.** If something serious had happened
- [ ] **b.** If something serious never happened
- [ ] **c.** Should something serious happen

Termes à relier Le vocabulaire

Relier les mots suivants à leur équivalent.

in charge •	• holiday trip
mourning •	• funerals
mankind •	• lazy, slow
vacation jaunt •	• belongings
stuff •	• responsible for
idle •	• humanity

Étape 2 RÉACTIVER SON VOCABULAIRE

• **Vocabulary of space:** the conquest of space • an astronomer • an astronaut • the space age • a space shuttle • a planet • a spacecraft • a light year • a galaxy • planetary • interplanetary • extra-terrestrial.

• **Vocabulary of colonisation:** to settle down • a settler.

• **Vocabulary of pain:** a nightmare • a predicament • an ordeal • a plight • loneliness • despair • to suffer from • to cope with • to face hardships • to feel desperate • downhearted.

Étape 3 REPÉRER ET EXPLOITER LES INFORMATIONS

TEXTE 1

En bref *The Martian* est le seul roman de l'auteur américain Andy Weir. En 2015, Ridley Scott l'a adapté au cinéma. Dans l'ouvrage, le héros Mark Watney est un astronaute américain laissé pour mort sur Mars par son équipage à la suite d'une tempête de sable. Il va tenter de survivre mais de nombreux obstacles vont rendre sa survie hasardeuse.

À repérer Le niveau de langue ainsi que les formules oralisantes sont des indices quant à la nature du texte et aux objectifs de l'auteur.

Pour bien répondre aux questions

a. Cherchez des renseignements sur l'identité du personnage et les lieux où il se trouve. Décrivez le contexte de son histoire, en prenant soin de rendre compte de son cauchemar grâce aux éléments qu'il fournit sur sa mission.

b. Le mot « log » (l. 22) résume la nature des écrits du narrateur : une sorte de journal qu'il entreprend d'écrire afin de laisser une trace de son existence.

c. L'enjeu de la question consiste à comparer les trois missions Ares. Pensez à utiliser le comparatif et les connecteurs, marqueurs de la différence et du contraste (*while/whereas*, *unlike*, *contrary to*).

TEXTE 2

En bref Cette interview d'Elon Musk par Ross Andersen parue dans *The Atlantic* et datée d'octobre 2014, expose le projet ambitieux et pour le moins étonnant du milliardaire américain d'envoyer sur Mars une colonie d'un million d'hommes. Pour Ross Andersen, cette idée relève de la science-fiction.

À repérer La référence à « Robert Downey Jr.'s Iron Man » (l. 5) : Tony Stark, inventeur de génie et milliardaire se sert d'une armure puissante pour faire régner la justice. Cette comparaison avec le monde des comics indique la distance que prend l'auteur avec les propos d'Elon Musk.

Pour bien répondre aux questions

e. Démontrez combien sa vision est pessimiste et que la solution qu'il propose semble être une fuite en avant, afin de vendre du rêve aux plus aisés.

TEXTE 1 et TEXTE 2

Pour bien répondre aux questions

g. Cette question est au cœur même de l'axe et vous amène à réfléchir sur la frontière qui sépare fiction et réalité. Une situation qui frise le surréalisme n'est-elle pas plus distante de la réalité que le véritable ressenti d'un homme aux prises avec la solitude dans un monde hostile ?

CORRIGÉ 9

Comprendre le corrigé

TEXTE 1

a. This document is a first person narrative about a man called Mark Watney. In a futuristic world, he registered for a space program which sent people to Mars. He seems to have been living on Mars for six days, but he is experiencing an ordeal. After an unexpected event that could have cost them their lives, the other members of the crew managed to return to Earth leaving Mark behind against their will. However, Mark is alive and knows he is bound to die on Mars.

Pensez à répondre aux questions : who, where, when, why ?

b. The narrator must be writing a sort of logbook about his recent daily life experience on Mars. He has just started to write it as he is wondering how he ought to begin. He aims to tell the future participants of those missions if any, about what he went through after his team left. It is a kind of testimony meant to restore the truth: Mark did not die on "Sol 6". But above all, he wants them to know they should not feel guilty about leaving him to his fate.

L'astuce du prof

Les trois indices qui vous mettent sur la piste : qu'écrit-il, à qui et pour quelles raisons ?

c. For the first mission, society paid tribute to the courage of the heroic astronauts who became celebrities. Unlike the first crew members, the second ones didn't get as much attention. People were getting used to hearing about space expeditions. As for the third mission, Mark was only to be in command if he were the only survivor. However, as everyone on Earth is likely to think he is dead, he reckons there might be a national day of mourning in his memory.

Gagnez des points !

Pensez à utiliser les connecteurs du contraste.

TEXTE 2

d. Elon Musk is the well-known billionaire technology entrepreneur, CEO and engineer who invested in a successful electric car company, and launched an ambitious futuristic project. Aware as he is of the necessity to reduce the risk of human extinction, he aims to establish a human colony on Mars. Therefore, the goals he pursues are twofold: he founded Tesla to preserve the Earth, and SpaceX to understand the unfathomable reaches of space. To his own sayings he strongly believes that many people would be able to afford the cost of such a one-way journey to Mars and would be ready to land and build a life there.

Le personnage est un peu visionnaire. Insistez sur cet aspect !

e. On the one hand, Elon Musk's vision of the future is quite pessimistic: the world is heading into the abyss, owing to overpopulation and global warming. Yet he sees space as the new Frontier to be conquered. His plans of migrants settling down on Mars as the new Exodus sounds like pure fantasy. He may even be compared to the fictional Iron Man, who makes some people admire him as a powerful semi-god, holding the promise of a better future, yet only for the "happy" few, appealing to our imagination!

Gagnez des points!

Exprimez votre opinion sur ces projets pour le moins très ambiteux!

f. In order to belong to the privileged community of Mars settlers, you need to have saved about a half-million dollars. Of course you would volunteer to fly into space, knowing you would never return as you would have sold all your belongings on Earth. He recalls the historical wave of immigrants in the late 1900s who risked everything they owned in order to fulfill their dreams of a better life in America. Mars sounds like the new Eldorado, the land of endless opportunities for residents whose life on Earth will be doomed to extinction.

Les conditions pour y appartenir sont assez... étilistes!

TEXTE 1 et TEXTE 2

g. In the excerpt from *The Martian* written by Andy Weir, a man is compelled to settle down on Mars by himself. Once this unbelievable predicament has been accepted by the reader, the latter can almost easily identify with the character. Indeed the narrator arouses sympathising feelings towards this forlorn man light years away from Earth. Indeed, he is showing human qualities such as forgiveness and tolerance and a sense of ethics. Therefore, there is a sense of reality in this passage.

Vocabulaire

Forlorn: triste, délaissé.

Temperamental: capricieux, imprévisible.

Uprooted: déraciné, ici détaché de la réalité.

On the other hand, *The Atlantic* anchors the text in the real world of 2014. The charismatic Elon Musk is introduced by the interviewer as a celebrity. Today, although some of his visions may seem impossible at first glance, Musk's track record has muted many doubters. However, according to the interviewer, Musk's mass space transportation visions sound hardly achievable. Therefore he sounds like an idealist, a visionary, almost a temperamental utopist.

L'astuce du prof

Afin d'exprimer votre opinion personnelle, prenez le temps de la réflexion. Quel texte vous paraît le plus proche du monde que vous connaissez?

To put it in a nutshell, to my mind, the more realistic text would be the excerpt from the novel: a fictitious character with human qualities, rather than a real man uprooted from reality, living in fantasy land.

À savoir

Realistic étant un adjectif long, on ajoute *more* avant pour exprimer la comparaison.

SUJET 10 Sujet zéro

10 pts 50 min

Expression écrite

› Vous traiterez **en anglais** et en 120 mots minimum au moins **l'un des deux sujets suivants au choix**.

Les sujets proposés ci-dessous sont en relation avec la thématique du document de la compréhension écrite du sujet 9 p. 372.

SUJET A

You are the commander of mission Ares 1. You have just come back from your mission and you are invited to give the opening speech at a press conference.

Write your speech.

SUJET B

On a blog, you read three different reactions from people who have just read the article "An Interview with Elon Musk About Mars". Which one do you agree most with? Why?

Reaction 1
"Living on Mars? That is nonsense!"

Reaction 2
"I'm going to start saving money immediately to pay my trip to Mars."

Reaction 3
"Right now I can't imagine living on Mars but that could be a great idea for the future..."

PAR ÉTAPES

Étape 1 CHOISIR SON SUJET

SUJET A Rédaction d'un discours

Le sujet A est un **discours**, qui suppose de bien connaître le contexte. Assurez-vous d'avoir bien compris que vous êtes le commandant de la mission 1, dont on sait qu'elle a été couronnée de succès.

Vous êtes dans l'**euphorie** de votre récent atterrissage sur Terre et vous devez vous adresser à un public qui rêve d'avoir un récit venu de l'au-delà ! Vous aurez à cœur de **partager vos émotions** afin d'atteindre l'imagination de votre auditoire.

SUJET B Rédaction d'une opinion argumentée

Rédiger une **opinion** suppose des qualités de rédaction claires et convaincantes. Vous devez graduer l'exposé de votre opinion en terminant par un point dont le but sera d'entraîner votre lecteur à vous suivre. Il s'agit donc de démontrer ici de façon tranchée que vous adhérez entièrement à un point de vue.

TIP

Exprimer son opinion

Pour marquer son opinion, il convient d'utiliser des formules appropriées :

As for me, in my view, to my mind, I approve/ disapprove of, I strongly agree/disagree with…

Étape 2 ANALYSER LE SUJET ET ORGANISER SES IDÉES

- **Vocabulaire à utiliser :** an achievement • settlers • a breakthrough • a new era • a leap • a delusion • hostile • dire • ethics.
- **Mobiliser des exemples connus :** Apollo 11 • astronomer Martin Rees.

SUJET A

Définir un angle de rédaction

- Rappelez si besoin le **succès** du premier pas de l'homme sur la Lune, en guise de comparaison de l'événement de votre réussite sur Mars.
- Témoignez votre **reconnaissance** à tous ceux qui ont contribué à la réussite de ce programme.
- Laisser entrevoir le début d'une **nouvelle ère spatiale**, grâce aux nouvelles technologies.
- Un souci pour l'**éthique** dans ce monde progressiste ne serait cependant pas superflu.

SUJET B

Si vous choisissez…

la première réaction : vous devrez développer votre point de vue en montrant l'irrationalité d'un tel projet.

- Dénoncez le caractère fantasque de ce projet, sa non-recevabilité par des scientifiques de renom qui ont évalué l'expédition extrêmement coûteuse et les risques insensés, compte tenu des conditions de survie très hypothétiques.
- Soyez constructif en montrant comment les efforts financiers d'un tel projet pourraient être investis vers des causes sociales et humanitaires urgentes.

la deuxième réaction : faites preuve d'un espoir bien ancré dans votre esprit et expliquez les raisons qui motivent votre projet personnel. Vous n'avez sans doute aucun lien qui vous retient sur Terre ?

la troisième réaction : montrez combien ce projet a un avenir, mais qu'il est encore trop tôt pour le concrétiser.

CORRIGÉ 10

Comprendre le corrigé

SUJET A

My dear fellow citizens,

Let this be the first day of a new Era. As we are coming back from the Red Planet, we can assert with pride that our few steps on the surface of Mars are the new giant leap for humanity. For a while we were "the bold settlers on some foreign shore" as the poet Wordsworth put it. We owe this achievement to the outstanding endeavours of our researchers, engineers and technicians. As we were landing I saw my friend's eyes filled with the awe of watching the glittering and twinkling of a star-spangled sky. Reaching another side of the universe teaches you humility, but today we have opened a new gate with unbelievable prospects, provided we remain aware of the ethics of progress. I am happy to herald a new age in space conquest for the sake of the survival of humanity!

Adoptez le ton officiel d'un discours, et adressez-vous à un public, ici des journalistes.

Soyez galvanisé par votre réussite et partagez votre enthousiasme.

Gagnez des points !
Variez la ponctuation afin de donner un rythme à votre discours.

SUJET B

Reaction 1

Evidence has been scientifically shown that life on Mars will be impossible for men beyond six months despite breakthrough technology. I think the idea of a colony of men on Mars is a dangerous delusion as it is a far more hostile environment than the South Pole. The average temperatures are so low! Dealing with climate change here on Earth matters more to me than terraforming Mars which would have dire consequences. The word "terraforming" itself was invented by science-fiction writers. Why would it belong to the real world? Like the British astronomer Martin Rees, I believe we can still harness science and technology to save ourselves and our planet. However, ethics ought to be at the core of progress and we should make sure the billion people living under the poverty threshold are taken care of by the few wealthy ones who could alleviate their plight. Let's live on Earth decently before trying to survive on Mars!

Soyez radical dans votre diatribe contre ce projet, pour en montrer le caractère irrationnel.

L'astuce du prof
Avancez des arguments factuels, et mettez en avant leur fiabilité.

SUJET 11 Sujet zéro

10 pts 40 min

Compréhension écrite

TEXTE Tech billionaires Zuckerberg and Elon Musk battle it for AI

Two of the world's richest and most intelligent men are arguing about the future of artificial intelligence (AI).

Elon Musk and Mark Zuckerberg are locked in a very public feud over artificial intelligence.

Musk has repeatedly warned about the dangers of AI, describing it as a potentially existential threat to the human race.

Zuckerberg has a different take. On Sunday, he took questions live over the internet while barbecuing beef brisket at his backyard in Palo Alto, California. He responded to a question about Elon Musk's warnings by saying he was tired of the fear mongering.

"With AI especially, I'm really optimistic," Zuckerberg said during the live broadcast. "I think that people who are naysayers and kind of try to drum up these doomsday scenarios – I just, I don't understand it. I think it's really negative and in some ways I actually think it is pretty irresponsible."

Musk shot back on Tuesday morning with a tweet saying, "I've talked to Mark about this. His understanding of the subject is limited." He added that a movie on the subject of AI was "coming soon", but didn't provide details about the film or his involvement.

Musk ignited a global discussion on the perils of AI in 2014. He predicted that humans might be doomed if we make machines that are smarter than us. He said in a recent interview that his warnings haven't been heeded.

Musk, who's leading space exploration projects and major tunnelling initiatives, is now trying to develop AI that he hopes will have a positive impact on humanity. He's heading up a start-up that intends to build devices to connect the human brain with computers.

Zuckerberg is no stranger to AI. He worked last year on developing an artificial intelligence system to help run his life and his home. After about 100 hours of work, he posted a video at the end of 2016 showcasing an AI system called Jarvis, which is voiced by the actor Morgan Freeman.

In his broadcast, Zuckerberg said AI could be a force for good because it helps power self-driving cars and diagnose illnesses. "If you're arguing against AI, then you're arguing against safer cars that aren't going to have accidents. And you're arguing against being able to better diagnose people when they are sick. I just don't see how, in good conscience, some people can do that. I'm just much more optimistic on it than probably a lot of folks are," Zuckerberg said.

"In the next 5-10 years, AI is going to deliver so many improvements in the quality of our lives," he added.

Musk, who has been warning about intelligent robots causing massive job losses and potentially gaining uncontrollable autonomy, responded to Zuckerberg after a social network user posted the tech billionaire's comments.

Musk, founder of a space company, says humans have to consider colonising other worlds and even merging with machines to maintain the upper hand over robots that "will be able to do everything better than us".

The Financial Chronicle, July 26, 2017 (abridged and adapted).

Questions

Answer the following questions in English, using your own words:

a. After reading the text, what can you say about:
- the main topic of the text?
- the people involved?
- their opinions on the topic?

b. Comment on the following paragraph and explain Musk's feelings on the topic:

"Musk says humans have to consider colonising other worlds and even merging with machines to maintain the upper hand over robots that 'will be able to do everything better than us'."

PAR ÉTAPES

Étape 1 TESTER SA COMPRÉHENSION DU TEXTE

corrigés p. 410

True or false? Le contenu, les idées

Déterminer si les propositions sont vraies ou fausses.

	true	false
1. The two billionaires couldn't agree more about artificial intelligence.	☐	☐
2. Musk thinks AI could be harmful to mankind and that we should stay in control of those machines.	☐	☐
3. Zuckerberg was invited to Musk's home in California.	☐	☐
4. Elon Musk is mostly pessimistic about AI.	☐	☐
5. Zuckerberg thinks believing in AI is irresponsible and could lead to higher rates of unemployment.	☐	☐
6. Zuckerberg reckons that machines might become cleverer than men.	☐	☐
7. Zuckerberg believes AI can help detect diseases.	☐	☐
8. There might be a film coming soon about AI and its impact on our society, directed by Elon Musk.	☐	☐

QCM La grammaire

Cocher la proposition qui correspond au sens de la phrase.

"He predicted that humans might be doomed if we make machines that are smarter than us" (l. 19-20)

- [ ] **a.** He predicted that humans were most likely to be doomed
- [ ] **b.** He predicted that humans could perhaps be doomed
- [ ] **c.** He predicted that the chances were humans would be doomed

Termes à relier Le vocabulaire

Relier les mots suivants à leur antonyme.

responsible •	• genuine
optimistic •	• similar
sick •	• controllable
tired •	• irresponsible
uncontrollable •	• healthy
artificial •	• energetic
different •	• pessimistic
best •	• worst

À compléter Le vocabulaire

Trouver le nom formé à partir de l'adjectif comme dans l'exemple.

sick → sickness
responsible
optimistic
tired
smart

Étape 2 RÉACTIVER SON VOCABULAIRE

- **Vocabulary of agreement and disagreement:** to argue • a feud • a quarrel • a controversy • diverging points of view • to be at odds with • a bone of contention • a naysayer • to blame • to look down on.
- **Vocabulary of progress and technology:** to improve • an improvement • to evolve • cutting edge • research • to make progress • to challenge • the betterment • a chatbot • an earpiece • virtual reality • powerful • to grow better.
- **Vocabulary of danger:** doomsday • a risk • destitute • fearful • frightening • scary • a threat • to threaten • threatening • to harm • harmful • hazardous.

Étape 3 REPÉRER ET EXPLOITER LES INFORMATIONS

En bref *The Financial Chronicle* est un quotidien indien en langue anglaise. L'article présente les **avis divergents** des deux milliardaires, Mark Zuckerberg et Elon Musk, à propos de l'intelligence artificielle. Si Zuckerberg a un avis **positif** sur l'intelligence artificielle et ses possibles utilisations, Musk met en garde contre les **dangers** de cette technologie pour l'humanité tout entière.

À repérer Le vocabulaire de l'article est assez imagé, avec notamment le champ lexical de **l'apocalypse**: *doomsday scenarios* (*doomsday* étant le jour du Jugement dernier), *fearmongering, doomed*.

Pour bien répondre aux questions

a. Concentrez bien votre réponse sur le sujet principal: **la divergence d'opinion** entre ces deux experts sur l'intelligence artificielle et ses **effets** sur notre société à long terme.

Pour plus de clarté, traitez les avis de chacun séparément, puis analysez la manière dont chacun défend son point de vue et énonce ses arguments. Développez enfin les arguments de chacun. Veillez à ne pas recopier le texte mais à **reformuler** la thèse de chacun en utilisant vos propres mots Insistez en particulier sur les **connecteurs** exprimant le **contraste** et l'**opposition**.

b. Vous veillerez à bien répondre aux deux questions incluses dans l'énoncé: d'une part expliquer le **ressenti** d'Elon Musk sur le sujet en développant ces assertions avec vos propres mots; et d'autre part **commenter**, c'est-à-dire développer ce qu'il entend par ses propos.

CORRIGÉ 11

Comprendre le corrigé

TEXTE 1

a. The text deals with the diverging visions of Elon Musk and Mark Zuckerberg on artificial intelligence. They are both billionaires and experts in technology. We learn that Zuckerberg lives in California and has created his own personal AI system. On the other hand, we learn that Musk runs a space company. Both men communicate with each other through social media. They have very different opinions on the topic of artificial intelligence.

While Mark Zuckerberg sees it as a positive innovation which can be useful in everyday life and in detecting diseases, Musk on the contrary, argues we should be cautious about the dangers of AI

> Lisez bien le titre de l'article: c'est une indication sur le thème principal qui y est développé.

> **Gagnez des points!** Trouvez des synonymes pour montrer que vous avez du lexique et que vous pouvez vous approprier le texte.

FRANÇAIS
ENSEIGNEMENT SCIENTIFIQUE
HISTOIRE GÉOGRAPHIE
ANGLAIS

for humanity, as robots will inevitably become more intelligent than humans. Unlike Zuckerberg, Musk seems to dread the development of AI.

b. In this paragraph, it is clear that Musk's view on artificial intelligence is a very pessimistic and cautious one. Musk is afraid of artificial intelligence and warns us that it will threaten the existence of humans. He explains that, as robots become more and more intelligent and skilled, humans will become inferior to them and will disappear. This is a Darwinian vision of the future, in which only the fittest or the most intelligent will prevail. In order to survive, Musk believes there are two things humans can do. The first one is to find other planets to live on so as to escape the supremacy of robots. The second is to remain smarter and more skilled than robots by combining humans and machines.

L'astuce du prof

Prenez du recul sur les opinions de Musk : utilisez des adjectifs pour les caractériser et employez le discours rapporté.

SUJET 12 Sujet zéro

10 pts 50 min

Expression écrite

› Vous traiterez **en anglais** et en 120 mots minimum au moins **l'un des deux sujets suivants au choix**.

Les sujets proposés ci-dessous sont en relation avec la thématique du document de la compréhension écrite du sujet 11 p. 382.

SUJET A

You participate in a science competition: "The perfect robot". Participants must create a robot that will improve people's lives. The winner will receive $10,000 to build a prototype. Write a speech to present your idea of the perfect robot to the jury.

SUJET B

Who do you agree most with? Why?

"In the next five to ten years, AI is going to deliver so many improvements in the quality of our lives. I'm really optimistic."
Mark Zuckerberg

"AI is a rare case where we need to be proactive in regulation instead of reactive because if we're reactive in AI regulation, it's too late."
Elon Musk

PAR ÉTAPES

Étape 1 CHOISIR SON SUJET

SUJET A Rédaction d'un discours

Vous ne devez traiter qu'un seul des deux sujets proposés. Le minimum demandé est 120 mots, il vous est donc possible d'aller au-delà de cette limite. Pensez néanmoins qu'un texte **concis, pertinent** et bien rédigé sera mieux noté qu'une production longue qui ne répondrait pas à la question posée.

Le sujet consiste à vous exprimer devant un jury et à exposer le projet de robot parfait que vous envisagez d'inventer. Ayez l'esprit compétitif: les superlatifs seront appréciés par leur force de conviction. Gardez en tête le format du discours: commencez par une **formule de politesse**, introduisez votre idée, séquencez vos arguments, et terminez par la conclusion et des remerciements.

SUJET B Rédaction d'une opinion argumentée

- Choisissez un camp et défendez-le. Une opinion peut être nuancée mais veillez à ne pas vous contredire.
- Montrez-vous **convaincant** et **consistant** dans vos idées, qu'il faudra séquencer et lier grâce à des **connecteurs logiques adaptés**.
- Commencez par une phrase introductive qui résume votre thèse, et concluez par une phrase qui marque les esprits.
- Pensez à donner des **exemples concrets** et précis afin de rendre vos écrits plus clairs et mieux fondés.

TIP

Aidez-vous du texte de compréhension écrite. Elon Musk et Mark Zuckerberg sont tous les deux des experts en intelligence artificielle, cependant ils ont des opinions radicalement différentes sur le sujet.

Étape 2 ANALYSER LE SUJET ORGANISER SES IDÉES

- **Vocabulaire à utiliser:** to help • to assist • trustworthy • efficient • ideal • perfect • to be wary of • hazardous • unreliable.
- **Mobiliser des exemples connus:** Siri • Alexa • Sophia the Robot • SpaceX • *The Matrix* • *Life in 2025* • Kevin Warwick.

SUJET A

Définir un angle de rédaction

You participate in a science competition « The perfect robot ». Participants must create a robot that will improve people's lives. The winner will receive $10,000 to build a prototype. **Write a speech to present your idea of the perfect robot to the jury.**

1. Présentez votre robot par une phrase d'accroche percutante, qui donne envie au jury de financer votre projet.

2. Énoncez vos arguments avec ferveur: les caractéristiques de votre robot, ses capacités et le gain de temps et d'énergie qu'il procurera à ses utilisateurs.

- Adressez-vous au jury en toute **humilité**: introduisez le discours par une formule de politesse et adoptez un ton formel. Pour plus de réalisme, vous pourriez donner un nom à votre robot.
- Pensez aux activités qui nous plaisent le moins et que nous aimerions confier à quelqu'un d'autre.
- Pensez à tout le **bénéfice** apporté par ce gain de temps: donnez des exemples précis.
- **Remerciez** votre auditoire.

Au brouillon

Munissez-vous de surligneurs et repérez les différentes parties du sujet. Ce travail préparatoire vous donnera le plan de votre écrit comme-ci contre.

TIP

Décrivez les avantages et les capacités de votre robot: *it can, it is capable of, it is able to, it allows/enables the user to…*

SUJET B

Si vous choisissez…

Mark Zuckerberg :

- Imaginez les **améliorations** que vous apporteront les nombreux développements de l'intelligence artificielle, dans le domaine scientifique, médical, numérique… mais aussi dans votre vie quotidienne.
- Faites preuve d'**optimisme** à tout moment, insistez sur le soulagement, le bien-être et la qualité de vie.

Elon Musk :

- Soyez très **modéré** sur les succès de l'intelligence artificielle.
- Exprimez clairement votre **méfiance** à l'égard de ces progrès de la robotique.
- Insistez sur la nécessité d'analyser les conséquences de toutes les applications de l'intelligence artificielle, car il sera impossible de revenir en arrière, une fois que le mal sera fait.

TIP

S'exprimer de manière claire

N'hésitez pas à reformuler vos propos pour que votre message soit compris. Vous pouvez employer :

In other words, to put it differently, in short, in a nutshell…

CORRIGÉ 12

Comprendre le corrigé

SUJET A

Honourable Members of the jury,

I am here today to present to you the most perfect robot ever created. It is called the "Paradise Assistant" robot and it will simply revolutionise your lives.

Firstly, "Paradise assistant" can assist you in any given situation. For example, the robot can do all the chores you consider so tiring you'd rather have someone else do them for you, like vacuum-cleaning or driving long journeys, cleaning windows, taking the rubbish outside, while you leisurely enjoy reading a book or watching a movie.

Secondly, this dream assistant will be able to give you the best advice possible. Whether it concerns your health, your financial situation or where to go on vacation, he knows exactly what's best for you. Hence, all you need to do is listen to your Robot, and you will never make the wrong

Gagnez des points !

Adressez les membres du jury avec respect.

Utilisez des connecteurs logiques variés.

decision again. He will be your friend, your adviser your all-time supporter, and he will never fail you. He is so trustworthy that you will never feel disappointment or betrayal.

In short, thanks to "Paradise assistant", you will feel in heaven while still enjoying leisure time on Earth!

Thank you for your attention! Who said perfection did not exist?

L'astuce du prof
Terminez par une question rhétorique.

SUJET B

Mark Zuckerberg

I couldn't agree more with Mark Zuckerberg. Artificial intelligence has already proved it can make our lives easier and more comfortable. Think of driverless cars, vacuum robots or personal assistants Siri and Alexa. Scientists are also now using AI to detect certain forms of cancer. It seems that there are no limits to what AI can achieve and that there are even greater improvements yet to come.

Variez les expressions pour montrer votre accord.

Gagnez des points !
Montrez que vous maîtrisez le comparatif de supériorité.

For example, AI could take over all the tiring and menial chores and jobs, meaning that people would have more time to spend on fulfilling activities and would not jeopardise their health. Secondly, if AI became widely available for early diagnosis of diseases, illnesses would be rapidly eradicated, and people would lead longer and healthier lives. However, for AI to really improve the quality of our lives, it needs to be affordable.

Pensez à varier les domaines d'application de l'intelligence artificielle.

Hence, let's make sure that scientists, states and companies keep working on making AI available to all so that everyone can enjoy healthier and more exciting lives!

Elon Musk

I definitely agree with Elon Musk as his statement is full of wisdom. Indeed, he is warning us against a possible danger that should be taken into account urgently. However satisfying it may sound to find ways of making our lives less tiresome, we'd better think twice before we act! As the saying goes, better safe than sorry!

L'astuce du prof
Pensez à utiliser des proverbes afin d'être plus convaincant.

We know that robots are developing skills much faster than we have time to ponder over the consequences. What if human beings were suddenly overwhelmed and fell in the grip of machines that men could not control anymore. It would be a case of the biter bitten! In Mary Shelley's *Frankenstein*, didn't the man-made monster become uncontrollable?

It's high time we evaluated the risks and weighed the pros and the cons involved in our race for technological progress, before it is too late!

Gagnez des points !

Citer une œuvre littéraire peut apporter un éclairage culturel sur vos écrits.

SUJET 13 Sujet zéro 10 pts 30 min

Compréhension orale

University of South Carolina marks 50th anniversary of desegregation

> En rendant compte, **en français**, du document, vous montrerez que vous avez compris :

- le thème principal du document ;
- à qui s'adresse le document ;
- le déroulement des faits, la situation, les événements, les informations ;
- l'identité des personnes ou des personnages et, éventuellement, les liens entre elles/entre eux ;
- les éventuels différents points de vue ;
- les éventuels éléments implicites du document ;
- la fonction et la portée du document (relater, informer, convaincre, critiquer, dénoncer, etc.).

> Note

Les noms propres cités dans le document sont les suivants :

Henrie Montieth • James Solomon • Robert Anderson

PAR ÉTAPES

Étape 1 TESTER SA COMPRÉHENSION ORALE

> corrigés p. 410

True or false? Le contenu, les idées

Déterminer si les propositions sont vraies ou fausses.

	true	false
1. On September 11th, 1963, two African-Americans started studying at the University of South Carolina.	☐	☐
2. The University of South Carolina was honoured as one of the nation's top universities for diversity and inclusivity.	☐	☐
3. Henrie Montieth felt alone on her first day at university.	☐	☐
4. Their first day at university was a Wednesday.	☐	☐

Questions Flash La grammaire

Observer les deux exemples ci-dessous et répondre aux questions.

"So many people walked up those steps"

"Your university was honoured"

1. À quel temps sont conjugués les verbes soulignés ?
2. Quelle forme est à la voix passive ?
3. Que permet d'exprimer ce temps ?

À compléter Le vocabulaire

Compléter le tableau avec le vocabulaire qui relève des champs lexicaux suivants :

University	Defending somebody
....	....
....	....
....	....
....	....

Étape 2 RÉACTIVER SON VOCABULAIRE

- **Vocabulary of places and dates:** university • South Carolina • campus • September 11th, 1963.
- **Vocabulary of opinion:** a mixed experience • a change of heart • an understanding • to look forward.

Étape 3 REPÉRER ET EXPLOITER LES INFORMATIONS

En bref L'université de Caroline du Sud commémore le cinquantième anniversaire de la déségrégation et se souvient de l'arrivée des trois premiers étudiants afro-américains le 11 septembre 1963. L'intervenant explique la voie qu'ils ont ouvert en gravissant les neuf marches de l'université.

À repérer Il y a deux intervenants, le président de l'université et Henrie Monteith, première étudiante afro-américaine à avoir gravi les marches de l'université. Les deux autres étudiants ne sont que mentionnés. La cérémonie de commémoration est l'occasion pour l'université de rappeler qu'elle a déjà été honorée pour son respect de la diversité et de l'inclusion.

Au brouillon

Cherchez les réponses aux « questions en wh- » : *who, where, when, what, why*.

CORRIGÉ 13

Comprendre le corrigé

Ce document, qui s'intitule *University of South Carolina marks 50th anniversary of desegregation*, est un extrait du discours de commémoration du président de l'université datant de 2013. Le thème principal est la diversité et l'inclusion à l'université.

Ne traduisez pas le titre.

Le président Harris Pastides raconte qu'il y a cinquante ans, le 11 septembre 1963, un mercredi matin comme le jour du discours, trois étudiants afro-américains, James Solomon, Henrie Monteith et Robert Anderson gravissaient les neuf marches de l'université pour la première fois pour réaliser deux choses : s'inscrire aux cours et réparer le tort grave qu'était la ségrégation. Globalement, leur expérience sur le campus fut mitigée car même s'ils participaient activement en classe, ils durent ouvrir la voie à un changement d'opinion et à davantage de compréhension. Le président rappelle que l'université a été reconnue comme l'une des meilleures universités en termes de diversité et d'inclusion et précise que cela n'aurait jamais pu se faire sans l'aide de ces trois étudiants.

L'astuce du prof

Pour organiser votre prise de notes pendant l'écoute, pensez à la carte mentale qui permet de classer les informations au fur et à mesure que vous les entendez.

Gagnez des points !

Soignez votre orthographe et écrivez lisiblement afin que le correcteur puisse apprécier votre travail.

Henrie Monteith, comme on peut le voir sur les images tournées lors de la cérémonie, se souvient qu'elle n'a pas gravi ces marches seule car des citoyens de l'État, de la nation, des étudiants de toutes les universités et des personnes soutenant ce tournant dans l'histoire l'ont accompagnée. Elle attend avec impatience le centième anniversaire commémorant la déségrégation.

À savoir

S'agissant d'une vidéo, vous pouvez vous appuyer sur les images pour illustrer vos propos, mais en aucun cas vous ne devez tout décrire.

SUJET 14 Sujet zéro

10 pts · 30 min

Expression écrite

› Vous traiterez **en anglais** et en 120 mots minimum l'un des deux sujets suivants au choix.

Les sujets proposés ci-dessous sont en relation avec la thématique du document de la compréhension orale du sujet 13 p. 392.

SUJET A

You are Henrie Monteith Treadwell or James Solomon. After your first day at university, you write about your experience and your feelings in your diary.

SUJET B

Why should the school system be inclusive and provide education for all?

PAR ÉTAPES

Étape 1 CHOISIR SON SUJET

SUJET A Rédaction d'un récit d'invention

Le sujet A consiste à écrire dans son journal intime le récit du premier jour à l'université d'Henrie Monteith ou James Solomon.
Ce sujet permet aux élèves qui se sentent le moins à l'aise en expression écrite de pouvoir rédiger plus facilement puisqu'il faut utiliser une langue courante, orale et exprimer des émotions.

> **TIP — Savoir s'exprimer**
> - **La joie :** *happy / delighted/ enthusiastic*
> - **La tristesse :** *sad / unhappy / a little low*
> - **La déception :** *disappointed / upset*

SUJET B Rédaction d'une opinion argumentée

Le sujet B consiste à expliquer le fonctionnement du système scolaire et à réfléchir aux raisons qui justifient la nécessité d'un système inclusif prévoyant l'accès à éducation pour tous. Vous devez rédiger une argumentation claire et convaincante en vous appuyant sur des exemples concrets.

Étape 2 ANALYSER LE SUJET ET ORGANISER SES IDÉES

- **Vocabulaire des émotions :** how disappointing • to be excited • to jump for joy • to feel blue.
- **Vocabulaire de l'éducation inclusive :** to participate in • a disability • accessibility • to cater for the needs • marginalised • discrimination.

> **TIP — Argumenter**
> *Because, that is the reason why, therefore, briefly speaking…*

SUJET A

Définir un angle de rédaction

You are Henrie Monteith Treadwell or James Solomon. After your first day at university, you write about your experience and your feelings in your diary.

1. Annoncez l'émotion que vous avez choisie, celle que votre personnage, Henrie ou James va exprimer.

2. Énoncez les événements de la journée.

SUJET B

Why should the school system be inclusive and provide education for all?

1. Exposez les raisons, qui selon vous, justifient un système scolaire inclusif.

2. Dites pourquoi l'éducation doit être pour tous.

Vous devez argumenter votre travail.

Au brouillon

Munissez-vous de surligneurs et repérez les différentes parties du sujet. Ce travail préparatoire vous donnera le plan de votre écrit comme-ci contre.

Au brouillon

Effectuez le même travail préparatoire que pour le sujet A.

CORRIGÉ 14

Comprendre le corrigé

SUJET A

Dear Diary,

I jumped for joy when my clock rang this morning. I was so excited to spend my first day at the University of South Carolina and also to attend my first classes. I chose to wear a smart dress and shiny shoes. How worrying it was when I first saw the nine steps I had to climb to enter the building. Fortunately I was not alone. Guess what! James and Robert and many other students walked up those steps with me. Once inside, we had to register and I chose four classes. The teacher welcomed me but I noticed unfriendly eyes among the students. How sad! I sat at the back of the room and I listened to the class. I liked it a lot, you know, and I dared to participate actively. The teacher congratulated me at the end of the class. But no student from my class spoke to me. I felt blue. I took the bus to go back home and during the way back home, I had a lump in my throat. I wish a student from my class had spoken to me. Going to university was so delightful but I think

Vocabulaire

Jump for joy: sauter de joie.

Gagnez des points !

Mettez-vous à la place du narrateur : imaginez la journée en exprimant des sentiments, utilisez un langage oral et animé.

L'astuce du prof

Il faut employer le conditionnel passé pour exprimer un regret.

people will need time to accept our presence at university. If only they had smiled to me, I would feel more confident for my second day.

Anyway, dear Diary, you know I'm optimistic. So I'm sure tomorrow will be better than today. Good night and sweet dreams!

SUJET B

To me the school system should be inclusive and provide education for all, whatever their gender, race, language, religion, disability or social class.

Annoncez votre position dans l'introduction.

I think that every child has the right to grow, learn and develop. That is the reason why schools must welcome them and they must be included by teachers and peers. When children regardless of their differences are educated together, everyone benefits from it. They can enjoy school trips or extracurricular activities together. They can attend the same sports classes and participate in various school meetings.

Vocabulaire

Peers : pairs, les autres élèves.

One the one hand, inclusive education provides a better quality education for all children. On the other hand, it is a tool to change discriminatory attitudes. As a consequence, discrimination against traditionally marginalised groups like the disabled or racial minorities can gradually disappear. Thanks to inclusive education, civic participation, employment and community life are also more welcoming.

Gagnez des points !

Exprimer la conséquence : *As a consequence*.

However, it requires teaching assistants and specialist teachers and it may cost money. But governments should consider how beneficial it is to implement inclusive education. As some countries like Belgium for instance are in favour of such an approach, we should follow their path and establish how they find the fundings.

L'astuce du prof

Donnez un exemple précis pour étayer votre argument.

SUJET 15 Sujet inédit

10 pts — 30 min

Compréhension orale

Florida school shooting survivors to march, March 24, 2018

› En rendant compte, **en français,** du document, vous montrerez que vous avez compris :

- le thème principal du document ;
- à qui s'adresse le document ;
- le déroulement des faits ;
- la situation, les événements, les informations ;
- l'identité des personnes ou des personnages et, éventuellement, les liens entre elles/entre eux ;
- les éventuels différents points de vue ;
- les éventuels éléments implicites du document ;
- la fonction et la portée du document (relater, informer, convaincre, critiquer, dénoncer, etc.).

› Note

Les noms propres cités dans le document sont les suivants :

Adriana Diaz • Emma González

PAR ÉTAPES

Étape 1 TESTER SA COMPRÉHENSION ORALE

› corrigés p. 411

True or false? Le contenu, les idées

Déterminer si les propositions sont vraies ou fausses.

	true	false
1. The document is not recent.	☐	☐
2. The crowd is angry.	☐	☐
3. The people gathered are pro-guns activists.	☐	☐
4. The Columbine school mass shooting is mentioned.	☐	☐

Questions Flash La grammaire

Observer les deux exemples ci-dessous et répondre aux questions.

"Surviving the shooting led the students to address this rally Saturday."

"Many of the teen survivors say they are tired of waiting for adults to do something about gun control."

1. Quelle est la nature des mots soulignés ?
2. Quelle traduction donneriez-vous en français ?

Termes à relier Le vocabulaire

Relier les mots suivants à leur équivalent.

relentless •	• a gathering
an agenda •	• a tipping point
a turning point •	• following
to address •	• persistent
a rally •	• influenced
in the wake of •	• to give a speech
swayed •	• a plan

Étape 2 RÉACTIVER SON VOCABULAIRE

- **Vocabulary of violence:** school shooting • survivors • to commemorate / to pay tribute to • gun laws.
- **Vocabulary of protest:** to march • a demonstration • a walkout • collective • to take a stand • to fight for/against.
- **Vocabulary of emotions:** angry • painful • moved • upset • determined.

TIP

Utilisez vos connaissances culturelles pour vous rappeler quelques points essentiels sur cette thématique : les partis et associations pour et contre le port d'armes, la législation…

Étape 3 REPÉRER ET EXPLOITER LES INFORMATIONS

En bref Le document est un reportage vidéo de CBS Week-End News datant du 24 mars 2018. La présentatrice se trouve en Floride, à une manifestation qui fait suite à la tuerie par arme à feu dans une école.

À repérer Les éléments constituant le **titre** vous apportent des indications sur le document : une tuerie par arme à feu a eu lieu dans une école de Floride en 2018, et il y a des survivants. La formulation indique que ces personnes vont se rassembler à des fins contestataires. Attendez-vous à entendre des témoignages, à percevoir des émotions particulières.

Au brouillon

Prévoyez un encadré avec vos mots en « wh- » pour y placer des mots-clés rapidement, par exemple pendant la minute de pause après la première écoute.

Pour bien aborder l'épreuve

Il est important de bien s'entraîner en amont pour acquérir des réflexes et rédiger efficacement. Utilisez les **codes couleurs** et **abréviations** mis en place lors des entraînements !

- **Première écoute** : relevez les mots-clés en aérant votre prise de note. Identifiez la **source**, les **lieux**, les **intervenants**, leurs **noms** et leur **fonction**. N'essayez pas de traduire tout de suite le contenu du document, ciblez les **mots accentués** par les locuteurs.
- **Deuxième et troisième écoute** : complétez vos notes, affinez votre compréhension du document. Prenez en compte les informations manquantes pour chaque intervention afin de construire du sens et de la cohérence. Mettez en évidence les **liens logiques** entre les éléments, qualifiez le **ton**, les **émotions** des personnes. Si vous ne comprenez pas certains éléments, utilisez la logique du contexte pour en **déduire** des liens.

CORRIGÉ 15

Comprendre le corrigé

Ce reportage vidéo de CBS Week-end News met en lumière une problématique très importante aux États-Unis : celle des tueries de masse par armes à feu dans les établissements scolaires. Le reportage fait suite à un massacre qui a eu lieu quelques jours auparavant dans une école en Floride. Les témoignages révélés dans ce document s'adressent aux défenseurs du port d'armes ainsi qu'au gouvernement américain. L'objectif est de dénoncer des lois considérées comme étant trop laxistes sur cette question sensible.

> Donnez d'abord les informations suivantes :
> - la source
> - le thème principal
> - les destinataires
> - la fonction et la portée

Une présentatrice apparaît tout d'abord à l'écran. Elle explique que de nombreux adolescents survivants se disent fatigués d'attendre que les adultes réagissent concernant le contrôle des armes à feu. Une manifestation appelée « La marche pour nos vies » est alors annoncée à l'échelle nationale. On apprend que ce rassemblement se tiendra le 24 mars suivant.

> Adoptez une rédaction chronologique des faits. Employez des mots de liaison et des transitions logiques pour enchaîner vos informations.

Sur place, alors que des étudiants scandent des slogans pour exprimer leur dégoût, une jeune femme prend la parole au micro, et face à la foule elle dit avec une grande émotion que des gens qu'elle aimait sont morts. Adriana, la journaliste qui se trouve sur les lieux, explique que ces jeunes, qui ne sont pas encore majeurs, utilisent leur voix à

> **L'astuce du prof**
> Ne traduisez pas le document, utilisez le discours indirect pour rapporter les paroles des locuteurs. Pensez à varier les verbes introducteurs.

défaut de voter. Un adolescent poursuit au micro en affirmant que c'est un tournant dans l'histoire américaine.

Puis, c'est au tour d'Emma González, acclamée par la foule, d'accuser avec rage les membres du gouvernement de mentir. Des étudiants comme elle veulent mettre fin aux tueries de masse avec des lois plus strictes sur les armes à feu, espérant réussir là où les adultes avant eux ont échoué.

Gagnez des points !
Qualifiez les émotions, donnez des indications sur l'atmosphère.

Le reportage se poursuit avec l'interview d'Emma González. On y apprend qu'elle est née en 1999, l'année de la fusillade de Columbine. Elle explique qu'elle n'a jamais connu un monde sans tueries de masse.

L'astuce du prof
Précisez à quoi renvoient les dates et les lieux mentionnés.

On voit ensuite de nombreux élèves manifester devant leur école, pancartes levées pour demander un contrôle plus strict sur les armes à feu.

Appuyez-vous sur les images de la vidéo.

Enfin, une jeune fille conclut le reportage. Elle a le sentiment que sa génération n'est pas entendue car ils ne sont perçus que comme des « gamins ». Elle se demande combien de fois il faudra encore vivre ce genre de situation avant que le gouvernement n'agisse.

Gagnez des points !
Relisez bien votre copie pour éviter les erreurs d'orthographe et de syntaxe.

SUJET 16 Sujet inédit

10 pts 30 min

Expression écrite

› Vous traiterez **en anglais** et en 120 mots minimum au moins **l'un des deux sujets suivants au choix**.

Les sujets proposés ci-dessous sont en relation avec la thématique du document de la compréhension orale du sujet 15 p. 398.

SUJET A

Write the following part of text 1.

SUJET B

Gun tradition is deeply rooted in American culture. According to you, why do most Americans have a firearm?

PAR ÉTAPES

Étape 1 CHOISIR SON SUJET

SUJET A Rédaction d'un récit

Ce sujet implique une bonne analyse de la situation d'énonciation du texte 1. Il vous faudra respecter un certain nombre de critères :

– le **type de narration** : ici, le narrateur est omniscient et connaît tous ses personnages ainsi que leurs faits et gestes.

– le **temps du texte initial** : les actions sont décrites au présent, il faudra conserver ce temps pour la narration.

> **À savoir**
> L'emploi du présent dans un récit est peu fréquent. Ce choix permet au lecteur de se sentir plus proche des événements.

– le **temps des dialogues** : si vous relatez des faits antérieurs employez les temps du passé.

– l'**écriture des dialogues** : respecter le code d'écriture, à savoir guillemets et retour à la ligne à chaque intervention.

– le **registre de langue** : familier ici.

SUJET B Rédaction d'une opinion argumentée

Vous devrez ici organiser des idées et construire des paragraphes pour aboutir à une argumentation cohérente sur le sujet. Ciblez les **mots-clés** de l'énoncé : « *gun tradition* », « *deeply rooted* », « *culture* ».

Le sujet regroupe les deux aspects de l'axe en question : territoire – les États-Unis – et mémoire – le droit constitutionnel qu'a chaque citoyen américain de posséder une arme, qui est fortement ancré dans la culture du pays.

La problématique est déjà donnée dans l'intitulé de la question, il vous faudra trouver des questions alternatives, des points de réflexion concomitants. Pour répondre à cette question, vous pouvez vous appuyer sur l'ensemble des documents du dossier : texte 1, texte 2 ainsi que la vidéo de la compréhension orale, mais également sur vos connaissances personnelles. Vous veillerez à respecter un registre de langue soutenu.

Au brouillon

Notez les citations relatives aux 3 documents qu'il vous semble pertinent de mettre en lien.

Étape 2 ANALYSER LE SUJET ET ORGANISER SES IDÉES

- **Vocabulaire à utiliser :** a firearm • a mass shooting • lobbying groups • gun-rights supporters • the Second Amendment • lax regulation • a protest • controversial • control measures.
- **Mobiliser des exemples connus :** the NRA • the Sandy Hook school shooting • Emma González • *91%*.

SUJET A

Définir un angle de rédaction

- Écrivez des idées clés pour la suite de l'histoire sur votre brouillon : notez le nom et la fonction des personnages déjà présents et ceux que vous ferez intervenir, notez des **verbes d'action** qui donneront la trame des péripéties.
- Recréez l'**atmosphère** initiale : le danger, la violence et l'angoisse doivent transparaître.

SUJET B

Construire une argumentation

- Respectez le schéma de l'argumentation. Proposez d'emblée une phrase ou expression **percutante**, une information culturelle mettant immédiatement en avant la thématique du port d'armes. Le correcteur doit avoir envie de lire la suite. Annoncez la problématique et donnez votre plan. Construisez des paragraphes introduits par des mots de liaison pour rendre votre argumentation logique. Finalement, proposez une ouverture sur le sujet.
- Donnez des **exemples concrets**, montrez vos connaissances culturelles sur le sujet.

À savoir

Ne négligez pas les différentes parties de l'argumentation, organisez-les à l'aide de paragraphes et de mots de liaison.

CORRIGÉ 16

Comprendre le corrigé

SUJET A

It becomes difficult for the two friends to breathe. They want to escape but how? Michael Patrick is walking nervously around the room. He suddenly breaks the huge mirror which was facing the girls on the opposite wall. Both girls shudder. Lucy can't help screaming.

> Respectez le temps du texte initial : le présent.

"Stop, please..." she whispers. Michael then rushes to her, pointing his gun on her forehead once again.

> **Gagnez des points !**
> Variez les verbes introducteurs de parole.

"Do you know who I am? Do you? Give me an answer! Look at me!" he shouts. Lucy fears he might lose his temper. Until now, he has managed to control his actions but she can perceive fury in his eyes, dreadful, cold.

> **L'astuce du prof**
> Conservez l'atmosphère hostile et anxiogène du début de l'histoire avec le lexique adapté.

All of a sudden, someone crosses the corridor, Lucy glances quickly and realises that it is her brother. Michael is heading calmly towards him and the girls cannot see him anymore. A scream, a gunshot and a dead silence. She feels tears rolling softly on her cheeks.

Panic-stricken, they rush to the half opened window of the restroom. But Michael appears again, he shoots. Lucy feels warm blood along her arm.

"Hold on, please, hold on! Don't leave me!" she begs. A slight smile on his face, Michael comes closer.

"It's your fault! Lucy, do you know who I am? You made me kill her!" he shouts.

Her friend gasps, and peacefully closes her eyes.

SUJET B

The USA is often called "the gun nation": weapons have been deeply rooted in American culture for centuries. They even have become a symbol. But why do Americans decide to own a firearm? I reckon that we can answer this question throughout the gun supporters' arguments: first it is a right, and then it is a means of protection.

> **Gagnez des points !**
> Trouvez une phrase d'accroche pour débuter votre écrit.

"A well-regulated militia, being necessary to the security of a free State, the right of the people to keep and bear arms, shall not be infringed", states the Second Amendment of the Bill of Rights of 1791. The NRA (National Rifle Association) gathers people who are clearly in favour of firearms. Moreover, they are an extremely powerful lobby and I believe that pro-gun activists are deeply influenced by this association. For them, owning a gun is a fundamental right which should not be taken.

Then, I guess that in most cases, citizens consider that having a gun is a means of protecting themselves from others. Guns are everyday objects which are useful to defend themselves against any assault and life-threatening situations they might not otherwise survive. To my mind, pro-gun activists are following a logic of revenge: as the saying goes, "An eye for an eye, a tooth for a tooth".

Despite the many debates on that question, pro-gun citizens still cling to the idea that the best way to avoid bloodsheds is to own a weapon. In that sense, I have read in a magazine that some argue that if the staff of the Sandy Hook School had been armed, the massacre of young children could have been avoided. However, when I watched the documentary *91%: A film about guns in America*, I have been shocked by the desperation of the victims' families and I find this argument hard to believe.

As a conclusion, I would say that a lot of gun supporters are burying their head in the sand and refusing to admit that what motivates their desire to have a gun is primarily fear.

L'astuce du prof

Donnez votre opinion et organisez vos idées à l'aide des mots de liaisons adaptés.

Gagnez des points !

Citez des exemples concrets : références filmiques, citations, événements célèbres.

Concluez par une nouvelle piste de réflexion sur le sujet.

CORRIGÉS Tester sa compréhension

Axe 1 : Identités et échanges p. 340

Transcription

A related concern about globalisation is its effect on indigenous cultures. I mean, even if we grant that global competitive markets create prosperity, is it worth the fast food chains and the big box stores that we see everywhere we go? And what about a sense of vulgarity and bringing things to the lowest common denominator? And perhaps most important, does globalisation destroy local culture?

> **Vocabulaire**
> - ***To grant***: concéder
> - ***Big box stores***: grandes surfaces
> - ***Enforced***: forcée

Speaker 1: The question about globalisation… obviously it can destroy local culture, there's simply no question about that. And it can create an enforced homogeneity, as you go around to various countries around the world and discovering they're becoming more and more similar. At the same time these people see that happening, they all react by trying to say: "Hang on, what here is actually worth holding onto?" And so, it can actually lead to a resurgence of some traditional forms of identity.

Speaker 2: So the Irish language has grown, it has been taught in private schools actually. Across most of this part of Ireland, where the language had been lost for three of four generations, are sending children to be educated into the Irish language, Irish music, traditional dance – you've seen the Riverdance finale all over the world. That's Irish culture.

Speaker 3: In Ireland, we've actually used globalisation to sell our culture around the rest of the world: so you have got great Irish rock bands like U2, you have obviously got Guinness, and you have got Irish culture poetry and film. And that shows how a small country can use globalisation to huge success.

True or false?

1. True – 2. True – 3. False (there is a resurgence of some traditional forms of identity).

Questions flash

1. Present Perfect simple « *Have* + *V-en* ». Le narrateur fait le bilan du développement de la langue irlandaise.

2. Alors que la phrase 1 est à la voix active (le sujet est acteur du verbe), dans la phrase 2 au contraire le sujet subit l'action. Il s'agit d'une voix passive « *be* + *V-en* ». L'acteur du verbe est sous-entendu (by teachers).

Termes à relier

Indigenous: local – **box store:** supermarket – **grant:** admit – **unfortunate:** unlucky.

Axe 2 : Espace privé et espace public p. 346

True or false?

TEXTE 1

1. False (Mr. Fonseka could recite some passages of all kinds of books) – 2. True – 3. False (he chose the life he wanted to live).

TEXTE 2

4. True – 5. False (Elias could not stop watching Pembe) – 6. False (they choose a new cinema every week).

Questions flash

1. « *Would* » exprime une habitude dans le passé. On parle dans ce cas de *would* fréquentatif. Il équivaut à *used* to mais *would* insiste davantage sur la répétition de l'événement alors que *used to* insiste sur le caractère révolu de l'événement.

2. « *Would* » exprime un conditionnel. C'est un irréel dans une proposition de condition dont *if* a été remplacé par une inversion : « *were it in her power to decide* ».

Termes à relier

Tale: story – **maze:** labyrinth – **rubbish bin:** trash can – **disrupt:** disturb – **tramp:** beggar.

Axe 3 : Art et pouvoir p. 356

Transcription

He's one of the most iconic figures of the last century, famous for his portraits of celebrities and politicians, his association with Pop Art and his phrase "fifteen minutes of fame": Andy Warhol. "Pop, Power and Politics" is a free exhibition being held at the Scottish Parliament, featuring forty of the acclaimed artist's works, exploring the themes that motivated Warhol the most: power and politics. Many of the works have never been seen in Scotland before, and the parliament's presiding officer played a special role in selecting pieces, ranging from a self-portrait to an image of American president Richard Nixon.

The exhibition is the result of a collaboration between the Scottish Parliament, Carnegie UK Trust and the Andy Warhol Museum in Pittsburgh. The exhibition is being timed to coincide with a week of events celebrating Andrew Carnegie's legacy. Other works on display include portraits of the Queen and Jimmy Carter. So what is it that makes Warhol's world talked about and still relevant today?

Matt Wrbican: People are always fascinated with him, and his work. I think part of it was that he was always part of his time, he was always really interested in things that were really cutting-edge. Warhol loved political power, he was fascinated by it, and this would just thrill him to no end, I'm sure he would be all over this.

Vocabulaire

- ***Acclaimed***: reconnu
- ***Cutting-edge***: avant-gardiste
- ***To no end***: grandement

The exhibition will run from the 5th of October until the 3rd of November. Tickets for the exhibition are free but booking is recommended. Please visit the Scottish Parliament website for details or call 0131 348 54 54.

True or false?

1. True – 2. False (the exhibition features forty of the acclaimed artist's works) – 3. True – 4. False (the tickets are free but online booking is recommended) – 5. alse (he would have been thrilled, according to the chief archivist).

Questions flash

1. Le verbe est au present perfect simple *have* + V-en.

2. Il s'agit d'une voix passive. La forme verbale est donc *be shown* au present perfect.

3. Il permet de faire un bilan dans le présent de ce qui s'est passé auparavant. En contexte, il n'y a jamais eu, jusqu'à maintenant, d'exposition consacrée à Andy Warhol en Écosse.

À compléter

Art	Fame
Portrait / Self-portrait	Iconic figures
Artist	Celebrities
Work	Acclaimed
Museum	Celebrating
Exhibition	Legacy

Axe 4 : Citoyenneté et mondes virtuels p. 364

Transcription

When most people talk to technology, whether it's Alexa or Siri or Google Assistant, the voice that talks back sounds female. Some do choose a male voice. And now researchers have been developing a gender-neutral option called Q. NPR's Dalia Mortada reports.

Dalia Mortada: Meet Q.

Q: Hi. I'm Q, the world's first genderless voice assistant.

Dalia Mortada: The voice of Q was developed using dozens of voices.

Q: My voice was recorded by people who neither identify as male nor female and then altered to sound gender-neutral, putting my voice between 145 and 175 Hertz.

Dalia Mortada: That's the range audio researchers identified for the best gender-neutral effect. Julie Carpenter is an expert in human behavior and emerging technologies. And she was one of the researchers behind Project Q.

Julie Carpenter: One of our big goals with Q was to contribute to a global conversation about gender and about gender in technology and ethics and how to be inclusive with people that identify in all sorts of different ways.

Dalia Mortada: She points out that people often expect to hear a particular kind of voice in a given situation.
Julie Carpenter: There is a history of research that shows often that people might prefer to hear a female-sounding voice in some situations, particularly when the tasks associated with that voice are assistive. It really reinforces gender stereotypes.
Dalia Mortada: Q would give companies a chance to break through that stereotype if they choose. The team behind Project Q includes Carpenter, the organizers of Copenhagen Pride Week, technology leaders in an initiative called Equal AI, along with linguists, sound designers and others. They settled on this version of Q after playing it for transgender people in Denmark, England and Venezuela. You won't hear Q on your phone or home assistant tomorrow, but the developers hope that big companies will pick it up as a more inclusive voice option.

True or false?

1. False (she is an expert in human behaviour and emerging technology, she initiated Project Q) – 2. True – 3. False (the frequency stands between 145 and 175 Hertz) – 4. False (it was elaborated with the voices of people who neither identify as male nor female) – 5. True.

Questions flash

1. *Gender neutral*: nom + adjectif, genderless: nom + suffixe privatif, *female-sounding*: adjectif + v-ing.

2. *Gender neutral*: neutre (ni masculin ni féminin), *genderless*: agenre, *female-sounding*: voix qui semble féminine.

Termes à relier

To develop: to invent – **to pick:** to choose – **to alter:** to modify – **to identify:** to define oneself – **to break though:** to overlook – **to reinforce:** to consolidate.

Axe 5 : Fictions et réalités p. 372

True or false?

TEXTE 1

1. False (he has been living on Mars for six days) – 2. True – 3. False (they left because they thought he was dead) – 4. False (he knows they are returning to Earth) – 5. False (he doesn't know if anyone is ever going to read his log).

TEXTE 2

1. False (he thinks Musk doesn't need to be introduced) – 2. False (the space expedition would be to Mars) – 3. True – 4. True – 5. False (he plans to send one million people to Mars).

QCM

1. c – 2. c.

Termes à relier

In charge: responsible for – **mourning:** funerals – **mankind:** humanity – **a vacation jaunt:** holiday trip – **stuff:** belongings – **idle:** lazy, slow.

Axe 6 : Innovations scientifiques et responsabilité p. 382

True or false?

1. False (they have opposite views on artificial intelligence) – 2. True – 3. False (they communicate on social media) – 4. True – 5. False (Zuckerberg thinks AI could be a force for good) – 6. False (he does not agree with what he calls "doomsday scenarios") – 7. True – 8. False (Elon Musk did not provide any details about the movie).

QCM

1. b.

Termes à relier

Responsible: irresponsible – **optimistic:** pessimistic – **sick:** healthy – **tired:** energetic – **uncontrollable:** controllable – **artificial:** genuine – **different:** similar – **best:** worst.

À compléter

Sick: sickness – **responsible:** responsibility – **optimistic:** optimism – **tired:** tiredness – **smart:** smartness.

Axe 7 : Diversité et inclusion p. 392

Transcription

Harris Pastides: Fifty years ago on this day, September 11th 1963 – also a Wednesday morning – Henrie Montieth, James Solomon and Robert Anderson walked up these nine steps as the first African-Americans since Reconstruction to do two things: to register for classes at the University of South Carolina and to right a grievous wrong. The overall campus experience of Henrie, James and Robert were decidedly mixed, yet their active participation in the classroom and on campus paved the way for a change of heart at this university and to greater understanding. Recently your university was honoured as one of the nation's top universities for diversity and inclusivity, and that could have never happened without you.

Vocabulaire
- ***Reconstruction***: période succédant à la guerre de Sécession
- ***Grievous***: grave
- ***To pave the way***: ouvrir la voie

Henrie Montieth Treadwell: So many people walked up those steps with me, carried me up those steps. They were people from across the State, across the nation, students from every university, individuals who advocated, who wanted to make sure that we turned that corner. I look forward to the 100th celebration.

True or false?

1. False (they were three) – 2. True – 3. False (she felt supported by many people) – 4. True.

Questions flash

1. Les verbes sont au prétérit simple.

2. La forme « *was honoured* » est au passif. Elle est construite avec be + V-en.

3. Le prétérit permet de parler d'une action passée, terminée et datée, c'est-à-dire en rupture avec le présent.

À compléter

University	Defending somebody
To register Classes Campus Students	To right a grievous wrong To pave the way To advocate To make sure

Axe 8 : Territoire et mémoire p. 398

Transcription

Many of the teen survivors say they are tired of waiting for adults to do something about gun control, so they announced a nationwide demonstration: it's called the "March for our lives" and will be held on March 24th. Adriana Diaz spoke with several students about what they hope to accomplish.

Vocabulaire
- ***Polls***: urnes
- ***To stage***: mettre en scène
- ***Walkout***: grève, débrayage

Adriana Diaz: These students, some too young to go to the polls, are using their voices as their vote.

Delaney Tarr: People that I know, people that I loved, died.

Adriana Diaz: Teen after teen…

David Hogg: This is a turning point in American history.

Adriana Diaz: …who survived Wednesday shooting, addressed this rally Saturday.

Emma González: The people in the government who were voted into power are lying to us.

Adriana Diaz: Students like Emma González want to stop mass shootings with stricter gun laws, hoping to achieve what adults before them couldn't.

What year were you born in?

Emma González: 1999.

Adriana Diaz: That was the year of the Columbine shooting.

Emma González: Yes, I have never known a world without a school shooting, without a mass shooting.

Adriana Diaz: They are a generation now taking a stand on social media and on the streets, even staging a walkout at a nearby Florida school on Friday.

Student: I feel like no one listens to us because we are kids.

Adriana Diaz: And what do you say to that?

Student: I think that is crap, I think we should have a voice too. How many more times does this have to happen for them to do something? It's ridiculous.

True or false?

1. False (it is from March 2018) – 2. True – 3. False (the people gathered ask for stricter gun laws) – 4. True

Questions flash

1. Il s'agit de deux gérondifs (verbes en -ing).

2. On peut les traduire par un infinitif en français : « survivre à cette tuerie les a menés… », « disent qu'ils sont fatigués d'attendre… ».

Termes à relier

Relentless: persistent – **an agenda:** a plan – **a turning point:** a tipping point – **to address:** to give a speech – **a rally:** a gathering – **in the wake of:** following – **swayed:** influenced.

Sujets complets

SUJET COMPLET 1 Sujet inédit, E3C1 — 20 pts — 1h

*L'ensemble de l'épreuve écrite porte sur **l'axe 2** du programme : **Espace privé et espace public**. Il s'organise en deux parties :*

- ***Compréhension orale***
- ***Expression écrite***

Compréhension orale — 10 pts — 30 min

Oprah Winfrey's speech at the Golden Globes in 2018

> En rendant compte, **en français**, du document, vous montrerez que vous avez compris :

- le thème principal du document ;
- à qui s'adresse le document ;
- le déroulement des faits ;
- la situation, les événements, les informations ;
- l'identité des personnes ou des personnages et, éventuellement, les liens entre elles/entre eux ;
- les éventuels différents points de vue ;
- les éventuels éléments implicites du document ;
- la fonction et la portée du document (relater, informer, convaincre, critiquer, dénoncer, etc.).

Expression écrite — 10 pts — 30 min

> Vous traiterez **en anglais** et en 120 mots au moins **l'un des deux sujets suivants au choix** :

SUJET A

You have heard Oprah Winfrey at the ceremony of the Golden Globes. You decide to write her a letter in order to give your impressions on her speech.

SUJET B

According to you, should celebrities be involved in social causes such as feminism? Why?

CORRIGÉ SUJET COMPLET 1

Compréhension orale

Transcription disponible en ligne sur Nathan Live

Cet enregistrement est un extrait de l'édition 2018 des Golden Globes. Oprah Winfrey, une icône des médias américaine, prononce un discours féministe à l'attention de tous les invités présents dans la salle mais également de tous les spectateurs de la cérémonie.

Tout d'abord, elle affirme que dire la vérité est l'outil le plus puissant dont nous disposons tous. Elle est particulièrement fière et inspirée par toutes les femmes qui ont eu le courage de raconter leur histoire personnelle. Elle poursuit en disant que chaque femme présente dans la salle est célèbre grâce aux récits qu'elle raconte à travers les films. « Et cette année, nous avons construit notre propre récit », dit-elle. Mais celui-ci ne concerne pas seulement l'industrie du divertissement. C'est une histoire qui transcende toute culture, toute géographie, toute origine, toute religion, toute opinion politique et tout lieu de travail.

L'astuce du prof

N'hésitez pas à traduire une phrase particulièrement marquante du discours et à la citer.

Oprah Winfrey exprime alors sa reconnaissance et son respect envers toutes les femmes qui ont connu des années de maltraitance et de violence. Elle fait référence avec émotion à toutes celles qui, comme sa propre mère, ont eu des enfants à nourrir, des factures à payer et des rêves à poursuivre. Elle est alors applaudie par le public. Enfin, elle conclut son discours en évoquant toutes ces femmes dont nous ne connaîtrons jamais le nom : des travailleuses domestiques aux agricultrices, des ouvrières aux soldates.

Expression écrite

SUJET A

Dear Oprah,

I was so excited to see you on TV last night at the ceremony of the Golden Globes. Frankly, I did not expect to hear such a moving speech. I wish to tell you that I grew up in a feminist family: my mum is currently working for an association helping women facing discrimination at work and my dad is a lawyer. He has always defended women's causes. Yesterday, you said that "speaking your truth is the most powerful tool we all have" and I believe that it is absolutely true. Indeed, when you dare revealing the truth, you can move mountains. Some women can be too afraid to share their experience and so they don't speak up. However, it's important to have the courage to rebel. I admit it can be very difficult, because women are often disregarded and their voice silenced, especially in male-dominated spaces. Just like you, I admire those who refuse to be stereotyped or considered as inferior.

N'oubliez pas les formules de politesse au début et à la fin de la lettre.

Because we are all worth it, men or women, I reckon that we should be considered on an equal footing. Thank you so much for the powerful message you delivered yesterday. I really do hope that it will change some people's vision of women in our society.

Kind regards,

Alice

SUJET B

Many celebrities have been defending women's causes these past few years. Oprah Winfrey, Emma Watson, and Beyoncé very often speak in favour of gender equality. We can wonder if celebrities should be involved in defending causes. First, I will talk about how celebrities defend women's causes and then I will explain to what extent it has a deep impact on people's awareness.

Celebrities use different means to convey feminist messages. For instance, in her song "Flawless", Beyoncé quotes part of the famous feminist Chimamanda Ngozi Adichie's speech "We should all be feminists". Big events very often allow celebrities to denounce inequalities between men and women. As an example, at the Golden Globes ceremony, Oprah Winfrey gratefully thanked actresses who had the courage to reveal the sexual harassment they experienced. During an interview, Jennifer Lawrence talked explicitly about equal pay, after discovering that she was paid half as much as her male colleagues for one of the films she acted in.

Gagnez des points !
Appuyez vos arguments d'exemples précis.

Furthermore, the messages conveyed by celebrities always have an international impact. The voices of famous figures are shared by the media and quickly take an international dimension. Not only the media but also people themselves, sharing and spreading these values via social networks. Plus, people and more especially teenagers need to identify to a notorious person. Respecting yourself and others, putting your dreams first, not letting others determine who you are: all these values and messages are taken into account more easily when a well-known person claims them, when it is your model who says them.

To conclude, I would say that indeed, celebrities should definitely continue their fight for women's rights. We should not forget that many well-known male figures like Will Smith or Ryan Gosling are also dedicated to women's causes. With male and female activists together, the fight against inequalities will be more efficient.

SUJET COMPLET 2 Sujet inédit, E3C1 — 20 pts — 1h

*L'ensemble de l'épreuve écrite porte sur **l'axe 5** du programme : **Fictions et réalités**. Il s'organise en deux parties :*

- ***Compréhension orale***
- ***Expression écrite***

Compréhension orale — 10 pts — 30 min

Hero student in UNCC shooting is being honoured as a "Star Wars" Jedi

› En rendant compte, **en français**, du document, vous montrerez que vous avez compris :

- le thème principal du document ;
- à qui s'adresse le document ;
- le déroulement des faits, la situation, les événements, les informations ;
- l'identité des personnes ou des personnages et, éventuellement, les liens entre elles/entre eux ;
- les éventuels différents points de vue ;
- les éventuels éléments implicites du document ;
- la fonction et la portée du document (relater, informer, convaincre, critiquer, dénoncer, etc.).

› Note

Les noms propres cités dans le document audio sont les suivants :

Riley Howell • Lucasfilm • Ri-Lee Howell • Lauren Westmoreland

Expression écrite — 10 pts — 30 min

› Vous traiterez **en anglais** et en 120 mots au moins **l'un des deux sujets suivants au choix** :

SUJET A

You are a blogger writing about fictional heroes. Post an article on your blog drawing the portrait of your favourite fictional hero..

SUJET B

Comment upon Ronald Reagan's quotation: "This country was founded and built by people with great dreams and the courage to take great risks."

CORRIGÉ SUJET COMPLET 2

Compréhension orale

Transcription disponible en ligne sur Nathan Live

Le reportage met à l'honneur Riley Howell, mort en héros lors d'une fusillade dans son université de Charlotte en Caroline du Nord. En avril 2019, cet étudiant de 21 ans a perdu la vie pour sauver celle de ses camarades en s'attaquant au tireur. C'est pourquoi, en mai, la société Lucasfilm a décidé de lui rendre hommage en créant un personnage de Jedi en sa mémoire. Ce dernier se prénomme Ri-Lee Howell. Il est décrit comme un maître Jedi et un historien de l'Ordre Jedi, dont le travail est de collecter tous les rapports d'exploration de la Force. Ri-Lee Howell est également mentionné dans le livre de référence sorti dans le sillage du film *Star Wars – Le roman du film: Épisode IX, L'Ascension de Skywalker.*

L'astuce du prof

Le sujet vous donne une liste d'éléments dont vous devez rendre compte dans votre copie. Relisez-la avant de rédiger pour vous assurer de bien couvrir les différents attendus.

La petite amie de la victime, Lauren Westmoreland, précise que tous considéraient Riley Howell comme un héros ou un maître Jedi. Elle se montre donc très heureuse qu'il soit immortalisé par un personnage de la saga. Le jeune homme était par ailleurs un grand fan de Star Wars: à son cinquième anniversaire, la saga constituait ainsi le thème de sa fête. Son gâteau d'anniversaire était décoré de figurines, dont il avait énoncé les noms avec fierté. Cet hommage, aujourd'hui, compte beaucoup pour Riley Howell et sa famille. Il arrive à un moment crucial pour ses proches: l'anniversaire de Riley Howell et le sixième anniversaire de sa rencontre avec Lauren Westmoreland.

Expression écrite

SUJET A

Harry Potter, a hero with magical abilities and human qualities

Hi guys,

Today I'll tell you about Harry Potter. You know the protagonist of the Harry Potter series. I enjoy him so much… I mean the character and the actor of course! The book and film series cover seven years of his life. And each book or film deals with his ability to defeat the dark wizard Lord Voldemort while living in a challenging magical world. As Harry Potter lost his parents when he was a baby, he was raised by his aunt and uncle. But he didn't get much care from them. He was forced to make his own decisions

L'astuce du prof

Adressez-vous directement à vos lecteurs et ajoutez des indications, comme le titre ou un commentaire qui indiquent qu'il s'agit d'un post de blog.

at an early age and he managed to figure out by himself what was right and wrong. That's the reason why he has a strong personality and defends values such as honesty, bravery and honour. He proved to be a powerful wizard with strong powers, such as casting spells while fighting against the Dark Arts.

To me, Harry Potter is the best fictional hero because he suffered a lot in his childhood, but he manages to turn his sufferings into a force to defeat evil. Of course he has many magical abilities. But what makes him a true hero is his values and the strong ties of friendship he binds with Ron and Hermione.

What about you? Feel free to comment upon my post.

SUJET B

When Ronal Reagan said: "This country was founded and built by people with great dreams and the courage to take great risks", he made a reference to all the men and women who built the United States because they believed in the American Dream – that if someone worked hard they could achieve anything.

There are numerous Americans who made the most of their skills to build the country. In fact, since the first man set foot on the soil, hundreds of thousands of men and women have left their marks, whatever their race, religion or ethnic group. But I think that the most important ones are the Founding Fathers. They were a group of seven American leaders who succeeded in uniting the thirteen colonies. They also led the war for independence from Great Britain and implemented a government for the new United States of America respecting Republican principles. I acknowledge that they made mistakes and some were even accused of crimes but they took risk to build the new world and they fought for values such as freedom and equality.

Pour en savoir plus

Ronald Reagan a été président des États-Unis de 1981 à 1989. Cette citation est issue d'une allocution dans une firme du Massachusetts en 1983.

SUJET COMPLET 3 Sujet inédit, E3C1 20 pts 1h

L'ensemble de l'épreuve écrite porte sur ***l'axe 6*** *du programme :* ***Innovations scientifiques et responsabilité****. Il s'organise en deux parties :*

- ***Compréhension orale***
- ***Expression écrite***

Compréhension orale 10 pts 30 min

The Genius of Steve Jobs

› En rendant compte, **en français**, du document, vous montrerez que vous avez compris :

- le thème principal du document ;
- à qui s'adresse le document ;
- le déroulement des faits, la situation, les événements, les informations ;
- l'identité des personnes ou des personnages et, éventuellement, les liens entre elles/entre eux ;
- les éventuels différents points de vue ;
- les éventuels éléments implicites du document ;
- la fonction et la portée du document (relater, informer, convaincre, critiquer, dénoncer, etc.).

› Note

Les noms propres cités dans le document audio sont les suivants :

Apple • Steve Jobs • Steve Wozniak • Bob Dylan • Walter Isaacson

Expression écrite 10 pts 30 min

› Vous traiterez **en anglais** et en 120 mots au moins **l'un des deux sujets suivants au choix** :

SUJET A

You have visited a technology fair with your school. Present the robot you liked best in front of the class.

SUJET B

Is it possible to reconcile your dreams with a professional life?

CORRIGÉ SUJET COMPLET 3

Compréhension orale

Transcription disponible en ligne sur Nathan Live

Ce document, qui s'intitule *The Genius of Steve Jobs*, est un reportage de la BBC qui aborde la question de la personnalité de Steve Jobs.

Deux personnes sont invitées à parler de lui. En premier lieu, il s'agit de Steve Wozniak. C'était le meilleur ami de Steve Jobs. Il raconte qu'ils se connaissaient déjà depuis cinq ou sept ans avant de créer ensemble la société Apple. Ils partageaient des passions communes comme la musique de Bob Dylan ou la philosophie. En second lieu, la parole est donnée à Walter Isaacson, biographe, qui pour retracer la vie de Steve Jobs l'a rencontré quarante fois. Il dresse un portrait similaire de l'entrepreneur: Bob Dylan et la contreculture avaient une place importante dans la vie de Steve Jobs.

Le présentateur souligne que Steve Jobs était quelqu'un d'obsessionnel. Selon Isaacson, il avait deux facettes à sa personnalité. Il était, d'une part, un artiste en marge de la société et d'autre part, un ingénieur et homme d'affaires redoutable. Steve Jobs, l'entrepreneur visionnaire imaginait les produits et c'est son meilleur ami, le génie en électronique qui les concevait. Cette passion commune pour la musique leur a permis d'évoluer dans le monde. Faire des kilomètres pour une photo de Bob Dylan était l'occasion de parler de l'évolution de la société. D'après son biographe, Steve Jobs était un esprit rebelle: il avait même quitté l'université pour arpenter l'Inde pieds nus pendant plusieurs mois.

L'astuce du prof

S'agissant d'un document audio, vous pouvez vous appuyer sur vos connaissances pour compléter vos propos, mais attention à rester factuel : vous ne devez pas donner d'opinion personnelle.

Soignez votre orthographe et écrivez lisiblement afin que le correcteur puisse apprécier votre travail.

En conclusion, le reportage montre une image différente du puissant homme d'affaires que nous connaissons. On y découvre un homme en quête d'éveil spirituel.

Expression écrite

SUJET A

Hello everyone,

I would like to tell you about the robot I liked best at the technology fair. As you know, all inventors have been working for weeks on the prototype of a perfect robot. Do you remember C3-PO, the bumbling valet in the Star Wars films? I particularly liked the fact that C3-PO could be a good companion. That is the reason why, I think that the best robot ever invented is the A17.

This robot is a major technological breakthrough because it is highly skilled. It can give people more leisure time but more importantly, it will lighten mankind's burden. A17 is a human-like robot which can perform functions well beyond our own capabilities, including saving lives. It is a high-mobility humanoid robot. It can drive, walk, climb ladders, operate power tools and lift and carry heavy objects even over long distances. I am convinced that you will agree with me to say that such a robot is the perfect one to help the elderly. It is capable of doing their household chores and shopping. It uses facial and vocal recognition so that it is able to ascertain human moods. Thanks to its remote control, you can check where it is and what is doing.

Vocabulaire

To lighten mankind's burden: soulager le fardeau de l'humanité.

To ascertain: déterminer.

L'astuce du prof

Variez les expressions de la capacité pour ne pas vous répéter.

In a nutshell, A17 will be very useful to the elderly but also to anyone who couldn't cope with a situation, for instance during the Coronavirus lockdown!

Thank you for your attention.

SUJET B

During their student years, young people dream about their future, and they expect their dreams to come true. Is it possible to live entirely according to one's ideals, or does everyone have to compromise and adapt to real life?

When they finish school, most people's first priority has to be finding a job in order to make ends meet. Because they have to pay the rent, people who had dreamed of becoming actors or rock stars may wind up taking a boring job and feeling disappointed that they are not fulfilling their artistic potential. It is not easy for people to succeed in supporting themselves through a combination of hard work, perseverance and artistic talents. People may fear to become a starving artist living in a cockroach-infested flat for the rest of their lives!

Vocabulaire

To make ends meet: joindre les deux bouts.

Nevertheless, we shouldn't abandon our ideals. Everyone must earn a living of course, but we can also continue our artistic pursuits, if only as a hobby. We have to set priorities. Even if money is essential, it doesn't have to be the only focus in our lives. In addition, taking a chance on a dream and working hard while having another job to afford the rent can pay off in the long run.

L'astuce du prof

Employez des mots de liaisons adaptés pour exprimer l'opposition.

In conclusion, I consider it important to hold onto our ideals, even if we can't all be rich and famous doing our dream job.

SUJET COMPLET 4 Sujet inédit, E3C1 — 20 pts — 1h30

*L'ensemble de l'épreuve écrite porte sur **l'axe 3** du programme : **Art et pouvoir.** Il s'organise en deux parties :*

- ***Compréhension écrite***
- ***Expression écrite***

Compréhension écrite — 10 pts — 40 min

TEXTE Shepard Fairey: "My goal was to make art by any means necessary"

The street artist, famous for his Obama image, could get a 10-year jail sentence for vandalism in Detroit, but meanwhile has a New York gallery exhibition.

When the artist Diego Rivera arrived in Detroit in April 1932 to create the Detroit Industry murals, he entered an industrial colossus laid low by the great depression and amplified by a chorus of conservative critics, who called his mixed-race, humanistic portrayal of the working class, "coarse in conception … foolishly vulgar, and a slander to Detroit workmen".

More than 80 years later, street artist Shepard Fairey turned up in Detroit to paint several murals in the demolished city. He also allegedly put up some illegal posters, which city officials described as vandalism. Now he faces 10 years in prison and fines exceeding $10,000.

Rivera was eventually renowned as the greatest Mexican artist of the 20th century. Fairey, whose most recent show, On Our Hands, is currently showing at Jacob Lewis in New York, awaits his verdict both in Detroit and the arena of public opinion. "To some people street art is vandalism, to others it's gentrification, and either of those could be considered more legit than the other depending on your perspective," says Fairey, an admirer of Rivera, by email. Although not permitted to talk about his current legal troubles in Detroit, for which he will stand trial on 26 January 2016, Fairey said that when outsider art was accepted, it often wound up in "the narrow bits of important historical documentation".

"A lot of great things fall through the cracks in terms of art history or general history," he added. "I really don't care about the concept of legitimacy from anyone else's perspective other than mine."

However, Fairey has never left his roots. "I went to art school and I've drawn and painted my whole life – my goal was to make art by any means necessary," he says. "For a long time that meant street art and T-shirts were my only options. Now I have a lot more options."

With mixed-media painting built up from layers of rich designs – the base of which consists of Fairey's detailed stencilling of faux newspaper print – Fairey evokes communist propaganda, Barbara Kruger-style advertorials and Jasper

Johns subversion. He has also ventured into sculpture, with one particularly poignant bronze, emulating a late-1950s trophy featuring a soldier in full weaponry standing atop a decorative grenade.

"I share my art through a lot of platforms, and making art pieces that I can put a lot of time into is one of the important ways I can communicate with an audience," Fairey says.

On Our Hands also demonstrates the disillusion Fairey – best known for his "Hope" poster co-opted by the 2008 Obama presidential campaign – has experienced in an era of promise beginning with the United States' election of its first black president. Citing his dismay over Obama's use of drones in Pakistan and the Middle East, as well as the administration's continuation of the domestic surveillance programs, Fairey said he has "come to realise that the problems are not dependent on the actions of one person" but are largely symptoms of a broken system where corporations and oligarchs corrupt democracy. "Americans need to stop being obsessed with personalities and start looking more closely at the principles that are at play within the dynamics of our system. The players change but the problems stay the same."

"Ten years ago I thought that hard work and moving up through the various stages of societal and cultural validation would make me feel secure and satisfied," he says. "Now, I would tell anyone that the most important thing is to be honest with yourself and be happy if you feel you've accomplished your vision – no matter what the rest of the world has to say."

Adrian Brune, *The Guardian*, October 16, 2015 (abridged and adapted).

› Answer the following questions in English using your own words:

a. After reading the text, what can you say about Shepard Fairey and the situation he is in?

b. Focus on the exhibition:
- Title
- Location
- Subject

c. What can you say about his vision of street art? Does it differ from people's view?

d. Explain why he may be sent to jail.

e. Draw the portrait of Shepard Fairey:
- Education
- Techniques
- Art influences
- Best-known work

f. In your opinion, what is his present vision of the American Dream? Justify your answer.

Expression écrite 10 pts 50 min

› Vous traiterez **en anglais** et en 120 mots au moins **l'un des deux sujets suivants au choix** :

SUJET A

On a blog, you read three different reactions from people who read the article "Shepard Fairey: 'My goal was to make art by any means necessary'". Which one do you agree most with? Why?

Comment 1	**Comment 2**	**Comment 3**
Street art? That is useless and polluting!	*I admire Fairey because his art asks the right questions.*	*Street art is considered as vandalism by blind authorities.*

SUJET B

You are on holiday in New York and you have just visited the exhibition. Write an email to your best friend to tell him/her what you liked and what you disliked in the exhibition.

CORRIGÉ SUJET COMPLET 4

Compréhension écrite

a. Shepard Fairey is a street artist who is exhibiting his works in a New York Gallery. At the same time, he is on trial because his works are considered as vandalism since they are illegal.

b. The exhibition is entitled On Our Hands. It is showcased in a New York Gallery. The subject of this exhibition is the expression of Shepard Fairey's disillusion towards his country and Obama's presidency.

c. For some people, street art is vandalism. For others it is gentrification, which means that street art can renovate or improve some buildings and houses in districts. To Shepard Fairey, both visions of street art are right. It depends on the perspective. And to judge the legitimacy of a piece of art, he only trusts his own. He regrets that some pieces of street art are only considered as historical documentation instead of works of art.

> **L'astuce du prof**
> Les différentes parties de la question b. sont là pour vous aider à organiser votre réponse, mais celle-ci doit se présenter sous la forme d'un seul paragraphe rédigé.

d. Shepard Fairey may be sent to jail for 10 years with a $10,000 fine because he illegally painted murals and displayed posters in demolished districts of Detroit.

e. Shepard Fairey went to art school. He has been drawing and painting since childhood. He has always aimed at showing art was necessary. When he started, he was only able to make T-shirts and street art. Now he has a larger variety of options, such as collages and sculpture. He is a great admirer of Rivera whose works deal with the working class. In the exhibition, his techniques are also influenced by other artists such as Barbara Kruger or Jasper Johns. In the world, he is best known for the poster "Hope" he created for the 2008 Obama presidential campaign.

f. Shepard Fairey used to have the same dream as others. He thought that with hard work and determination, he could achieve a better life and feel satisfied. But he knows now that to fulfill one's dream, one must be honest with oneself and be happy if one's vision has been accomplished.

Expression écrite

SUJET A

Comment 1

I agree with the person saying that street art is useless and polluting because street artists always choose places illegally and use public buildings to convey a private message. Drawings and characters are gigantic to make sure everyone can see it while driving or sitting in a bus. But there is usually no harmony among them. Besides it can be dangerous for drivers if they focus on the graph! Street art may also have a short life because the drawings or paintings are not safely sheltered in a museum. Rain, wind or snow may alter colours and shapes. To finish, I would add that the chemical products street artists use may be polluting the environment. In case of heavy rain, for example, the toxic inks used by the artist may flow on the ground.

L'astuce du prof

Cet exercice demande une prise de position personnelle. Listez tous vos arguments, puis articulez-les entre eux en utilisant des connecteurs logiques.

Comment 2

I admire Shepard Fairey because I find that he asks the right questions. As an artist, he does not hesitate to give his opinion on the American society and he even dares to criticise it! In 2008, when he created the "Hope" poster, he was optimistic and imagined Obama could bring a real change. Now even if he is upset by the decisions the Obama government has taken in the Middle East or in Pakistan, he explains that a man cannot change a broken or corrupted system. To me, street art is more than only historical documentation, it is a way to raise people's awareness everyday. Other committed artists may also play this role. But you must go to a museum to see their works and have access to their thoughts about society. Thanks to Shepard Fairey, the message is easily accessible.

Comment 3

To me, street art is indeed considered as vandalism by blind authorities. In fact, I do not understand why artists can be sued or fined because they turn decrepit or demolished districts into colourful places! I think that art can take various forms and renovating a wall thanks to drawings and paintings is wonderful! Those places are like open-air museums where you can admire works of art freely. I suggest you should visit Bushwick in Brooklyn in New York to be definitely convinced that street art is necessary. In fact, thanks to street art, Bushwick has become a trendy place with lots of life whereas it was one the most dangerous places to go at the end of the 1990s. Nowadays, many guided tours are available for tourists.

L'astuce du prof

Faites appel à vos références culturelles pour étayer votre propos.

SUJET B

Hi Lea,

Hope you're doing well. As you know, I'm on holiday in New York and I love it. What a wonderful city! It's incredible! There are so many things to do. You can't be bored, you know. I understand why people call New York "The City That Never Sleeps". Yesterday we went to an art gallery. The exhibition was about Shepard Fairey. Do you know him? Of course, you remember that he is the artist who designed the "Hope" poster for the Obama presidential campaign in 2008. The visit was so much fun. I liked it because he uses different techniques to express his art. I could see collages, paintings and sculptures. I really enjoyed it a lot. My parents told me that he was on trial. I'll tell you why and you won't believe your ears. Some years ago, he drew and painted illegally in demolished districts of Detroit. He may be sent to prison for that! How sad! If only your parents had agreed to let you come with me. I miss you.

Hugs and kisses,

Tana

Gagnez des points !

Donnez de l'authenticité à votre écrit en adoptant le ton de notre lettre et en multipliant les adresses personnelles.

SUJET COMPLET 5 Sujet inédit, E3C2

20 pts 1h30

*L'ensemble de l'épreuve écrite porte sur **l'axe 4** du programme : **Citoyenneté et mondes virtuels**. Il s'organise en deux parties :*

- ***Compréhension écrite***
- ***Expression écrite***

Compréhension écrite

10 pts 40 min

TEXTE 1 Fortnite: schools warn parents of "negative effects" of video game on students

Primary schools across Australia have begun sending letters about the video game Fortnite to parents, warning of its "negative effects" on students.

Several schools in New South Wales and Victoria have issued newsletters about the popular multiplayer game, which is played by an estimated 40 million people worldwide.

Sydney's Bondi Beach public school told parents there had been "a noticeable change in some behaviours in the classroom and in the playground, that are directly linked to Fortnite".

"We are noticing the negative effects of this game, particularly on boys and most concerning, on boys in K-2[1]," it said.

Shellharbour public school in NSW told parents: "The ability to communicate online whilst[2] playing these games is leading to moments of online bullying, the use of inappropriate language and abuse."

Fortnite is a free-to-play online game where up to a hundred players can play at once. Drawing inspiration from the 1999 Japanese novel *Battle Royale* and *The Hunger Games*, players must scavenge supplies, build structures and find weapons to eliminate each other until only one person is left.

Players can play alone or in teams, and can opt into audio chat with their teammates. Dr Marcus Carter, a lecturer in digital culture and gaming from the University of Sydney, said the concern was at times "excessive".

"The media panic around Fortnite is indicative of tensions that exist between parents, children and any new media. When kids do things that kids didn't do when we were kids – that can make parents concerned and worried." He encouraged parents to play Fortnite with their children before making their minds up.

"I say the best thing to do if you are concerned about your children playing Fortnite is to play Fortnite with them. To turn it into something that you share with your child. "Parents can quite rightly not want their kids playing with adult strangers online [but] digital gaming on its own, is not bad. It's no different to any other form of media."

Naaman Zhou, *The Guardian*, June 20, 2018 (abridged and adapted).

1. **K-2** is equivalent to the second grade of elementary school. Pupils in K-2 are 7 to 8 years old.
2. **Whilst:** *equivalent of "while".*

TEXTE 2 Virtual reality workplace videos let students experience potential careers onsite

High school students preparing to take the next step into the real world got some help finding their desired career pathway with a new tool that will bring the real world to them through their smartphones.

Workforce WindsorEssex debuted four new virtual reality tours that take viewers into the workplace providing an excellent sense of the job and its environment. The 360-degree tours allow viewers to look around at the entire scene while the tour guide continues to provide information and demonstrations as though the student is right on site.

"Based on our experiences with Manufacturing Day tours, it can be challenging to bring large groups through on tour," said Sarah Fram, Workforce WindsorEssex's communications coordinator.

"The videos bring the tours to the students instead of the students going on tours. We can reach far more students or job seekers considering a career change this way."

Alessia Bozzi feels the new resource will be very influential in helping students sort through career choices. "It'll help people change their minds on careers," Bozzi said. "People think a construction site is just for big, strong men, but you can see women in the trades. The videos add another dimension and more feeling and depth to our learning."

Windsor Essex Catholic District School Board executive superintendent Dan Fister said virtual and augmented reality is an increasingly valuable resource for educators. The Catholic board has spent about $100,000 on those resources and training in the past three years.

"Today in particular is important because students can test drive a career, gain a little bit more interest," Fister said. "Having this platform allows parents to delve into a day in the life (of a career) to start debunking some of the myths with respect to skilled trades and other industries. Our world is changing and technology will be part of it in every facet of your career."

Shelley Fellows, who co-founded the local industrial robotics firm Radix Inc. with her husband Ross, said the videos can serve as both educational and marketing tools.

"They (students) are our future employees," said Fellows, who is a vice-president for AIS Technology Group and chair of Automate Canada. "We want them to make a choice and come out educated and join our industry, join industrial automation, manufacturing, be a skilled tradesperson. They're not going to do that unless they have some element of knowledge of what it's like to be in these workplaces."

Dave Waddell, *Windsor Star*, February 27, 2020 (abridged and adapted).

› Answer the following questions in English using your own words:

TEXTE 1

a. After reading the text, what can you say about:

- the main topic of the text?
- the people involved?
- the different opinions expressed on the topic?

b. Comment on the following quotation: "The media panic around Fortnite is indicative of tensions that exist between parents, children and any new media. When kids do things that kids didn't do when we were kids – that can make parents concerned and worried."

TEXTE 2

c. After reading the text, what can you say about the advantages of these virtual reality workplace videos?

TEXTE 1 et TEXTE 2

d. What are the benefits and dangers of virtual worlds?

Expression écrite 10 pts 50 min

› Vous traiterez **en anglais** et en 120 mots au moins **l'un des deux sujets suivants au choix**:

SUJET A

Your school wants you and your schoolmates to discover different workplaces. The headteacher asks pupils to give their opinions on two options:

- School trips to visit firms
- Virtual reality workplace videos

Which option do you choose and why?

SUJET B

Write a short article about your favorite game (video game, board game). Describe the subject and players and give reasons why you like it.

CORRIGÉ SUJET COMPLET 5

Compréhension écrite

TEXTE 1

a. The first text deals with Fortnite, a video game which is said to have negative effects on children. Fortnite is a free multi-player game whose aim is to build places and kill other players with weapons in order to be the last remaining one.

> **L'astuce du prof**
> Présentez le texte de manière neutre, grâce au discours rapporté et à des formules impersonnelles.

The article targets parents who allow their children to play video games and especially Fortnite. The negative effects are pointed out by schools. In fact, they have noticed changes in children's behaviours. It seems that Fortnite players are more aggressive in the classroom and in the playground.

Unlike schools, Dr Marcus Carter, a researcher on digital culture and gaming, thinks that these concerns are disproportionate. He advises parents to play the game with their children to feel reassured.

b. Dr Marcus Carter's quotation means that innovation may create anxiety. To him, parents are worried about Fortnite because it is a new media. Video games did not exist when they were children and they entertained themselves with other games. They are not familiar with this new way of playing and therefore they feel troubled.

TEXTE 2

c. Virtual reality workplace videos come with many advantages. First discovering workplaces is made easier thanks to the use of a smartphone. In fact, they allow students to understand the job and its domain. Secondly they give precise information about the workplace as if the student was on the spot. Thirdly they are also useful to firms which can reach more students or office seekers. It is easier to share a video than to organise a guided tour of the buildings. Fourthly they may change people's opinions about some jobs or firms and challenge preconceived ideas. Eventually, they may be used as a way to promote companies.

Expression écrite

SUJET A

Option 1

I think I would choose the first option because I really enjoy school trips in general. I like taking the coach and spending time with my school friends, chatting and laughing. Moreover, this is to me the best way to discover a firm or a factory. You are on the spot

> **Vocabulaire**
> A bus is a part of the public transport system whereas a coach is mainly used to carry passengers to long distances.

and you can feel the atmosphere of the workplace. The tour is guided, so the person in charge can give you interesting information and answer your questions. With a virtual tour, you can only see what the video shows you. There is no possibility to interact. The only sense which is appealed to is the sight. You can't check on the site if the environment is too noisy to offer good work conditions for instance. And at the end of the virtual visit, there is no food tasting! Besides what about the cost of such equipment? It is really expensive. That's the reason why I definitely prefer real guided tours to virtual reality workplace videos.

Option 2

I'm passionate about new technologies so I prefer the virtual reality workplace videos. I imagine that it would be amazing to be on the spot of a firm or a factory thanks to smart glasses. You are at school and at the same time it is as if you were visiting a firm or a factory. You don't waste time nor money. And you can watch several videos in one day. That means that you are capable of visiting several workplaces in a really short period of time. How nice! Indeed, in some cases, it is nearly impossible to visit because of trade secrets. With virtual reality workplace videos, companies can easily control what they agree to show us. Furthermore, I think that it is really useful to help you find your career pathway. The videos can allow us to have information about jobs and activities we haven't considered. They may also challenge the prejudice we might have about certain jobs, as regards working conditions or required qualities for example. I hope every school will buy such videos and virtual reality glasses in a near future!

SUJET B

The Legend of Zelda: action-adventure game

Many players will agree with me: the best video game is the Legend of Zelda and more precisely the latest version: Breath of the Wild. This video game was published by Nintendo and can be played on various consoles, such as Nintendo Switch or Wii U.

The scene is set at the end of the Zelda timeline. As a player, you are Link. At the beginning of the game, Link awakens from a hundred-year sleep and his mission is to destroy the kingdom of Hyrule after defeating Calamity Ganon.

I really enjoy this video game because we are free to discover the world. Indeed, we are given little instruction and we can do what we want! To go forward, you need to solve puzzles and side-quests. If you're successful, you get rewards.

Gagnez des points !
N'hésitez pas à faire preuve d'enthousiasme.

There are so many places to explore that you get the impression to play different games. How magic! I like comparing the way I play with my best friends. And we all play differently. However, we are brought together by the fact that we are keen on playing The Legend of Zelda. If you plan to buy a video game shortly, I advise you to choose The Legend of Zelda.

FRANÇAIS
ENSEIGNEMENT SCIENTIFIQUE
HISTOIRE GÉOGRAPHIE
ANGLAIS

MIXTE
Papier issu de sources responsables
FSC® C022030

Nathan est un éditeur qui s'engage pour la préservation de son environnement et qui utilise du papier composé de fibres naturelles, renouvelables, fabriquées à partir de bois provenant de forêts gérées de manière responsable et contrôlée.

Dépôt légal : juin 2020 - N° de projet : 10259712
Imprimé en France par Maury-Imprimeur
45330 Malesherbes
N° d'imprimeur : 245194